本书为国家社科基金青年项目"《资本论》视域下当代资本主义系统性危机研究"（项目号：18CKS002）结项成果

《资本论》视域下当代资本主义系统性危机研究

卢江 著

中国社会科学出版社

图书在版编目(CIP)数据

《资本论》视域下当代资本主义系统性危机研究 / 卢江著. -- 北京：中国社会科学出版社，2025. 2.
ISBN 978-7-5227-4400-1

Ⅰ. A811.23

中国国家版本馆 CIP 数据核字第 2024V46Q05 号

出 版 人	赵剑英	
责任编辑	杨晓芳	
责任校对	刘　娟	
责任印制	张雪娇	

出　　版	中国社会科学出版社	
社　　址	北京鼓楼西大街甲 158 号	
邮　　编	100720	
网　　址	http://www.csspw.cn	
发 行 部	010-84083685	
门 市 部	010-84029450	
经　　销	新华书店及其他书店	
印　　刷	北京君升印刷有限公司	
装　　订	廊坊市广阳区广增装订厂	
版　　次	2025 年 2 月第 1 版	
印　　次	2025 年 2 月第 1 次印刷	
开　　本	710×1000　1/16	
印　　张	22.75	
插　　页	2	
字　　数	326 千字	
定　　价	138.00 元	

凡购买中国社会科学出版社图书，如有质量问题请与本社营销中心联系调换
电话：010-84083683
版权所有　侵权必究

目　录

导言　当代资本主义系统性危机研究概览 …………………（1）
  第一节　当代资本主义系统性危机的学术史梳理和研究
    动态 ……………………………………………………（1）
  第二节　从《资本论》视角研究当代资本主义危机理论的
    学术史梳理和研究动态 ………………………………（6）
  第三节　当代资本主义系统性危机研究的世界意义 …………（10）
  第四节　本书研究当代资本主义系统性危机的思路和
    框架 ……………………………………………………（13）

第一章　《资本论》关于资本主义经济危机的学理阐释 ………（17）
  第一节　资本主义经济危机的历史描述 ………………………（18）
  第二节　资本主义经济危机的形成原因 ………………………（26）
  第三节　资本主义经济危机的双重影响 ………………………（37）
  第四节　资本主义经济危机的表现类型 ………………………（42）

第二章　《资本论》关于早期资本主义系统性危机的揭示 ……（46）
  第一节　早期资本主义系统性危机的内涵 ……………………（47）
  第二节　早期资本主义系统性危机的表征 ……………………（57）
  第三节　早期资本主义系统性危机的启示 ……………………（70）

第三章 当代资本主义系统性危机的逻辑与实质 (75)
第一节 资本主义发展阶段的历史唯物主义审视 (76)
第二节 资本积累时空二重逻辑与当代资本主义系统性危机 (81)
第三节 当代资本主义系统性危机的实质：剩余价值难题 (94)

第四章 当代资本主义系统性危机的生成路径Ⅰ (105)
第一节 剩余价值生产实现变革下的系统性危机 (106)
第二节 要素垄断扩展系统性危机范围 (119)
第三节 虚实脱节扩大系统性危机冲击 (123)
第四节 需求不足引发系统性危机多重恶果 (130)

第五章 当代资本主义系统性危机的生成路径Ⅱ (137)
第一节 剩余价值占有分割变迁下的系统性危机 (138)
第二节 政治体制改良抑制系统性危机成效衰减 (145)
第三节 公共事务供给困境加速诱发系统性危机 (154)
第四节 阶级融合机制失效激化系统性危机矛盾 (161)

第六章 当代资本主义系统性危机的生成路径Ⅲ (168)
第一节 资本主义主导的当代世界体系 (169)
第二节 全球价值链分工输入性危机 (179)
第三节 剩余价值补偿不足性危机 (191)

第七章 当代资本主义系统性危机的演化 (196)
第一节 资本扩张方式与当代资本主义系统性危机的触发 (197)
第二节 当代资本主义系统性危机的有规律演化 (206)

第三节　当代资本主义系统性危机的无规律演化 …………（210）
　　第四节　两种演化下的剩余价值秩序 ……………………（213）

第八章　剩余价值生产与当代资本主义系统性危机应对 ………（223）
　　第一节　技术进步与生产组织创新 ………………………（224）
　　第二节　传统生产与数字化生产交相融合 ………………（235）
　　第三节　资本与劳动生产要素从个别转向联合 …………（246）

第九章　剩余价值分割与当代资本主义系统性危机应对 ………（252）
　　第一节　银行信用体系扩张与金融工具创新 ……………（253）
　　第二节　土地价格调控与城乡空间重塑 …………………（267）
　　第三节　商品流通方式变革与平台经济兴起 ……………（275）

第十章　剩余价值修复与当代资本主义系统性危机应对 ………（283）
　　第一节　政治维度：让渡公民政治权利 …………………（284）
　　第二节　社会维度：改良社会福利制度 …………………（289）
　　第三节　生态维度：加强自然环境补偿 …………………（293）
　　第四节　文化维度：制造意识形态对立 …………………（297）
　　第五节　军事维度：强化军事渗透霸权 …………………（305）

第十一章　当代资本主义系统性危机批判与人类文明前景 ……（311）
　　第一节　当代资本主义系统性危机的必然性和历史性 …（312）
　　第二节　百年未有之大变局与全球治理体系变革 ………（328）
　　第三节　现代化道路的新探索推动人类文明发展 ………（337）

参考文献 ……………………………………………………………（347）

后　记 ………………………………………………………………（356）

导　言
当代资本主义系统性危机研究概览

当代资本主义系统性危机是伴随西方国家现代化进程的重要现象，是我们研究国际问题绕不开的重要内容。习近平总书记指出："世界格局正处在加快演变的历史进程之中，产生了大量深刻复杂的现实问题，提出了大量亟待回答的理论课题。这就需要我们加强对当代资本主义的研究，分析把握其出现的各种变化及其本质，深化对资本主义和国际政治经济关系深刻复杂变化的规律性认识。"[①] 马克思在《资本论》中提出的方法理论不仅有助于理顺当代资本主义系统性危机的各种表现形式，而且可以在制度层面深刻解析其本质和发展方向，从而深化对当代资本主义发展和国际政治经济关系格局调整的规律性认识。

第一节　当代资本主义系统性危机的学术史梳理和研究动态

一　系统性危机概念界定

系统性危机与马克思时代的危机、列宁时代的危机既有相似，又有不同，在基本内涵和特征上存在明显差异。学术界对可否用系统性描述当代资本主义危机存在争论，部分学者认为系统性危机的界定是模糊的，他们主张用其他概念名词来替代，比如"综合危机""最后危机"

---

① 习近平：《习近平谈治国理政》第二卷，人民出版社2017年版，第66—67页。

"全面危机"等,也有学者提出了"总体性危机"①。王今朝强调资本主义危机不仅包括其转向社会主义的危机,即罗莎·卢森堡(Rosa Luxemburg)所说的"最后的危机",更重要的是,在当今社会表现的资本主义国家经济危机、金融危机的反复性,体现了经济危机的体制性、系统性和根本性,这也表示资本主义在全世界的统治力下降到一个临界点之下的危机。②朱安东、王娜指出经历2008年经济危机后,资本主义国家任由新自由主义政策的倒行逆施导致资本主义国家的经济、政治和文化遭受到严重挑战,使得资本主义国家陷入系统性危机。③周文、方茜强调全球化、自由化和金融化达到了资本主义的剥削和逐利目的,同时导致资本主义危机的多样化、复杂化和系统化。④

二 系统性危机不同表现形式

国内外学者对系统性危机的主要表现形式展开深入讨论,越来越多的学者认为资本主义系统性危机已经从单纯的经济危机扩散为不同领域共同的危机,并加剧了社会矛盾。国外有学者从新的世界体系出发,认为系统性危机唤醒了以种族主义为特征的资本主义体系的离心运动,这是典型的社会危机。也有学者质疑哈贝马斯关于晚期资本主义社会的两种政治危机(合法化危机与合理化危机)并重新从阶级角度阐释系统性危机的政治表现。

从国内学者的分析看,赵丽华、赵旭亮认为,资本主义已从生产相对过剩的商业危机、货币支付手段不足的金融危机演变为经济、政治、

---

① 林晖:《总体性危机与左翼新战略——2009年美国左翼和马克思主义者对金融危机的反思与应对》,《云南大学学报》(社会科学版),2011年第4期;栾文莲:《当今国际金融危机是当代帝国主义经济体系性、总体性危机》,《世界社会主义研究》2017年第1期。
② 王今朝:《当代资本主义危机的系统性和根本性》,《人民论坛·学术前沿》2016年第20期。
③ 朱安东、王娜:《新自由主义的新阶段与资本主义的系统性危机》,《经济社会体制比较》2017年第4期。
④ 周文、方茜:《当代资本主义危机的政治经济学分析》,《经济学动态》2017年第6期。

社会和思想各方面交织并发的全面的、深刻的、结构性的危机;① 王文章指出,经济危机是当代资本主义系统性危机的最主要表现形式,政治、社会、文化、生态等危机是重要表现形式。② 翁寒冰指出,在《资本论》及其手稿中,马克思分析了货币出现所导致的买卖的时空分离蕴含着经济危机的形式上的可能性,由于商品的特殊的质的规定性,在经济危机视域下,商品的社会形式并不是一种作为"社会劳动"的抽象同一性,而是对于这种抽象同一性的否定性实现,也就是说,商品的社会形式不仅体现矛盾形式,也是一种危机形式。③ 王森垚认为,在2008年次贷危机后资本主义出现了经济、社会、政治和意识形态等领域相互交织的系统性危机,在经济方面表现为周期性经济危机和经济危机新特点;在社会方面表现为资本主义社会贫富差距不断扩大和不平等现象增加;在政治方面表现为反传统政治秩序的出现,意识形态危机表现为资本逻辑主导的自由主义泛滥。④

三 系统性危机根源和诱发原因

国内外学者对资本主义系统性危机产生的根源和诱发原因进行了多角度和全方面的分析,由此可以看到,系统性危机产生形成于资本主义制度自身局限性及其导致的各种严峻的社会问题上。

白暴力和刘谦、裴小革从"资本—劳动雇佣"矛盾出发研究当代资本主义经济危机,并进一步论证系统性危机发生的趋势。⑤ 王森垚强

---

① 赵丽华、赵旭亮:《当前资本主义危机的新特点及其原因探讨》,《求实》2013年第4期。
② 王文章:《当代资本主义的系统性危机:认识与应对》,《人民论坛·学术前沿》2016年第20期。
③ 翁寒冰:《马克思对"商品的社会形式"之内在危机特性的探讨——一种超越抽象同一性维度的思考》,《哲学研究》2020年第4期。
④ 王森垚:《当代资本主义的系统性危机:表现形式、制度成因及发展趋势》,《江西社会科学》2021年第9期。
⑤ 白暴力:《当前资本主义经济危机的系统性与黏滞性》,《人民论坛·学术前沿》2016年第20期;刘谦、裴小革:《积累的社会结构经济危机理论研究:基于〈资本论〉的视角》,《经济纵横》2017年第6期。

调由金融资本主导的新自由主义制度是资本主义系统性危机的根本原因。①徐志向强调，资本主义生产方式的内在矛盾必然导致经济危机的产生，资本主义将技术应用于生产是经济危机演变的逻辑起点，在技术创新、信用扩张、世界市场的"三重助力"下，资本主义经历了"商品货币化""货币资本化""资本金融化""金融虚拟化""虚拟符号化"的"五化"过程，推动了资本主义走向系统性危机，乃至演变为全面危机。②赵俊杰认为，当今西方资本主义正面临一系列经济、政治、社会和理论困境，其中资本的无序扩张、民主制度退化、政治生态运动失度、乌克兰危机管理失控等因素造成了资本主义系统性危机。③杨慧民、张一波指出，平台资本主义的出现使得数字资本主义发生了新变化，通过综合诱导机制进一步加强了数字剩余价值的剥削和积累，由此产生了时间剥削剥夺不断加强、空间失衡失序日益加重、异化危机持续加剧、阶级分化愈见加深等弊端，引发了当代资本主义的系统性危机。④

四 系统性危机后当代资本主义三种发展趋势

国内外学者对资本主义系统性危机后资本主义发生的变化进行具体分析，大部分学者否定了资本主义是历史终结的观点，强调资本主义自身已经发生新的变化，并逐渐出现第三条道路的发展趋势，但部分学者证明资本主义仍然无法克服其局限性。

有观点认为系统性危机必然导致旧制度的崩溃和终结，资本主义社会转型时刻已经来临。程恩富、谢长安反对福山的历史终结论观点，强调资本主义具有一系列无法克服的弊病，西方制度并未终结人类历史，

---

① 王森垚：《当代资本主义的系统性危机：表现形式、制度成因及发展趋势》，《江西社会科学》2021年第9期。
② 徐志向：《论当代资本主义经济危机的演变逻辑》，《当代经济研究》2021年第5期。
③ 赵俊杰：《当今西方资本主义制度困境与新变化》，《世界社会主义研究》2022年第12期。
④ 杨慧民、张一波：《平台资本主义的批判》，《马克思主义理论学科研究》2022年第6期。

在系统性危机下人们必须积极思考如何超越资本主义。① 高峰认为，资本主义制度的灭亡是一个漫长的自然过程，当前还可以利用政府干预教育、社会医疗保障、就业等方式进行自我调节和改良。越来越多的人认识到在各种危机错杂交织背景下，系统性变革是避免崩溃的唯一路径。②

进入 20 世纪以来，西方左翼学者着重探讨经济民主的替代性方案，强调它是与资本主义制度和社会主义制度都不同的第三条道路。经济民主起源于 19 世纪的欧洲，相对于封建专制，资产阶级革命所确立的政权适应生产力的发展，代表机器大工业生产方式的先进要求。③ 大卫·施韦卡特（David Schweickat）指出，经济民主是一种制度性安排，它要求社会投资由国家专门机构负责，价值规律调节资源配置并强调企业劳资权利平衡。崔之元认为，经济民主的内涵可以从宏观和微观两个层次来看。在宏观上，经济民主旨在将现代民主国家的理论原则"人民主权"贯彻到经济领域，使各项经济制度安排依据大多数人民的利益而建立调整；在微观上，经济民主旨在促进企业内部贯彻后福特主义的民主管理。④ 笔者认为，经济民主既体现了国家意志，也彰显了企业生产组织形式变迁中的各利益集团博弈，更关切了劳动者民主权益。国内学者对经济民主的替代性方案进行了深入研究。余少祥认为，经济民主包括的经济自由、经济平等、经济参与和经济分享等方面实现了对资本统治的削弱，使得劳动者完成了从经济奴仆向经济领域的公民形式上的转变。⑤ 宋磊认为，应优先推进企业层面的经济民主或以企业为中心来推进经济民主。⑥ 李锦峰指出，以往学界对经济民主构建思想的局限性，

---

① 程恩富、谢长安：《"历史终结论"评析》，《政治学研究》2015 年第 5 期。
② 高峰：《金融危机冲击下中部资源型经济的转型发展》，《理论探索》2010 年第 2 期。
③ 陈弼文、卢江：《马克思政治经济学视域下的经济民主：从制度内涵到实现路径》，《经济理论与政策研究》2017 年第 00 期。
④ 崔之元：《经济民主的两层含义》，《读书》1997 年第 4 期。
⑤ 余少祥：《经济民主的政治经济学意涵：理论框架与实践展开》，《政治学研究》2013 年第 5 期。
⑥ 宋磊：《中国的经济民主论：研究路径、关键议题与推进顺序》，《社会科学战线》2014 年第 5 期。

强调财产权的保护与改变不能实现经济民主,同时经济自由的干预与限制也不能构成经济民主的全部内容。① 张嘉昕强调,合作制企业是经济民主的典型模式,这种模式得到马克思本人的充分肯定,合作制企业在劳动雇佣资本的前提下,实现了工人参与管理和分享剩余,从而使企业的劳动者与所有者这两种身份有机统一。②

另外,有学者认为经济民主有明显的局限性,在有些方面需要学习民主社会主义的观点。刘明明、尹秋舒认为,经济民主的核心思想是:反对资本主义、工作场所民主、投资的控制、实行市场经济和倡导某种公有制形式,与民主社会主义相比较,"经济民主"市场社会主义在崇拜民主、社会变革方式、所有制等问题上的处理方法与前者相似,但在民主的范围和平等价值的追求等方面不如前者,所以,经济民主存在局限性。③

第二节 从《资本论》视角研究当代资本主义危机理论的学术史梳理和研究动态

一 基于剩余价值理论的周期性危机与结构性危机

保罗·扎尔巴(Paul Zarembka)构建了基于剩余价值理论的新资本积累模型,发现在考虑剥削率和利用剩余价值实现资本积累数量的基础上,只有10%左右的剩余价值是实际积累必需的,剩余部分在分配上出现两极分化,从而引发周期性的经济危机。④ 胡乐明指出,《资本论》中分析的资本主义存在周期性危机、结构性危机和终极性危机。⑤ 资本

---

① 李锦峰:《经济民主:文献述评及其理论重构》,《学术月刊》2015 年第 10 期。
② 张嘉昕:《经济民主:劳动者参与管理和分享收益的逻辑走向》,《社会科学家》2017 年第 6 期。
③ 刘明明、尹秋舒:《经济民主:新世纪以来市场社会主义的最新发展动向》,《当代经济研究》2019 年第 3 期。
④ Zarembka Paul, "Low Surplus Value Historically Required for Accumulation, Seen in a Model Derived from Marx", *Research in Political Economy*, Vol. 26, November 2010, pp. 145 – 172.
⑤ 胡乐明:《科学理解和阐释资本主义经济危机》,《马克思主义研究》2016 年第 2 期。

主义经济危机是以生产过剩为基本特征的周期性爆发现象,①其基本过程是"危机—扩张—繁荣—产业危机—金融危机—经济危机"②。张作云认为,资本为了追求剩余价值,导致市场扩大的需求和市场日益狭窄的结构性矛盾不断升级,最终酿成危机。③亓为康指出,马克思从资本主义社会生产力和消费力之间的矛盾出发理解资本主义经济危机现象,而社会消费力不足引发的剩余价值实现困难是资本主义形成系统性危机的具体原因。④冯金华指出,依据马克思两大部类再生产理论,持续均衡积累率把所有可能的两大部类意愿积累率分为收敛和发散两个部分。在资本主义制度下,意愿积累率发散会导致资本主义相对过剩和经济危机,尽管政府通过计划手段可以克服纯粹市场经济分散决策的局限性,但仍然无法改变消费者消费能力缩小与生产无政府状态所导致的经济问题。⑤

二 资本金融化虚拟化与经济危机

郑伟林认为,《资本论》中马克思没有明确讨论虚拟资本与虚拟经济、泡沫经济、金融危机、经济危机的关系,但其分析方法对我们研究金融问题具有指导意义。⑥车玉玲、姚新立指出,当代金融资本、虚拟资本与知识资本的合流导致疯狂的资本积累,使资本不断地重复扩张,一旦超出其限度,必然产生危机。⑦张坤以《资本论》中的信用理论为

---

① 马艳:《金融危机与经济危机相互关系的理论分析——基于马克思主义经济学的视角》,《华南师范大学学报》(社会科学版) 2009 年第 5 期。
② 杨成林、何自力:《经济危机的机制分析——基于马克思和后凯恩斯主义危机理论的视角》,《当代经济科学》2010 年第 4 期。
③ 张作云:《马克思经济危机理论及其伟大启示》,《经济纵横》2017 年第 3 期。
④ 亓为康:《马克思有没有"消费不足"意义上的危机理论?——基于经典文本的考察》,《海派经济学》2022 年第 3 期。
⑤ 冯金华:《资本主义市场经济和生产过剩经济危机——基于马克思的两大部类再生产理论》,《华南师范大学学报》(社会科学版) 2022 年第 2 期。
⑥ 郑伟林:《虚拟资本与经济危机:重读〈资本论〉》,《云南财经大学学报》(社会科学版) 2010 年第 6 期。
⑦ 车玉玲、姚新立:《资本的当代变形与金融危机之根源——虚拟资本的产生及其历史限度》,《学习与探索》2013 年第 4 期。

基础切入分析，认为经济危机产生的根源是信用的扩张和收缩，本质是虚拟经济与实体经济的偏离。① 侯为民认为，马克思对商品过剩、资本过剩和信用制度下隐蔽的生产过剩的分析，揭示了经济危机的根源和发生机制，阐明了信用制度下的货币扩张对资本主义危机的影响。② 詹姆斯·克罗蒂（James Crotty）从马克思《资本论》中的方法论解释货币中心论、信用扩张和金融调节在经济危机中的影响机制。③ 蔡景庆指出，金融与实体经济背离交错是引发经济危机的"中间环节"，当代资本主义朝着"脱实向虚、青睐金融及其衍生产业"的金融化资本主义迈进，从历史角度分析高度金融化资本主义存在巨大风险，其根植于资本主义制度本身和孕育于近代市场经济发展，金融化资本主义的发展必定会导致全球性的经济危机。④ 康翟指出，当今货币危机和金融危机取代了生产过剩危机成为资本主义新的危机主导形式，这也对传统以产业资本积累矛盾及其危机为核心的马克思主义经济危机理论提出新的解释原则，在当前背景下，对于重构马克思经济危机理论不仅需要以利润率下降趋势规律为核心建立一种新的综合，更重要的是需要把货币、信用和金融因素都纳入其中。⑤

三　利润率趋向下降规律与经济危机

爱德华·沃尔夫（Edward Wolff）利用美国历史数据认为并不存在利润率下降态势，《资本论》中由利润率趋向下降论证经济危机必然是不严谨的，这一结论还得到了迈克尔·海因里希（Michael Heinrich）研

---

① 张坤：《信用的扩张和收缩：经济危机发生之根源——政治经济学视角的解析》，《现代财经》（天津财经大学学报）2013 年第 2 期。
② 侯为民：《生产过剩、信用扩张与资本主义经济危机——马克思的经济危机理论及其现实启示》，《学术研究》2015 年第 2 期。
③ James Crotty, "The Centrality of Money, Credit and Financial Intermediation in Marx's Crisis Theory: An Interpretation of Marx's Methodology", in James Crotty, *Capitalism Macroeconomics and Reality*, Longdon: Edward Elgar Publishing, 2017, pp. 72–106.
④ 蔡景庆：《经济危机、金融化资本主义走向及防范》，《社会科学家》2023 年第 5 期。
⑤ 康翟：《金融资本主义批判语境中的马克思主义经济危机理论》，《哲学研究》2023 年第 5 期。

究的认可。① 然而，多数学者质疑上述观点并认为一般利润率趋向下降规律是正确的，② 完全经得起考验，是资本主义世界长期存在的态势，但由于危机自身存在淘汰积极效应，可以延缓下降速度和危机爆发速度。③ 张雷声指出，马克思关于利润率趋向下降规律的研究验证了两个必然和两个绝不会的关系。④ 卢江指出，马克思对资本主义经济危机的研究随着他运用唯物史观分析能力增强日渐成熟，马克思改变了对经济危机内生性的单一认识，在资本主义私有制生产方式必然消逝的危机消极性作用基础上，增加了危机作为资源重配和恢复正常利润率的必要强制手段新见解，同时指出系统性危机出现的可能性和必然性。⑤ 张世贵、吕少德指出，依据马克思产业后备军理论，劳动生产率提高所导致的生产资料价格降低不会对资本有机构成提高的必然性产生否定作用，确定了通过提高剩余价值率的办法缓解利润率下降的限度，资本主义面对两难困境，忽视平均利润率的下降和提高剩余价值率，后者是资本主义应对前者的办法，而两者的结局不外乎是产生资本主义经济危机。伴随着高新技术的不断革新，整个社会的自动化水平会无限趋近于完全自动化生产，这意味着资本有机构成接近无穷大，这时资本主义将走向崩溃。⑥ 部分学者从资本主义国家的经济利润率出发分析了资本主义利润率的下降趋势和经济危机之间的必然性。余斌、鲁保林和赵磊等学者完善了平均利润率模型并进一步确证了经济危机的必然。⑦ 姬旭辉通过计

---

① Michael Heinrich, "Crisis Theory, the Law of the Tendency of the Profit Rate to Fall and Marx's Studies in the 1870s", *Monthly Review*, Vol. 64, No. 11, April 2013, pp. 15-31.
② Harman Chris, "The Rate of Profit and the World Today", *International Socialism*, No. 115, Summer 2007, https://marxists.architexturez.net/archive/harman/2007/xx/profitrate.htm.
③ 谢富胜、汪家腾：《马克思放弃利润率趋于下降理论了吗——MEGA² Ⅱ 出版后引发的新争论》，《当代经济研究》2014 年第 8 期。
④ 张雷声：《马克思的资本积累理论及其现实性》，《山东社会科学》2017 年第 1 期。
⑤ 卢江：《马克思经济危机理论释义及其当代价值》，《经济学家》2019 年第 8 期。
⑥ 张世贵、吕少德：《从平均利润率下降看资本主义的两难历史困境》，《东南学术》2022 年第 2 期。
⑦ 余斌：《平均利润率趋向下降规律及其争议》，《经济纵横》2012 年第 9 期；鲁保林、赵磊：《美国经济利润率的长期趋势和短期波动：1966—2009》，《当代经济研究》2013 年第 6 期。

算美国和日本两个资本主义大国的制造业利润的变化趋势发现，自"二战"后，日本和美国的利润率呈持续下降趋势，资本主义体系的衰退和利润率下降都始于内部的制造业，资本之间的竞争是通过投入大规模的固定资产使劳动生产率提高来实现的，由此导致资本有机构成的提高，利润率则呈下降趋势。由于世界范围内资本之间的竞争加剧，生产过剩问题进一步加重，资本受大规模的固定资本的牵制而无法脱身，所以，不得不忍受利润率的下降，这也导致资本主义想要恢复利润率和生产活力，必须通过周期性的经济危机来解决上述问题。①

第三节　当代资本主义系统性危机研究的世界意义

一　当代资本主义系统性危机研究对发达国家的启示

新自由主义的本质一方面是蒙蔽低收入者和掩盖经济问题，另一方面则帮助资本家获取巨额利润，因此，资本主义必定发生经济危机和金融危机，并波及世界各国。沃尔夫冈·施特雷克（Wolfgang Streeck）指出，自2008年国际金融经济危机以来，受经济全球化进程受阻和新冠疫情的蔓延的影响，产生了中央银行资本主义和中央银行国家，西方发达国家越来越依赖中央银行提供的"政治"资金，以补偿下降的需求和防止通货紧缩，不过这只能暂时延缓危机，资本主义国家无法完全克服经济危机，而且极大削弱了资本主义民主的基本支柱，包括工会和集体谈判等，并加剧了财富和收入的不平等。②

王森垚认为，当资本主义国家进行全球扩张时，其自身的系统性危机必然会涉及其他国家，这导致资本主义国家出现系统性危机时，无法将这些国家作为缓冲地带，系统性危机所带来的局限性最终会回到资本

---

① 姬旭辉：《当代资本主义的系统性危机与历史性衰落》，《社会科学》2018年第9期。
② 覃诗雅：《资本主义的危机及其治理失败——访德国社会学家沃尔夫冈·施特雷克》，《世界社会主义研究》2022年第4期。

主义国家自身。① 韩冬临、杜钧天认为，资本主义经济危机对女性的冲击更大，导致社会中性别不平等问题加剧。② 李彬、张建堡指出，依据马克思的观点，中央银行在应对经济危机时发挥三方面作用，国家货币管理机构和信用枢纽的双重性质使得中央银行具有应对经济危机的职能，中央银行阻止货币运动引发的"特种危机"进一步恶化和扩散，但无法阻止资本主义生产方式一般规律引发的"任何危机的一个阶段"的货币危机。③ 方兴起指出，美国经济 2020 年大萧条的破坏性远超于 1930 年大萧条，但由于美国政府前所未有地实行超宽松货币政策和大规模财政刺激政策强制恢复美国经济增长，因此，美国政府信用难以退出市场，由此可以看到，以服务业为主体的美国无法恢复工业化的主体地位，美国必然会走向衰败。④ 张慧君、黄秋菊指出，新冠疫情蔓延到西方资本主义国家，并对当代资本主义经济产生深远影响，加之资本主义国家实行新自由主义对国家内部的公共医疗卫生体系造成巨大破坏，使得自身陷入严重的公共卫生危机，所以，资本主义国家采取大规模经济刺激计划加速了资本主义金融化，但这有可能造成更严重的金融动荡和经济萧条，在新冠疫情的冲击下，资本主义经济遭受巨大冲击，这导致资本主义的发展理念、经济结构和经济政策等方面必须作出相应调适。⑤

二 系统性危机对发展中国家的启示

萨米尔·阿明（Samir Amin）认为在全球范围内集体帝国主义盛

---

① 王森垚：《当代资本主义的系统性危机：表现形式、制度成因及发展趋势》，《江西社会科学》2021 年第 9 期。
② 韩冬临、杜钧天：《经济危机如何改变立法机关中的性别配额制度——基于 149 个国家的事件史分析》，《世界经济与政治》2021 年第 2 期。
③ 李彬、张建堡：《中央银行在应对经济危机中的作用及局限——马克思的论述及其当代价值》，《政治经济学评论》2021 年第 1 期。
④ 方兴起：《鲁比尼危机经济学与 2020 年大萧条》，《华南师范大学学报》（社会科学版）2022 年第 2 期。
⑤ 张慧君、黄秋菊：《新冠肺炎疫情冲击下的当代资本主义经济：危机与调适——兼对新自由主义体制弊端的批判》，《国外理论动态》2020 年第 5 期。

行，并对全球经济、政治和文化进行全面控制，而全球资本主义边缘地区被资本主义剥削和压迫的程度日渐加强。目前，中国已经成为集体帝国主义的攻击目标，这种情况下，中国一是需要保持清醒的认识，防止重蹈苏联的覆辙；二是对金融全球化保持谨慎态度；三是坚持土地非商品化原则；四是反抗以美国、日本和欧洲国家为首的资本主义国家。①

严静峰指出，拜登政府对华的贸易政策继承和发展了特朗普政府的观点，中美贸易战在很长一段时间内继续演变，其本质是美国希望从贸易战中获取更多的利润并将本国存在的经济危机向外转移，其根本指向是不同现代化道路和不同制度之间的竞争和对决，这对中国应对贸易战的能力提出更高的要求，要坚持国内大循环、扩大开放、构建人类命运共同体作为转化危机的手段。②周建锋、岑子悦认为，在马克思经济增长模型中，储蓄率和平均利润率决定了经济增长率的发展，平均利润率下降的同时存在一个最低临界点，这使得储蓄率不能无限提高，这意味着资本主义生产方式在不断扩大中也存在崩溃的临界点，资本有机构成所造成的资本主义经济危机为发展中国家提供启示，要大力发展和解放生产力，实现共同富裕，坚持公有制主体地位不动摇。③阮建平、李齐指出，资本主义经济危机破坏了全球经济要素的相对稳定，导致要素空间重叠，这给发展中国家的经济发展提供机会，中国要巩固世界经济"发动机"和"避风港"角色，在避免输入性通货膨胀的基础上，拉动内需，扩大国际合作，加快产业升级，为下一个周期的经济增长做充分准备。④

---

① 李江静：《资本主义的系统性危机与中国的应对——访埃及著名经济学家萨米尔·阿明教授》，《马克思主义研究》2018年第9期。
② 严静峰：《美中经济关系冲突的政治经济学论析》，《当代经济研究》2021年第11期。
③ 周建锋、岑子悦：《资本主义经济危机发生的动态分析与微观解释——基于马克思经济学的分析框架》，《中国经济问题》2021年第2期。
④ 阮建平、李齐：《动态系统视域下的全球经济衰退风险与中国机遇把握》，《湖北社会科学》2022年第8期。

综上所述，大多数国外马克思主义研究者赞同马克思经济危机理论的科学价值和历史地位，在《资本论》解析经济危机理论和民主社会主义国家强调并探索第三条道路方面积累了丰富而深刻的经验，为本书研究夯实了基础。然而，用《资本论》中方法和相关理论分析经济危机比较成熟，对当代资本主义系统性危机的研究尚不充分，尤其是从剩余价值理论视角解析当代资本主义系统性危机的研究并不多，包括从剩余价值生产、实现、分割和修复的方面切入研究的文献更是乏善可陈。具体来看，当代资本主义系统性危机具有复杂性和动态演变的特点，已有文献在系统性危机的生成路径方面往往倾向于由经济危机引起，忽视非经济因素在当代资本主义制度中的重要性，对系统性危机各组成部分的内在联系和相互作用方面的研究较为匮乏。例如，资本主义发展不同阶段的系统性危机表现形式不同，它们是否有内在的规律特征？经济危机与政治危机、社会危机、文化危机、生态危机之间到底存在什么联系？聚焦资本主义制度必然崩溃的文献较多，从生产力与生产关系、经济基础与上层建筑的整体性方法论对系统性危机研究还略显薄弱，特别是从《资本论》中的相关理论切入的自洽性研究尚付阙如。推进当代资本主义系统性危机研究，需要将马克思关于"资本在本质上是一种社会关系"的总体逻辑运用到系统性危机的整个演化过程，从"剩余价值理论—资本积累理论—制度内生矛盾"逻辑丰富马克思危机理论的新发展。在分析当今世界经济问题的同时，如何从资本主义经济危机中得到启示，对发展中国家建设现代化来说尤其重要。

第四节 本书研究当代资本主义系统性危机的思路和框架

一 研究思路

本书按照"学术梳理"—"理论解析"—"案例研究"—"政策

应对"的研究思路展开。如图 0-1 所示：首先，对国内外从《资本论》视角探讨当代资本主义系统性危机的相关文献进行梳理，总结归纳已有的研究成果和不足，提出本书研究的空间和必要性。其次，建立理论分析框架，着重对系统性危机的生成路径、动态演化等问题进行理论解析。再次，运用数据和案例等方法对当代资本主义系统性危机的多重效应进行实证研究，从资本主义制度体系内部和外部两个方面展开，主要集中于经济增长、社会福利、生态效应等方面。最后，提出我国的应对策略，包括通过深化各项改革推动国内实现跨越式发展和积极参与全球治理。

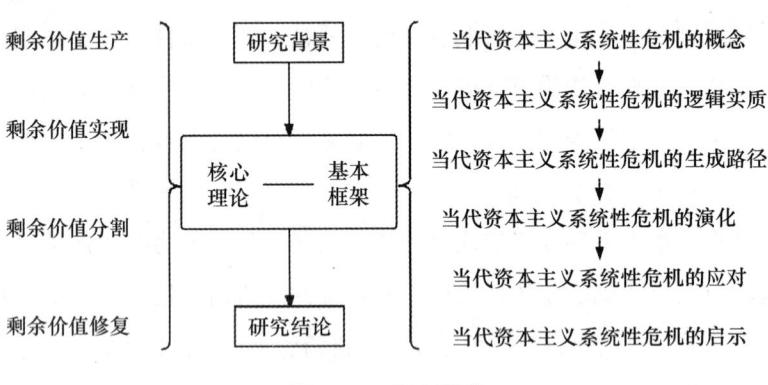

图 0-1 研究思路

二 研究框架

从《资本论》剩余价值理论看当代资本主义系统性危机的生成与路径。相对于传统资本主义，当代资本主义发展存在三大特征，即国际分工与垄断、金融化虚拟化和新技术革命，它们不仅改变了生产力结构，还调整了生产关系，并通过生产力与生产关系的相互作用使经济运行更加复杂。例如，资本主义国家经济低迷、实体经济衰落、金融危机间歇性发生、逆全球化趋势加剧、全球两极分化加深，这是当代资本主义系统性危机生成的基本背景。《资本论》中的剩余价值理论是解剖当代资本主义系统性危机的一把钥匙，为了最大限度地追求剩余价值，当代资本主义的生产过程和劳动过程都发生了重要变化，剩余价值在时空上的生产与分配加剧了资本主义制度矛盾及其脆弱性,在多个方面埋下了系统性危机爆发的诱因。当代资本主义系统性危机是各种问题长期积累的结果,爆发将可能性转化成现实性,需要深入研究这种转化条件;同时,系统性危机的触发机制多样,总体上分为经济决定论和其他因素决定论,由此形成两种路径,需从经济基础与上层建筑展开研究。

从《资本论》资本积累停滞解剖当代资本主义系统性危机的动态演化。《资本论》中的资本积累理论认为,资本主义制度平稳发展关键在于资本积累能持续进行,而当代资本主义经济、政治、社会、文化、生态等危机在时间和空间上既有继起性,也有并存性,相互交织和渗透,作为系统性危机的重要组成部分,它们在社会发展的不同阶段表现出来的内容并不一样,之所以存在这种现象,其根本原因是资本积累方式的调整。当代资本主义系统性危机是一个动态演化过程,从资本积累的停滞和修复视角展开,建构"五位一体"模式,分析资本政治、资本社会、资本文化和资本生态之间究竟是什么样的关系,为什么既能够从单一角度对危机形成刚性效应,又能够从多元交叉对危机形成黏性效应,从而揭示出危机动态演化的内在机理。从资本主义体系内外两个方面探讨资本积累理论视域下资本主义系统性危机的扩散过程,内部体系不同国家在制度和结构上具有相似性,因此更容易产生连锁效应;在经济全球化和资本价值观输出影响下,外部体系也会受到系统性危机感染和风险植入。

从剩余价值生产分割修复研究当代资本主义系统性危机的应对可能。结合"生产过剩论""有效需求不足论""权力垄断论""社会风险失控论"等观点,围绕资本主义制度的基本矛盾重新研究当代资本主义系统性危机的本质,马克思指出这是"由制度决定的资本最大限度追求剩余价值对各方利益平衡的全面破坏"[①]。根据唯物辩证法阐释当代资本主义系统性危机的双重作用,不仅对资本主义制度造成严重消极影

---

① 卢江:《马克思经济危机理论释义及其当代价值》,《经济学家》2019年第8期。

响，同时对旧制度产生积极影响，颠覆了原有不合理的社会经济结构，在一定程度上改善了社会治理能力，但就其总体而言，负面作用大于正面作用，资本主义制度日益分裂，由此带来制度转型。关于系统性危机后当代资本主义的未来走向，"崩溃终结论"认为尽管资本主义制度没有立即终结，但其核心体系已然崩溃，被取代只是时间问题；"调节复兴论"认为可以通过社会福利改善和民主政治修复系统性危机；"第三条道路论"认为经济民主模式是系统性危机后资本主义制度的必然选择，比较三种理论体系的异同，重新思考系统性危机后政府与市场在资源配置方面的关系。

  从当代资本主义系统性危机研判世界格局变化。当代资本主义系统性危机对资本主义主导的现代世界体系影响，一方面，西方国家想要维系以资本主义制度为核心的格局难以为继；另一方面，不会放任体系崩溃，在复杂矛盾和历史经验的驱动下可能会采取激进措施转嫁危机，如逆全球化和贸易保护主义、局部军事行为等。当代资本主义系统性危机加剧了西方发达国家内部矛盾和冲突，资本主义制度也终将在系统性危机的一次次冲击下陷入泥潭，资产阶级执政者无论采用什么样的手段和工具，从根本上来说，是不可能化解得了资本主义制度的内在弊病的。马克思关于"资本主义制度必然灭亡，社会主义必然胜利"的科学论断一定会被人类社会历史所确证。

第一章

《资本论》关于资本主义经济危机的学理阐释

本章提要：马克思根据历史资料和自身观察深刻阐释了资本主义经济运行的内在动力和外在表现，揭开了资本主义经济的痼疾，建构了经典的经济危机理论。马克思在《资本论》中描述了资产阶级取得政权后所经历的几次代表性危机，包括1825年第一次总危机、1847年商业危机、1857年美国危机、1861—1865年棉业危机等。马克思从三个方面论述了资本主义经济危机的形成原因，包括经济危机产生的可能条件和现实条件、生产过程中断和流通过程困难的直接原因，以及资本主义生产方式中资本追逐剩余价值目的的根本原因。马克思在《政治经济学批判》中详细分析了商品买卖分离现象所蕴含的危机可能性，并且指出了货币流通作为经济危机发生的必要非充分条件，"可以有货币流通，而不发生危机，但是没有货币流通，却不会发生危机"。危机由可能的潜在性转化为现实的必然性只能从资本主义生产的现实运动、竞争和信用中引出。恩格斯明确指出社会消费水平低下是经济危机的一个先决条件。根据资本的性质和运行领域，经济危机不仅包括农业危机、工业危机、商业危机和金融危机，还包括周期性危机、结构性危机、区域性危机、世界性危机、同期性危机、非同期性危机等。马克思和恩格斯在彻底完成经济学研究方法论转向后，摒弃了对经济危机功能单一片面的错误判断，形成了危机蕴含积极和消极两方面作用的科学研究，深刻揭露了资本主义制度必然产生危机，又不得不借助危机进行自我变革的发展规律。《资本论》及其手稿中关于资本主义经济危机的阐释,为解剖资本主义系统性危机提供了剩余价值学说这一分析基石。

1867年,《资本论》第一卷在马克思亲自编辑整理下正式出版,这部伟大的著作注定要展示出它无与伦比的理论价值和强大的实践指导价值。马克思从资本主义经济制度的前史出发,以商品为叙事起点,详细研究了价值、货币、劳动力、资本等基本范畴,进一步提出了剩余价值理论,从而揭示了资本主义制度内在矛盾不可调和必然导致经济危机的规律。马克思和恩格斯多次强调,现代意义上的经济危机是从1825年开始的,《资本论》不仅用大量的史实材料向人们重现了资产阶级取得政权后的经济危机图卷,而且通过严谨的理论逻辑向人们娓娓道出资本主义经济危机的特征、类型和演化路径与影响。马克思高度肯定了资本主义生产方式对世界历史进程的积极作用,同时通过危机控诉资本主义生产方式违背人的全面自由发展。

第一节 资本主义经济危机的历史描述

相比早期政治经济学著作,马克思在写作《资本论》时已经彻底完成了唯物史观转变,并借助剩余价值理论构建起成熟的经济危机理论。为了更加直观地帮助人们理解资本主义经济危机理论,马克思运用了丰富的历史材料进行例证,这里,笔者概要摘述《资本论》中提到的四次危机。

一 1825年第一次总危机

马克思在和恩格斯及其他友人的交流中曾多次提到1825年在英国爆发的经济危机,并且称之为"第一次总危机"。1846年12月,马克思在致巴维尔·安年柯夫(Павел Анненков)的信中明确指出,"可以说,在1825年——第一次普遍危机时期——以前,消费的需求一般说来比生产增长得快，机器的发展是市场需求的必然结果。"① 恩格斯晚年调整了这一观点的表述，用"普遍的危机"取代了"总危机"，"自从1825年第一次普遍危机爆发以来，整个工商业世界，一切文明民族及其野蛮程度不同的附属地中的生产和交换，差不多每隔十年就要出轨一次"②。那么，1825年经济危机为什么会爆发，又给资本主义经济运行带来哪些影响呢？

19世纪初，英国的工业革命迎来了新的发展历程，工程师乔治·斯蒂芬森（George Stephenson）于1814年发明了蒸汽机车"旅行者号"，并于1825年在英国的第一条铁路上试车成功，这标志着人类交通运输业进入以蒸汽为动力的时代。当时的英国工业生产和商业流通呈现一派繁荣局面，人们陷入一片狂欢，特别是商品价格的高涨使英格兰银行的黄金储备总量不断增长，1819年，英格兰银行的黄金储备价值量为360万英镑，到1823年已经飙升至1270万英镑。此外，伦敦交易所里正在上演惊魂的一幕，在1821—1825年共发行了近5000万英镑总量的公债，这些公债主要流向了欧洲和中南美洲国家，成为购买英国制造商品的有力支撑。1824年，英国的棉纺织品输往中南美洲的价值量为150万英镑，次年便猛增到395万英镑，在大量购买需求的刺激下，英国的生产投资规模随之急剧扩张，使得原材料价格高涨，与此同时，供给超过了需求。1825年下半年，工业产出品价格不断下跌，经济危机这头"猛兽"终于张牙舞爪地出现在了历史的舞台上。

让人们意想不到的是，1825年经济危机的直接导火索是铁路公司的破产倒闭。因为蒸汽机的发明和成功应用，投资铁路成为当时最热衷的事。在当时的英国，铁路公司成立的速度令人咋舌，也创下了股市的狂热。然而，1825年，波耶斯铁路公司无法兑现发行的公司债陷入破产，从而引起了其他铁路公司倒闭的连锁反应，最终导致股市崩盘。同样坐立难安的还有大量的金融机构。由于铁路公司的纷纷倒闭，巨额投

---

① 《马克思恩格斯文集》第10卷，人民出版社2009年版，第46页。
② 《马克思恩格斯文集》第3卷，人民出版社2009年版，第556页。

资在铁路上的银行陷入亏损漩涡，加之储户们纷纷挤兑，不少银行被迫破产。1825年11月，威廉·埃尔福德爵士银行倒闭，紧接着，约克银行、波尔·桑顿银行相继宣告破产。银行倒闭不只使工厂主和商人纷纷破产，包括机器制造业和建筑业在内的几乎所有行业都遭遇到了前所未有的打击，整个英国处于极度恐慌和混乱之中。

1825年经济危机极大挫伤了英国锐气，重创了英国经济。例如，对纺织业来说，这场危机使纺织企业的开工率下降了一半，花边机的价格下跌了75%—80%。危机影响了棉花消耗量和棉布价格，前者下降了约50%，后者下跌了59%，棉布的出口量则从1824年的3.45亿码下降为1826年的2.67亿码。亚麻纺织品价格下降超过30%，纺织工人工资下降10%。对工商业来说，商品输出额大幅下降，"1825年的输出总额是38870851英镑，在这一年的商业危机以后，1826年的输出额下降到了31536724英镑。因此输出额缩减了7334127英镑。1836年的输出额是53368572英镑，在这一年的危机以后，1837年的输出额下降到了42070744英镑。因此，输出额缩减了11297828英镑。再没有比这更能说明问题的了"①。经济危机致使大量工商企业破产倒闭。据统计，仅1825年10月至1826年10月一年间，英国破产的工商业企业达到了3509家，失业危机随之而来。1826年兰开夏失业人数90000人，布拉克本失业11000人，约克失业15000人，而奥耳德姆则有一半居民挣扎在赤贫状态中。对金融业来说，到1826年年初，股票跌价造成了约达1400万英镑损失。英国的外国公债净损失达1000多万英镑。1824年年底至1825年年底，英格兰银行的黄金储备从1070万镑降至120万镑，1825—1826年，英国银行破产数量高达80家，甚至英格兰银行也一度岌岌可危。②

二 1847年商业危机

1847年秋，英国爆发了一场比1825年和1836年更加严重的经济危

---

① 《马克思恩格斯全集》第6卷，人民出版社1961年版，第389页。
② 金运：《经济危机理论》，吉林出版集团有限责任公司2014年版，第14—17页。

机，这次危机的波及范围非常广泛，不仅对欧洲很多国家造成了巨大影响，甚至还冲击了美国的社会经济，尽管仅持续了一年时间，但是这次危机可以称得上是第一次世界危机。恩格斯指出："这两次商业危机固然都是完全由工业品的生产过剩引起的，但在规模上根本不能同刚刚结束的危机相比。在这两次商业危机以后，输出额的缩减总数比1848年的输出额下降的总数大一倍，而1848年是这样一个年头，在这一年以前，亚洲市场就已为货物所充斥，发生了两次歉收，投机活动的规模达到空前未有的地步，在这一年中，旧欧洲的每个角落都掀起了革命！"①

在农业大丰收和铁路大规模建设的双重刺激下，尤其是在美国、法国、德国等国家的工业革命推动下，英国制造的商品出口量激增，英国国内工商业的繁荣吸引了大量金融资本参与，而这些资本流入美国又刺激了当地的工业发展。然而，随着1836年7月杰克逊政府颁布禁止购买国有土地投机通令，美国西部一些州的银行发生挤兑危机而纷纷倒闭，这直接影响了英国向美国的出口总量。1837年，美国从英国进口的商品下降了2/3，美国的进口商遇到了大麻烦，给进口商大量贷款的英国银行纷纷陷入债务危机。到了19世纪40年代，英国的工业革命基本完成，轻工业发展水平居世界领先，尤其是纺织业的劳动生产率极大提升，大量的产出能力仅靠国内市场无法消化，只能依赖出口。在欧美各国工业革命的助推下，修筑铁路的投资热需要大量的钢铁材料，英国的钢铁生产恰好满足了这些需求。根据相关统计数据，1847年英国的工业生产设备的数量相比1836年增长了50%，而随着欧美工业革命的持续推进，美国、德国、法国的工业产出能力日益扩张。以美国为例，美国的纺织业、冶金业和铁路投资急剧发展，工业发展速度已经超过了英国，主要的工业部门产量几乎增加了1—3倍，资本主义各国开始纷纷争抢世界市场。英国自身过剩的生产能力和其他国家的竞争很快引发了危机。1845—1846年，英国出口亚洲、欧洲、非洲和美洲的商品总

---

① 《马克思恩格斯全集》第6卷，人民出版社1961年版，第389页。

额大幅下降，使得英国整个工业生产下降了约 1/4，企业破产倒闭现象随处可见，大批工人失业。英国陷入工业危机的同时，农业和金融业也面临了危机。欧洲粮食歉收导致粮食市场投机活动猖獗，农产品价格上涨加剧了英国工业的危机。投机性活动进一步诱发了金融危机。[1] 英国不仅银根奇缺，信用几乎完全破产，法兰西银行的业务总量也从 27 亿法郎锐减至 18 亿法郎。

从 1847 年商业危机给各国造成的影响来看。对英国来说，工业生产下降了 1/3，商品价格下跌明显，其中，棉花下跌 37%，生铁下跌 31%、木材下跌 17%；对法国来说，1848 年法国工业生产暴跌了 50%，煤采掘量从前一年的 515 万吨下降到 400 万吨，铁则从 59 万吨下降到 47 万吨；对德国来说，由于工业保护的欠缺，德国遭到了更为严重的冲击，从其工业开工率中可见一斑。在克莱费尔德的 8000 台织机中，有 3000 台停工。科隆地区的 14 家工厂中停工的高达 11 家，而埃尔富特地区的工业几近瘫痪。美国在 1846 年拥有强大的生铁自产能力，达到了生铁进口量的 10 倍，但在 1851 年这一比例下降为 1∶1。此外，危机使人民生活陷于贫困之中。在英国兰开夏，棉纺织业工业中约有 70% 的人处于全失业或半失业状态，工人的工资降低了 10% 以上；在法国色当、圣太田和加莱，2/3 的工人没有工作，法国工人的工资甚至降低 50% 以上。1848 年 2 月和 3 月，法国巴黎和德国柏林相继爆发革命。[2]

三 1857 年美国危机

第一次工业革命的后起之秀美国于 1857 年爆发了大危机，这次经济危机直接促使马克思深入研究政治经济学理论，他于 1857 年 12 月致信斐迪南·拉萨尔（Ferdinand Lassalle）时指出，"目前的商业危机促

---

[1] 孙健等：《金融危机与国家安全》，经济科学出版社 1999 年版，第 68—69 页。
[2] 郑德明：《金融硝烟》，台海出版社 2016 年版，第 102—103 页。

使我认真着手研究我的政治经济学原理,并且搞一些关于当前危机的东西"①。这次经济危机被马克思称为"大危机",《资本论》第一卷中,马克思明确说,"1857年发生了一次大危机——工业周期每一次都是以这种危机而告终"②。

在1847年经济危机结束后,特别是进入19世纪50年代,随着交通运输业的改善整治,海外市场的扩张,资本主义经济贸易急剧增长,投资规模空前高涨,银行信贷不断膨胀,交易投机风险日益爆发。从美国的经济数据来看,对比19世纪40年代,其国民财富总量、对外贸易额、固定资产投资、加工业产业和煤产量都增加了1倍以上,此时的美国由农业国变成了农工业国,美国西部移民开发进入一个高潮。到了1856年秋天,金融危机相继在法国和德国爆发,作为欧洲大陆的主要投机中心,金融危机迅速影响了几乎整个西方世界。单从英国、美国、法国和德国的工业产值来说,四国总和占据了世界工业总量的80%,与生产过剩危机相伴的金融危机共同冲击了欧洲、北美、拉丁美洲和亚洲,造成了极大的负面冲击影响。③

美国仅在1857年破产倒闭的企业数量就接近5000家,但是受到英国商品的竞争,美国的冶金工业、纺织工业产能下降约30%,以铁路建设和造船业为代表的交通运输业也大规模停工,前者缩减近50%,后者则下降约75%,受此影响,煤矿减产、煤价暴跌。由于美国粮食大丰收以及欧洲粮食供应能力增强和俄国小麦出口竞争,粮食价格急剧下跌,引发了农业危机。此外,美国的银行系统也爆发了货币危机,银行系统几近瘫痪。根据数据,纽约63家银行中只有1家还能维系支付,银行的贴现率超过了60%,股市行情暴跌,损失50%以下,甚至当时铁路公司股票暴跌了80%。英国、德国和法国的情况同样不容乐观。随着美国危机蔓延,在美投资的很多英国公司和银行也纷纷破产。统计

---

① 《马克思恩格斯全集》第29卷,人民出版社1972年版,第527页。
② 《马克思恩格斯文集》第5卷,人民出版社2009年版,第769页。
③ 孙健等:《金融危机与国家安全》,经济科学出版社1999年版,第70—71页。

数据显示，1857年危机中英国企业破产的损失总量是1847年危机的1倍，而在美投资的英国有价证券贬值使得英国银行的贴现率也随之提高10%，仅破产的银行和有价证券的损失高达8000万英镑，危机造成的总损失则达到30000万英镑左右。德国汉堡是一座贸易中心城市，这里因商品贸易而兴起的信贷贸易使得交易所繁荣发展，如今交易所深陷混乱，大量的银行和工商业企业因为资金而倒闭，银行的贴现率提高12%。德国棉纺织工业企业生产仅在1857年就减少了28%，其他的诸如机械、冶金等制造业的生产也都大幅下降。法国在1856—1858年2年间统计的破产事件超过12000起，信用公司的股票价格下降了64%，法兰西东方铁路公司的股票下降了30%以上，铁路建设减少了2/3以上，随之而来的是冶金工业大幅衰退。纺织工业的大面积破产导致工人生活遭遇困难，英国、法国、美国和德国的工人都不能幸免。①

四 1861—1865年棉业危机

《资本论》第三卷第一篇第六章为了揭示价格变动对利润率的影响，马克思专门从《工厂视察员报告》中把1861—1865年的棉业危机材料摘编出来，这次棉业危机可以说是《资本论》正式问世之前资本主义国家遭遇的影响范围最广、波及面最宽的危机，被马克思誉为"可怕的危机"。马克思指出，"在1861年至1865年的可怕的棉业危机时期，也发生了同样的现象，不过规模比较小"②。其实，早在1861年年初，马克思致信斐迪南·拉萨尔的时候已经预判到了此次危机的可怕，"美国的奴隶占有制危机几年之后将在英国导致可怕的危机；曼彻斯特的棉花巨头现在就已开始战栗了"③。在1861年年底，马克思提到了国际形势说："目前，英国不存在能引起普遍注意的政治性问题。吸引着

---

① 孙健等：《金融危机与国家安全》，经济科学出版社1999年版，第70—71页；郑德明：《金融硝烟》，台海出版社2016年版，第103页；刘上洋等：《中外应对危机100例》，江西教育出版社2009年版，第64—65页。
② 《马克思恩格斯文集》第5卷，人民出版社2009年版，第279—280页。
③ 《马克思恩格斯全集》第30卷，人民出版社1975年版，第574页。

全国注意的,有法国的财政、商业和农业的危机,有英国的工业危机,有缺棉问题,有美国问题。"① 由此足以看出这次危机所涉及的国家和领域的范围之大。例如,这里所说的美国问题是指美国南北战争,发生于1861年4月至1865年4月,刚好也是此次资本主义经济危机爆发的时间。当然,对于美国危机来说有其特殊性,马克思解释说:"目前美国所遭到的危机,是由双重原因即军事的和政治的原因引起的。……危机的军事原因在某种程度上是和它的政治原因联系着的。"② 显然,棉业代表的经济已经与军事、政治相互交织,引发了这次可怕的危机。

《资本论》第三卷中明确列出了1861—1865年棉业危机所带来的冲击,摘抄如下:

1. 失业人数增加

1848年5月,曼彻斯特全部棉纺织业工人中有15%失业,12%做短时工,70%以上做全日工。1862年5月28日,15%失业,35%做短时工,49%做全日工……在邻近地区,例如斯托克波特,半失业和全失业工人的百分比更高,充分就业的百分比更低。"③

1862年10月,"在兰开夏郡和柴郡的棉纺织业工人中,当时充分就业的有40146人,占11.3%;半就业的有134767人,占38%;失业的有179721人,占50.7%。如果在这里去掉有关曼彻斯特和博尔顿的统计数字(那里主要纺细纱,这种部门受棉荒的影响较小),那么情况就更不妙,就是说,充分就业的占8.5%,半就业的占38%,失业的占53.5%"。④

2. 工人工资降低

1863年4月,"同1861年的工资水平相比,现在工资平均降低了20%,有些地方降低了50%"。"甚至在做全日工的地方,工资也少得

---

① 《马克思恩格斯全集》第15卷,人民出版社1963年版,第377页。
② 《马克思恩格斯全集》第15卷,人民出版社1963年版,第556—557页。
③ 《马克思恩格斯文集》第7卷,人民出版社2009年版,第147页。
④ 《马克思恩格斯文集》第7卷,人民出版社2009年版,第147页。

可怜。棉纺织业工人对任何一种公共工程，例如挖沟、修路、碎石、铺砌街道，无论哪里需要他们，都愿意干，为的是由此得到地方当局的救济……整个资产阶级的眼睛都盯着工人。如果对工人提出了微薄不堪的工资，而工人拒绝接受，救济委员会就把他的名字从救济名单上勾销。"①

"从危机开始到1863年3月25日，济贫所、中央救济委员会、伦敦市政厅发放的款项已近300万镑。""由于纺海岛棉改为纺埃及棉，纺纱工人的工资间接降低了15%……在一个废棉大量地同印棉混合使用的广大地区，纺纱工人的工资降低了5%，此外，由于加工苏拉特棉和废棉，工资又损失了20%—30%。"②

由此可以看出，经济危机以经常性、反复性出现在资本主义国家日常运行中，给人们的生产生活带来负面影响，对此，资产阶级似乎并没有灵丹妙药来阻止下一次危机的到来，说到底，这是由于经济危机有其特殊的形成原因。

第二节 资本主义经济危机的形成原因

马克思和恩格斯就经济危机产生的原因进行了大量讨论，从他们的书信往来可以证明这一点，且从经典文献的内容来看，关于经济危机原因的论述是在不断丰富完善的，这说明危机爆发的原因比较复杂。但经济原理告诉人们，总的来说，无非就是商品生产、分配、交换和消费中的某环节出现问题，导致经济秩序难以为继。

一 《资本论》书信集对经济危机原因的解读

《马克思恩格斯〈资本论〉书信集》是由中共中央马克思恩格斯列

---

① 《马克思恩格斯文集》第7卷，人民出版社2009年版，第148—149页。
② 《马克思恩格斯文集》第7卷，人民出版社2009年版，第152页。

宁斯大林著作编译局于1975年12月整理编辑的,由人民出版社于1976年出版,反映马克思和恩格斯对《资本论》中相关经济理论问题讨论沟通往来的信件集,其中包括他们对经济危机的历史和原因的讨论。为了比较马克思《资本论》第一卷正式出版前后对经济危机原因解析的差异,本部分梳理摘编马克思和恩格斯在1867年之前书信中涉及的经济危机内容,以片段形式呈现。

片段1:与货币流通理论相关的危机

"当贵金属减少时,应当扩大自己的贴现业务,而当贵金属增加时,贴现业务仍应照常进行,以避免不必要地加剧即将到来的商业危机。"①

"信用制度固然是危机的条件之一,但是危机的过程所以和通货有关系,那只是因为国家政权疯狂地干预通货的调节,会使当前的危机进一步加剧,就像1847年那样。"②

"通货随着商业活动量的减少而同时减少,随着货币紧迫的加剧,通货的一部分将成为过剩。当然,这种减少只有到最后,在货币紧迫严重的情况下,才能感觉得到,但是整个说来,这个过程从货币紧迫初期就发生了,虽然在事实上不能把它详细指明。由于一部分通货的这种被闲置不用是其余一切商业关系的结果,是与通货无关的货币紧迫的结果,而其余一切商品和商业关系受到货币紧迫的影响比通货早,同时,由于通货的这种减少只是在最后才能实际感觉到,所以,通货自然是在最后才受到危机的影响。"③

"我认为,任何想迅速地、恒久地降低利率的企图,都必然要遭到失败,因为在每一次革命爆发和营业停滞的时期,那些暂时手头拮据、处境困难,也就是说一时不宽裕的人对于高利贷和信贷的需求都不断增加。即使算做借款的实际报酬的那一部分利率可以借助于大量资本而减少,作为偿还贷款的保险的那一部分利率也仍然存在,而且恰恰在危机

---

① 《马克思恩格斯文集》第10卷,人民出版社2009年版,第69页。
② 《马克思恩格斯文集》第10卷,人民出版社2009年版,第70页。
③ 《马克思恩格斯文集》第10卷,人民出版社2009年版,第76页。

时期会大大地增长。""蒲鲁东太天真了。'个人信贷是在或者应该在工人协会中采用。'这就是说，两者必须择一：或者是由国家对这些协会进行监督、最终管理并制定规则，而蒲鲁东是不愿意这样做的，或者是玩弄一场组织协会的绝妙的骗局，在无产阶级、流氓无产阶级和小资产阶级的基础上重演 1825 年和 1845 年的骗局。"①

片段 2：商业危机

"这里的危机到底怎样发展，还很难说。上个星期，因为女王的缘故，没有发生什么事情。这个星期事情也不多。但是市场上工业品价格看跌，原料价格依然稳定。在几个星期内两者的价格都将大跌，而就目前估计，工业品价格极有可能比原料价格跌得更多，所以纺纱业主、织布业主、印花布业主都赚不了多少钱。这已经很成问题了。但是美国市场有不再进货的危险。德国来的消息也不太妙。市场的萎缩如果继续发展下去，那么我们在几星期之后就可以看到末日的开始。美国的紧迫和破产（负债总额为 1600 万美元）已经是真正开始，或者只不过是暴风雨的信号，还很难说。至少在这里已经出现暴风雨的十分明显的征候。制铁业完全陷于瘫痪，纽波特的两家专门给制铁业提供资金的银行倒闭了；除了在伦敦和利物浦最近有企业倒闭之外，格拉斯哥的一个油脂投机商现在破了产，奥康瑙尔和哈尼的朋友、伦敦证券交易所的托马斯·奥尔索普先生也破了产。我今天没有看到关于毛纺织业、丝纺织业和金属制品业等地区的报道，这些部门的情况显然也不太好。无论如何，目前存在着种种征兆，这是再也无可怀疑的了；已经可以预见到，甚至几乎可以有把握地说，大陆上明年春季的动荡将和非常严重的危机同时到来。甚至澳大利亚看来也帮不了什么忙，从加利福尼亚开发以来，开采金矿已经不是新行业了，世界对它已经不感兴趣；它开始变成一种普通的行业，而周围的市场本身商品过剩，以致如不大大地减少它们本身的过剩商品，就会造成 15 万人口的新南威尔士严重的商品过剩。"②

---

① 《马克思恩格斯文集》第 10 卷，人民出版社 2009 年版，第 85—87 页。
② 《马克思恩格斯全集》第 48 卷，人民出版社 2007 年版，第 415—416 页。

"据恩格斯对我讲,现在西蒂区的商人也同意我们的看法:由于各种各样的事件(例如也包括政治上的种种担忧,去年棉花的高价)等等而被抑制住的危机,最迟在明年秋天一定会爆发。根据最近一些事件,我比任何时候都更相信,没有商业危机,就不会有重大的革命事件。"①

"遗憾的是,商业危机和议会解散同时出现的希望不大。这里商业仍然繁荣。来自美国的消息非常好。危机之所以推迟并且还能再推迟一些时候,是由于:(1)加利福尼亚——无论是到那里去做生意,或是大量黄金转入流通,或是往那里移民,总之,加利福尼亚给整个美国很大刺激;(2)1849年和1850年高昂的棉花价格对棉纺织工业是一种束缚,这个产业从1851年春天才开始迅速发展起来;(3)棉花价格一年半以来几乎暴跌50%。……(4)对投机的普遍恐惧,而这种恐惧使人甚至连金矿和航运都不愿意继续经营下去。……这样,1852年11月至1853年2月这段时间是最可能爆发危机的时候。不过这一切只是推测而已,危机同样也可能在9月就发生。而这次危机将是很可观的,因为从来没有过这样大量的各种商品投入市场,也从来没有过这样大量的生产资料。"②

"看来危机确实已经临近,即使最近的破产仅仅是危机的预兆。可惜,德国东北部、波兰和俄国的收成前景还不错,有些地方甚至很好。……货币市场的不大的恐慌看来已经过去,统一公债和铁路股票又迅速上涨,银根松动,投机仍然主要涉及谷物、棉花、轮船、矿业等等方面。……我不相信繁荣时间会超过10月或11月,……至于危机是否马上会导致革命(所谓马上,是指6—8个月),这主要取决于危机的强度。……如果危机成为慢性的,而收成终究比预期的要好一些,那么,这可能还要拖到1854年。……加利福尼亚和澳大利亚——这是在《宣言》中没有预见到的两个场所:从无到有建立起来了新的大市场。

---

① 《马克思恩格斯全集》第48卷,人民出版社2007年版,第468页。
② 《马克思恩格斯全集》第49卷,人民出版社2016年版,第70—71页。

这是必须注意到的。"①

"如果下次危机不严重，波拿巴就能渡过难关。但是，看来危机将非常严重。危机最坏的形式是：生产中的过度投机活动发展缓慢，因此它的后果要若干年才能表现出来，正像它的后果在商品和有价证券的交易中需要若干月才能表现出来一样。……一旦危机来临，这里的情况会很妙，只不过希望危机再晚一点到来，变成一种带有急性病症状的慢性病，就像1837—1842年的情况那样。"②

"如果明年谷物歉收，那么我们将经历一场大动乱。没有谷物歉收，很难说明年是不是就会发生什么重大事情，因为还有下述这些不正常的情况，即：澳大利亚和加利福尼亚的市场如雨后春笋般地生长起来，在这些市场里，每个个人的消费量几乎等于其他地方的四倍，因为那里几乎没有妇女和儿童，在城市里，大量黄金被挥霍掉；加尔各答的商行已在缅甸开辟新的市场；孟买和卡拉奇同印度东北地区以及同邻国的贸易日益扩大（尤其是与邻国的贸易大大地扩大了），等等。"③

片段3：投机危机

"在德国，投机狂的确还从来没有这样盛行过。……现在正进入这个投机狂的最后阶段：俄国正在输入资本和投机；而由于它的国土广大，要修筑的铁路长达数百英里，投机看来将大大发展，很快就要完蛋。……这一次的崩溃将是前所未闻的；一切因素都已具备：激烈紧张，广泛普遍，一切有产的和统治的社会阶层都牵涉进去。……由于铁路建筑方面的投机狂，工业生产也过分地膨胀起来。"④

"贴现率的提高，不论其原因如何，总是在加速巨额投机活动的崩溃，特别是巴黎的大 pawningshop 的崩溃。我不认为，一场大的金融危机的爆发会迟于1857年冬天。……英国大部分资本贷给了大陆各国，

---

① 《马克思恩格斯全集》第49卷，人民出版社2016年版，第203—204页。
② 《马克思恩格斯全集》第49卷，人民出版社2016年版，第246页。
③ 《马克思恩格斯全集》第49卷，人民出版社2016年版，第246页。
④ 《马克思恩格斯全集》第29卷，人民出版社1972年版，第41—42页。

他们的工商业活动的'健康的'过度的发展（今年输出可能达到一亿一千万英镑）是建筑在大陆的'不健康的'投机上面的，……不论怎样，与以前的危机不同，法国这一次发明了一种形式，使投机狂能够广泛发展并风行于全欧洲。与圣西门主义的诡计、交易所的投机和帝制不同，英国本国的投机似乎恢复了简单的、毫不掩饰的欺骗的原始形式。……英国人在国外按照大陆的方式进行投机，而在自己家里又转回到简单的欺骗，这些先生正是把这个事实称之为'健康的商业状况'。"①

"金融市场乌云压顶，……值得注意的是，上星期二人们从英格兰银行提走一百万黄金。看来很像是事情现在就开始了；但是这可能还只是序幕。从理论上来说，在崩溃发生以前，俄国先应当完全被卷入投机狂。可是看来不能期望这一点，不过这样或许还要更好一些。这里还有一种东西对投机很有妨碍，那就是一切原料，特别是生丝、棉花和羊毛的价格很高；……我很想知道，英国有多少大陆的投机股票；我想，数量是很大的。这一次将是从来没有过的末日审判：全欧洲的工业完全衰落，一切市场都被充斥（现在就已不能再运什么东西到印度去了），一切有产阶级都被卷入旋涡，资产阶级完全破产，战争和极端的混乱。"②

"这次危机的发展有些特点。法国和德国的股票投机几乎已有整整一年处于危机前状态；只是现在，股票投机才在这种投机的中心纽约急剧地低落下来，因而在一切地方，决定性的时刻都已到来。值得注意的是，美国佬虽然一向利用外国资本进行投机，这一次却特别利用大陆的资本进行投机。……由于大陆的股票投机还处于危机前状态，同时，它与美国投机的直接接触少，因而美国的投机活动对大陆还没有立即产生破坏性影响，但是，这种影响不久就会表现出来。除股票以外，投机活动已涉及所有的原料和殖民地商品，因而也涉及所有那些价格受原料价格很大影响的工业品；同时，产品越接近于原料，这种原料越贵，投机

---

① 《马克思恩格斯全集》第29卷，人民出版社1972年版，第72—73页。
② 《马克思恩格斯全集》第29卷，人民出版社1972年版，第75—76页。

活动涉及的程度也就越大。""在第一次冲击时就马上需要使银行法暂停生效,这正预示着这种危机将有辉煌的发展。因此,英格兰银行本身就直接卷入危机。而在1847年,还能够把1845年开始的这种过程拖延一个时期,只是在最后的和最严重的时刻才采取这种措施。……到目前为止,还没有过一次危机这样迅速地一下子停止,而当前的危机是在十年繁荣和投机之后出现的,就更不可能这样。同时,现在已不再有新的澳大利亚和加利福尼亚来挽救局势了,而且中国约有二十年陷在泥坑里。但是这第一次打击的力量表明,事态发展到多么大的规模。……但愿这种朝向慢性危机的'改善',能够在决定性的主要的第二次打击到来以前出现。……1848年我们曾说过,现在我们的时代来了,并且从一定意义上讲确实是来了,而这一次它完全地来了,现在是生死的问题了。"①

"生产过剩从来还没有像这次危机中这样普遍;……或多或少地扩大信贷,一向是掩盖生产过剩的一种形式,但这一次,它却表现在开空头期票这种十分特殊的做法上。……而且到处都有许许多多空头期票流通,济费金公司、西勒姆公司、卡尔—乔斯林公司、德莱柏—皮埃特罗尼公司,以及其他一些伦敦的公司,都因此倒闭。……总之,每个公司的活动都超出了自己的能力,即营业活动过度扩大。可是,虽然营业活动过度扩大不是生产过剩的同义语,但它们实质上是一回事。……由于生产增长,消费也增长起来,但远不如生产增长得那么多,譬如说,增长百分之二十五。过了一定时期,必然会形成商品的积存,这种积存即使在繁荣时期也要比实际的,也就是说平均的需要量多出百分之二十五。即使作为商业的测量仪的金融市场没有对危机作出预报,仅仅上述的情况已经足以使危机爆发了。一当危机来临,除了这百分之二十五以外,至少还有百分之二十五的各种生活必需品的储存会成为市场上的滞销货。这种因扩大信贷和营业活动过度扩大而造成生产过剩的情形,在当前的危机中,可以仔细地加以研究。"②

---

① 《马克思恩格斯全集》第29卷,人民出版社1972年版,第199—200、202—204页。
② 《马克思恩格斯全集》第29卷,人民出版社1972年版,第221—222页。

二 从潜在可能到现实爆发

危机可能性和现实性的前期研究（1844—1861年）。早在《英国工人阶级状况》中，恩格斯就提出了周期性危机，"个别的小危机一天天地汇合起来，逐渐形成一连串的定期重演的危机。这种危机通常是每隔五年在一个短短的繁荣和普遍兴旺的时期之后发生"①。"事情就这样不断地继续下去，繁荣之后是危机，危机之后是繁荣，然后又是新的危机。"② 恩格斯从工业和竞争的现实出发得出了这一结论。在虚拟资本和信贷为杠杆的背景下，企业的生产过剩日益明显，商业危机在理论上成了一种可能，正如恩格斯所言，"而如果他们不能把买进的商品迅速地转卖出去，那就得宣告破产"③。这一判断揭示了商品的买卖分离对危机产生的重要影响。马克思和恩格斯在1850年11月合写的《国际述评（三）》中指出，"危机本身首先爆发在投机领域中，后来才波及生产。因此，从表面上看，似乎爆发危机的原因不是生产过剩，而只不过是作为生产过剩征兆的过份投机，似乎跟着而来的生产解体不是解体前急剧发展的必然结果，而不过是投机领域内发生破产的简单反映"④。显然，根据前述内容，将作为表象的生产过剩看成危机爆发的原因是不妥的，但是马克思敏锐地抓住了投机狂热成为危机爆发点的现实特征。追根究底，投机是以商品买卖分离为重要支撑的，这才是危机可能产生的根源。马克思在《政治经济学批判》中已经深入分析了商品买卖分离现象所蕴含的危机可能性，强调以货币为媒介的商品流通 W－G－W 分裂为两个过程，"买和卖在交换过程中的分裂，……是商业危机的一般可能性"⑤。"分解 W－G 和 G－W，这是最抽象和最表面的形式，在

---

① 《马克思恩格斯全集》第2卷，人民出版社1957年版，第367页。
② 《马克思恩格斯全集》第2卷，人民出版社1957年版，第369页。
③ 《马克思恩格斯全集》第2卷，人民出版社1957年版，第368页。
④ 《马克思恩格斯全集》第10卷，人民出版社1998年版，第575页。
⑤ 《马克思恩格斯全集》第31卷，人民出版社1998年版，第491页。

这个形式中已经表现出危机的可能性。"① 不仅如此，马克思还从商品转化为货币、货币承担商品交换媒介以及货币执行支付手段研究危机的可能性，这一判断不仅基于历史逻辑——对经济史资料的考证，也是在理论逻辑指导下得出的，"可以有货币流通，而不发生危机，但是没有货币流通，却不会发生危机"②。这一判断被很多人忽视，笔者认为，马克思在这里已经认知到货币流通危机发生条件的复杂性，实际上也正是如此，他在正式出版《资本论》中对这个问题作了大量的调查和研究。比如，马克思多次致信恩格斯讨论货币流通问题，而且马克思本人对重农学派代表性人物弗朗索瓦·魁奈（Francois Quesnay）的《经济表》给予了高度评价，这里就涉及此处所讲的货币流通作为危机的必要非充分条件，当货币介入社会关系时，商品生产和交换就新增了环节，导致整个系统出现不稳定性。正如前述所言，单单就货币是否能顺利实现流回已经成为一个巨大难题。

1857 年经济危机是 19 世纪影响最深的危机之一，在灾难来临前夕，马克思敏锐地捕捉结构比例失衡是现实危机的重要特征，针对法国当时的金融领域危机指出，"几乎现代每一次商业危机都同游资和固定起来的资本之间应有的比例关系遭到破坏有关"③。在 1858 年《英国的贸易和金融》一书中，马克思思考为什么资本主义生产方式下会经常性地出现以普遍自欺、过度投机和空头信贷为特征的危机，他指出"或者是社会能够控制这些社会条件，或者是这些社会条件是现在的生产制度所固有的。在前一种情况下，社会能够防止危机；在后一种情况下，只要这个制度还存在，危机就必然会由它产生出来，就好像一年四季的自然更迭一样"④。至此，马克思深刻批评了自由贸易派关于危机是过度投机和信贷泛滥的结果，只要控制信贷规模危机就能避免的错误观点，

---

① 《马克思恩格斯全集》第 29 卷，人民出版社 1972 年版，第 304 页。
② 《马克思恩格斯全集》第 31 卷，人民出版社 1998 年版，第 491 页。
③ 《马克思恩格斯全集》第 12 卷，人民出版社 1962 年版，第 37 页。
④ 《马克思恩格斯全集》第 12 卷，人民出版社 1962 年版，第 607 页。

他已经从资本主义制度所固有的社会经济条件出发，科学回答了危机的必然性。

马克思和恩格斯关于危机可能性和现实性的成熟论述。在《剩余价值理论》中，马克思从商品的形态变化和资本的形态变化分析了危机的可能形式，"只要危机不是同时以其简单的形式——买和卖矛盾的形式和货币作为支付手段的矛盾的形式——出现，那就不可能发生危机"①。简单的货币流通甚至有支付手段的货币流通早在资本主义以前就出现了，但并未必然导致危机，所以，马克思还要继续揭示危机产生的内在原因。历史表明，发达的商品流通和货币流通离不开资本，因此，理论上的潜在危机要转化为现实危机，"只能从资本主义生产的现实运动、竞争和信用中引出"②。这就要求我们必须从资本的特性中进行考察。马克思以具体的亚麻种植业、纺纱业、机器制造业、木材业、煤炭业等为例进行了论证，说明了"在资本主义生产中，我们已经看到了使危机可能性可能发展成为现实性的相互债权和债务之间、买和卖之间的联系"③。在商品的形态变化下，"危机的可能性，就其在形态变化的简单形式中的表现来说，仅仅来自以下情况，即商品形态变化在其运动中经历的形式差别"④，换言之，"危机的可能性只在于卖和买的分离"⑤。这被马克思称为危机两种形式中的第一种可能性。"在交换分成两种行为的分裂中，已经蕴藏着危机的萌芽，至少是危机的可能性，而这种可能性只有当取得典型发展的、与自身概念相符合的流通的各种基本条件已经存在的时候，才有可能成为现实。"⑥ 在资本的形态变化下，危机的可能性是双重的。第一重是针对货币执行流通手段而言，此时危机可能性包含在商品买卖分离中；第二重是针对货币作为支付手段的职能在

---

① 《马克思恩格斯全集》第26卷，人民出版社1973年版，第584页。
② 《马克思恩格斯全集》第26卷，人民出版社1973年版，第585页。
③ 《马克思恩格斯全集》第26卷，人民出版社1973年版，第584页。
④ 《马克思恩格斯全集》第26卷，人民出版社1973年版，第580页。
⑤ 《马克思恩格斯全集》第26卷，人民出版社1973年版，第580页。
⑥ 《马克思恩格斯全集》第30卷，人民出版社1995年版，第149页。

不同时刻分别起价值尺度和价值实现的作用,这被马克思称为危机的第二种可能。值得注意的是,马克思认为,"在没有信用的情况下,在没有货币执行支付手段的职能的情况下,也可能发生危机。但是,在没有第一种可能性的情况下,即在没有买和卖彼此分离的情况下,却不可能出现第二种可能性"①。

在《资本论》及其手稿中,马克思特别注重再生产与经济危机的关系。首先,再生产过程的比例失调导致经济危机,由于比例失调,资本会在不同的生产领域转移,这背后是以资本竞争为特征的,"它是以平衡的对立面为前提的,因此它可能包含危机"②。马克思在《政治经济学批判(1861—1863年手稿)》中指出,再生产过程所依据的一定比例关系遭到破坏,就会产生新的失调,从而产生危机的可能性,"这种比例失调现象不仅会发生在固定资本和流动资本之间(发生在它们的再生产中),可变资本和不变资本之间,不变资本各部分之间,而且也会发生在资本和收入之间"③。其次,再生产中由资本价值波动产生的危机,马克思指出现有资本的周期贬值"会扰乱资本流通过程和再生产过程借以进行的现有关系,从而引起生产过程的突然停滞和危机"④。另外,当一定的、预定的价格关系受到波及时,再生产过程同样会遭遇负面冲击,从而"会使货币的那种随着资本的发展而同时出现的并以这些预定的价格关系为基础的支付手段职能发挥不了作用,会在许许多多点上破坏按一定期限支付债务的锁链,而在随着资本而同时发展起来的信用制度由此崩溃时,会更加严重起来,由此引起强烈的严重危机"⑤。除此之外,恩格斯还对经济危机从可能性转化为现实性做了一些补充研究,例如,他在《反杜林论》中指出,"群众的消费不足,也是危机的

---

① 《马克思恩格斯全集》第26卷,人民出版社1973年版,第587页。
② 《马克思恩格斯全集》第26卷,人民出版社1973年版,第595页。
③ 《马克思恩格斯全集》第37卷,人民出版社2019年版,第440页。
④ 《马克思恩格斯文集》第7卷,人民出版社2009年版,第278页。
⑤ 《马克思恩格斯文集》第7卷,人民出版社2009年版,第283页。

一个先决条件，而且在危机中起着一种早已被承认的作用"①，这说明危机转化为现实性的必要前提。至于货币危机发生的现实性，恩格斯在《卡·马克思"资本论"第一卷提纲》中引用马克思的原文再次明确强调"这种货币危机只有在一个接一个的支付的锁链和抵消支付的人为制度获得充分发展的地方，才会发生"②。

第三节 资本主义经济危机的双重影响

在资本主义经济运行过程中，危机始终是不可回避的议题，然而，马克思和恩格斯并非一开始就建立了科学的危机理论，特别是在危机会产生怎样影响的问题上，他们是从带有黑格尔主义色彩的思辨逐渐转向唯物史观认识的，这对于我们准确把握危机作用具有重要启示意义。在没有形成辩证唯物主义方法论之前，马克思和恩格斯对经济危机的破坏作用寄予厚望，但经济危机却一次次地调整了资本主义经济混乱的秩序，马克思和恩格斯从而意识到危机的另一种功能，形成了辩证科学的危机功能认识。

一 危机对资本主义生产秩序的颠覆

马克思和恩格斯早期对危机抱有过高期望，将其视为促进社会革命的工具，这通常被学界定义成是资本主义制度的一种诅咒，马克思和恩格斯之所以带有主观情绪判断，是因为他们此时尚未形成科学的分析方法。"英国所患的社会病的进程和身体生病的进程是一样的；这种病症按照一定的规律发展，它有它的危机，危机中最后和最厉害的一次就决定患者的命运。因为英国这个国家不会在这次最后的危机中灭亡，相反地一定要从危机中复活更新，所以我们对于使这个病症达到顶点的一切

---

① 《马克思恩格斯文集》第9卷，人民出版社2009年版，第302页。
② 《马克思恩格斯文集》第5卷，人民出版社2009年版，第162页。

因素都只能感到高兴。"① 恩格斯虽然认识到了危机的周期性存在，但也明显流露出对危机的过高期望。对危机功能的片面认知导致马克思和恩格斯迫切期望危机早日到来，这使得他们对危机爆发时间存在错误判断，最具代表性的相关论述是在 1850 年前后。

在《1848 年至 1850 年的法兰西阶级斗争》中，马克思强调，"新的革命，只有在新的危机之后才可能发生。但它正如新的危机一样肯定会来临"②。由此可以看出，马克思过高地估计了危机的破坏力，并且在《国际述评（一）》中，马克思和恩格斯继续秉持这一判断，指出投机和生产恐慌"可能就发生在春末，最迟不过七八月。不过，这次危机由于必然同大陆的重大冲突一起爆发，其后果将与以前历次危机完全不同"③。甚至到了 1850 年 3 月中旬至 4 月 18 日，马克思和恩格斯写作《国际述评（二）》时更加强调，"目前即将爆发的商业危机，就其影响来说，比以往任何一次都会严重得多。商业危机将同从英国废除谷物税时起就已经开始，并且由于最近丰收而愈益严重的农业危机一起爆发。英国第一次同时经受工业危机和农业危机。英国的双重危机，由于大陆即将同时发生动荡而变得更迅猛、更广泛和更危险，大陆的革命，则由于英国危机对世界市场的冲击而会具有比以往更鲜明的社会主义性质"④。这时马克思和恩格斯明确提出危机导致社会主义革命的出现，显然已经产生了制度诅咒式的判断。然而 1850 年的现实情况和马克思的预期存在明显差距，这也是为什么马克思从 1850 年 1 月到 11 月用了将近 1 年时间写作《1848 年至 1850 年的法兰西阶级斗争》一书，同时在 1850 年下半年，马克思重新回到经济理论的研究中，对危机问题的分析暂时告一段落。

1851 年，马克思和恩格斯再次高度关注危机，他们"在整个 1851

---

① 《马克思恩格斯文集》第 1 卷，人民出版社 2009 年版，第 437 页。
② 《马克思恩格斯全集》第 10 卷，人民出版社 1998 年版，第 229 页。
③ 《马克思恩格斯全集》第 10 卷，人民出版社 1998 年版，第 275 页。
④ 《马克思恩格斯全集》第 10 卷，人民出版社 1998 年版，第 357 页。

年都充满着等待作为革命形势前奏的危机到来的心情"①。这可以从他们这一年的通信中得到确证,一方面,在 7 月底马克思就满怀信心地期待经济危机,然而到 12 月底危机还没有出现;另一方面,恩格斯在 10 月预判危机将在 1852 年春季爆发,"已经可以预见到,甚至几乎可以有把握地说,大陆上明年春季的动荡将和非常严重的危机同时到来"②。而马克思于 1851 年年底致信费迪南·弗莱里格拉特(Ferdinand Freiligrath)指出危机最迟在 1852 年秋天一定会爆发,而且他"比任何时候都更相信,没有商业危机,就不会有重大的革命事件"③。事实上,1852 年经济危机并没有预期到来,马克思和恩格斯调整了危机的预判时间。例如,马克思 1852 年 4 月致信约瑟夫·魏德迈(Jose-pheydemeyer),指出"危机可能推迟到 1853 年。然而危机一旦爆发,就会是非常厉害的。在这以前根本不可能去考虑任何革命动荡"④。恩格斯则认为,"1852 年 11 月至 1853 年 2 月这段时间是最可能爆发危机的时候"⑤。马克思在 1852 年 8 月致信恩格斯时说,"这不就是正在逼近的危机吗?革命可能比我们预想的来得早"⑥。但是恩格斯提出了不同意见,一方面指出了德国、波兰和俄国的收成繁荣,同时也提到危机是否会马上导致革命要取决于危机的强度,并且指出危机如果是慢性的,那么革命还要拖到 1854 年。同样,在该年 10 月撰写的《贫困和贸易自由。——日益迫近的商业危机》一书中,马克思强调,"危机不会到来了吗?绝对不是,相反地,这次危机比 1847 年的危机将要可怕得多"⑦。对危机时间的错误判断以及对危机导致社会革命的过高期望说明马克思和恩格斯还没有将唯物史观科学地运用到危机理论研究上,这

---

① [苏] 维·索·维戈茨基:《〈资本论〉创作史》,周成启等译,福建人民出版社 1983 年版,第 15 页。
② 《马克思恩格斯全集》第 48 卷,人民出版社 2007 年版,第 416 页。
③ 《马克思恩格斯全集》第 48 卷,人民出版社 2007 年版,第 468 页。
④ 《马克思恩格斯全集》第 49 卷,人民出版社 2016 年版,第 119 页。
⑤ 《马克思恩格斯全集》第 49 卷,人民出版社 2016 年版,第 71 页。
⑥ 《马克思恩格斯全集》第 49 卷,人民出版社 2016 年版,第 200 页。
⑦ 《马克思恩格斯全集》第 11 卷,人民出版社 1995 年版,第 451 页。

种带有明显主观臆测的想法也体现在对1857年危机的看法上。恩格斯在1856年致信马克思时指出,"这一次将是从来没有过的末日审判:全欧洲的工业完全衰落,一切市场都被充斥(现在就已不能再运什么东西到印度去了),一切有产阶级都被卷入漩涡,资产阶级完全破产,战争和极端的混乱"①。"末日审判"意即资本主义制度的崩溃,资产阶级完全破产和剥夺者就要被剥夺具有同样的内涵,恩格斯显然夸大了这次危机的危害。而马克思在回信恩格斯的时候同样抱有这样的想法,"1848年我们曾说过,现在我们的时代来了,并且从一定意义上讲确实是来了,而这一次它完全地来了,现在是生死的问题了"②。"我们的时代""完全地来了"和"生死的问题"都说明马克思还片面地将危机视为资本主义的制度诅咒,没有看到危机对资本主义生产方式的积极作用。

二 危机对资本主义经济资源的重配

1857年,资本主义国家爆发了严重的经济危机,马克思在制定经济理论时已经注意到危机具有二重性作用,因此,在《政治经济学批判(1857—1858年手稿)》中,马克思探索了危机对资本主义制度资源重配的作用。19世纪60年代以后,马克思及时调整了以前对危机的错误判断。例如,他在《福格特先生》一书中指出,"事实上,欧洲的历史只是从1857—1858年的危机以后才又带有一种急迫的、也可以说是革命的性质"③。此时马克思中肯地强调危机诱发革命的积极性,但并没有再提出"社会主义性质的革命"。不仅如此,马克思在《剩余价值理论》中指出"永久的危机是没有的"④。这一带有唯物辩证法的结论包含两层含义,首先,再次强调危机的周期性;其次,看到了危机能够打破现存的社会结构,从而对社会经济的裂痕产生一定的修复作用,将其

---

① 《马克思恩格斯全集》第29卷,人民出版社1972年版,第75—76页。
② 《马克思恩格斯全集》第29卷,人民出版社1972年版,第204页。
③ 《马克思恩格斯全集》第19卷,人民出版社2006年版,第153页。
④ 《马克思恩格斯全集》第34卷,人民出版社2008年版,第564页。

视为平衡工具。例如，马克思在批判李嘉图的积累理论时就直接说明，"世界市场危机必须看作资产阶级经济一切矛盾的现实综合和强制平衡"①。《政治经济学批判（1861—1863年手稿）》甚至将危机视为资本追求利润的一种不可或缺的措施，危机"被看作是对付资本过剩，恢复正常利润率的必要的强制手段"②。这个观点在《资本论》第三卷中的阐述变为，"劳动生产力的发展使利润率的下降成为一个规律，这个规律在某一点上和劳动生产力本身的发展发生最强烈的对抗，因而必须不断地通过危机来克服"③。显然更加直截了当地说明了危机的正面功能，但是马克思并没有给予危机积极功能过高赞誉，他认为，"危机永远只是现有矛盾的暂时的暴力的解决，永远只是使已经破坏的平衡得到瞬间恢复的暴力的爆发"④。"暂时"和"暴力"两个术语说明危机对资本主义制度的消极一面并不会因为其存在正面作用而消失，反而是资本主义制度不可根治的痼疾。恩格斯长时间近距离接触经济实践，善于从第一手资料中总结提炼规律，早在1852年撰写的《英国》文章中，恩格斯就针对1848年宪章运动的失败，旗帜鲜明地指出了商业危机对于推动社会发展的正面作用，"推动英国发展的强大力量，不是大陆上的政治动荡，而是普遍的商业危机，是威胁着每个人生存的直接的物质打击"⑤。显然，他看到了危机的另一面，而不再是纯粹地将其视为制度崩溃的诅咒。19世纪70年代以后，自由竞争资本主义逐步向垄断资本主义过渡，恩格斯敏锐地捕捉资本主义生产方式调整，从而进行了危机功能的科学解析。《反杜林论》指出，"我们指出了危机从资本主义生产方式产生的不可避免性以及它作为这一生产方式本身的危机、作为社会变革的强制手段的意义"⑥。恩格斯不再用"革命"而转用了"社会

---

① 《马克思恩格斯全集》第26卷，人民出版社1973年版，第582页。
② 《马克思恩格斯全集》第32卷，人民出版社1998年版，第451页。
③ 《马克思恩格斯文集》第7卷，人民出版社2009年版，第287页。
④ 《马克思恩格斯文集》第7卷，人民出版社2009年版，第277页。
⑤ 《马克思恩格斯全集》第11卷，人民出版社1995年版，第245页。
⑥ 《马克思恩格斯文集》第9卷，人民出版社2009年版，第304页。

变革"一词，说明危机对资本主义制度的影响不是即时性的、一次性的，而是渐进式、累积性的；"强制手段"则揭示危机作为社会变革的必然工具。恩格斯在 1882 年致信爱德华·伯恩斯坦（Eduard Bernstein）时指出"危机是政治变革的最强有力的杠杆之一"①。从社会变革到政治变革，恩格斯看到了危机对资本主义在多方面产生积极影响。

无可否认，危机贯穿 19 世纪的资本主义制度，追求最大剩余价值的资本贪婪地把触角伸向世界的每一个地方。在空间几近饱和的情况下，资本之间的自由竞争必然退出历史舞台，垄断成为资本主义制度发展的新阶段，这一时间节点与《资本论》第一卷法文版正式问世的时间相吻合，正是在这个时候，马克思和恩格斯彻底完成了经济学研究的方法论转向，摒弃了对经济危机单一片面的错误判断，形成了危机蕴含积极和消极两方面因素辩证统一的科学研究，深刻揭露了资本主义制度必然产生危机，又不得不借助危机进行自我变革的发展规律。

第四节　资本主义经济危机的表现类型

马克思通过对资本进行分类和运行规律的理论研究，再以大量丰富的历史史料作为支撑，阐述了资本主义经济危机的表现类型。这一工作反映出马克思是以严谨的治学精神控诉资本主义制度的本质，同时也为资产阶级统治者修补完善资本主义生产方式提供了可能。

一　依据资本职能划分

国家和地区的社会经济发展受分工和交往范围的影响，在分工的制约下，作为生产要素的资本职能存在显著差异。马克思指出，一部分资本直接参与了剩余价值的生产环节——表现为商品的生产过程，也就是人们所说的产业资本；一部分资本处于剩余价值的实现环节——表现为

---

① 《马克思恩格斯全集》第 35 卷，人民出版社 1971 年版，第 258 页。

商品的流通过程，也就是人们所说的商业资本；这两部分资本职能决定了资本主义社会经济发展的"正常秩序"。另外，还有一部分资本参与了剩余价值的分割，在资本主义社会主要是借贷资本——如今演化为金融资本，这部分资本的拥有者在社会阶级属性上是人们所熟知的食利者阶级。因此，依据资本职能划分，资本主义经济危机主要表现为产业危机、商业危机和金融危机。其中，产业危机可以进一步划分为农业危机和工业危机；金融危机则包括股票危机、债券危机、信用危机、货币危机等。

马克思主义基本原理表明，剩余价值的唯一来源是雇佣工人的活劳动，对从事生产性活动的劳动者来说，产业危机对其影响最直接。商业资本的利润、借贷资本的利息都是对雇佣工人创造的剩余价值的分割，商业危机和金融危机对生产性活动的雇佣工人而言影响是间接的。当然还要指出，商业资本和金融资本的运行也需要雇佣工人，商业活动中被雇用的人和金融活动中被雇用的人的工资是他们的劳动所得，但这是商业利润和金融利润的分割，本质上也是来自生产性劳动者创造的财富。

二 依据危机总体特征划分

依据危机总体特征差异划分的危机主要包括周期性危机和结构性危机。周期性危机既指经济危机的每一次生成到结束表现出萧条、复苏、繁荣和衰退的运行特征，又指每相邻两次经济危机之间大体上呈现出明显固定的时间。马克思在《资本论》中曾多次提到了当时资本主义经济危机几乎每隔十年爆发一次，如果从自由竞争资本主义历史来看，当时固定资本的实物更新补偿周期基本上在十年左右，然而随着资本主义发展进入垄断阶段，以及固定资本折旧使用，情况发生了变化。结构性危机一般是指由于经济结构和产业结构变化调整而导致的供给和需求、生产和消费之间合理比例遭到破坏的危机，在当代资本主义社会，结构性危机成为经济危机中最常见的一种现象。如果从生产情况来看，在结构性经济危机中，不同部门之间利润率差异明显，有的部门投资严重不足,有的部门投资相对过剩,总体上呈现投资停滞;从流通领域来看,结构性经济危机下社会物价持续高涨,容易出现明显的通货膨胀。

相比较而言,导致周期性经济危机的因素主要是商品生产过剩,供过于求;结构性经济危机并不一定表明商品的社会总供给超过社会总需求,它主要反映不同部门之间的比例遭到破坏。从危机持续的时间来看,结构性经济危机的持续时间远远超过周期性经济危机的时间。例如,实体经济与虚拟经济的结构失衡从20世纪就已经成为当代资本主义危机的重要特征,一直持续到当前,而在这百余年时间里,资本主义周期性危机反复出现多次。再从影响范围来看,周期性危机几乎将一切经济部门都卷入其中,然而结构性危机只存在于少数相关的几个部门。

三　依据危机波及范围划分

如果我们把经济危机波及范围界定在地理概念意义上,那么可以看出经济危机可能是在一国内部,我们把这种危机称为国内危机。随着人类交往范围的逐渐扩大,不同国家和地区之间的经济政治等各项事务交叉融合,产生了相互关联、相互渗透的影响,至此,国内危机演化成区域危机和国际危机。区域危机是指危机从国内延伸至与本国直接相关或者相关性较大的国家和地区,它们也遭遇到明显的危机冲击。国际危机是指经济危机已经基本上覆盖了全球范围,至少在地理范围内超越了某一大洲的范围。

当一个国家的经济危机波及其他国家和地区时,根据彼此之间危机的爆发速度、时间和程度差异,资本主义经济危机可以分为同期性危机和非同期性危机。在资本主义制度发展早期,经济危机主要表现为非同期性,从根本上来说,是因为国家和地区之间经济交往还不密切,某个国家和地区的经济秩序的混乱不会很快传导到其他国家和地区。进入19世纪70年代后,随着资本主义经济进入垄断,军事战争和大型跨国公司不断发展,资本主义爆发的经济危机逐渐呈现同期性特征。自从1847年资本主义世界爆发了第一次经济危机以来,几乎每隔十年左右的危机——包括1857年危机、1866年危机、1873年危机、1882年危机、1890年危机、1900年危机、1907年危机、1920年危机、1929年危机、1937年危机等，都使欧美大多数国家卷入进来，表现出明显的具有世界性的同期性的经济危机。当然，同期性危机的发生并不是说非同期性危机就不复存在。

第二章

《资本论》关于早期资本主义系统性危机的揭示

本章提要：马克思以唯物史观和剩余价值理论为基础，指出资本主义制度的基本矛盾决定了资本主义爆发系统性危机的必然性，并天才性地揭开了早期资本主义系统性危机的面纱。关于"早期"有两种界定方式，一是以人物视角，即马克思本人早期的研究；另一种是以资本主义社会发展阶段视角，即资本主义尚未进入垄断的 19 世纪 70 年代之前，这两种界定具有一定的重合性。关于"系统"也有两种界定方式，一是以地域空间视角，即危机波及的地理范围，包括单个资本主义国家内部出现的危机和多个资本主义国家共同出现的危机；二是以领域空间视角，即危机牵涉的不同领域，包括经济、政治、社会、文化、生态、军事等相互交织形成的危机和单个领域内部形成的系统性危机。本章把一国内部或者由某一个单独领域出现的危机称为小系统性危机，把多国之间和由各领域交织而成的危机称为大系统性危机。早期资本主义系统性危机的内涵包括两个层面，经济活动秩序状态和资本主义制度弊病，其特征表现在五个方面，即经济运行呈现周期性波动、危机地理市场范围限制、生产性投机活动加剧、劳动对资本的关系从形式从属向实际从属转变和资本从竞争逐渐走向联合垄断。马克思早期资本主义系统性危机的研究启示我们，不是说一出现系统性危机，资本主义制度就要崩溃灭亡，相反，它对资本主义社会生产无序性进行强制调整，在客观上提高了资产阶级治理能力，当然，它也反映了资本主义制度的局部自我否定，说明资本主义统治下的世界格局出现了薄弱环节，落后国家在成为危机转嫁承担者的同时完全可能实现自身命运的突破。

系统性危机出现的根本原因是资本主义制度的基本矛盾，资本主义生产方式随着时间的推移而出现不同特征，据此，系统性危机在历史进程中必然存在显著差异。《资本论》及其手稿揭示了自由竞争资本主义时期的系统性危机，包括内涵、表征和影响，这些卓著的研究对人们理解进入垄断时期的资本主义系统性危机具有重大意义。通过对早期系统性危机的深刻阐述，马克思以铁一般的事实告诉人们，资本主义爆发系统性危机是必然的，且有爆发速度日益加快、生成路径日益复杂、波及范围日益扩展、破坏程度日益加剧等特征，资产阶级统治下的资本主义社会面临着整体性事务治理难题。

第一节 早期资本主义系统性危机的内涵

纵观经济思想史，马克思开创了资本主义系统性危机研究的先河，这不得不归功于马克思本人崇高的人生目标、深厚的理论功底、严谨的治学精神，当然，也离不开早期资本主义发展的现实材料。虽然早期资本主义系统性危机的爆发频率、破坏程度以及波及范围还没有那么恶劣，但马克思已经对系统性危机有了天才的预判，这是因为马克思探寻到了资本主义制度的内在规律。恩格斯在马克思墓前的讲话指出："正像达尔文发现有机界的发展规律一样，马克思发现了人类历史的发展规律……不仅如此。马克思还发现了现代资本主义生产方式和它所产生的资产阶级社会的特殊的运动规律。由于剩余价值的发现，这里就豁然开朗了，而先前无论资产阶级经济学家或者社会主义批评家所做的一切研究都只是在黑暗中摸索。"[1]

---

[1] 《马克思恩格斯文集》第3卷，人民出版社2009年版，第601页。

一　早期资本主义系统性危机的基本概念

研究早期资本主义系统性危机首先要厘清两个基本概念，即"早期"和"系统"，前者表示时间，后者表示空间。关于"早期"的两种界定。第一种界定是以"马克思"人物时间视角为轴心，即马克思本人早期对资本主义系统性危机的研究，通俗地说，就是青年马克思，也就是《资本论》第一卷正式问世之前。通过对青年马克思的经典文本考证，不难发现他对资本主义系统性危机的研究方法和观点是在不断成熟发展的。第二种界定是以"资本主义"发展时期视角为轴心，即对资产阶级取得政权后的社会发展出现的系统性危机的研究，所谓"早期资本主义"就是指到19世纪70年代之前的资本主义，即自由竞争资本主义社会。显然，这两种定义是不矛盾的，因为《资本论》第一卷是于1867年正式出版的，与资本主义制度进入垄断的时间几近重合。

关于"系统"的两种界定。第一种界定是以地域空间视角为轴心，也就是危机所波及的地理范围，这可以进一步从两个层面来理解：一个层面是单个资本主义国家内部出现的危机——这主要是指某个地区引发的危机波及了全国范围但尚未传导到国外；另一个层面是多个资本主义国家共同出现的危机——这通常表现为国家之间商品经济往来的暂时性中断。第二种界定是以领域空间视角为轴心，也就是危机所牵扯的不同领域，这同样可以从两个层面来解读：一种解读是由经济、政治、社会、文化、生态、军事等各领域相互交织形成的危机，这种各领域交织的危机有可能是一国内部的，也有可能是横跨多个国家的。另一种解读是单个领域内部之间的危机，例如，就经济领域而言，它可以分为农业、工业、金融业等不同的产业，这些不同产业可能形成一个系统性危机；就政治领域而言，它可以分为政党派系、司法、外交等不同方面，由代表不同利益群体的政党派系斗争而形成系统性危机也是资本主义制度常见的事情。为了更加直观容易理解，我们把在一国内部或者由某一个单独领域出现的系统性危机叫"小系统性危机"，把多个国家之间或者由各领域交织而成的系统性危机叫"大系统性危机"。如图 2-1 所示。

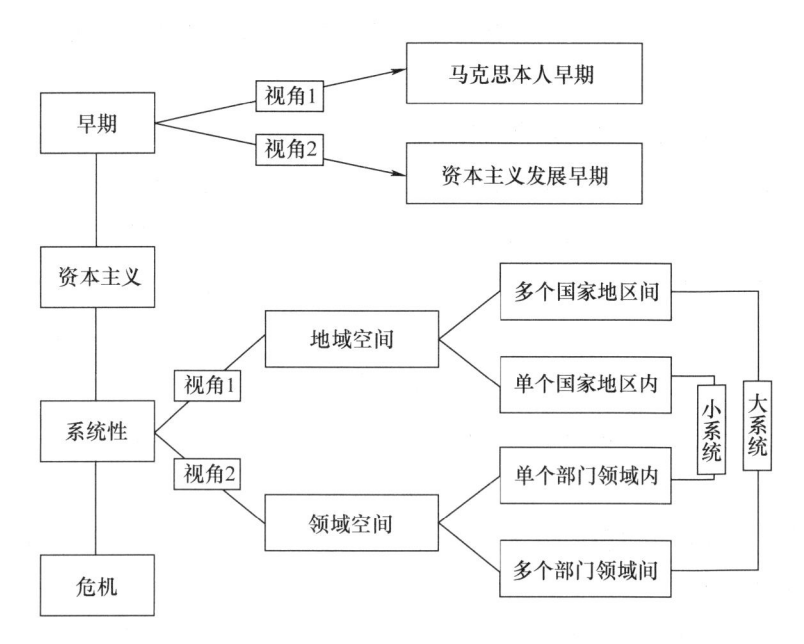

图 2-1 当代资本主义系统性危机基本概念分解

二 早期资本主义系统性危机的两种内涵

自从 18 世纪 60 年代第一次工业革命开始以来，资产阶级用强有力的证据向世人宣告资本主义生产方式的进步，蓬勃而出的物质生产能力使人类文明进程有了极大进步，而且在当时人们总以为无论生产多少物质产品，最终都会通过市场交换被消化，因为先进的工业生产是符合社会发展的历史大趋势的。资产阶级作为更先进生产力的代表，尽管遭遇到封建保守旧势力的攻击，但在资本主义社会早期并没有受到过多来自工人阶级和其他势力的对抗。当然，我们无可否认，工人阶级已经作为一支独立的政治力量登上了历史舞台，但是此时的工人阶级缺乏有战斗力的领导组织和行动纲领。① 因此，"早期资本主义系统性危机"并没

---

① 巴黎公社发生于 1871 年 3—5 月，早于《资本论》第一卷法文版正式出版的时间，不属于前述界定的"早期"时间。

有对资产阶级执政产生颠覆性冲击。基于历史事实材料,并结合资本主义发展的特殊历史阶段进行分析,笔者认为,早期资本主义系统性危机有两种内涵解读。

第一种内涵:经济活动秩序状态。梳理经济史资料发现,早期资本主义系统性危机虽然在不同领域都有可能出现,但更多地表现为经济领域内部的危机,换言之,此处的"系统性危机"中的"系统"是小系统的概念。据此,我们将早期资本主义系统性危机的第一种内涵理解为经济系统的秩序状态。工业革命完成后,整个资本主义制度都围绕利润而运行发展,人们关心的议题是如何能够生产数量更多、生产质量更高的产品,因为商品的数量和质量就意味着源源不断的财富,这就是马克思在《资本论》第一卷中开篇就讲商品的重要原因。"资本主义生产方式占统治地位的社会的财富,表现为'庞大的商品堆积',单个的商品表现为这种财富的元素形式。因此,我们的研究就从分析商品开始。"[①]马克思对商品的研究批判地继承了古典政治经济学的相关理论,特别是对詹姆斯·穆勒(James Mill)的四分法进行了辩证分析。马克思在转向政治经济学研究的时候,始终关注商品的生命周期。《政治经济学批判》导言中,马克思论述了生产、分配、交换和消费之间的逻辑关系。众所周知,商品的生产有三个基本条件:劳动者、劳动手段和劳动对象。其中,资金、劳动力、技术等都是基本的生产要素,分工、生产过程衔接程度等则会影响生产效率。通过劳动进行生产是人类社会存在的基本条件,但是在不同社会中生产的特点和目的是不一样的,以商品生产作为切入点是解密资本主义制度出现系统性危机的重要途径。与以往生产关系不同的是,原始社会、奴隶社会和封建社会人们的劳动生产主要是为了满足自给自足的需要,但是到了资本主义社会,资本主义经济以价值增殖为目的,资本追求剩余价值的生产目的决定了资本主义生产方式必然出现问题。使用价值反映了商品的自然属性,由于受客观需要

---

① 《马克思恩格斯文集》第 5 卷,人民出版社 2009 年版,第 47 页。

的有限性约束——例如，胃的大小决定了一个人对食物消费的量的多少，四季气候条件决定了人对衣服需求的量的多少，当人们的生产达到客观需要的饱和量的时候，就会自动停止生产，最多会根据劳动产品的物理属性，如能否得到正常保存、使用寿命等进行一定增量的扩容生产。自给自足的生产和消费是封闭状态的，其使用价值生产仅仅局限在很小的范围内。自发调节生产范围的是价值规律，当价值规律演变为剩余价值规律时，一切都发生了变化，使用价值成了手段，价值和剩余价值成了唯一的目的。由于人的主观欲望不像客观需要那样具有边界，生产过程中会出现盲目性和无序性特点，经济活动自然会随之改变。

从早期资本主义制度经济活动的指导思想来看，亚当·斯密（Adam Smith）倡导的自由放任理论当属巅峰，该理论主张市场价值规律会通过竞争、价格等机制自发地调节生产要素，使其达到最优配置状态，"我们期望的晚餐并非来自屠夫、酿酒师和面包师的恩惠，而是来自他们对自身利益的关切。我们不是向他们乞求仁慈，而是诉诸他们的自利心；我们从来不向他们谈论自己的需要，而只是谈论对他们的好处"①。因此，政府不必过多地介入社会经济活动。在剩余价值规律的驱使下，同一行业内部的资本家追逐超额利润，不同部门之间的资本家要求平均利润，导致生产价格的形成。所谓"利润的空间"源自两个方面：第一，"个别资本的利润空间"。马克思在《资本论》中深刻阐述了个别资本的运行规律，就个别资本而言，为了最大限度地获得剩余价值，就必须不断提高生产效率和生产质量，以低于其行业商品生产的社会必要劳动时间的个别劳动时间来参与竞争，以此就可以挤占竞争资本的市场份额，提升自己的利润空间。一旦个别资本获得了生产技术或者生产规模的优势，就有可能形成垄断优势，此时资本追求的利润不仅包括社会平均利润和个别利润，还包括垄断利润。第二，"社会总资本的利润空间"。政治经济学基本原理认为，由于分工的存在，整个社会经济生产

---

① ［英］斯密：《国富论》，唐日松等译，华夏出版社2004年版，第14页。

划分为不同的行业结构和部门结构，商品使用价值的自然属性、消费者的需求偏好、生产的成本差异等众多因素决定了不同行业部门的利润是不同的，有的大一些，有的小一些，有的盈余，有的亏损。在自由竞争的背景下，亏损的资本会从该行业中退出来，进入盈利行业，使原来亏损行业供给减少价格上涨从而日趋盈余，而盈利行业供给增加价格下降从而日趋亏损，社会平均利润率总体呈现下降态势，原因之一就是由技术进步导致的资本有机构成提高。无论是社会总资本的利润还是个别资本的利润，都极大地刺激了商品生产和交换，这又进一步体现在两种生产上。第一种生产是旧商品的扩张，这种生产实际上是对原有生产规模的提升，从整个社会经济状态来说，就是商品供给的总量增加。在资本主义生产方式中，资本家生产的商品不是无偿馈赠的，是需要在消费中拿真金白银交换的，而马克思又一针见血地指出，最广大的劳动人民并不具有生产资料，为了生存，他们能且仅能依靠出卖自己的劳动力来获得低得可怜的报酬，如此整个社会商品生产规模扩张必然导致生产相对过剩——超过了人们有消费能力需求的供给。

这里我们需要着重强调，所谓"旧商品"，不单是商品保存时间的物理属性概念，更反映了一个国家或地区在一定的生产力水平下的生产能力。例如，相对于资本主义生产方式来说的旧商品在封建主义生产方式下完全可能代表最高生产力，相对于封建主义生产方式来说的旧商品在奴隶主义生产方式下完全可能代表最高生产力，因此，对旧商品概念的把握应该贯以历史唯物主义原则。第二种生产是新商品的出现，这种生产则是对原有生产结构的打破。古典政治经济学代表让·巴蒂斯特·萨伊（Jean-Baptiste Say）曾提出供给自动创造需求的理论，这种观点认为企业只要能够生产，那么需求就会不断地被创造出来，很显然这种观点是庸俗错误的。实际上，具有创新性的商品能够在一定程度上刺激需求，这是毋庸置疑的。纵观人类至今的发展史，有很多商品的创新甚至直接改变了人们的生产生活状态，当然，这种创新性要体现在使用价值上。例如，对于生产资料属性的商品来说，其使用寿命更长、精密程度更高等；对消费资料属性的商品来说，食物商品营养价值更高、汽车驾驶性能更省油安全等。历史上，珍妮纺纱机的出现极大地提高了纺织业的生产效率和质量，降低了纺织业的生产成本，不仅进一步推动了棉花种植技术革新和规模扩张，更重要的是使人们对棉织品的需求从过去的奢侈变成了平常。从经济史的角度来看，人类社会发展的历史、人类文明的进程史实际上就表现为新商品的不断更迭过程，其中，新商品的出现就是一个又一个辩证发展的历史，也是后来有学者提及的创造性毁灭。生产工具决定了新商品的创造，也改变了社会生产关系。马克思曾说，"手推磨产生的是封建主的社会，蒸汽磨产生的是工业资本家的社会"①。

总的来说，当我们把早期资本主义系统性危机着重指向经济系统的小系统危机时，它反映了资产阶级取得政权后的经济活动秩序状态，呈现出明显的周期性特征。当一种新商品出现时，它刺激了人们的消费需求，利润吸引了大量资本对其投资，竞争加剧，生产规模不断扩大，此时经济呈现扩张繁荣景象，一切都似乎显得井然有序，但这只是表象，是商品生产尚处于流通还能得以顺利进行的状态，但由于缺乏有效的引导和计划安排，商品生产很快会进入过剩状态，工人失业、机器停工、价格暴跌、人们对商品失去新鲜感，此时经济呈现疲软萧条景象，整个社会经济活动混乱，人们的经济活动预期普遍下降，曾经的新商品俨然成了旧商品，旧商品的利润已经无法满足资本的胃口，为了获得新的利润，资本不得不再一次创造新的商品，重复以往的生产过程。

第二种内涵：资本主义制度弊病。历史唯物主义认为，生产力与生产关系的辩证矛盾、经济基础与上层建筑的辩证矛盾是推动人类社会发展的两个基本矛盾。当我们把早期资本主义系统性危机从经济领域的小系统视角转向大系统视角时，其内涵就变为资本主义制度弊病引发的全面难题。理解资本主义制度，首先要把握资本主义国家的本质。恩格斯

---

① 《马克思恩格斯文集》第 1 卷，人民出版社 2009 年版，第 602 页。

曾明确指出,"现代国家,不管它的形式如何,本质上都是资本主义的机器,资本家的国家,理想的总资本家"①。资本主义国家,其本质不过是资产阶级作为统治阶级进行阶级统治的工具而已,因此,它必然代表并反映了资产阶级利益。资产阶级领导下的资本主义政治制度与资本主义经济基础相适应,受经济基础决定,反过来又对经济基础产生作用。有什么样的经济基础,就有什么样的上层建筑,上层建筑为经济基础提供政治上的保障,所以,资本主义国家的各方面都是以资本为中心而运行发展的。例如,从资本主义国家的职能来看,它有对内职能和对外职能,两者都要以维护资产阶级利益为核心任务。从对内职能来说,最关键的是政治统治,即利用政府机构权力、军队、监狱等手段来控制压迫被统治阶级,使国家运行状态处于资产阶级的需要范围内,这说明资本主义制度是一个阶级对抗的制度。资产阶级对劳动阶级的专政剥削会随着生产力迅猛发展而日益严重,因此,当经济领域出现生产秩序的混乱时,与之相适应的政治制度也会出现各种问题,即使遭遇了经济危机,资本主义政治制度首先保护和最终保护的也只不过是资产阶级的利益罢了。

此外,资本主义国家的对内职能中,社会管理是绕不开的,也是对民众最具欺骗性的职能。理解资本主义国家的社会管理职能必须从资本主义国家的起源谈起。恩格斯在《家庭、私有制和国家的起源》一书中指出:"这个社会陷入了不可解决的自我矛盾,分裂为不可调和的对立面而又无力摆脱这些对立面。而为了使这些对立面,这些经济利益互相冲突的阶级,不致在无谓的斗争中把自己和社会消灭,就需要有一种表面上凌驾于社会之上的力量,这种力量应当缓和冲突,把冲突保持在'秩序'的范围以内;这种从社会中产生但又自居于社会之上并且日益同社会相异化的力量,就是国家。"② 因此,国家是阶级利益矛盾不可调和的产物,其社会管理从最根本上来说是协调不同阶级的冲突,当阶

---

① 《马克思恩格斯文集》第 9 卷,人民出版社 2009 年版,第 295 页。
② 《马克思恩格斯文集》第 4 卷,人民出版社 2009 年版,第 189 页。

级矛盾还没有发展到爆发革命的时候，资产阶级就会通过执政的权力对教育、医疗卫生、交通水利、社会福利等进行改革，从而保证社会的运行秩序在控制范围内。所以，有观点认为，资产阶级的社会管理使工人阶级享受到了前所未有的权益，生活水平也达到了前所未有的高度，因此，资本主义国家的阶级矛盾对抗已经日渐消解。这种观点是错误的。资产阶级的社会管理服从资本追逐剩余价值的需要，如果社会管理的成本要高于资本获利的空间，那么资产阶级就会直接采用阶级镇压的方式，而绝对不是用慈善救济的办法来实现社会管理。此外，即使工人收入提升、工作环境改善、生活条件变好、合法权益得到保护等也是工人阶级自己斗争的结果，绝不是资产阶级执政党的内心使然。

从对外职能来说，国家与国家之间有正常的对外交往，资产阶级取得执政地位后，其国际交往活动始终是以维护国家安全和国家利益为核心的，在国家安全和国家利益中，最根本的依然是资产阶级的利益。与对内职能存在明显差异的是，国际交往中的矛盾往往难以调和，此时采用暴力手段解决矛盾成为一种常见现象，如军事冲突和战争。纵观历史可以看到，资产阶级战争通常是其刻意发动的，而鲜有防御性质。例如，资产阶级执政后为了争抢全球贸易利润，荷兰、英国、法国等国家之间出现的战争就极具代表性。甚至，资本主义国家为了掠夺海外廉价的原料、石油等稀缺资源，并占领商品销售市场，会对落后国家和地区悍然发动战争。此外，通过整理全球范围内或大或小的战争史料，我们不难发现，除了因宗教信仰冲突等特殊因素外，几乎每一次战争背后都隐藏着复杂的利益关系，其中，有的国家习惯于发战争横财，特别是对军工资本而言，战争越是频繁持久，它们通过贩卖出售武器，或者以维护稳定调解矛盾等为由接管相关事务，越能吮吸更多收益，可以说资本主义国家的军事从一开始就带有双重属性，除了维护国家安全的"公"属性外，更有追逐军事利润的"私"属性。因此，资本主义国家的对外职能无非是对内职能的延伸，其根本目的和核心任务并未改变。

资本主义制度虚伪性弊病在系统性危机中彰显的另一个重要方面就

是资产阶级宣示的民主制度，主要表现在法律、政权组织形式、选举制度等方面。关于资本主义的法律，它表面上捍卫了个人自由，但实际上还是维护资产阶级的整体利益。例如，马克思在关于林木盗窃议题的辩论中就明确提出："捡拾枯树和盗窃林木是本质上不同的两回事。对象不同，作用于这些对象的行为也就不同，因而意图也就一定有所不同，试问除了行为的内容和形式而外，还有什么客观标准能衡量意图呢？而你们却不顾这种本质上的差别，竟把两种行为都称为盗窃，并且都当作盗窃来惩罚。你们对捡拾枯树的惩罚甚至比对盗窃林木的惩罚还要严厉，因为你们把捡拾枯树宣布为盗窃，这已经是惩罚，而对盗窃林木的行为，你们显然是不会给予这种惩罚的。既然是那样，你们就必须把盗窃林木宣布为谋杀林木，并作为谋杀罪论处。法律不应该逃避说真话的普遍义务。法律负有双重的义务这样做，因为它是事物的法理本质的普遍和真正的表达者。因此，事物的法理本质不能按法律行事，而法律倒必须按事物的法理本质行事。但是，如果法律把那种未必能叫作违反林木管理条例的行为称为盗窃林木，那么法律就是撒谎，而穷人就会成为合法谎言的牺牲品了。"① 显然，法律是一部分人对另一部分人的统治工具和手段。资产阶级构建的法律制度有四个鲜明的原则，即私有制原则、主权在民原则、分权制衡原则和人权原则。其中，私有制原则是最重要最核心的，"以前所有一切宪法，以至最民主的共和宪法的精神和基本内容都归结在所有制这一点上"②。至于主权在民原则并没有从根本上改变国家权力被资产阶级掌控的实质，至多是选民在选举的时候得到了被选举人的一些承诺，然而在被选举人成功当选后，曾经做出的那些承诺极其容易被否定或者抛弃，选民的选举被迫成为政客欺诈的工具。至于分权制衡原则，它只不过说明资产阶级内部存在不同的集团，这些集团利益冲突的时候需要有一个协调机制，分权制衡反映了不同集团利益博弈的情况。西方资产阶级倡导的人权原则是一种虚伪的政治权

---

① 《马克思恩格斯全集》第 1 卷，人民出版社 1995 年版，第 244 页。
② 《列宁全集》第 38 卷，人民出版社 2017 年版，第 288 页。

利，所谓的自由人权是表面上的、形式上的，缺乏实质内容。早在《关于自由贸易问题的演说》中，马克思就深刻剖析了资产阶级所说的自由的实质："先生们，不要一听到自由这个抽象字眼就深受感动！这是谁的自由呢？这不是一个人在另一个人面前享有的自由。这是资本所享有的压榨工人的自由。既然这种自由的观念本身不过是一种以自由竞争为基础的制度的产物，怎么还能用这种自由的观念来肯定自由竞争呢？"①历史和现实都告诫人们，生存发展是生命繁衍的基本前提，如果这些权利没有得到基本保障，空谈政治权利是没有意义的。总的来说，当系统性危机指向资本主义制度弊病时，金钱操纵民主、法律上的平等难以遮蔽事实上的不平等、政治斗争等一次次地出现在人们眼前，这些弊端是资本主义制度本身难以克服的痼疾。

第二节　早期资本主义系统性危机的表征

如果我们把危机看作资本主义社会的疾病，那么它一旦发作，总是通过一定的病症表现出来，无论是特指小系统范围的经济危机，还是大系统范围的制度弊病。早期资本主义系统性危机都有一些特定的表征，这些表征既与当时的生产力水平密切相关，也和人们的生活方式不可分割。

一　经济运行呈现周期性波动

马克思和恩格斯根据历史材料发现，早期资本主义的经济运行总是呈现周期性波动的特征，而且这种周期性波动是有特殊的形成路径的。关于周期性的时间周长，恩格斯以英国经济危机为例，不断进行修改调整。首先提出了"五年说"。例如，《英国工人阶级状况》提到，"在工业发展的初期，这种停滞现象只限于个别的工业部门或个别的市场。但

---

① 《马克思恩格斯文集》第 1 卷，人民出版社 2009 年版，第 757 页。

是，由于竞争的集中作用，在一个工业部门中失去了工作的工人就投入另一些最容易学会工作的部门中去，而在一个市场上卖不出去的商品就转运到其他市场去；结果，个别的小危机一天天地汇合起来，逐渐形成一连串的定期重演的危机。这种危机通常是每隔五年在一个短短的繁荣和普遍兴旺的时期之后发生"①。"这里的人们在惊恐之余也把所有的存货都抛到市场上去，这又引起了更大的惊慌。危机就这样开始了，以后它就和前一次危机大致一样地进行下去，过了一些时候又重新被一个繁荣时期所代替。事情就这样不断地继续下去，繁荣之后是危机，危机之后是繁荣，然后又是新的危机。英国工业所处的这个永久的循环，如上面已经说过的，通常是每五六年就重新开始一次。"② 恩格斯提到了1842年危机，并预测1847年、1852年或1853年都将出现经济危机，其中，1847年经济危机确如所料地发生了。不仅如此，危机造成的后果也在一定程度上被恩格斯预判到了，这就是有关谷物法的废除和宪章审定通过。恩格斯在1845年爱北斐特演说时提道："从本世纪初起，在英国就可以看到一系列这样的商业危机，而最近二十年来，危机每隔五年或六年就重复一次。诸位先生，你们大部分人大概还清楚地记得1837年和1842年这两次最近发生的危机吧。要是我国的工业也像英国的工业那样发达，我国的市场也像英国的市场那样遍布各地，那末我们也会遭受同样的后果。现在我们这里的竞争对工商业的影响，表现为工业各部门的普遍的长期萧条，表现为介于一定的繁荣和完全低落之间的悲惨处境，表现为某种停滞即不活跃的现象。"③ 后来，恩格斯延长了这个周期时间，提到了七年。例如，在《共产主义原理》中，恩格斯说："从本世纪初以来，工业经常在繁荣时期和危机时期之间波动。这样的危机几乎定期地每五年到七年发生一次，每一次都给工人带来极度

---

① 《马克思恩格斯全集》第2卷，人民出版社1957年版，第367页。
② 《马克思恩格斯全集》第2卷，人民出版社1957年版，第369页。
③ 《马克思恩格斯全集》第2卷，人民出版社1957年版，第604—605页。

的贫困，激起普遍的革命热情，给整个现存制度造成极大的危险。"①马克思则进一步将经济危机的周期时间延长到了约十年，在 1852 年撰写的《贫困和贸易自由》一文中，马克思提到，"1834—1837 年这个时期是繁荣时期，1838—1842 年是危机和停滞时期，1843—1846 年是繁荣时期，1847—1848 年是危机和停滞时期，1849—1852 年又是繁荣时期"②。1856 年，马克思解析了欧洲的经济危机，其中明确提到了 1817 年、1825 年、1836 年、1846—1847 年的商业危机，显然这个时间间隔也是差不多十年。1867 年，《资本论》提到，"1825 年至 1867 年每十年反复一次的停滞、繁荣、生产过剩和危机的周期"③。马克思把不规则的动荡波动剔除后明确指出，"现代工业特有的生活过程，由中常活跃、生产高度繁忙、危机和停滞这几个时期构成的、穿插着较小波动的十年一次的周期形式，就是建立在产业后备军或过剩人口的不断形成、或多或少地被吸收、然后再形成这样的基础之上的"④。恩格斯晚年接受了十年的周期性波动判断，在《社会主义从空想到科学》一书中，他指出，"自从 1825 年第一次普遍危机爆发以来，整个工商业世界，一切文明民族及其野蛮程度不同的附属地中的生产和交换，差不多每隔十年就要出轨一次"⑤。"资产阶级的政治和精神的破产甚至对他们自己来说也未必是一种秘密了，而他们的经济破产则有规律地每十年重复一次。"⑥

二 危机地理市场范围限制

在早期资本主义系统性危机中，经常可以看到多个国家遭受其害，当危机从个别国家内部扩展到区域甚至全球范围时，它反映的是人类生

---

① 《马克思恩格斯文集》第 1 卷，人民出版社 2009 年版，第 682 页。
② 《马克思恩格斯全集》第 11 卷，人民出版社 1995 年版，第 447 页。
③ 《马克思恩格斯文集》第 5 卷，人民出版社 2009 年版，第 34—35 页。
④ 《马克思恩格斯文集》第 5 卷，人民出版社 2009 年版，第 729 页。
⑤ 《马克思恩格斯文集》第 3 卷，人民出版社 2009 年版，第 556 页。
⑥ 《马克思恩格斯文集》第 3 卷，人民出版社 2009 年版，第 563 页。

产和交往的结果。马克思世界历史理论认为,世界历史就是人们交往的不断发展过程,"各个相互影响的活动范围在这个发展进程中越是扩大,各民族的原始封闭状态由于日益完善的生产方式、交往以及因交往而自然形成的不同民族之间的分工消灭得越是彻底,历史也就越是成为世界历史"①。在人们的交往中,物质交往是最根本的,这决定了精神交往,而物质首先要生产出来,所以,人们的物质生产促进了交往,交往又反作用于物质生产。交往的过程是不断突破地域空间的过程,因此,人类商品生产、交换和消费在世界范围运动的同时也是不同国家生产关系的往来。交通工具是人们交往范围的直接影响因素。对此,马克思和恩格斯始终给予高度关注。《德意志意识形态》指出,"这样就产生了同邻近地区以外的地区建立贸易联系的可能性,这种可能性之变为现实,取决于现有的交通工具的情况,取决于政治关系所决定的沿途社会治安状况(大家知道,整个中世纪,商人都是结成武装商队行动的)以及取决于交往所及地区内相应的文化水平所决定的比较粗陋或比较发达的需求"②。"当马车和大车在交通工具方面已经不能满足日益发展的要求,当大工业所造成的生产集中(其他情况除外)要求新的交通工具来迅速而大量地运输它的全部产品的时候,人们就发明了火车头,从而才能利用铁路来进行远程运输。发明者和股东们在这里所关心的只是自己的利润,而商业界一般所关心的是减少生产上的开支。"③ 据此,交通的改变实际上是资产阶级围绕资本获利而不得不去做的事情,"为了不致溃灭,资产阶级就要一往直前,每天都要增加资本,每天都要降低产品的生产费用,每天都要扩大商业关系和市场,每天都要改善交通"④。

交通工具的改善,使资本主义生产方式很快传到了世界的各个角落,随着工业革命的完成,机器大工业的生产引发了各领域的生产革

---

① 《马克思恩格斯文集》第 1 卷,人民出版社 2009 年版,第 540—541 页。
② 《马克思恩格斯文集》第 1 卷,人民出版社 2009 年版,第 559 页。
③ 《马克思恩格斯全集》第 3 卷,人民出版社 1960 年版,第 344 页。
④ 《马克思恩格斯全集》第 4 卷,人民出版社 1958 年版,第 65 页。

命，庞大的商品交换在原来的交通方式中逐渐堵塞，全新的更快的交通工具成为资本逐利的迫切需要。"工农业生产方式的革命，尤其使社会生产过程的一般条件即交通运输手段的革命成为必要。正像以具有家庭副业的小农业和城市手工业为'枢纽'（我借用傅立叶的用语）的社会所拥有的交通运输手段，完全不再能满足拥有扩大的社会分工、集中的劳动资料和工人以及殖民地市场的工场手工业时期的生产需要，因而事实上已经发生了变革一样，工场手工业时期遗留下来的交通运输手段，很快又转化为具有狂热的生产速度和巨大的生产规模、经常把大量资本和工人由一个生产领域投入另一个生产领域并具有新建立的世界市场联系的大工业所不能忍受的桎梏。因此，撇开已经完全发生变革的帆船制造业不说，交通运输业是逐渐地靠内河轮船、铁路、远洋轮船和电报的体系而适应了大工业的生产方式。但是，现在要对巨大的铁块进行锻冶、焊接、切削、镗孔和成型，又需要有庞大的机器，制造这样的机器是工场手工业的机器制造业所不能胜任的。"①

"因为大工业和机器设备、交通工具、世界贸易发展的巨大规模使这一切越来越不可能为个别资本家所利用，因为日益加剧的世界市场危机在这方面提供了最有力的证明，因为现代生产方式和交换方式下的生产力和交换手段日益超出了个人交换和私有财产的范围"。② 当系统性危机爆发时，也把全球范围内的无产阶级以前所未有的规模联合了起来，"工人……斗争的真正成果并不是直接取得的成功，而是工人的越来越扩大的联合。这种联合由于大工业所造成的日益发达的交通工具而得到发展，这种交通工具把各地的工人彼此联系起来。只要有了这种联系，就能把许多性质相同的地方性的斗争汇合成全国性的斗争，汇合成阶级斗争。而一切阶级斗争都是政治斗争。中世纪的市民靠乡间小道需要几百年才能达到的联合，现代的无产者利用铁路只要几年就可以达到

---

① 《马克思恩格斯文集》第 5 卷，人民出版社 2009 年版，第 441 页。
② 《马克思恩格斯文集》第 1 卷，人民出版社 2009 年版，第 672 页

了"①。表2-1列举了西方主要发达资本主义国家的铁路货运量的数据，由此可以看到铁路运输是资本主义国家商品流通中最重要的交通工具，也是市场范围扩张的有利交通形式。

表2-1　　1995—2021年主要发达资本主义国家铁路货运量

（百万吨/千米）

	澳大利亚	加拿大	瑞士	德国	芬兰	法国	英国	意大利	日本	瑞典	美国
1995年	106195	—	8856	70500	9293	46560	13300	24050	25101	19391	1906206
1996年	110255	245625	8031	70000	8806	48320	15100	23314	24968	18846	1979622
1997年	119619	269458	8836	73900	9856	52630	16900	25228	24617	19181	1969331
1998年	125587	256145	9411	74200	9885	52660	17340	24704	22920	19163	2010027
1999年	127963	265707	9831	71900	9753	52120	18050	23781	22541	19090	2092745
2000年	133568	283842	11080	77500	10107	55350	18170	25839	22136	20088	2140191
2001年	137534	291518	11172	16765	9857	50344	19200	24352	22193	19547	2183277
2002年	150513	288701	10746	76283	9664	49977	18634	23060	22131	19197	2200123
2003年	160580	300424	10598	79841	10047	46758	18745	22457	22794	20170	2264983
2004年	168700	327812	11489	86409	10105	45035	20137	23271	22476	20856	2427268
2005年	183944	337953	11677	95421	9706	39659	21427	22199	22813	21675	2476653
2006年	189425	341514	12466	107008	11060	41179	21919	22907	23192	22271	2586836
2007年	198961	347922	11952	114615	10434	42612	21265	232819	23334	23250	2584940
2008年	218684	334824	12265	115052	10777	40436	21077	21981	22256	22924	2594631
2009年	237163	294786	10565	95834	8872	32129	19171	17791	20562	20389	2236917
2010年	258624	332635	11074	107317	9750	29965	18576	18616	20398	23464	2468738
2011年	261420	347824	11526	113317	9395	34202	20974	19787	19998	22864	2524585
2012年	290570	368297	11061	110065	9275	325399	21467	20244	20471	22043	2500300
2013年	319000	386266	11812	112513	9470	32230	22401	19037	21071	20970	2541354
2014年	367700	414069	12313	112629	9596	32596	22143	20157	21029	21296	2702736
2015年	401600	412985	12431	116632	8468	36328	19342	20781	21519	20699	2547253

---

① 《马克思恩格斯文集》第2卷，人民出版社2009年版，第40页。

续表

	澳大利亚	加拿大	瑞士	德国	芬兰	法国	英国	意大利	日本	瑞典	美国
2016 年	413490	396806	12447	128866	9455	34700	17053	22712	21265	21406	2314693
2017 年	431307	420143	11653	131204	10362	35465	17167	22335	21663	21838	2445132
2018 年	441273	445546	11776	129991	11175	33836	17026	22070	19369	22794	2525217
2019 年	443005	446081	11666	129161	10270	33893	16884	21309	19993	22222	2357117
2020 年	447435	444032	11063	108406	10138	31282	15212	20750	18340	22094	2102084
2021 年	453091	430170	12024	123067	10749	35751	—	24262	—	23246	2239401

数据来源：作者根据世界银行数据库整理。

三 生产性投机活动加剧

生产性投机活动是早期资本主义系统性危机中的显著特征，它包括直接投机生产性活动和间接投机生产性活动两种，它们都是和早期资本主义生产力发展水平紧密联系在一起的。在资产阶级取得政权后的一段时间内，甚至可以说在整个自由竞争资本主义时期，商业资本和借贷资本已经逐渐从产业资本中游离出来，成为独立的资本形态。然而，尽管它们已经独立，但商业资本和借贷资本的运行仍然受到产业资本的显著影响和约束。直接投机生产性活动主要反映在投机商们对商品价格的预期上，或是通过控制市场供给——例如囤货等行为，或是诱导市场对商品价格的预期等。在《英国工人阶级状况》一书中，恩格斯很形象地描述了投机行为引发的生产危机，他指出："在新的商品到达那里以前，需求总是在增加，价格也随着上涨。第一批运来的货物人们都争先恐后地购买，第一批成交的买卖使市场更加活跃起来，以后运来的货物还要看涨。人们怀着这种还会涨价的希望把商品买了囤积起来，这样，本来是供消费用的商品却在最需要的时候从流通中被抽出去。投机更加抬高了市价，因为它鼓励其他的人去购买新到的商品，并把刚运到的商品从流通中夺去。这一切渐渐地传到了英国，厂主又重新开始加紧工作，开办新的工厂，尽一切力量来利用这个有利的时机。于是这里也开始了投机，它的后果也和国外市场上完全一样：物价上涨，商品从流通中被抽出去。这两件事情使生产紧张到极点,于是出现了'根基不稳的'投机家,他们运用虚拟资本,靠信贷来维持,而如果他们不能把买进的商品迅速地转卖出去,那就得宣告破产。他们大干这种普遍地漫无秩序地追逐利润的勾当,由于自己的贪得无厌,更加加强了混乱和奔忙,这种贪得无厌使他们发疯似地哄抬物价和扩大生产。一种疯狂的竞赛开始了,连最稳重最有经验的人都给迷住了。铁、纱、布匹开始大量生产,好像要把整个人类重新装备起来,好像在月球上的某个地方发现了有几十亿消费者的新市场。忽然有一天,国外的一些根基不稳的投机家由于要钱用就开始出售货物——自然是低于市场价格,因为他们是迫不及待的。一个人一卖,其他人也跟着卖,物价开始波动起来,大吃一惊的投机家们把自己的货物抛到市场上去。市场混乱起来了,信贷动摇了,商店一家跟着一家停止付款,一家跟着一家宣告破产。"①

换句话说,在早期资本主义系统性危机中,产业资本的生产性活动本身是在有序进行的,但由于商品的销路信息和市场的波动信息并不掌握在产业资本家手里,而是被商业资本的投机者牢牢地控制,生产的有序状态则变成了商业投机的发财地。"由于商业发达,由于在进行生产的厂主和真正的消费者中间插入了许多投机者和经纪人,所以英国的厂主要比德国的厂主更难于知道现有存货和生产同消费之间的相互关系;何况英国的厂主几乎向全世界的一切市场供应商品,他几乎从来不知道他的商品的去路如何,而且英国工业的生产力又非常巨大,所以经常发生各市场转瞬之间即为商品所充斥的现象。商业停顿,工厂开工半天,甚至完全停工,许多人破产了,存货不得不以低得荒唐的价格出售,过去处心积虑地积累起来的资本大部分因为这种商业危机而又重新化为乌有。"② 但是我们不难发现,产业资本的生产性活动是商业投机能够得以正常进行的必要条件。以铁路股票投机为例,人们纷纷购买铁路股票的根本原因是蒸汽机的发明极大地改善了铁路交通,进而促使了庞大的商品生产销路有了更多更新的拓展。"铁路股票的投机由于抬高了现金

---

① 《马克思恩格斯全集》第 2 卷,人民出版社 1957 年版,第 368 页。
② 《马克思恩格斯全集》第 2 卷,人民出版社 1957 年版,第 604 页。

的价值而加速了物价的跌落，但是总的说来这种投机并不是非常有利的，因为国内大部分地区人口相当稀少，而且商业又不发达。不过和其他工业部门的投资比较起来，这种投机活动获得利润的机会还是多些，因此稍微有一点资本的人都去进行这种投机。这种投机照例很快就发展到狂热程度，并以危机告终"。①

根据马克思和恩格斯对投机活动的论述，投机是生产繁荣扩张背景下才容易出现的现象。"像往常一样，繁荣很快就产生了投机。投机一般地是发生在生产过剩已经非常严重的时期。它给生产过剩提供暂时出路，但是，这样它又加速了危机的来临和加强危机的力度。危机本身首先爆发在投机领域中，后来才波及生产。因此，从表面上看，似乎爆发危机的原因不是生产过剩，而只不过是作为生产过剩征兆的过份投机，似乎跟着而来的生产解体不是解体前急剧发展的必然结果，而不过是投机领域内发生破产的简单反映。"② "1843—1845 年繁荣时期的投机活动，主要是在铁路方面，这里投机所依靠的是实际需要，由于 1845 年的物价上涨和马铃薯病害而造成谷物投机，1846 年棉花歉收后造成棉花投机，随着英国打开中国市场而来的投机造成对东印度和中国的贸易投机。"③ 1856 年，马克思总结了欧洲经济危机中的投机活动，强调"欧洲的投机狂在目前时期的一个显著特点，是它的普遍性。过去也有过投机狂，粮食的、铁路的、采矿的、银行的、棉纺业的，总之，有过各种各样的投机狂。但是，在 1817、1825、1836、1846—1847 年严重的商业危机时期，投机狂虽然波及了工业和商业的一切部门，而占主导地位的，只是某一种投机狂，它赋予每一个时期特殊的色调和性质"④。由此可以看到，在马克思所列的投机领域中，生产性活动是主要的，银行金融在早期占比并不高。自由竞争资本主义时期，虚拟经济尽管已经出现，但总的来说，它是围绕实体经济而运转的，其相对独立性还比较

---

① 《马克思恩格斯全集》第 4 卷，人民出版社 1958 年版，第 36 页。
② 《马克思恩格斯全集》第 10 卷，人民出版社 1998 年版，第 575 页。
③ 《马克思恩格斯全集》第 10 卷，人民出版社 1998 年版，第 576 页。
④ 《马克思恩格斯全集》第 12 卷，人民出版社 1962 年版，第 54 页。

低，金融衍生品种类并不多。因此，我们看到，在早期资本主义系统性危机中，生产性活动始终是各类资本追逐利润的根基。

四 劳资关系由形式从属转向实际从属

在《政治经济学批判（1861—1863年）手稿》中，马克思在解析生产劳动和非生产劳动的基础上提出了危机问题，而后又用大量篇幅论述了机器、自然力和科学的应用，并过渡到劳动对资本的"形式上的从属"和"实际上的从属"的研究。在资本主义生产方式中，资本追逐剩余价值是所有问题研究的根基和轴心，而剩余价值的两种生产方式——绝对剩余价值和相对剩余价值的生产蕴含了劳动和资本之间的关系。"无论如何，和两种剩余价值形式——绝对剩余价值和相对剩余价值，如果就其本身单独来考察，绝对剩余价值总是先于相对剩余价值——相适应的，是劳动从属于资本的两种单独的形式，或者说资本主义生产的两种单独的形式，其中第一种形式总是第二种形式的先驱，尽管第二种更发达的形式又可能成为在新的生产部门中采取第一种形式的基础。"[①] 那么，什么是形式从属和实际从属呢？马克思首先给出了严格的定义。所谓劳动对资本的形式上的从属，指的就是"以绝对剩余价值为基础的形式"[②]，这种生产过程主要体现在早期资本主义制度的形成时期，在这一阶段，劳动者和资本拥有者形式上是自由平等交换的关系，除了买卖，并不存在包括政治社会等其他方面的从属关系。此外，劳动者为了维持生存发展，只能以出卖自己的劳动力为条件，而生产过程中需要的生产资料，包括原材料、劳动工具等都属于资本家，所以，"这些劳动条件作为他人的财产越是和工人充分对立，资本和雇佣劳动之间的关系在形式上也就越是充分，从而劳动对资本的形式上的从属也就越是充分"[③]。在马克思看来，劳动对资本的形式上的从属创造了大

---

① 《马克思恩格斯文集》第8卷，人民出版社2009年版，第371页。
② 《马克思恩格斯文集》第8卷，人民出版社2009年版，第371页。
③ 《马克思恩格斯文集》第8卷，人民出版社2009年版，第372页。

量的物质生产，使得社会生产关系有了明显的进步，尽管此时的资本主义是以小资本为主导的，劳动对资本的形式上从"提高劳动的连续性和强度，增加生产，促进劳动能力品种的发展，从而促进劳动种类和谋生方式的多样化，最后，把劳动条件的占有者和工人本身之间的关系变成新的买卖关系，并使剥削关系摆脱一切家长制的和政治的混合物。……资本主义生产超出这种形式关系越少，这种关系便越不发展，因为这种关系仅以小资本家为前提，这些小资本家在构成方式和职业方式上和工人本身只有很小的差别"①。由此，在资本主义早期绝对剩余价值生产时期，劳动者凭借自己的手工业技能还能和资本相抗衡。到了机器大工业时代，工人阶级成为机器的附属品，实际从属发生。

马克思把以相对剩余价值生产为主要形式的生产中劳动对资本的关系称为实际上的从属，正如相对剩余价值并不排斥绝对剩余价值一样，劳动对资本的实际从属在表面上仍然表现为平等交换的关系，但是一切都发生了变化。例如，生产目的变化而引起的生产规模和交换范围的变化，"资本主义生产现在完全抛掉了为生活而生产的形式，变成了为贸易而生产，而且无论是自己的消费，无论是已有的买者们的直接需要，都不再是生产的界限；只有资本本身的量才是这种界限。……产品的一切要素都作为商品从流通转入生产活动"②。所有可用的资源都围绕逐利而展开，生产的社会化程度越来越高，但是生产资料和生产目的却被资本家个人所掌控，如此产生不可调和的矛盾并最终形成危机，尽管此时的生产规模是以往任何一个社会都不能比的。"为生产而生产，即不顾任何事先决定的和事先被决定的需要界限来发展人类劳动生产力。……即使资本主义生产是迄今为止一切生产方式中最有生产效力的，但它由于自身的对立性质而包含着生产的界限，它总是力求超出这些界限，由此就产生危机，生产过剩等等。"③ 当劳动变成资本的实际

---

① 《马克思恩格斯文集》第8卷，人民出版社2009年版，第379页。
② 《马克思恩格斯文集》第8卷，人民出版社2009年版，第384页。
③ 《马克思恩格斯文集》第8卷，人民出版社2009年版，第387页。

从属后，劳资对立的矛盾也就激化到了前所未有的顶点。新机器的创造发明使原本就不高的工资进一步下降，工人的生活恶化，同时工人为了获得工作岗位，相互之间的竞争更加激烈，工人阶级内部出现了分化，以至于被雇佣者已经成为机器的一个组成部分。"死劳动被赋予运动，而活劳动只不过是死劳动的一个有意识的器官。在这里，协作不再是整个工厂的活的相互联系的基础，而是机器体系构成由原动机推动的、包括整个工厂的统一体，而由工人组成的活的工厂就受这个统一体支配。"① 如果说在早期的时候，人的劳动技能是多方面的，在机器大工业生产中，劳动技能越来越片面化，机器使用得越广泛，相对剩余价值生产效率越得到提升，劳动对资本的实际从属日益增强，劳资矛盾越突出，工人阶级斗争的外在表现之一就是砸毁机器。"只有在使用机器的条件下，工人才把资本所发展起来的生产力当做与工人本身，即与活劳动相对抗的原则，而开始同它进行直接的斗争。工人破坏机器和普遍反对采用机器，这是对资本主义生产所发展起来的生产方式和生产资料的首次宣战。"②

五 资本从竞争逐渐走向联合垄断

在早期资本主义系统性危机中，不同资本之间的关系表现出鲜明的特征，即从互相竞争逐渐走向联合垄断，导致这一现象出现的主要原因包括以下几个方面。首先，生产集中和资本集中的提高。如前所述，资本主义社会生产力迅猛提升，单个资本已经无法驾驭日益庞大的生产资料，且单个资本获取剩余价值的能力已经不如从前，面对生产规模的扩张需求，单个资本只有不断联合起来，资本主义制度才能成为现代意义上的资本主义。"只有当拥有某一最低限额的资本时，资本家本人才不再是工人，他留给自己的只是领导工作，并且用已生产出来的商品做买卖。另一方面，现在要考察的真正的资本主义生产形式也可能只表现在

---

① 《马克思恩格斯文集》第 8 卷，人民出版社 2009 年版，第 354 页。
② 《马克思恩格斯文集》第 8 卷，人民出版社 2009 年版，第 349 页。

下述场合：一定量的资本直接掌握了生产，这或是由于商人成了生产者，或是由于在真正生产的内部逐渐形成了较大的资本。"① 熟读《资本论》我们不难发现，生产集中和资本集中是资本主义生产方式的必然结果，为了获取更多剩余价值，资本之间的竞争非常残酷，谁优先掌握新的技术，谁拥有雄厚的资本规模，谁占据得天独厚的自然资源，谁就能在行业竞争中处于难以撼动的地位，正如列宁所说，"集中发展到一定阶段，可以说就自然而然地走到垄断"②。其次，劳资矛盾冲突的加剧。随着机器大工业的应用和现代自然科学的发展，整个社会的劳动生产率提高，但工人的生活水平却没有得到相应的改善，相反，雇佣工人被剥削程度加深，由此引发了资本和劳动之间的斗争。在马克思看来，"工资决定于资本家和工人之间的敌对的斗争。胜利必定属于资本家。资本家没有工人能比工人没有资本家活得长久"③。因此，在资本主义生产中，劳资双方的关系表面上是平等交换，但实际上劳动者获得的报酬和自己付出的劳动是完全不对等的，为了提高生存的工资水平，工人阶级和资本阶级之间的斗争日益加剧，毕竟工资对于资本家和劳动者来说意义悬殊，"对于资本家来说，同工人竞争，只是利润问题，对工人来说，则是生存问题"④。尽管资本家阶级内部也存在激烈竞争，但它们作为一个整体，存在共同的剥削劳动的利益，因此为了在斗争中占据优势，资本之间就要联合起来。最后，资本间竞争妥协的结果。19世纪下半叶，资本相互竞争导致各方损失惨重，为了避免互相伤害，资本之间达成协议，走向垄断，此时的垄断组织规模还不是很大，主要表现为私人垄断资本主义，垄断的形式还比较简单，主要表现为短期价格协定、产量协定等，具体形式包括卡特尔、辛迪加、托拉斯等。资本从自由竞争走向联合垄断，既反映了资本主义生产阶段，同时也蕴含了资本

---

① 《马克思恩格斯文集》第8卷，人民出版社2009年版，第380页。
② 《列宁全集》第27卷，人民出版社2017年版，第333页。
③ 《马克思恩格斯文集》第1卷，人民出版社2009年版，第115页。
④ 马克思：《雇佣劳动与资本》，人民出版社2018年版，第58页。

主义生产的本质。

第三节 早期资本主义系统性危机的启示

资本主义生产方式在人类社会发展中的地位和作用是哲学家、经济学家、政治学家等长期争辩的话题，而资本主义系统性危机作为资本主义生产方式的必然产物，自然也引起了思想家们的高度关注。马克思唯物辩证法告诉人们，凡事都有两面性，对事物现象的分析要从正反两个角度展开，并指出哪一个是矛盾的主要方面。"危机"一词的概念也鲜明地反映了辩证法的思想，即危险与机遇并存。早期资本主义系统性危机对资本主义和其他国家的发展既有正面的积极作用，同时也有反面的消极作用，其中，消极作用是矛盾的主要方面。

一 资本主义社会生产无序性的强制调整

马克思主义哲学基本原理认为，发展是新事物的产生和旧事物的灭亡。资本主义制度经历过多次系统性危机，这表明这种制度经常性地陷入混乱状态，但当前依然拥有其他制度不具备的一些竞争优势和发展潜力，这意味着危机存在推动资本主义生产方式进步的一面，这就是对资本主义社会生产无序性的强制调整。在生产资料个人所有的私有制与雇佣劳动的生产条件下，资本主义个别企业的生产是有组织的，但整个社会生产由于资本竞争、资本与劳动竞争、国际竞争等因素经常呈现无组织状态。因此，个别企业或资本很难主动调节化解矛盾，只有危机才能以个别资本难以具备的力量来重新修复生产状态，但是这种修复作用很快就会再一次被资本逐利所破坏。"大工业创造了像蒸汽机和其他机器那样的手段，使工业生产在短时间内用不多的费用便能无限地增加起来。由于生产变得这样容易，这种大工业必然产生的自由竞争很快就达到十分剧烈的程度。大批资本家投身于工业，生产很快就超过了消费。结果，生产出来的商品卖不出去，所谓商业危机就到来了。工厂只好关门,厂主破产,工人挨饿。到处出现了极度贫困的现象。过了一段时间,过剩的产品卖光了,工厂重新开工,工资提高,生意也渐渐地比以往兴旺起来。但这是不会长久的,因为很快又会生产出过多的商品,新的危机又会到来,这种新危机的过程和前次危机完全相同。"①

二 客观上扩展了资产阶级治理体系

系统性危机警示资产阶级国家的统治者,资本主义生产方式本身蕴含矛盾,而这种矛盾会周期性地爆发出来,为了维护资本主义制度及其政权统治,资产阶级通过各种方式和手段来扩展其治理体系。恩格斯在分析 10 小时工作制的时候曾明确指出:"1847 年的法律实际上被废除,会使厂主染上严重的生产过剩寒热病,以致危机一个接着一个地发生,现存制度的一切资料和资源都将很快耗尽,使革命无法避免,这次革命使社会得到比 1793 年和 1848 年时更深刻得多的改造,因而将使无产者很快取得政治和社会的统治地位。我们已经看到,现存的社会制度和工业资本家的统治是密切联系着的,而这种统治又取决于在降低生产成本的同时不断扩大生产的可能性。但是,这样扩大生产有一定的限度,它不可能摆脱现有市场的限制。当扩大生产超出了现有市场的限制的时候,就会产生危机,引起破坏、破产和贫困。曾经有过许多这样的危机,以往由于开辟了新市场(1842 年开辟的中国市场)或者更好地开拓旧市场以及通过降低生产费用(例如通过实行谷物自由贸易)都安然渡过了。但是,这也是有限度的。新市场现在已经再也无法开辟了,而要进一步降低工资也只有一个办法,即实行激进的金融改革和通过取消国债来减少税收。"② 因此,资产阶级在每次危机之后都会通过强有力的国家政权出台一系列经济举措,总的来说,这些措施是为消除危机混乱秩序而服务的,是为资本更好地获得剩余价值服务的。

---

① 《马克思恩格斯文集》第 1 卷,人民出版社 2009 年版,第 682 页。
② 《马克思恩格斯全集》第 10 卷,人民出版社 1998 年版,第 287 页。

三 资本主义制度的自我否定

如果说系统性危机是资本主义生产方式弊病的外在表现,那么它的每一次爆发都对资本主义制度产生了冲击破坏,尤其是会引发工人阶级的革命。"商业危机依然存在,它将随着工业的发展和无产阶级人数的增加而日益严重,日益可怕。随着小资产阶级的不断破产,随着资本迅速向少数人手里集中,无产阶级的人数将按照几何级数增长,使整个民族,除了少数百万富翁,很快都成为无产阶级。但是,在这种发展的进程中必将有这样一个阶段到来,那时无产阶级将看到,他们要推翻现存的社会权力是多么容易,于是革命就跟着到来了。"[①] 危机来得越频繁,形势越严峻,这场穷人反对富人追求自身发展的斗争就越激烈,系统性危机对资本主义制度的不断否定的结果就是未来新的社会制度取代资本主义制度,从根本上来说,是生产目的和组织形式的变化。恩格斯指出:"在共产主义社会里,人和人的利益并不是彼此对立的,而是一致的,因而竞争就消失了。当然也就谈不到个别阶级的破产,更谈不到像现在那样的富人和穷人的阶级了。在生产和分配必要的生活资料的时候,就不会再发生私人占有的情形,每一个人都不必再单枪匹马地冒着风险企求发财致富,同样也就自然而然地不会再有商业危机了。在共产主义社会里无论生产和消费都很容易估计。既然知道每一个人平均需要多少物品,那就容易算出一定数量的人需要多少物品;既然那时生产已经不掌握在个别私人企业主的手里,而是掌握在公社及其管理机构的手里,那也就不难按照需求来调节生产了。"[②] 私有财产被废除,重新建立个人所有制是资本主义生产方式的必然结果,"因为大工业和机器设备、交通工具、世界贸易发展的巨大规模使这一切越来越不可能为个别资本家所利用,因为日益加剧的世界市场危机在这方面提供了最有力的证明,因为现代生产方式和交换方式下的生产力和交换手段日益超出了

---

① 《马克思恩格斯文集》第 1 卷,人民出版社 2009 年版,第 496 页。
② 《马克思恩格斯全集》第 2 卷,人民出版社 1957 年版,第 605 页。

个人交换和私有财产的范围,总之,因为工业、农业、交换的共同管理将成为工业、农业和交换本身的物质必然性的日子日益逼近,所以,私有财产一定要被废除"①。

四 资本主义统治的世界格局出现薄弱环节

资产阶级在取得政权后,不遗余力地把其生产方式传播到全球各地,并借此主导控制了世界发展,为现代世界体系的形成奠定了基础。通过梳理历史我们可以发现,近代以来的世界政治经济格局是资本主义发达国家占据绝对优势的,是资产阶级按照自己的意愿构建起来的。"资产阶级,由于一切生产工具的迅速改进,由于交通的极其便利,把一切民族甚至最野蛮的民族都卷到文明中来了。它的商品的低廉价格,是它用来摧毁一切万里长城、征服野蛮人最顽强的仇外心理的重炮。它迫使一切民族——如果它们不想灭亡的话——采用资产阶级的生产方式;它迫使它们在自己那里推行所谓的文明,即变成资产者。一句话,它按照自己的面貌为自己创造出一个世界。"② 然而,系统性危机却使资产阶级统治的世界中出现了薄弱环节,"资产阶级的生产关系和交换关系,资产阶级的所有制关系,这个曾经仿佛用法术创造了如此庞大的生产资料和交换手段的现代资产阶级社会,现在像一个魔法师一样不能再支配自己用法术呼唤出来的魔鬼了。几十年来的工业和商业的历史,只不过是现代生产力反抗现代生产关系、反抗作为资产阶级及其统治的存在条件的所有制关系的历史。只要指出在周期性的重复中越来越危及整个资产阶级社会生存的商业危机就够了。在商业危机期间,总是不仅有很大一部分制成的产品被毁灭掉,而且有很大一部分已经造成的生产力被毁灭掉。在危机期间,发生一种在过去一切时代看来都好像是荒唐现象的社会瘟疫,即生产过剩的瘟疫。社会突然发现自己回到了一时的野蛮状态;仿佛是一次饥荒、一场普遍的毁灭性战争,使社会失去了全

---

① 《马克思恩格斯文集》第 1 卷,人民出版社 2009 年版,第 672 页。
② 《马克思恩格斯文集》第 2 卷,人民出版社 2009 年版,第 35—36 页。

部生活资料；仿佛是工业和商业全被毁灭了。这是什么缘故呢？因为社会上文明过度，生活资料太多，工业和商业太发达。社会所拥有的生产力已经不能再促进资产阶级文明和资产阶级所有制关系的发展；相反，生产力已经强大到这种关系所不能适应的地步，它已经受到这种关系的阻碍；而它一着手克服这种障碍，就使整个资产阶级社会陷入混乱，就使资产阶级所有制的存在受到威胁。资产阶级的关系已经太狭窄了，再容纳不了它本身所造成的财富了。资产阶级用什么办法来克服这种危机呢？一方面不得不消灭大量生产力，另一方面夺取新的市场，更加彻底地利用旧的市场。这究竟是怎样的一种办法呢？这不过是资产阶级准备更全面更猛烈的危机的办法，不过是使防止危机的手段越来越少的办法"①。

五　落后国家成为危机转嫁的承担者

大量史实材料表明，在早期资本主义系统性危机出现的时候，资产阶级往往向世界范围转嫁危机，落后国家和劳动人民成为实际上的承担者和受害者。

"资本家以日益扩大的规模利用既有的巨大的生产资料，并为此而动用一切信贷机构，产业地震也就越来越频繁，在每次地震中，商业界只是由于埋葬一部分财富、产品以至生产力才维持下去，——也就是说，危机也就越来越频繁了。这种危机之所以越来越频繁和剧烈，就是因为随着产品总量的增加，亦即随着对扩大市场的需要的增长，世界市场变得日益狭窄了，剩下可供榨取的新市场日益减少了，因为先前发生的每一次危机都把一些迄今未被占领的市场或只是在很小的程度上被商业榨取过的市场卷入了世界贸易。但是，资本不仅在活着的时候要依靠劳动。这位尊贵而又野蛮的主人在葬入坟墓时，也要把他的奴隶们的尸体，即在危机中丧生而成为牺牲品的大批工人一起陪葬。"②

---

① 《马克思恩格斯文集》第 2 卷，人民出版社 2009 年版，第 37 页。
② 《马克思恩格斯文集》第 1 卷，人民出版社 2009 年版，第 742 页。

第三章

当代资本主义系统性危机的逻辑与实质

本章提要：探讨当代资本主义系统性危机的逻辑实质是解析当代资本主义系统性危机的重要起点。只有通过对历史发展规律的深入分析，我们才能把握当代资本主义系统性危机的根源和内在逻辑，进而寻找解决危机的有效途径。马克思在《资本论》中揭示了资本主义经济制度的根源，揭示了资本主义生产方式的一般规律以及资本主义资本积累的特殊规律。作为人格化的资本家始终保持着对剩余价值的持续吮吸，这就要求资本主义生产过程呈现为一个连续不断的过程。随着科学技术革命的不断发展，资本主义生产过程和劳动过程发生了巨大变化，资本积累的方式、速度和规模也发生了变化。资本积累实际上是要最大限度地获取对无酬劳动的支配权。作为资本人格化的资本家不断追求利润与客观条件的制约相冲突，这导致当代资本主义系统性危机的潜在风险。同时，这种危机也通过资本积累的新特征在时空维度上表现出来。从产业资本循环周转来看，资本积累的时空二重性表现在不同资本形式的时间上继起性和空间上并存性。如果从社会总资本运动来说，加速周转和对外扩张是其实现剩余价值的两条重要途径。当代资本主义系统性危机的实质是剩余价值难题，包括剩余价值的生产、实现和分割等方面。剩余价值问题是当代资本主义系统性危机的核心，它涉及资本家追求利润的困境以及社会资源的分配问题，分析剩余价值难题的本质及其对当代资本主义系统性危机的影响意义重大。总的来说，资本主义生产方式中生产社会化和资本主义生产资料私人占有之间的矛盾是一切危机的根本原因，只有牢牢抓住这点，方能准确把握当代资本主义系统性危机的实质。

资本主义制度作为人类社会发展中的一种特殊形态，反映了生产力水平不断进步下对生产关系的新要求。历史唯物主义深刻揭示了生产力与生产关系、经济基础与上层建筑的矛盾是推动人类社会发展的两对基本矛盾，任何一种社会形态的出现都有其客观条件，绝不是人们主观意志的产物。马克思在《资本论》中以"商品"作为开篇立著，从商品经济形成和发展的历史深处揭秘资本主义经济制度的根源，阐述了资本主义生产方式蕴含的人类社会发展一般规律，以及资本主义资本积累的特殊规律。因此，研究当代资本主义系统性危机的首要问题是要正确梳理资本主义发展阶段的历史唯物主义解析观点。随着科学技术革命浪潮迭起，资本主义生产过程和劳动过程发生了重大变化，资本积累的方式、速度、规模也发生变化，资本积累背后始终有一个难以调和的悖论，即作为人格化的资本无休止地赚钱和客观条件的制约，两者的对抗为当代资本主义系统性危机埋下了隐患，同时也通过资本积累的新特征表现出来，总的来说，这些新特征可以分为"时间"维度和"空间"维度。当代资本主义系统性危机反映了资本积累的时空二重逻辑，背后则深刻体现了资本追求剩余价值遭遇困境。换言之，当代资本主义系统性危机的实质是剩余价值难题，包括剩余价值的生产、实现和分割等。

第一节　资本主义发展阶段的历史唯物主义审视

以"合理形态"的辩证法为方法论的马克思历史地审视了资本主义这一特殊的社会发展阶段。与古典经济学和古典哲学不同，马克思摒弃了形而上学的思维方式而始终从"暂时性方面去理解"[①] 所要考察的

---

① 《马克思恩格斯文集》第 5 卷，人民出版社 2009 年版，第 22 页。

事物，继而考察了资本主义（乃至整个人类社会）的发展规律。更明确地说，在马克思视域中，资本主义只是人类社会发展过程中的一个特殊阶段，它既蕴含了人类社会形态演进一般规律，又反映了人类社会形态演进特殊规律。作为辩证法大师的马克思始终在"普遍"和"特殊"之间科学审视人类历史进程。

一 人类社会形态演进一般规律

对于马克思而言，人类身处的世界都是感性对象性活动的产物，都是人们世世代代劳动的结果，人类社会亦如此。以此为基础，人类社会就不再是诸如上帝等思辨活动的产物，而是"从现实历史发展中概括出来的具体历史范畴"[①]。在《资本论》第一卷中，马克思明确地表达了他对人类社会历史状况的分析思路，即"现在的社会不是坚实的结晶体，而是一个能够变化并且经常处于变化过程中的有机体"[②]。用恩格斯的话说，"到目前为止的历史总是像一种自然过程一样地进行，而且实质上也是服从于同一运动规律的"[③]。在"变化"和"过程"中深刻把握人类社会，用一种类似"自然史的过程"[④] 切实描绘人类历史的进阶，这是马克思的独到之处。

人类社会历史演进以现实个人及其活动为前提。早在《德意志意识形态》中，马克思和恩格斯就确立了考察人类社会历史的基本方法，即历史唯物主义。立足于"现实的个人"[⑤]（包括他们的活动和他们的物质生活条件），马克思和恩格斯深入现实个人的生产中而精准地把握了人类社会历史发展的动因——"历史向世界历史的转变，不是'自我意识'、世界精神或者某个形而上学幽灵的某种纯粹的抽象行动，而是完全物质的、可以通过经验证明的行动，每一个过着实际生活的、需要

---

① 孙伯鍨、张一兵：《走进马克思》，江苏人民出版社2012年版，第341页。
② 《马克思恩格斯文集》第5卷，人民出版社2009年版，第10—13页。
③ 《马克思恩格斯文集》第10卷，人民出版社2009年版，第593页。
④ 《马克思恩格斯文集》第5卷，人民出版社2009年版，第10页。
⑤ 《马克思恩格斯文集》第1卷，人民出版社2009年版，第519页。

吃、喝、穿的个人都可以证明这种行动"①。更具体地说，这种与人们吃、喝、住、穿密切相关的就是生产力，一定的生产力发展水平决定了人类社会历史的变迁。"手推磨"和"蒸汽磨"就分别代表不同的人类社会发展形态，前者代表封建制的社会形态，后者则表征资本主义的社会形态。生产力和生产关系的互动促成了人类社会历史的进阶，这也暗含人类社会历史的发展深受物质实践活动的制约。"人们不能自由选择自己的生产力"②，作为一种特殊的"既得力量"的生产力只是"人们应用能力的结果"③。"这种能力本身决定于人们所处的条件，决定于先前已经获得的生产力，决定于在他们以前已经存在、不是由他们创立而是由前一代人创立的社会形式。后来的每一代人都得到前一代人已经取得的生产力并当做原料来为自己新的生产服务，由于这一简单的事实，就形成人们的历史中的联系，就形成人类的历史，这个历史随着人们的生产力以及人们的社会关系的愈益发展而愈益成为人类的历史。"④ 从表面上看，人类社会历史是由人们生产关系的发展而造就的，它从根本上是由一定的生产力发展水平所决定的。马克思由此开启了正确考察人类社会历史的道路，并科学地呈现了人类社会历史演进的一般规律。在《德意志意识形态》中，马克思和恩格斯清晰地论述了这一基本规律。"各民族之间的相互关系取决于每一个民族的生产力、分工和内部交往的发展程度。这个原理是公认的。然而不仅一个民族与其他民族的关系，而且这个民族本身的整个内部结构也取决于自己的生产以及自己内部和外部的交往的发展程度。一个民族的生产力发展的水平，最明显地表现于该民族分工的发展程度。任何新的生产力，只要它不是迄今已知的生产力单纯的量的扩大（例如，开垦土地），都会引起分工的进一步发展。"⑤ 聚焦于分工，人类社会历史被划分为各种不同的所有制形式，

---

① 《马克思恩格斯文集》第 1 卷，人民出版社 2009 年版，第 541 页。
② 《马克思恩格斯文集》第 10 卷，人民出版社 2009 年版，第 43 页。
③ 《马克思恩格斯文集》第 10 卷，人民出版社 2009 年版，第 43 页。
④ 《马克思恩格斯文集》第 10 卷，人民出版社 2009 年版，第 43 页。
⑤ 《马克思恩格斯文集》第 1 卷，人民出版社 2009 年版，第 520 页。

即部落［Stamm］所有制、古典古代的公社所有制和国家所有制、封建的或等级的所有制等所有制形式。由此可见，马克思和恩格斯此时运用科学的方法洞察到了人类社会历史的"流动性"和依次更替的可能性。

在《1857—1858年经济学手稿》中，马克思通过对经济问题的深刻反思科学呈现了人类社会历史的"三阶段"："最初的社会形式"是"人的依赖关系（起初完全是自然发生的）"，它与低下而落后的生产力相适应，不仅人们的生产能力有限，人们交流的空间也有限，社会发展也处处受限；"第二大形式"则是"以物的依赖性为基础的人的独立性"阶段，这是社会获得大发展的时代，依托于较为发达的生产力，普遍的物质变换、全方位的社会关系、多方面的供求体系、全面的能力等都得以迅速建立，这是一个物质逐渐丰腴的时代；"第三个阶段"则是"建立在个人全面发展和他们共同的、社会的生产能力成为从属于他们的社会财富这一基础上的自由个性"①，这是一个所有个人都能够得到充分自由并获得全面发展的时代。人类社会就是按照这种"前资本主义→资本主义→共产主义"的发展逻辑和文明序列而不断演进。

二　人类社会形态演进特殊规律

资本主义时代既是人类社会发展一般规律的"见证者"，又是人类社会形态演进特殊规律的"亲历者"。列宁曾说，"世界历史发展的一般规律，不仅丝毫不排斥个别发展阶段在发展的形式或顺序上表现出特殊性，反而是以此为前提的"②。资本主义就是人类社会形态演进中的一个特殊的阶段，既是"以往全部社会历史发展的结果"③，又是通向更高级文明形态的桥梁。正因此，脱胎于前资本主义时代的资本主义必然会或多或少地带有旧时代的痕迹，同时又蕴含着未来社会的新曙光。资本主义社会是一个复杂的综合体，它是以资本为主体的运作模式。实

---

① 《马克思恩格斯文集》第8卷，人民出版社2009年版，第52页。
② 《列宁全集》第43卷，人民出版社2017年版，第374页。
③ 孙伯鍨、张一兵：《走进马克思》，江苏人民出版社2012年版，第386页。

质地展开对资本主义社会的历史性批判是马克思的重要工作内容,也是以"政治经济学批判"为副标题的《资本论》的核心要义。

关于资本主义的起源,马克思直言"资本主义社会的经济结构是从封建社会的经济结构中产生的。后者的解体使前者的要素得到解放"①。资本主义的社会生产以劳资分离为起点,即"劳动产品和劳动本身的分离,客观劳动条件和主观劳动力的分离,是资本主义生产过程事实上的基础或起点"②。这种关系"既不是自然史上的关系,也不是一切历史时期所共有的社会关系。它本身显然是已往历史发展的结果,是许多次经济变革的产物,是一系列陈旧的社会生产形态灭亡的产物"③。从资本的原始积累开始,"征服、奴役、劫掠、杀戮"④ 等暴力手段都始终充斥其间,资本家用血和火的文字载入人类编年史的过程实际上就是用暴力手法来落实并强化劳动者及其劳动条件的所有权分离的过程,资本就是"在暴力方式中降世,在嗜血中得以成长"⑤ 的。这种"分离"打破了旧式生产关系的束缚,建立了一种全新的社会生产机制。它把原来那种停留在单纯使用价值的简单生产与再生产转变为追逐交换价值特别是剩余价值的社会化生产,创造了一种前所未有的社会化生产力,同时也创造了全面的社会关系和人类自身的能力与需要。⑥

关于资本主义的发展,马克思采用三段论的模式展开说明,即:"从资本主义生产方式产生的资本主义占有方式,从而资本主义的私有制,是对个人的、以自己劳动为基础的私有制的第一个否定。但资本主义生产由于自然过程的必然性,造成了对自身的否定。这是否定的否定。这种否定不是重新建立私有制,而是在资本主义时代的成就的基础上,也就是说,在协作和对土地及靠劳动本身生产的生产资料的共同占

---

① 《马克思恩格斯文集》第 5 卷,人民出版社 2009 年版,第 822 页。
② 《马克思恩格斯文集》第 5 卷,人民出版社 2009 年版,第 658 页。
③ 《马克思恩格斯文集》第 5 卷,人民出版社 2009 年版,第 197 页。
④ 《马克思恩格斯文集》第 5 卷,人民出版社 2009 年版,第 821 页。
⑤ 刘同舫:《"资本来到世间"的真实写照与资本蕴含的辩证法》,《江苏社会科学》2023 年第 1 期。
⑥ 孙伯鍨、张一兵:《走进马克思》,江苏人民出版社 2012 年版,第 387 页。

有的基础上，重新建立个人所有制"①。资本主义就是按照"否定之否定"原则逐渐发展的，这也是辩证法的题中应有之义。资本主义之所以会被历史遗弃，之所以会被新的社会形态取代，其根本是这种社会生产机制的基本矛盾使然。马克思的剩余价值学说就是通过对资本主义生产方式的根本批判而洞察到未来社会的生机。"马克思的剩余价值学说透过掩盖着资本主义剥削的种种假象，分析了剩余价值的起源和本质，阐明了剩余价值和其具体各转化形式的内在联系，确认了资本主义社会各剥削集团剥削收入的总源泉，揭露了资本主义社会阶级对抗关系的经济基础，论证了资本主义生产方式产生、发展和灭亡的规律，为无产阶级社会主义革命提供了锐利的理论武器。"② 取代资本主义的将是以公有制为根基的自由王国阶段，这一阶段是自由个性得以充分彰显的时代。

第二节 资本积累时空二重逻辑与当代资本主义系统性危机

马克思在商品生产和交换视域中考察了经济危机的简单生成，并在资本逻辑的视域中揭示了经济危机的深层肇因。在大卫·科茨（David M. Kotz）教授看来，"每一场结构性危机都具有与其所属的资本主义制度结构紧密相关的特征"③。考察资本主义的系统性危机就要深入考察与之相适应的生产方式及其制度结构。资本主义是以牟利或增殖为核心的生产方式，它体现为"谋取利润的无休止的运动"④。这种"无休止"的运动就要求整个资本主义生产体系始终保持连续性或持续性，日复一

---

① 《马克思恩格斯文集》第 5 卷，人民出版社 2009 年版，第 874 页。
② 陈岱孙：《从古典经济学派到马克思——若干主要学说发展论略》，商务印书馆 2014 年版，第 159 页。
③ 陈琴：《当代资本主义结构性危机的根源与未来走向——大卫·科茨教授访谈》，《马克思主义与现实》2023 年第 2 期。
④ 《马克思恩格斯文集》第 5 卷，人民出版社 2009 年版，第 179 页。

日、年复一年地重复增殖过程。"一个社会不能停止消费,同样,它也不能停止生产"①,这是资本主义的内在要求和真实写照。一旦整个生产体系发生运作故障而中断,就势必会发生经济危机。可以说,"经济危机是资本积累过程中发生的中断"②。在经济学界,对于经济危机的解释有不同的观点,马克思之前的经济学家常作出"危机是例外事件,偏离了积累的正常进程,必须用特殊情况加以说明"③ 的判定。马克思则"总是着力将危机趋势与资本主义积累的根本趋势联系在一起,通过说明危机不过是资本主义制度根本矛盾最具戏剧性的表现,将每次危机表面上的偶然原因与其根本必然性联系起来"④。马克思以清醒的头脑确认了资本增殖及其遭遇的诸多阻碍,这些都在一定程度上妨碍资本积累的顺利进行,也就必然蕴藏危机。笔者认为,资本主义的系统性危机是"由制度决定的资本最大程度追求剩余价值对各方利益平衡的全面且难以修复的破坏,因此,依然要从资本主义制度的内在本质来理解系统性危机的动态变化,关键是看资本积累"⑤。要透彻分析资本主义的系统性危机就要详细考察资本积累机制。

一 资本积累的方式与使命

作为人格化的资本始终保持着对剩余价值的持续吮吸,这就要求资本主义生产过程呈现为一个连续不断的过程,或"必须周而复始地经过同样一些阶段"⑥。这就是资本主义的再生产过程。在《资本论》中,马克思分别考察了简单再生产和扩大再生产两种形式。前者是在原有规

---

① 《马克思恩格斯文集》第 5 卷,人民出版社 2009 年版,第 653 页。
② 陈琴:《当代资本主义结构性危机的根源与未来走向——大卫·科茨教授访谈》,《马克思主义与现实》2023 年第 2 期。
③ [英] 克拉克:《经济危机理论:马克思的视角》,杨健生译,北京师范大学出版社 2011 年版,第 276 页。
④ [英] 克拉克:《经济危机理论:马克思的视角》,杨健生译,北京师范大学出版社 2011 年版,第 276 页。
⑤ 卢江:《马克思经济危机理论释义及其当代价值》,《经济学家》2019 年第 8 期。
⑥ 《马克思恩格斯文集》第 5 卷,人民出版社 2009 年版,第 653 页。

模上的重复性生产，新的产品仅仅够补偿已消耗的生产资料和个人产品，剩余产品或剩余价值全部用于非生产性消费；后者则是扩大了规模的生产，剩余价值中的一部分用于生产性积累，用于购买追加的生产资料和劳动力，使得生产的规模和能力都得到提升。对于资本主义生产体系来说，简单再生产显然不是目的，只有扩大规模的再生产才能满足资本最大化攫取剩余价值的目的。马克思在《资本论》第一卷第二十二章开篇便给出了资本积累的科学界定："把剩余价值当做资本使用，或者说，把剩余价值再转化为资本，叫做资本积累。"① 剩余价值的再资本化要达到获取更多剩余价值的目的，资本积累就如亚伯拉罕生以撒、以撒生雅各的犹太故事一样传奇，"10000 镑原有资本带来 2000 镑剩余价值，这些剩余价值资本化了；新的 2000 镑资本又带来 400 镑剩余价值；这个剩余价值又资本化了，于是转化为第二个追加资本，又带来 80 镑新的剩余价值，依此类推"②。有鉴于此，我们可以将资本积累视为"资本以不断扩大的规模进行的再生产"③。

资本积累的过程充分暴露了资本主义生产方式的核心目的——对价值增殖的垂涎或对剩余价值的无限渴求。资本积累实际上是要最大化地获取"对无酬劳动的支配权"④，以此更多地获取工人在无酬劳动时间内创造的价值。如果将资本增殖的秘密归结为"资本对别人的一定数量的无酬劳动的支配权"⑤，资本积累的秘密亦如此。更具体地说，资本积累过程的实质就是资本关系的再生产过程，"就是剩余价值的生产，就是剩余劳动的吮吸"⑥，资本家通过延长工作日、加大劳动强度等方式无偿占有剩余价值而扩大自身的统治力，并以此完成对工人的全方位控制。正是资本的不断积累，劳动（包括劳动者）不仅从形式上从属

---

① 《马克思恩格斯文集》第 5 卷，人民出版社 2009 年版，第 668 页。
② 《马克思恩格斯文集》第 5 卷，人民出版社 2009 年版，第 671 页。
③ 《马克思恩格斯文集》第 5 卷，人民出版社 2009 年版，第 671 页。
④ 《马克思恩格斯文集》第 5 卷，人民出版社 2009 年版，第 611 页。
⑤ 《马克思恩格斯文集》第 5 卷，人民出版社 2009 年版，第 611 页。
⑥ 《马克思恩格斯文集》第 5 卷，人民出版社 2009 年版，第 307 页。

于资本，还实质性地贴附于资本之上而无力自拔。马克思充分揭示了资本积累过程与资本关系生成的关系："简单再生产不断地再生产出资本关系本身：一方面是资本家，另一方面是雇佣工人；同样，规模扩大的再生产或积累再生产出规模扩大的资本关系：一极是更多的或更大的资本家，另一极是更多的雇佣工人。劳动力必须不断地作为价值增殖的手段并入资本，不能脱离资本，它对资本的从属关系只是由于它时而卖给这个资本家，时而卖给那个资本家才被掩盖起来，所以，劳动力的再生产实际上是资本本身再生产的一个因素。因此，资本的积累就是无产阶级的增加"①。

二 资本积累的时间维度

资本积累首先要求资本主义生产方式在时间上的"不中断"。资本不能止步于生产领域，还必须进入流通领域，否则，就不能顺利实现循环。也就是说，资本必须在生产领域和流通领域反复流动才能顺利实现价值增殖，资本家也才能不断地扩大再生产。"资本的循环，只有不停顿地从一个阶段转入另一个阶段，才能正常进行。"② 一旦资本积累在时间上中止，整个生产体系就会陷入困境和危机。

从资本循环的现实逻辑来看。《资本论》第二卷第一篇通过对资本形态变化及其循环过程的学理解析而充分展示了各式资本在时间上前后相继的循环过程。就货币资本的循环（$G-W\dots P\dots W'-G'$）而言，它展示了经典资本循环的三个过程：第一个过程是购买阶段（$G-W \begin{Bmatrix} A \\ Pm \end{Bmatrix}$），即"资本家作为买者出现于商品市场和劳动市场"③ 之上，将持有的货币额（G）一部分投放于商品市场之上购买生产资料，另一部分则投放到劳动市场中购买劳动力；第二个过程则是生产阶段（$G-W$

---

① 《马克思恩格斯文集》第5卷，人民出版社2009年版，第708—709页。
② 《马克思恩格斯文集》第6卷，人民出版社2009年版，第63页。
③ 《马克思恩格斯文集》第6卷，人民出版社2009年版，第31页。

$\left\{\begin{array}{l}A\\Pm\end{array}\cdots P\right)$，这一过程是"资本家用购买的商品从事生产消费"[1]，虽然流通被中断，但资本从商品流通领域转入生产领域，使得"资本的循环过程在继续"[2]；第三个过程则是销售阶段（$W'-G'$），"资本家作为卖者回到市场"[3]并使他持有的商品转化为货币，预付资本价值和剩余价值就此得以实现。就生产资本的循环（$P\ldots W'-G'-W\ldots P$）而言，"这个循环表示生产资本职能的周期更新，也就是表示再生产，或者说，表示资本的生产过程是增殖价值的再生产过程；它不仅表示剩余价值的生产，而且表示剩余价值的周期再生产；它表示，处在生产形式上的产业资本不是执行一次职能，而是周期反复地执行职能"[4]。从商品资本的循环（$W'-G'-W\ldots P\ldots W'$）来看，"W'不仅表现为前面两种循环的产物，而且表现为它们的前提，因为，只要生产资料本身至少有一部分是另一些处在循环中的单个资本的商品产品，一个资本的$G-W$就已经包含另一个资本的$W'-G'$。"[5] 在日常的经济活动中，如煤炭就是采矿业主的商品资本。

纵观资本循环的三个公式和流通过程，我们可以清晰地看到"过程的所有前提都表现为过程的结果，表现为过程本身所产生的前提。每一个因素都表现为出发点、经过点和复归点。总过程表现为生产过程和流通过程的统一；生产过程成为流通过程的中介，反之亦然"[6]。更明确地说，"资本在它的任何一种形式和任何一个阶段上的再生产都是连续进行的，就像这些形式的形态变化和依次经过这三个阶段是连续进行的一样"[7]，只要生产或流通中任何一个环节出现纰漏，相继进行的资本积累机制就会趋于停滞并陷入混乱。"资本作为整体是同时地、在空间

---

[1] 《马克思恩格斯文集》第6卷，人民出版社2009年版，第31页。
[2] 《马克思恩格斯文集》第6卷，人民出版社2009年版，第42页。
[3] 《马克思恩格斯文集》第6卷，人民出版社2009年版，第31页。
[4] 《马克思恩格斯文集》第6卷，人民出版社2009年版，第75页。
[5] 《马克思恩格斯文集》第6卷，人民出版社2009年版，第101页。
[6] 《马克思恩格斯文集》第6卷，人民出版社2009年版，第116页。
[7] 《马克思恩格斯文集》第6卷，人民出版社2009年版，第117页。

上并列地处在它的各个不同阶段上。但是，每一个部分都不断地依次由一个阶段过渡到另一个阶段，由一种职能形式过渡到另一种职能形式，从而依次在一切阶段和一切职能形式中执行职能。因此，这些形式都是流动的形式，它们的同时性是以它们的相继进行为中介的。每一种形式都跟随在另一种形式之后，而又发生在它之前，因而，一个资本部分回到一种形式，是由另一个资本部分回到另一种形式而决定的。每一个部分都不断进行着它自己的循环，然而处在这种形式中的总是资本的另一个部分，而这些特殊的循环只是形成总过程的各个同时存在而又依次进行的要素。"① 只有在资本循环三种形式的统一中才能全面把握资本的循环过程和运动模式，也才能够深入把握资本积累在时间上的连续性。

　　从资本运动的历史逻辑来看。资本主义世界经济体系的构建既不是一蹴而就，也非一成不变——由于不同时期生产力水平与生产方式差异，在体系内起主导作用的资本并不一样。率先为资本主义世界经济体系搭台的是商业资本。早在封建社会时期，一些富裕的农民和手工业者就已经开始利用积累的货币从事商品买卖，经过长期的简单商品流通，商业资本逐渐形成并积累，在资本主义社会初期承担了为资本主义发展完成后续积累的使命。受限于生产力不发达，这个阶段的资本主义生产组织形式以工场手工业为主，规模效应相对较低，商业资本活动主要表现在两个方面：既要寻求商品销售的国际市场，又要寻求价格低廉的原材料供给。与之相应地，主要资本主义国家通过建立殖民、国债、现代税收和保护关税等制度，鼓励和保护商业资本的利益，商业贸易远非田园诗般的和谐，确立这些制度的"这些方法一部分是以最残酷的暴力为基础，……但所有这些方法都利用国家权力，也就是利用集中的、有组织的社会暴力"②。以荷兰、英国先后创办东印度公司为标志，欧洲殖民者通过残酷的手段在殖民地掠夺资源、输出商品，发动了大量跨越"文明断层线"的侵略性战争。两次工业革命以后，生产技术的跃升有

---

① 《马克思恩格斯文集》第 6 卷，人民出版社 2009 年版，第 121 页。
② 《马克思恩格斯文集》第 5 卷，人民出版社 2009 年版，第 861 页。

力地推动了生产组织方式变革,产业资本开始主导社会生产,并调动一切社会资源特别是银行资本为其利润创造提供服务。19世纪60—70年代,产业资本在社会经济发展中发挥重要作用,而银行扮演着技术性辅助性角色。但是随着科技的进步和银行自身的发展,银行资本的控制力不断增强,甚至可以决定产业资本的生死存亡,"决定他们的命运,决定他们的收入,夺去他们的资本,或者使他们有可能迅速而大量地增加资本等等"[①]。银行资本与产业资本之间的地位颠倒过来,生产资料日益趋向于少数实力雄厚的资本财团,后者又通过持股、担任公司董事等方式控制产业资本。例如,仅摩根财团的合伙人就拥有112家美国顶级公司的72个董事席位,涵盖铁路、运输、钢铁和公用事业多个领域[②],银行资本与产业资本的交织推动资本主义进入金融垄断阶段。产业资本循环的总公式为"$G_1 - W...P...W' - G_1'$",金融资本循环的总公式为"$G_0 - G_1 - W...P...W' - G_0' - G_1'$",这表明金融资本循环的价值增殖过程离不开产业资本循环,但是金融资本循环总是外在表现为"$G_0 - G_0'$",看上去似乎不经过生产环节就能实现增殖。金融资本日益形成了一套牢固且对外利益相对统一的体系,从这个意义上来说,金融资本是最能体现资本主义本质的一种资本形式。金融资本对社会生产的统治地位确立以后,要维持乃至加速金融资本循环,获得更高额金融利润,就必然不断开辟新的世界市场。"在金融资本的基础上生长起来的非经济的上层建筑,即金融资本的政策和意识形态,加强了夺取殖民地的趋向"[③],使全世界成为金融资本的逐利场,主要资本主义国家掀起瓜分世界的狂潮,更多的落后国家被强行纳入世界资本主义经济体系,对此,列宁深刻指出,"资本主义向垄断资本主义阶段的过渡,即向金融资本的过渡,是同瓜分世界的斗争的尖锐化联系着的"[④]。资本主义生

---

① 《列宁全集》第27卷,人民出版社2017年版,第350页。
② [美]罗恩·彻诺:《摩根财团:美国一代银行王朝和现代金融业的崛起:1838—1990》,金立群校译,文汇出版社2017年版,第167页。
③ 《列宁全集》第27卷,人民出版社2017年版,第397页。
④ 《列宁全集》第27卷,人民出版社2017年版,第391页。

产规律是财富在一端积累,贫困在另一端积累。为了缓和国内经济社会矛盾,西方发达国家习惯性地向世界转嫁危机。两次世界大战的历史证明,战争是转嫁危机的重要方式。因此,资本主义的最高阶段就是帝国主义,国际冲突表象的背后是发达国家对资源和市场的争夺。

综上可见,出于对剩余价值不休止地攫取,资本循环和周转不能中断,资本积累也必须在时间上始终保持持续性。"在一个阶段上的任何停滞,不仅会使这个停滞的资本部分的总循环,而且会使整个单个资本的总循环发生或大或小的停滞。"① 这种连续性一旦被打断,或者整个循环趋于停滞,经济秩序就会失衡,经济危机便会随之而来。

三 资本积累的空间维度

"空间是一切生产和一切人类活动的要素"②,资本循环、资本积累都需要在一定的空间中循序展开。资本主义使得一切都"资本化"了,时间和空间概莫能外,资本的空间化和空间的资本化是当代资本主义的标配。资本为了最大化地增殖自身,就要不断地拓展自身发展的空间,使得世界历史的版图得以逐渐扩大。资本循环和积累就是在空间中呈现为依次并列发展的模式,只要这种空间上的并列模式稍有差池,便会触发危机。

资本循环要求"资本在各个循环阶段中在一定的时间内固定下来"③。通过对资本循环过程三个公式的考察,马克思确认了在资本主义工厂体系内部,"产品不断地处在它的形成过程的各个不同阶段上,同时又不断地由一个生产阶段转到另一个生产阶段"④。这种转换就是在一定的空间中实现的,同时也在空间中得以有序衔接、并列存在。货币资本、生产资本和商品资本都是在不同的空间中得以展开和区分,然

---

① 《马克思恩格斯文集》第 6 卷,人民出版社 2009 年版,第 120 页。
② 《马克思恩格斯文集》第 7 卷,人民出版社 2009 年版,第 875 页。
③ 《马克思恩格斯文集》第 6 卷,人民出版社 2009 年版,第 63 页。
④ 《马克思恩格斯文集》第 6 卷,人民出版社 2009 年版,第 119 页。

而资本的每一种职能形式又总表现为"资本的另一个部分"而进行自身的循环和流转。"资本的一部分,一个不断变动、不断再生产出来的部分,作为要转化为货币的商品资本而存在;另一部分作为要转化为生产资本的货币资本而存在;第三部分则作为要转化为商品资本的生产资本而存在。所有这三种形式的经常存在,正是由总资本经过这三个阶段的循环为中介而造成的。"① 在马克思看来,"资本循环的流动性和固定性,是相生相倚互为条件的……资本循环在时间上的'相继进行'为空间上的'并列存在'所决定的"②。货币资本、生产资本和商品资本的循环,"每一部分的相继进行,是由各部分的并列存在即资本的分割所决定的"③。也就是说,三种职能资本总是"同时地、在空间上并列地处在它的各个不同阶段上"④。

为保证资本循环和积累在空间上的并存状态,资本就需要不断对外扩张。从资本本身的理论逻辑来看。马克思主义政治经济学认为,资本不仅表现为具体的物,其循环周转深刻反映了特殊生产方式下的社会关系。生产资料私有制为基础的发达商品经济中,追求剩余价值成了资本存在的天然使命。然而,相对有限的国内市场和资源限制了资本逐利,资本必然转向谋求国际市场和资源。资本全球扩张不仅表现为商品、技术、管理等输出,同时也将资本主义生产关系传导到其他国家和地区。发达国家的资本扩张首先冲击了落后国家的民族工业体系,逐步实现对它们的经济占有,最终按照自己的统治原则建立了世界经济体系。马克思和恩格斯指出,"资产阶级,由于一切生产工具的迅速改进,由于交通的极其便利,把一切民族甚至最野蛮的民族都卷到文明中来了……它迫使它们在自己那里推行所谓的文明,即变成资产者。一句话,它按照

---

① 《马克思恩格斯文集》第 6 卷,人民出版社 2009 年版,第 120 页。
② 付文军:《面向〈资本论〉:马克思政治经济学批判的逻辑线索释义》,人民出版社 2018 年版,第 192 页。
③ 《马克思恩格斯文集》第 6 卷,人民出版社 2009 年版,第 119 页。
④ 《马克思恩格斯文集》第 6 卷,人民出版社 2009 年版,第 121 页。

自己的面貌为自己创造出一个世界"①，在这个世界中，落后国家依附于发达国家，"正像它使农村从属于城市一样，它使未开化和半开化的国家从属于文明的国家"②。因此，资本主义主导的现行世界经济体系是以剥削为主要特征的秩序框架，存在不稳定性：一方面，受到不公平待遇的落后国家自然会反抗这一体系，要求获得应有的权益；另一方面，发达资本主义国家为了在体系内占据更加有利的位置而展开激烈的竞争。如何才能维持世界经济体系的相对稳定呢？实践证明，国家强权是行之有效的手段，作为主要受益国家的意志体现，它"不仅为资本主义工业化在世界范围内的扩张开辟道路，即努力扩大剥削机制能够作用的范围，而且为剥削机制提供法律保障，当剥削机制遇到挑战时不惜使用暴力进行镇压"③。一旦有国家试图打破这种剥削机制，或者体系内大国不满足既有利益分配格局，都可能爆发规模或大或小的冲突。

第二次世界大战以后，凯恩斯主义席卷全球，各个国家在不同程度上加强了政府干预以期熨平经济波动。同时，阶级矛盾的对立发展使资本主义国家不得不加大对劳工利益的保障，出台一系列社会保障政策，这些政策客观上挤压了资本利润率。当国内生产条件由于劳动力成本上升、税收政策收紧等变得不利于资本积累时，在世界范围内寻求廉价的生产资源就成为必要之举，金融资本跨国流动十分活跃，这推动了全球产业价值链的重塑，也不自觉地加剧了现代国际冲突。例如，就金融资本循环而言，在理论上，其过程中的每一个环节都可以剥离出来。在资本充裕国家完成融资、在技术发达国家设置研发中心以从事高新技术开发与应用、在劳动力充裕国家投资厂房设备进行生产加工成为金融资本跨国逐利的题中应有之义。"金融资本愈加向海外进发，寻找高额收益

---

① 《马克思恩格斯文集》第 2 卷，人民出版社 2009 年版，第 35—36 页。
② 《马克思恩格斯文集》第 2 卷，人民出版社 2009 年版，第 36 页。
③ 汪仕凯：《资本主义工业化、生产剩余国际分配与政治转型》，《世界经济与政治》2019 年第 4 期。

率。在国内进行去工业化而把生产转移到国外"①。就跨国公司对外投资实践而言，它们将自身产业环节分门别类，并在世界范围内因地制宜分包外置非关键环节，母公司则专注核心技术研发、专利和品牌设计等高附加值环节。这其实就是"OEM"（原始设备制造商）模式，为苹果、三星、思科等著名跨国企业所采用，"OEM"模式的流行直接推动了跨越国别的产业转移——在"雁型理论"看来，产业转移是落后国家经济崛起的重要动力。20 世纪五六十年代以来的数波产业转移浪潮，使得产业价值链不断延伸细化，为世界范围内的金融资本循环拓展了利润空间。在资本运动的逻辑下，发端于发达国家的金融资本循环将分布于各地的生产环节纳入自身主导的价值创造和分配机制，进而发达资本主义国家加速将其他国家卷入世界资本主义经济体系，形成覆盖世界的生产和交换网络跨越了文明和民族的界限，客观推动了经济全球化进程，同时改变了世界经济格局。在全球产业分工链内，中心国家一方面利用长期积累的垄断技术优势，占领高新技术市场以此持续获得超额利润，另一方面通过资本输出和投资新兴市场牟取暴利。从世界汇聚的超额利润反过来既可以加强产业资本再投资，也能满足金融资本增殖，长期置身于产业价值链的顶端。半边缘国家通过承接中心国家的产业转移和部分技术扩散，占据国际产业分工链和价值链中端。边缘国家只能凭借劳动力和资源优势发展低附加值产业——历史表明边缘国家实现了经济起飞却可能长期陷入发展陷阱。"现代国家在现代世界体系中的位置决定了其参与生产剩余国际分配的基本结果。"② 以苹果手机的生产为例：一部美国市价 500 美元的 iPhone，制造成本约为 179 美元，毛利为 321 美元。在 321 美元的毛利中，负责产品研发和设计的苹果公司赚取 160 美元，占附加值的 50%，分销商则赚取另 50%；在 179 美元的成本中，日本、德国和韩国企业凭借关键部件生产又赚取 172.5 元，最后负

---

① ［美］哈维：《新自由主义简史》，王钦译，上海译文出版社 2016 年版，第 27 页。
② 汪仕凯：《资本主义工业化、生产剩余国际分配与政治转型》，《世界经济与政治》2019 年第 4 期。

责组装的中国企业赚取 6.5 美元，占商品售价的 1.3% 左右。① 可见，位于产业价值链低端所获得的利润是极其有限的，若外围国家长期受制于此，最终必然沦为世界资本主义经济体系中发达国家的附庸。

至此，笔者可以就本文第一部分提出的启示作进一步说明。大卫·哈维指出："自由贸易与开放资本市场已经成为发达资本主义国家（它们早已主宰了资本主义世界的贸易、生产、服务和金融）中的垄断势力获取利益的主要手段。"② 利用中国廉价劳动力、优惠政策以及广袤市场，大量转移低附加值产业，将中国纳入世界资本主义经济体系，无疑符合西方金融资本利益，所以，彼时 WTO 纳入中国对"西方文明"来说也是明智之举。但是"中国现代化必须克服其面临的历史困境——既要利用资本力量发展生产力和加入国际资本主义体系，又要避免在此过程中成为国际资本主义体系中发达国家的附庸"③。在中国经济体量和综合国力达到一定水平以后，提升全球产业链地位和竞争力水平就成为自然诉求——这种诉求意味着对现有世界资本主义经济体系内价值生产和分配格局的重塑，触及了主要发达国家的根本利益。根据相关研究：2011 年以前，中国融入全球产值链进程不断加快但长期处于低位，2012 年以后随着传统加工贸易转型升级，制造业出口品中科技含量不断提升、特别是资本技术密集型制造业水平大幅提高，中国总体迈向全球价值链中端。④ 当前，中国处于第四次工业革命的第一方阵，特别是在信息通信设备、操作系统及工业软件以及机器人等领域大步前进，迈向全球价值链高端的进程加快。一旦不能压制中国崛起，价值链上的高端国家就要转而采取其他手段，以巩固和强化自身地位。这就是世界体

---

① ［英］马什：《新工业革命》，赛迪研究院专家组译，中信出版社 2013 年版，第 275 页。

② ［英］大卫·哈维：《新帝国主义》，初立忠、沈晓雷译，社会科学文献出版社 2009 年版，第 146 页。

③ 鲁品越：《国际体系与中国现代化道路的两个阶段——立足唯物史观对"中国奇迹"的解读》，《马克思主义研究》2014 年第 10 期。

④ 张会清、翟孝强：《中国参与全球价值链的特征与启示——基于生产分解模型的研究》，《数量经济技术经济研究》2018 年第 1 期。

系中资本主义发达国家的游戏潜规则。图3-1列出了2007年次级贷款危机以来七国集团高科技出口情况。图中有一条线是全世界高科技出口，数据表明，西方发达国家在全球化过程中并不会把高科技对外出口，只有英国和法国的高科技出口高于世界平均水平，而日本、德国等传统老牌的科技强国，其高科技出口始终低于世界平均出口水平。

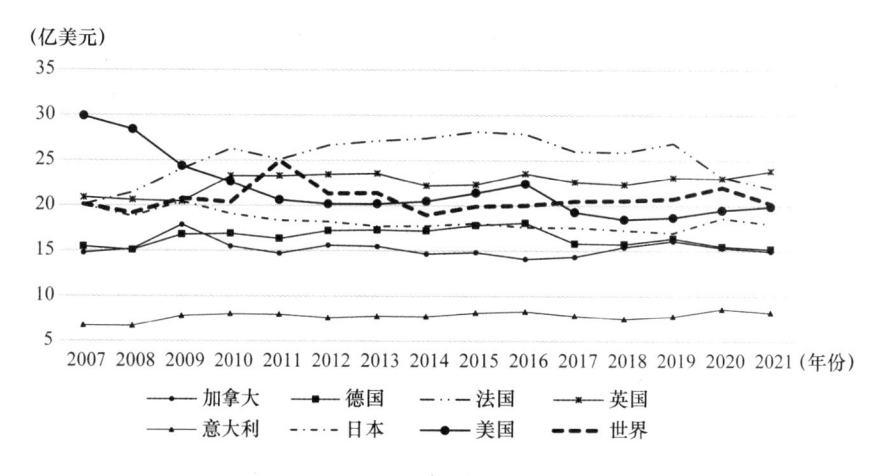

图 3-1 七国集团高科技出口情况

需要指出的是，在经济加快对外开放的时代背景下，这种冲突不应发散理解为对西方跨国金融资本集团造成的冲突，而应将其范围仅局限于不同国家的产业资本之间。因为在金融资本循环中，金融势力集团本身追求的是从 G_0 到 G_0' 的价值增殖，至于内嵌的产业资本循环及其如何产生价值，则不是金融集团关注的重点。换言之，只要存在产业资本循环能够满足金融资本对回报的要求，那么该产业资本循环在何地完成并非头等重要。这样一来，在全球化越发深入的今天，原本利益一致的西方金融资本集团内部就可能出现分化，建立在合作生产利润基础上的同盟就会瓦解。① 尤其体现在当中国的产业资本力量获得发展时，西方金融集团会抽出一部分资本投向中国产业部门，而中国产业力量的壮大又

---

① 赵峰、马慎萧：《金融资本、职能资本与资本主义的金融化——马克思主义的理论和美国的现实》，《马克思主义研究》2015年第2期。

会在世界范围内蚕食西方产业资本利益,因此,利益受损的产业资本力量就要重新举起贸易保护主义大旗,敦促政府出台贸易保护主义政策。面对国内两大资本集团的分化,资本主义政府必然牵头弥合金融势力与产业资本势力的利益裂隙,从这个角度来看,对外发动贸易战又可以视作资本主义国家转嫁自身经济矛盾的形式之一。

总之,资本主义制度平稳发展的关键在于资本积累能持续进行,而当代资本主义经济、政治、社会、文化、生态等危机在时间和空间上有继起性,也有并存性,相互交织和渗透,作为系统性危机的重要组成部分,它们在社会发展的不同阶段表现出来的内容并不一样。从资本主义体系内外两个方面探讨资本积累理论视域下资本主义系统性危机的扩散过程,内部体系不同国家在制度和结构上具有相似性,因此,更容易产生连锁效应;在经济全球化和资本价值观输出影响下,外部体系也会受到系统性危机感染和风险植入。①

第三节 当代资本主义系统性危机的实质:剩余价值难题

"资本自我增殖的本性迫使资本家将目标定性为:利润最大化或至少是利润率优先。"② 用马克思的话说,"剩余价值的生产是资本主义生产的决定的目的"③。这是对资本本性的正确认知,也是资本主义生产方式的核心。资本主义生产就是围绕剩余价值而展开的,剩余价值是资本家唯一关心的东西。除此之外,来自外部竞争的压力也迫使资本家不得不追求剩余价值,正如马克思所说,资本家是人格化的资本,其对剩余价值的追求既是主观欲望,又是客观规律。因此,可以将资本主义视

---

① 卢江:《马克思经济危机理论释义及其当代价值》,《经济学家》2019 年第 8 期。
② [英] 本·法恩、阿尔弗雷多·萨德-费洛:《马克思的〈资本论〉》,王娟、邱海平译,中国人民大学出版社 2022 年版,第 23 页。
③ 《马克思恩格斯文集》第 5 卷,人民出版社 2009 年版,第 265 页。

为一种以资本为本的无偿且最大化攫取剩余价值的社会模式。系统性危机作为当代资本主义生产方式的必然结果，自然地就与剩余价值直接关联起来。笔者认为，当代资本主义系统性危机的实质是剩余价值难题①，是当代资本主义剩余价值生产、剩余价值实现和剩余价值分配三个方面问题交织的结果。②

一 剩余价值生产难题

资本主义的生产既是劳动过程和价值增殖过程的统一，也是价值形成过程和价值增殖过程的统一。在资本主义生产体系中，资本家主要关心两点："第一，他要生产具有交换价值的使用价值，要生产用来出售的物品，商品。第二，他要使生产出来的商品的价值，大于生产该商品所需要的各种商品即生产资料和劳动力——为了购买它们，他已在商品市场上预付了宝贵的货币——的价值总和。他不仅要生产使用价值，而且要生产商品，不仅要生产使用价值，而且要生产价值，不仅要生产价值，而且要生产剩余价值。"③ 这里需要明确的是，无论是价值形成过程，还是价值增殖过程，二者都与雇佣工人的劳动密切相连。由于劳动过程的不同要素在价值形成过程中的作用各不相同，马克思区分了可变资本和不变资本两种形式，最终明确了剩余价值并不是由全部资本或资本总体造就的，而是由可变资本带来的。为此，资本家要获得更多的剩余价值就必须围绕可变资本做文章。

剩余价值是由工人在剩余劳动时间内创造的价值，要获得剩余价值就要聚焦于雇佣工人的剩余劳动时间。资本主义的剩余价值生产为此采取了两种典型模式，一种是绝对剩余价值的生产，另一种则是相对剩余价值的生产。在《资本论》第一卷中，马克思花了大量篇幅来论述这

---

① 本课题后续研究还会关注剩余价值修复问题，但严格来讲，修复不能归结于系统性危机实质属性，它可以成为应对当代资本主义系统性危机的辅助举措。
② 卢江：《马克思经济危机理论释义及其当代价值》，《经济学家》2019年第8期。
③ 《马克思恩格斯文集》第5卷，人民出版社2009年版，第217—218页。

两种剩余价值的生产模式。在必要劳动时间既定的条件下，工作日的绝对延长必然会使剩余劳动时间得以大大扩展，继而获得更多的剩余价值。这就是绝对剩余价值的生产方式，即"通过延长工作日而生产的剩余价值"①。更为具体地，"把工作日延长，使之超出工人只生产自己劳动力价值的等价物的那个点，并由资本占有这部分剩余劳动，这就是绝对剩余价值的生产"②。资本主义生产的内在要求是在"一昼夜24小时内都占有劳动"③，这必然会造成工人劳动时间或工作日的最大化延长，超负荷、超时间工作成为资本主义的常态。马克思在《资本论》中援引了很多案例来说明资本家无限延长工作日的状况，例如，他援引了1866年1月20日《雷诺新闻》中的例子："上星期一，有一个司炉一清早就上工，干了14小时50分钟才下工。他还没有来得及喝口茶，就又被叫去做工了。就这样他一连做工29小时15分钟。这一周的其余几天，他的工作情形是这样：星期三15小时，星期四15小时35分，星期五$14\frac{1}{2}$小时，星期六14小时10分，一周共工作88小时30分。不难设想，当他只得到6个工作日的工资时会感到多么惊异。这个人是个新手，他问什么叫一个工作日。得到的回答是：13个小时算一个工作日，也就是说，78小时算一周。而多做的10小时30分钟又怎么算呢？争吵了很久，最后才给他加了10便士〈10银格罗申〉。"④ 绝对剩余价值是较为简单粗暴的剩余价值生产模式，工作日的延长既要受到工人身体界限的制约，又要受到自然时长的制约，还可能受到社会道德律令的制约。广大雇佣工人也就此展开了对正常工作日的诉求并进行了长时间的斗争，最终确立了八小时工作制。在"有限的"工作日内如何更多地获得剩余价值，这是摆在资本家面前的棘手难题。为了追逐剩余价值，资本家"通过缩短必要劳动时间、相应地改变工作日的两个组成部

---

① 《马克思恩格斯文集》第5卷，人民出版社2009年版，第366页。
② 《马克思恩格斯文集》第5卷，人民出版社2009年版，第583页。
③ 《马克思恩格斯文集》第5卷，人民出版社2009年版，第297页。
④ 《马克思恩格斯文集》第5卷，人民出版社2009年版，第293—294页。

分的量的比例"①。就相对剩余价值的生产而言，为了延长剩余劳动，就要通过改进管理、革新技术设备等方式来"以较少的时间生产出工资的等价物的各种方法来缩短必要劳动"②。可见，相对剩余价值的生产虽然没有延长工作日，但却在更深层次上加大了对工人的剥削和压榨。当代资本主义社会中，"双轨制"的实行就是要在推行相对剩余价值的生产过程中继续保持绝对剩余价值的生产，在二者的结合中实现利益最大化。

当代资本主义的系统性危机首当其冲的是剩余价值生产问题，特别是在当代资本主义条件下，相对剩余价值成为更占主体的方式，资本有机构成不断提高，人工智能、自动化等生产逐渐取代劳动力，失业引起的经济、社会、政治等各种矛盾日益激化，有可能导致危机的全面爆发。"在传统的机器大工业时期，资本家主要是通过技术进步、组织机构变革等提高劳动生产力以缩短必要劳动时间，相应延长剩余劳动时间，由此获取相对剩余价值。在数字技术的高速发展阶段，资本家不仅关注技术进步和组织机构变革，而且在此基础上充分利用互联网平台的便捷性和灵活性，通过以'弹性雇佣'为显著特征的制度设计和合作模式来实现劳动与资本的跨时空配对，相应地缩短必要劳动时间以延长剩余劳动时间。"③ 随着信息高速公路的搭建和科学技术的飞速发展，"因特网正在带动政治经济向所谓的数字资本主义转变"④，并深刻地改变了人们的生产方式和生活方式。数字劳动就此兴起，相对剩余价值的生产方式在这种新型资本主义体系下得到了最大限度的发挥。"数字劳动摆脱了传统工厂制的限制，成为更加灵活的劳动形式。"⑤ 由于通信技术的飞跃和平台设备的更新，原本的劳动模式发生了翻天覆地的变化；传统的工厂正在消失，取而代之的是一些所谓的电子住宅；传统的

---

① 《马克思恩格斯文集》第5卷，人民出版社2009年版，第366页。
② 《马克思恩格斯文集》第5卷，人民出版社2009年版，第583页。
③ 陈晓仪、常庆欣：《从"血汗工厂"到"技术牢笼"：数字资本主义社会中劳动与资本的关系变化》，《当代经济研究》2022年第4期。
④ [美]丹·希勒：《数字资本主义》，杨立平译，江西人民出版社2001年版，第10页。
⑤ 史孝林：《数字资本主义的剩余价值生产研究》，《科学社会主义》2022年第3期。

工人逐渐隐身，他们的工作场景更加灵活，或是在图书馆敲代码，或是在咖啡厅参与视频会议，或是居家办公，或是在办公室的工位上作业，原有的那些"把家庭和土地紧密连系在一起"① 的纽带变得松散，不仅如此，数字时代还呈现出"劳动力工资、雇佣关系、工作制度和技能的弹性化"② 等现象。实际上，数字时代的弹性雇佣机制容易造成资本合理控制劳动的假象并使得劳逸界限更加模糊，这就使得剩余价值的生产已经渗透并融入人们的日常生活中。诚如达拉斯·W. 斯麦兹（Dallas W. Smythe）所言："现实情况是：大多数人除了睡眠时间以外，所有时间都是工作时间。"③ 数字时代依旧遵循传统资本主义的旧制，"所有经济能动性最终都被包容进了以利润最大化为目的的商品经济的逻辑中了"④，一切都是服务于资本增殖逻辑的。现代的工人虽然享受了数字资本主义的系列便利，但归根究底，他们仍然是深受剥削的人，"奴隶制并非一个安然成为过去的恐怖制度，它仍然在全球存在"⑤。对于这一状况，马克思早在《资本论》中就已经明确地说道："吃穿好一些，待遇高一些，特有财产多一些，不会消除奴隶的从属关系和对他们的剥削，同样，也不会消除雇佣工人的从属关系和对他们的剥削。由于资本积累而提高的劳动价格，实际上不过表明，雇佣工人为自己铸造的金锁链已经够长够重，容许把它略微放松一点。"⑥ 无论时代怎么变化，只要还是资本主义私有制占据统治地位，这一时代的生产就必然还是围绕剩余价值而展开的生产，这一时代也必然在资本逻辑的宰制中而矛盾重重。

---

① ［美］阿尔文·托夫勒：《第三次浪潮》，朱志焱等译，新华出版社 1996 年版，第 214 页。

② 姚建华：《数字劳动：理论前沿与在地经验》，江苏人民出版社 2021 年版，第 137 页。

③ 达拉斯·W. 斯麦兹、杨嵘均、操远芃：《大众传播系统：西方马克思主义研究的盲点》，《国外社会科学前沿》2021 年第 9 期。

④ ［加］罗伯特·阿尔布瑞顿：《转型经济学：发现马克思的智慧》，李彬彬译，北京师范大学出版社 2022 年版，第 164 页。

⑤ ［美］凯文·贝尔斯：《用后即弃的人：全球经济中的新奴隶制》，曹金羽译，南京大学出版社 2019 年版，第 3 页。

⑥ 《马克思恩格斯文集》第 5 卷，人民出版社 2009 年版，第 714 页。

二 剩余价值实现难题

在剩余价值生产出来以后，资本家主要关心的问题就是如何才能把商品卖出去，如此便能够实现剩余价值。① 由雇佣工人创造的劳动产品只有进入市场并成功经过售卖方能确证自身存在的价值，这是资本增殖的必然要求。也就是说，资本及其产品只有不断地从流通领域进入生产领域，然后从生产领域回归流通流域，如此经久不息地循环开来，才能达到价值增殖的目标。资本循环和周转直接关乎剩余价值的实现。

以获取剩余价值为目的的资本主义生产必须使预付资本得以扩大或增殖，这是资本主义生产的决定性目的所在。在生产领域，"资本生产使用价值并自行增殖，因而执行生产资本的职能"②；在流通领域，资本常以商品资本和货币资本的形式存在，这两种资本的流通过程表现为"由商品形式转化为货币形式，由货币形式转化为商品形式"③。在上述系列转化过程中，"商品转化为货币在这里同时就是包含在商品中的剩余价值的实现，货币转化为商品同时就是资本价值转化为或再转化为它的各种生产要素的形态"④。更明确地说，货币资本的循环过程中，由 G 到 G' 的变化实际就是这一过程中剩余价值的实现；生产资本的循环过程中，P 到 P（后一个 P 应该是膨胀了的 P，可以用 P' 表示）的改变就是生产过程中剩余价值的实现；商品资本的循环过程中，从 W' 到 W' ⑤

---

① 需要指出的是，资本家并不关心"商品的绝对价值本身"，他们在乎的"只是商品所包含的、在出售时实现的剩余价值"。因此，"剩余价值的实现自然就包含着预付价值的补偿。因为相对剩余价值的增加和劳动生产力的发展成正比，而商品价值的降低和劳动生产力的发展成反比，也就是说，因为同一过程使商品便宜，并使商品中包含的剩余价值提高，所以这就解开了一个谜：为什么只是关心生产交换价值的资本家，总是力求降低商品的交换价值"（《马克思恩格斯文集》第 5 卷，人民出版社 2009 年版，第 371—372 页）。
② 《马克思恩格斯文集》第 6 卷，人民出版社 2009 年版，第 141 页。
③ 《马克思恩格斯文集》第 6 卷，人民出版社 2009 年版，第 141 页。
④ 《马克思恩格斯文集》第 6 卷，人民出版社 2009 年版，第 141 页。
⑤ 在《资本论》第二卷中，马克思陈述了这种转变："如果再生产按扩大的规模进行，终点的 W' 就大于起点的 W'，因此，终点的 W' 应当用 W'' 来表示"（《马克思恩格斯文集》第 6 卷，人民出版社 2009 年版，第 101 页）。

的变化也就是商品资本在流转过程中的剩余价值的实现。除此之外，马克思还分析了剩余价值实现的另外几种影响因素。一是资本周转。① 资本周转的时间与资本周转速度成反比、资本周转次数与资本周转速度成正比。在付出同样多的预付资本的情况下，为迅速实现增殖就必须加速流转。二是固定资本和流动资本的构成。按照价值转移的方式不同，生产资本二分为固定部分和流动部分，它们是影响资本周转速度的重要因素，继而深刻影响剩余价值的实现。三是社会总产品能否为扩大再生产提供条件。在《资本论》第一卷中，马克思就认识到了"要积累，就必须把一部分剩余产品转化为资本……一部分年剩余劳动必须用来制造追加的生产资料和生活资料，它们要超过补偿预付资本所需的数量。总之，剩余价值所以能转化为资本，只是因为剩余产品（它的价值就是剩余价值）已经包含了新资本的物质组成部分"②。也就是说，剩余价值的实现既要在社会产品中持续追加生产资料，又要持续追加维持劳动力所必需的消费资料。

资产阶级在过去为了顺利促成剩余价值的实现，可以通过不断打开他国大门、拓宽世界市场来实现剩余价值。然而，当前整个世界已经从过去比较相互独立的国别关系变成了不可分割的"地球村"。随着历史向世界历史的进发，资本已经渗透到各个领域和各个场合，空间几近饱和，剩余价值的实现就成为一个难题。剩余价值无法实现的直接后果就是再生产的中断或者资本积累的停滞，进而导致危机从经济层面向各个领域蔓延，可能演变为系统性危机。③ 尤其是自 20 世纪 90 年代以来金融化的影响使得当代经济开始脱实向虚。为适应当代金融化的趋势，脱离实体经济的资本积累和循环开始兴起，原有的剩余价值实现机制 $G-$

---

① 在这里，马克思是以货币资本和生产资本的循环形态为对象深刻考察了资本周转与剩余价值的实现问题。
② 《马克思恩格斯文集》第 5 卷，人民出版社 2009 年版，第 670 页。
③ 卢江：《马克思经济危机理论释义及其当代价值》，《经济学家》2019 年第 8 期。

$W-G'$ 开始去中介化，演变为 $G-G'$，这就更容易造成过度积累和经济失序、失衡。尤其是到了现在，数字经济迅猛发展，"以数据价值链为核心的双边市场不断发展，商品流通呈现立体化、网络化和虚拟化的市场景观"①。在数字、算法和算力的多重加持之下，整个经济形式和社会活动发生了翻天覆地的变化，注意力经济迅速崛起，"企业能否找到客户、达成交易，最重要的因素便在于能否获得大众的注意力时间"②。无论当代资本主义如何以新的姿态和手法出现，它始终是资本主义，它都要想尽一切办法促成剩余价值的实现。随着空间的饱和、榨取程度的加剧，剩余价值的实现必然会遭遇多重阻碍。当代资本主义的系统性危机就是因此而爆发的，其总体倾向依旧是相对过剩的问题，具体表现为行业性的生产过剩（积累不足）的危机已不再是主流，而让位于金融资本和数字资本过剩的危机。

三 剩余价值分割难题

在马克思主义政治经济学视域中，生产和分配是不可分离的整体。"分配的结构完全决定于生产的结构。分配本身是生产的产物，不仅就对象说是如此，而且就形式说也是如此。就对象说，能分配的只是生产的成果，就形式说，参与生产的一定方式决定分配的特殊形式，决定参与分配的形式。"③ 正是因为剩余价值的生产方式决定了它的分配模式，资本家无偿攫取的工人在剩余劳动时间内创造的剩余价值必须在各个资本家或剥削集团内进行分割。

剩余价值被创造出来之后，就率先在产业资本家中进行分割，继而商业资本家、借贷资本家、土地占有者等共同瓜分全社会范围内的雇佣

---

① 黄再胜：《数字剩余价值的生产、实现与分配》，《马克思主义研究》2022 年第 3 期。
② 刘皓琰：《马克思企业竞争理论与数字经济时代的企业竞争》，《马克思主义研究》2021 年第 10 期。
③ 《马克思恩格斯文集》第 8 卷，人民出版社 2009 年版，第 19 页。

劳动者创造的剩余价值。就产业资本而言，剩余价值是由一系列工业、矿业、农业、交通运输业和建筑业等物质生产部门生产出来的，产业资本家以获取产业利润的形式参与对剩余价值的瓜分。随着自由竞争资本主义的发展，产业利润在各个部门之间呈现平均化趋势，产业资本按"等量资本获得等量利润"的原则参与对剩余价值的瓜分。就商业资本而言，它就是不断出现在市场上并不断停留于流通中的商品资本的转化形态，商业资本就顺理成章地发挥商品资本的职能——销售商品、实现价值和剩余价值。"商业资本所以能获得利润，是由于它没有把包含在商品中的无酬劳动（只要投在这种商品生产上的资本是作为总产业资本的一个相应部分执行职能）全部支付给生产资本，相反地，在出售商品时却让人把这个还包含在商品中的、它未作支付的部分支付给自己。"①就借贷资本而言，它是职能资本运动中游离的"大量闲置不用"②的货币资本的转化形态，它是借贷资本家为了取得利息而暂时借给职能资本家使用的闲置货币资本。这种借贷显然不是无偿的，必须要获得一定的回报，这种回报就是利息。就土地占有者而言，它并未在资本主义时代退出历史舞台，土地占有者将自己的土地租给农业资本家并雇用农业工人来展开农业生产活动。农业资本家占有这一生产过程中的平均利润并"在一定期限内（例如每年）按契约规定支付给土地所有者即他所开发的土地的所有者一个货币额（和货币资本的借入者要支付一定利息完全一样）"③。这个"货币额"就是地租，它"在土地所有者按契约把土地租借给租地农场主的整个时期内，都要进行支付"④。由此可见，地租实际上就是"土地所有权在经济上借以实现即增殖价值的形式"⑤。剩余价值顺利实现分配就预示着资本循环和积累的顺畅，一旦分配遭遇

---

① 《马克思恩格斯文集》第 7 卷，人民出版社 2009 年版，第 327 页。
② 《马克思恩格斯文集》第 7 卷，人民出版社 2009 年版，第 549 页。
③ 《马克思恩格斯文集》第 7 卷，人民出版社 2009 年版，第 698 页。
④ 《马克思恩格斯文集》第 7 卷，人民出版社 2009 年版，第 698 页。
⑤ 《马克思恩格斯文集》第 7 卷，人民出版社 2009 年版，第 698 页。

阻滞，就会打乱既有的节奏而陷入混乱和危机。

由此可见，工业资本时代，剩余价值的生产与分配都集中在物质生产领域，产业工人所创造的剩余价值主要通过不同部门之间的竞争和流转直接进行分配，而其他形态的资本则依照"平均利润率规律"和"所有权占有规律"完成了对剩余价值在社会范围内的再分割，使得不同的资本家都享有剩余价值的果实。① 进入金融垄断资本占据主导权的时代，金融资本跃居社会资本的主导，从服务于产业资本的角色摇身一变而成了资本循环和周转的主体。金融资本通过科技创新和虚假宣传而激发社会活力，导致大量的资产泡沫。不仅如此，金融资本还通过不断发行债务而竭力榨取实体经济部门所创造的剩余价值，并以此完成对广大发展中国家的倾轧。尤其是到了当代，资本主义朝数字化、智能化方向发展，数字资本牢牢把控着数据和平台这些最基本的生产资料或资源②，数字资本家通过算法技术"不遗余力地打造旨在独占数据价值化收益的平台生态圈，从而对当代资本主义剩余价值分配秩序产生颠覆性变革，日益制造出数字生产关系的经济不平等"③。

总之，剩余价值分割埋下了系统性危机的祸根，特别是在金融垄断资本占据主导权的情况下，当代资本主义产业结构空心化，虚拟资本泛滥导致金融危机频发，加上主权货币政治化等，资本主义处于危机四伏的处境。资本诱发的政治危机、社会危机、文化危机相互叠加，形成了难以厘清的系统性危机。④ 最后需要强调的是，资本主义是"一种使物品的生产从属于剩余价值的生产、占有和积累的生产制度"⑤。当代资本主义系统性危机反映了资本在追求剩余价值过程中遭遇到难以突破的

---

① 《资本论》第三卷深刻揭示了产业资本家得到产业利润、商业资本家得到商业利润、银行资本家得到利息、土地所有者得到地租、股票所有者得到股息的逻辑与现实。
② 付文军：《数字资本主义的政治经济学批判》，《江汉论坛》2021 年第 8 期。
③ 黄再胜：《数字剩余价值的生产、实现与分配》，《马克思主义研究》2022 年第 3 期。
④ 卢江：《马克思经济危机理论释义及其当代价值》，《经济学家》2019 年第 8 期。
⑤ [英] 克拉克：《经济危机理论：马克思的视角》，杨健生译，北京师范大学出版社 2011 年版，第 300 页。

困境，其实质就是剩余价值的生产、实现和分割难题。"一切危机的根本原因仍然是资本主义生产方式赖以建立以来的根本矛盾"①，即生产社会化和资本主义私有制之间的矛盾。只有牢牢抓住这点，方能准确把握当代资本主义系统性危机的实质。

---

① ［英］克拉克：《经济危机理论：马克思的视角》，杨健生译，北京师范大学出版社2011年版，第304页。

第四章

当代资本主义系统性危机的生成路径 I

本章提要：剩余价值生产实现是当代资本主义系统性危机的一般生成路径，也是唯物史观关于经济基础与上层建筑关系经典原理的展开分析。在经济基础方面，资本主义生产方式是以剩余价值为资本存在使命的，各类资本以利润率为导向而运行，这必然导致过度积累。具体来说，马克思论述了平均利润率趋向下降规律，从以利润率为导向的生产方式中可以解析诱发系统性危机的原因，也能厘清资本主义生产方式的过度积累问题。从剩余价值生产的当代格局来看，第二次世界大战以后，西方国家逐渐从私人垄断资本主义走向国家垄断资本主义和金融垄断资本主义阶段。特别是在第四次工业革命浪潮中，信息、数据、能源等都成为剩余价值生产实现的要素，这些要素的垄断使当代资本主义系统性危机的范围逐渐扩大。要素垄断会导致周期性经济危机的爆发，表现为资源配置的无效性、市场竞争的缺乏、价格歧视等问题。要素垄断还导致结构性经济危机的爆发，表现为生产要素分配不合理或不均衡。以金融资本为代表的虚拟资本和实体经济的脱节使当代资本主义系统性危机的冲击日益加剧，金融化导致投机行为和泡沫经济的出现，使虚拟经济的利润高于实体经济，从而加剧了实体经济和虚拟经济的脱节。在资本主义体系中，贫富分化和不平等现象逐渐加剧，导致大多数人的消费能力不足以支撑市场需求的不断增长，这种需求不足的情况可能会导致系统性危机的发生。

当代资本主义系统性危机往往具有复杂的生成路径，因为当代资本主义是一个涉及经济、政治、社会乃至文化的多重复杂系统，危机的生成路径取决于社会形态的发展阶段、经济生产的组织形式、政治力量的对比角逐等。但是无论如何，当代资本主义的社会形态是确定的，资本的生产关系居于主导地位是确定的，因此，当代资本主义的系统性危机必然会受到资本客观规律的支配，也具有相应的一般生成路径。

第一节 剩余价值生产实现变革下的系统性危机

无论资本主义处于什么历史阶段或何种外部环境，对剩余价值的追求始终是资本主义扩张发展的底层逻辑，然而剩余价值的生产和实现过程，恰恰蕴含着资本主义系统性危机的重要根源。一方面，根据马克思的平均利润率下降规律（LTFRP），随着资本主义的不断发展，特别是在当代资本主义历史阶段和技术水平高度发达的外部环境下，资本有机构成不断趋于提高，与之相对应的平均利润率和利润量将会趋向下降，这时剩余价值生产的危机就会出现；另一方面，出于对剩余价值的追求，资本积累会不断趋向加速，而与之对应的劳动力供给却无法快速提高，生产将无法顺利进行，剩余价值生产的危机同样会出现。

一 平均利润率趋向下降规律的基本表述

马克思在《资本论》第三卷第三篇中阐述了资本主义经济中的一个重要规律：平均利润率趋向下降规律。平均利润率用数学形式可以表示为：

$$r = \frac{M}{C+V} = \frac{\frac{M}{V}}{\frac{C}{V}+1} = \frac{\mu}{1+\xi}$$

其中，$\mu = M/V$ 表示剥削率，$\xi = C/V$ 表示资本有机构成。因此，利润率随着剥削率的提高而提高，随着资本有机构成的提高而下降。马克思认为，在资本主义发展的现代工业阶段，ξ 倾向于比 μ 增长得更快，尽管一些反作用趋势在起作用，但是利润率一定会逐渐下降，这是和更猛烈的周期性的危机趋势相联系的[①]，是马克思主义经济学危机理论的重要内核之一。最早阐述这一思想的是波兰籍奥地利马克思主义者亨利克·格罗斯曼（Henryk Grossman），他在 1929 年出版的《资本主义制度的规律和崩溃》一书被认为是首部基于平均利润率下降规律的危机理论著述。

然而，上述论述似乎忽视了剩余价值率，因为如果我们再仔细考虑上述公式，利润率是用剩余价值率和资本有机构成两个概念来表示的：

$$r = \frac{\mu}{1 + \xi}$$

假定剩余价值率（μ）不变，那么利润率（r）和资本有机构成（ξ）之间呈反方向变化。所以，利润率是否存在下降趋势需要看剩余价值率是否能够弥补资本有机构成的变化。德国经济学家娜塔莉·莫斯科斯卡（Natalia Moszkowska）和日本经济学家柴田敬持类似的观点，前者指出，在不提高实际工资的条件下，技术进步不会降低利润率，平均利润率下降规律只是表达了两个变量之间的相互依存，当剥削率不变时，利润率下降，当利润率不变时，剥削率上升。后者认为，只要实际工资保持不变，降低成本的技术创新都会使利润率提高。上述观点由置盐信雄（Okishio）做出精确的证明之后，以置盐定理闻名于世。

置盐信雄是日本马克思主义数理经济学派的代表人物。1961 年，他在《神户大学经济评论》英文版上发表了《技术变革与利润率》一文，提出了后来被称为置盐定理的观点。该定理曾被认为和马克思的平均利润率趋向下降规律相反，其指出除非实际工资率有足够的上升，否

[①] 卢江、郭子昂：《技术变迁、平均利润率与劳动生产率——基于中国 2006—2020 年 290 个城市面板数据的实证研究》，《上海经济研究》2023 年第 4 期。

则，资本家引进的技术创新不会降低一般利润率。长期以来，置盐定理被认为是对马克思的平均利润率趋向下降规律的质疑和否定，然而事实并非如此，马克思的分析是在剥削率不变的重要前提下展开的，而置盐定理是在实际工资不变的前提下展开的，从这个角度上讲，置盐定理和马克思的平均利润率趋向下降规律实际是在不同前提下得到的结论。[①] 因此，二者并不存在理论逻辑上的冲突，值得关注的是，二者的前提谁更符合现实情况，也就是究竟是剥削率不变更符合现实情况，还是实际工资不变更符合现实情况，由此方能明确两种理论的意义轻重。荣兆梓等人从实际工资率不断提高的现实出发，对置盐定理的锚定标准（实际工资不变）提出了一些怀疑，认为置盐定理缺乏现实解释力。[②] 甚至置盐信雄本人对置盐定理也持一定的批判态度，置盐信雄认为，如果给定置盐定理的前提条件，那么置盐定理的推导逻辑是没有问题的；但置盐定理的这些前提假设确实缺乏现实性，所以，置盐定理并不足以挑战马克思的平均利润率趋向下降规律。[③]

  与理论分析相对应，围绕平均利润率趋向下降规律的实证研究也非常丰富，相比之下，现实情况比理论思考更具说服力。"二战"后，一些学者研究发现，利润在特定的资本主义发展历史阶段确有下降趋势，但并不会一直持续，且主要原因不一定是资本有机构成的提高。美国学者约瑟夫·吉尔曼（Joseph Gillman）认为在垄断资本条件下，利润率趋向下降是存在的，但不是由于传统的资本有机构成的上涨超过了剥削率的上升，而是由于非生产性支出的快速增长，如果把非生产性支出表示为 u，那么实际的利润率是 $(m-u)/(c+v)$，而不是 $m/(c+v)$，因

[①] 骆桢：《论置盐定理与马克思利润率下降理论的区别与互补》，《财经科学》2017 年第 11 期。

[②] 荣兆梓、李帮喜、陈旸：《马克思主义广义转形理论及模型新探》，《马克思主义研究》2016 年第 2 期。

[③] Nobuo Okishio, "Competition and Production Prices", *Cambridge Journal of Economics*, No. 4, 2001, pp. 439–501.

此，利润率不仅依赖剥削率和资本有机构成，也依赖 u/v。①

类似的研究并不少见，也就是在一定程度上认可平均利润率趋向下降规律，但是不把资本有机构成的提高视为平均利润率下降的唯一因素，除了对非生产性支出的考虑外，也有观点认为利润份额下降、生产率与产能利用率下降也会引致平均利润率下降，并且得到了现实数据的证明。相关的经典研究包括美国科尔盖特大学经济学教授托马斯·米希尔（Thomas R. Michl）于 1988 年在《激进政治经济学评论》上发表的《1948 年至 1986 年美国非金融领域公司盈利能力下降的两个阶段》一文，通过理论分析和实证检验得出的结论是：非金融领域的公司税前利润率下降可以分为两个阶段：1948—1972 年和 1972—1986 年。前一阶段盈利能力的下降主要是由利润份额的下降造成的；而后一阶段利润的份额实际上是上升的，利润率的下降则是由于资本生产率的下降造成的。② 法国著名马克思主义经济学家热拉尔·迪梅尼尔（Gérard Duménil）于 2002 年在《激进政治经济学评论》上发表的《美国 1948 年至 2000 年的利润率：它在什么领域下降、下降多少？它恢复了吗？》一文，采用《资本论》第三卷对利润率的定义对美国非金融业经济部门的利润率进行了重新计算，发现主要部门的利润率 1948—1982 年下降趋势非常明显，而且 1982 年以后利润率只是有限恢复。2000 年的利润率仅仅是 1948 年利润率的 50%；资本生产率的下降是利润率下降的主要因素，虽然利润份额的下降也促进了利润率的下降。③

可见，关于平均利润率趋向下降规律的研究在学界已经非常丰富。在理论上，置盐定理等研究成果并未否认马克思的平均利润率趋向下降规律，甚至在一定程度上提供了来自阶级斗争引致利润率下降危机的证

---

① 朱奎：《利润率的决定机制及其变动趋势研究——基于劳动价值论的新解释》，《财经研究》2008 年第 7 期。

② Thomas R, Michl, "The Two-Stage Decline in U. S. Nonfinancial Corporate Profitability, 1948-1986", *Review of Radical Political Economics*, Vol. 20, No. 4, Dec, 1988, pp. 1-22.

③ Gérard Duménil and Dominique Levy, "The Profit Rate: Where and How much Did it Fall? Did it Recover? (USA 1948-2000)", *Review of Radical Political Economics*, Vol. 34, No. 4, Dec 2002, pp. 437-461.

据；在实证上，诸多学者的研究成果证明平均利润率不一定始终趋于下降，但是几乎所有学者的研究都表明在一定的年份或产业间平均利润率有明显的下降趋势，且导致利润率下降的原因是多样的。因此，作为资本主义系统性危机的一般生成路径之一，平均利润率下降将导向资本主义危机，因为其通过影响利润量，从而导致剩余价值生产的困难，这一分析具备理论基础和现实支撑，只是其具体过程在当代资本主义的不同阶段和不同环境下有不同的表现形式。

二　利润率导向的资本主义系统性危机

对剩余价值的追求是资本主义永恒不变的发展动机，而平均利润率趋向下降规律引致的剩余价值生产危机毫无疑问会触及当代资本主义最敏感的神经，使得利润率下降的，不单单是一个资本有机构成提高的技术性原因，而是资本主义的系统性危机引致的，危机的表现形式可能涉及利润份额挤压导致的过度积累、投资下降导致的产能利用不足以及非生产支出的浪费等资本主义体系的内在因素。

我们首先需要验证利润率的变化趋势，这样才有进一步研究利润率导向的资本主义系统性危机的必要。这里，需要测算世界主要国家的平均利润率，以主要国家非金融企业部门为考察对象，以税前和税后净利润为利润估算口径、以固定不变资本加存货为资本估算口径对世界主要国家的利润率进行估算，根据国际货币基金组织的数据，其结果如图4－1所示。①

从当代资本主义发展的大历史来看，平均利润率下降的趋势非常明显，发达国家在19世纪初曾经取得过50%以上的利润率水平。但随着时间的推移，发达国家利润率发生了显著下降。三条曲线的线性趋势拟合结果在斜率上相当统一，显示发达国家利润率的下降速度为每百年下降19个百分点左右。第一次世界大战期间和第二次世界大战前的大萧

---

① 王天翼：《1800—2015年世界总体利润率长期下降原因分析——基于世界体系理论的实证研究》，《高校马克思主义理论研究》2020年第2期。

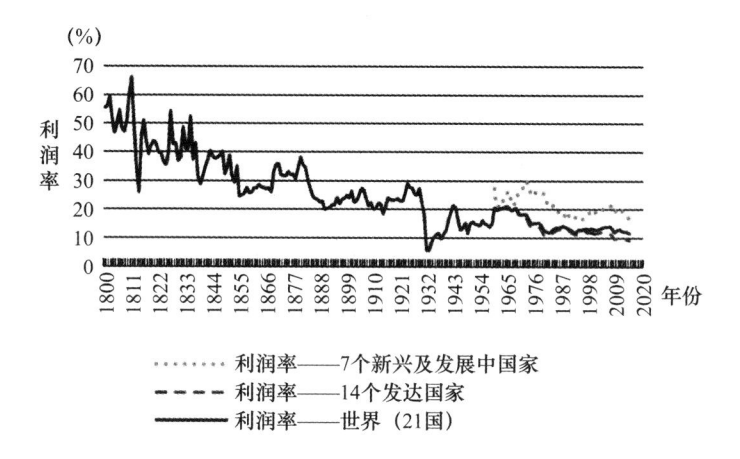

图 4-1　主要国家资本存量加权平均利润率

条期间，三条曲线都出现了比较强烈的下挫。1973 年、1979 年、1990 年和 1999 年的历次石油危机都导致发达国家利润率的重新下挫。2000 年爆发于美国的互联网泡沫崩溃严重打击了美国经济，也波及了发达国家整体利润率。随后几年经济稍有恢复，又遭到了 2008 年金融与经济危机的重创，从此，发达国家利润率重新进入下行通道。因此，利润率的下降趋势始终存在，而这一趋势将会在很大程度上导向当代资本主义系统性危机。[1]

笔者将利润率分解为如下形式：

$$r \equiv \frac{P}{K} \equiv \frac{Y}{Z} \cdot \frac{Z}{K} \cdot \frac{P}{Y}$$

式中，P 代表总利润，Y 代表净产出，K 代表资本，Z 代表潜在产出，也就是资本被充分利用时的产出水平，于是，利润率就被分解为生产能力的利用率 Y/Z、潜在产出—资本的比率 Z/K 和利润份额 P/Y，利润率的变化和波动将与上述因素紧密相连。[2] 首先，资本有机构成近似对

---

[1] 王天翼：《1800—2015 年世界总体利润率长期下降原因分析——基于世界体系理论的实证研究》，《高校马克思主义理论研究》2020 年第 2 期。

[2] 张宇等：《中级政治经济学》，中国人民大学出版社 2016 年版，第 213 页。

应潜在产出—资本的比率 Z/K 的倒数，因此，随着资本有机构成的提高，利润率下降趋势在这里非常清晰。其次，利润率还可能会因为利润份额的下降而下降。

然而，利润率下降的原因还可能是产能利用率 Y/Z 的下降，产能利用率下降一般是由消费不足造成的剩余价值实现的困难或者投资的下降引致的。无论资本主义处于何种发展阶段，资本主义对剩余价值的追求会使得资本家尽量压低工资份额、增加资本积累，而这一方面会导致劳动者报酬下降，社会购买力不足，另一方面会扩大生产规模，生产更多产品，这样导致的结果必然是社会的有效需求不足，剩余价值的实现面临消费不足的危机，同样致使利润率趋于下降。所以，利润率下降不仅直接导致剩余价值生产的危机，还可能会伴随消费不足的危机、投资不足的危机以及利润挤压的危机。

下面分析非生产性支出浪费的危机形式，因为非生产性劳动会威胁资本主义的积累率，笔者将利润率公式作如下变形，就可以认为利润率取决于三个变量：剩余价值率（RS）、资本有机构成（CC）、非生产性劳动对生产性劳动的比率（UF 和 US）。

$$r = \frac{P}{K} = \frac{S - U_f}{C + U_s} = \frac{\dfrac{S}{V} - \dfrac{U_f}{V}}{\dfrac{C}{V} - \dfrac{U_s}{V}} = \frac{RS - UF}{CC + US}$$

式中，r 表示利润率，P 表示利润，K 表示投入资本，S 表示剩余价值，C 表示固定资本，V 表示可变资本的年流量，U_f 表示非生产性支出的年流量（主要是给非生产性人员的工资），U_s 表示用于非生产性功能的资本存量。[①] 这里表明了非生产性劳动支出与利润率成反比，而在资本主义发展过程中，非生产性劳动支出有上升趋势，因为企业规模的扩大化、经济系统的复杂化将在很大程度上导致管理组织等非生产劳动支出的增加，继而拉低利润率，这就是非生产性支出浪费的危机。

[①] 程恩富、胡乐明：《当代国外马克思主义经济学基本理论研究》，中国社会科学出版社 2019 年版，第 204 页。

案例 4-1　20 世纪 80 年代拉美债务危机

利润率下降导向的资本主义危机在历史上屡见不鲜，20 世纪 80 年代初期的拉美债务危机就是一个典型案例。在这个时期，拉美地区的国家外债迅速累积，同时利润率下降导致企业投资不足和生产效率低下，最终引发了危机。20 世纪 80 年代初期，拉美地区的企业面临许多挑战，包括国际竞争、新兴市场的崛起和外债问题等。数据显示，20 世纪 80 年代初期，拉美地区的制造业、矿业和农业等主要产业的利润率普遍下降，其中，制造业的利润率从 20 世纪 70 年代的 12% 下降到 20 世纪 80 年代的 7% 左右，矿业的利润率从 20 世纪 70 年代的 20% 下降到 20 世纪 80 年代的 10% 左右，农业的利润率从 20 世纪 70 年代的 10% 下降到 20 世纪 80 年代的 5% 左右，利润率下降的主要原因是国际市场的竞争加剧和生产效率低下。20 世纪 80 年代初期，新兴市场如中国、韩国和中国台湾等国家和地区的崛起，使得拉美地区的制造业和矿业等主要产业面临着严峻的竞争压力。因此，在资本主义世界范围内，不同资本主义国家之间企业的激烈竞争也会造成长期产能过剩和生产过剩，降低利润率。但由于沉没成本、无形资产、技术垄断的存在，转型的动力不足，利润率的下降并没有起到优胜劣汰、降低产能的作用，同时，新企业总是以新技术和劳动力成本优势不断进入市场，期望获得更高的利润，最终竞争者越来越多，竞争越来越激烈，产能越来越过剩，从而引发危机。①

三　过度积累中的资本主义系统性危机

过度积累是剩余价值生产实现危机的另一重要原因，经典的过度积累理论思想如下：在积累过程开始时，仍然存在大量的后备军，较低的实际工资，较高的剥削率和利润率；尽管固定资本积累比可变资本积累快得多，但是对劳动力的需求还是在扩大，失业后备军在缩小，工人的

---

① 张开：《国外马克思主义政治经济学人物谱系》，人民出版社 2018 年版，第 271—272 页。

实际工资开始上升；实际工资很快就超过了劳动生产率的增长，压低了剥削率，从而降低了利润率，这又阻碍了投资，使积累陷入停滞①。如图 4-2 所示。

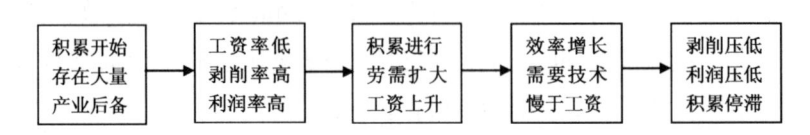

图 4-2　过度积累的机制

与平均利润率下降趋势相比，过度积累引致资本主义危机的理论争议并不丰富。保罗·M. 斯威齐（Paul Marlor Sweezy）称其为积累过快引致的危机，认为资本积累率提高过快会导致失业大军枯竭和工资提高，从而使剥削率下降，继而造成利润率下降，形成危机；而后失业率上升，工资下降，利润率上升，投资引致积累增加，整个循环周而复始地进行。除斯威齐之外，英国著名马克思主义经济学家莫里斯·H. 多布（Maurice Herbert Dobb）也将过度积累看作马克思危机理论的基本因素，并赋予其高于利润率下降理论的地位。然而，过度积累作为理论上的可能性难以否认，但经验上的可靠性却存疑，美国共产党人刘易斯·科里（Lewis Corey）和苏联经济学家尤金·瓦尔加（Eugene Varga）都曾引用美国的统计资料表明，大萧条的基础是消费不足，而不是过度积累。

除经典的过度积累理论之外，还有基于利润挤压的过度积累理论。所谓利润挤压的过度积累理论，就是指在资本积累的过程中，剩余价值率也就是剥削率不断下降，工资份额上升。剩余价值也就是利润的份额下降，因此导致对利润挤压，引致危机。20 世纪 70 年代初期，两位英国学者指出，在过去 20 年中，资本主义的盈利能力明显受到挤压，其中利润份额的下降，也就是剥削率的下降对利润率的下降起到了主要作

---

① ［英］霍华德等：《马克思主义经济学史：1983—1929》，顾海良、张新等译，中央编译出版社 2014 年版，第 115 页。

用。这种利润挤压似乎是一个世界性现象,并且至少持续到10年后,此现象通常伴随通货膨胀,因为为了抵消工资成本的上升,资本家会提高物价,从而引发通货膨胀,致使新一轮的货币工资提高。1984年,英国经济学家安德鲁·格林(Andrew Glyn)等对利润挤压进行了全面的分析,阐述了一个广义的过度积累理论。[①] 他指出,资本主义有时会产生一个比所能支撑的积累率更高的积累率,导致积累率最终下降。在"二战"后的繁荣后期,积累与劳动力供给之间不平衡导致劳动力日益短缺,对流动的过度需求使得旧机器更快地变成废物,实际工资上升,旧设备变得无利可图,这使工人更快转向新设备。原则上,这个过程可以平稳进行,随着利润能力的下降,积累率平稳地下降到可以支撑的水平,但是资本主义制度不具备在这种情况下保证它平稳过渡的机制,20世纪60年代后期,过度积累的最初结果是一段时期的过热增长,同时伴有工资物价的迅速上升以及对迅速致富的热切渴望,这一切暂时掩盖了却不能阻止盈利能力的恶化,资本家失去信心,投资崩溃,大规模的破产随之发生,过度积累带来的不是增长率的适度下降,而是典型的资本主义危机。经典的过度积累和利润挤压的过度积累论主要关注积累导致的利润率下降和剩余价值生产困难,但从资本主义整体来看,资本积累不仅会导致经济问题,还会引致资本主义的系统性危机。20世纪70年代后期,法国和美国出现了调节学派和积累的社会结构学派,这两派认为,资本主义危机是资本积累和制度之间关系不协调的结果。他们对这个问题的解释有所不同,积累的社会结构学派认为,当资本积累进行到一定程度时,现行的积累的社会结构将无法满足进一步的资本积累要求,从而会引发积累的社会结构的解体和资本主义系统性经济危机。而调节学派则认为,随着资本积累的进行,积累和制度之间的矛盾不断激化,从而导致系统性危机,但危机完全是积累和制度之间的矛盾所造成的影响,而不是制度解体的结果。

[①] [英]霍华德等:《马克思主义经济学史:1929—1990》,顾海良、张新等译,中央编译出版社2020年版,第340—341页。

历史上最典型的积累引致的资本主义系统性危机就是 20 世纪 70 年代的滞胀危机。20 世纪 70 年代，资本主义经济体系面临一系列困境，包括产能过剩、通货膨胀、工人运动和国际竞争等问题。根据国际货币基金组织的数据，1973—1975 年，全球经济增速下降 5% 以上，GDP 增速下降 2% 以上。在此期间，许多国家的工业生产和贸易受到了严重影响，失业率大幅上升。此外，通货膨胀率高企，许多国家的通货膨胀率也上升到了两位数。① 越来越多的理论分析认为，滞胀危机的根本原因是资本积累问题。调节学派指出滞胀就是福特主义资本积累弊端的体现。福特主义的资本积累体制是美国战后的主要制度形式，其半自动化生产线提高了劳动生产率，进而带来了大规模生产，而集体谈判和新增的社会工程催生了群众的大规模消费，从而提振了消费，确保了剩余价值的实现。但是 20 世纪 60 年代末期，调节学派的代表人物米歇尔·阿格列塔（Michel Aglietta）认为福特主义的局限性越来越明显，资本主义的系统性危机开始显现，一方面是劳资关系的危机，工人阶级身体困乏、精神疲惫，计件工资不适应福特主义的管理制度，激励工人越来越困难；另一方面是经济增长的危机，工资水平提高不断挤压利润，致使资本积累放缓，经济增长停滞。这些因素作用的后果是带有明显福特主义色彩的系统性危机，它始于经济增长的放缓，且无法用凯恩斯主义的反周期政策予以治愈，工人的精神疲惫、就业率不佳，资本家的利润低迷、资本积累停滞，政府的宏观经济政策失效、面临财政危机，整个资本主义陷入增长停滞与失业通胀并存的危机。积累的社会结构学派深受保罗·巴兰（Paul Barau）和斯威齐理论影响，关注阶级冲突政治革新对社会稳定的需要，他们认为资本主义体系中存在以 40—60 年为一个循环周期的长波，每次长波都包括初始的快速积累阶段和随后的积累和增长均受抑制的系统性危机，他们强调有利于资本积累的多重制度环境的形成和衰败在长波中的决定性作用，因此，他们认为资本主义在 20

---

① 孟捷：《战后黄金年代的终结和 1973—1975 年结构性危机的根源——对西方马克思主义经济学各种解释的比较研究》，《世界经济文汇》2019 年第 5 期。

世纪 70 年代的系统性危机是多重制度要素解体继而导致的积累的社会结构解体而引发的（见表 4-1）。

表 4-1　　　　　　　　　积累的历史阶段论

积累的历史阶段	生产方式变化	积累的主要限制	克服限制的主要方法
原始积累阶段	简单再生产向扩大再生产过渡	剩余价值量不足	圈地、移民和设立工场
第二阶段	工场手工业发展	剩余价值量不足	相对剩余价值生产
第三阶段	向机器大工业过渡	有机构成迅速提高使利润率下降	经济危机强制平衡
垄断阶段	劳动生产率和垄断程度提高	有机构成趋于稳定但消费不足	凯恩斯主义国家干预
高级垄断资本阶段	政府开支增长过快，管理能力削弱	积累和合法性之间矛盾，经济滞胀	简单的需求管理失效，应转向资本主义生产过程本身的管理
国家导向的垄断资本阶段（预测）	积累进一步政治化，市场机制淡化	日趋激烈的积累和合法性之间的矛盾	国家集中计划

塞缪尔·鲍尔斯（Samuel Bowles）等人将组成战后积累的社会结构的相关制度分为三项要素：资本劳动间的协议、美国的霸权和资本家与公民之间的协议。第一项主要是稳定劳资关系；第二项通过稳定美国统治阶级与不同国家统治阶级之间的关系，保障了原料供应以及世界市场稳定运行；第三项包括凯恩斯主义的各项稳定政策，创造了经济和社会的稳定性。然而在 20 世纪 70 年代，随着经济形势的恶化，危机丛生，首先是劳资危机，劳资关系尖锐对立，一方面工人精神疲惫、失业率高启，另一方面资本家的利润又被工资挤压，资本积累放缓；其次是外部环境危机，美国深陷越战泥潭，又面临能源危机；最后是财政危机，凯恩斯主义宏观经济政策无法解决增长与物价难题。这些因素导致阶级矛盾恶化、竞争日益加剧，资本家对未来的期望日益悲观，投资率不断下降，经济转入长期停滞和危机，继而导致整个福特制积累的社会结构解

体和资本主义的系统性危机。调节学派和积累的社会结构学派活跃的时期正是资本主义面临滞胀危机的时期,因此,两派的理论分析着重滞胀,但这并不意味着资本积累导致的危机只发生于滞胀阶段。埃里克·O. 奈特(Erik Olin Wright)在《马克思主义积累和危机理论的新视角》一文中以资本主义发展不同的历史阶段为理论框架,构建了积累的历史阶段论。在埃里克·O. 奈特看来,危机的性质随资本主义发展阶段的变化而变化,因此,在资本主义发展的不同阶段,危机的传导机制不同。积累在不同发展阶段受到不同限制,资本家个体利润最大化的努力和作为资产阶级整体代表的资本主义国家维持积累的努力相结合,消除了积累的障碍,积累取得了新的形式,又面临新的障碍。[①]

聚焦当代资本主义,资本积累引发各种危机,除了劳资矛盾、经济秩序破坏、财政困难外,还对生态和社会公正产生了冲击。资本积累作为资本主义经济发展的基础和动力,往往会导致环境危机的发生。在资本积累的过程中,企业和资本家追求利润最大化,忽视了环境保护和可持续发展,引发一系列环境问题和危机,主要包括三个方面:(1)自然资源的过度开发和消耗。资本不断地积累对自然资源有无尽的需求,在这一过程中,企业和资本家过度开发和消耗自然资源。例如,过度采矿、伐木、水资源开发等活动可能导致自然资源的枯竭和破坏,进而影响生态系统的平衡和稳定。此外,过度的工业化和城市化也会导致土地的大量消耗和污染,严重影响人类和其他生物的生存和发展。(2)水源、土壤、空气污染。资本积累过程中,企业和资本家大量排放污染物,导致水、土、空气污染严重。例如,工业废水、工业废气、固体废弃物等污染物的排放,导致水体变质、空气污染、土壤污染、草地退化等问题。这些污染物不仅会影响人类的生活和健康,也会影响动植物的生存和生态系统的平衡。(3)气候变化和全球变暖。资本积累过程中,大量的化石能源消耗和温室气体排放可能导致气候变化和全球变暖。例

[①] 杨健生:《马克思主义经济危机理论史研究》,博士学位论文,厦门大学,2004年,第129页。

如，燃烧化石燃料排放的二氧化碳等温室气体，可能导致地球温度升高、海平面上升、极端天气事件等问题。这些问题不仅会影响人类社会的稳定和发展，也会威胁全球生态系统和生物多样性。资本积累作为资本主义经济的基础和动力，往往会导致财富和收入的不平等加剧和不公正分配，进而导致社会的不平等危机。资本积累过程中，资本家和富人通过获取更高的利润和市场份额来获得更大的财富和权力，而工人和普通民众则难以分享这些财富和权力。出于对资本积累的需要，资本家会尽量压低工资，从而吸引更多资本投入积累，这使得工人和普通民众的工资和收入往往增长缓慢，甚至无法跟上通货膨胀的速度，工人和普通民众的生活水平无法得到提高，使财富和收入的不平等加剧。这种财富和收入的不平等可能导致社会的分化和冲突，影响社会的和谐和稳定。

第二节 要素垄断扩展系统性危机范围

垄断是导致资本主义系统性危机的重要原因，垄断资本主义把生产力和生产关系的矛盾推向了极致，由垄断导致的资本主义系统性危机具有普遍性，在全球化背景下，越来越多的产业和市场向垄断方向发展，导致全球范围内的不平等和危机。马克思主义的垄断资本理论是对资本主义发展阶段的一种深刻分析，它揭示了垄断资本主义阶段的本质特征和内在矛盾，对于我们深入理解当代经济现象和探寻未来发展趋势具有重要意义。

一 要素垄断的历史进程

垄断资本主义的本质特征是资本追逐垄断利润，其反映了少数大公司通过市场支配和技术、资本等方面的垄断优势形成的市场行为，包括价格垄断、生产垄断、销售垄断等。垄断资本主义的出现，标志着资本主义生产方式从自由竞争阶段向垄断阶段转变。在这个阶段，大公司通过垄断行为获得更高的利润率，同时使得市场失去了竞争优势，不利于社会资源的合理配置和经济发展的长期稳定。美国著名马克思主义经济学家保罗·巴兰指出，在垄断资本主义阶段，大公司通过垄断行为获得了更高的利润率，但这并没有转化为降低商品价格的效果，反而进一步加剧了经济剩余的产生。经济剩余是指在生产过程中生产者所获得的收益与其付出的成本之间的差额，它包括利润、利息、地租等。① 在垄断资本主义阶段，由于垄断行为的存在，大公司可以通过控制价格获得更高的利润率，但这并没有转化为更高的经济增长率，反而导致社会资源的浪费和经济效率低下。此外，经济剩余的增加也意味着贫富差距的进一步扩大，加剧了社会不平等现象。

另外，垄断资本主义的出现不仅仅是经济上的问题，它还在政治上产生影响。在垄断资本主义阶段，大公司通过掌握巨大的经济资源和政治影响力来左右政治决策，形成了利益共同体。同时，政府也通过与大公司的合作来推动经济发展和维护社会稳定。这种政治经济相结合的趋势，使得国家与垄断组织之间的利益关系愈加复杂，政治家和垄断资本家之间的联系更加紧密。垄断资本主义的历史演变可以分为私人垄断、国家垄断和国际垄断三个阶段。简单垄断是指由大公司形成的垄断行为所引起的垄断现象；国家垄断则是指国家通过政治手段对经济进行干预和控制，从而形成的垄断现象。在简单垄断阶段，垄断行为主要是由大公司自主实施，国家的作用相对较小。而在国家垄断阶段，国家成为垄断行为的主导者，通过政策手段来推动垄断的形成和发展，同时通过政策来维护经济的稳定和社会的和谐。在国家垄断资本主义阶段，国家和垄断资本之间的关系更加密切，二者形成了紧密的利益联盟。但是，国家和垄断资本之间的关系也存在矛盾和冲突，如在资源分配、政策制定等方面存在利益冲突。在当代资本主义体系内，垄断资本带来的矛盾越来越明显，对资本主义制度提出了新的问题和挑战，例如垄断行为导致经济效率低下和资源浪费，同时加剧了贫富差距和社会不平等现象。资

---

① 孙乐强：《垄断资本主义的政治经济学批判——巴兰和斯威齐的〈垄断资本〉解读》，《南京大学学报》（哲学·人文科学·社会科学版）2008 年第 6 期。

产阶级当权需要采取一系列措施来促进经济的长期稳定和社会的和谐，这包括通过政策手段来推动市场竞争，促进创新和技术进步，提高生产效率和资源利用效率，加强社会保障和民生福利，缩小贫富差距和加强社会公正等。

二　要素垄断加剧系统性危机的表现

在当代资本主义国家，技术租金成为垄断资本获取超额利润的主要来源，这里的技术租金是指对技术进步的垄断而产生的超额利润，这种技术租金是技术创新的直接结果。这一阶段的世界经济格局发生了巨大变化，资本的国际运动不断扩大，从而再生产出资本主义体系内生产力的国际差异，这种差异强化了发达国家无偿占有不发达国家超额利润的物质基础。与此同时，持久的通货膨胀成为晚期资本主义运行的特有机制，这一机制有助于在相对迅速的资本积累和相对较高的就业水平的条件下，防止剩余价值率和利润率的急剧下降。然而，当代资本主义诸特征的作用必然导致资本主义的系统性危机，这一危机表现为生产力与生产关系之间的矛盾日益尖锐，资本主义制度对生产力的束缚越来越明显。在这一阶段，资本主义各领域的矛盾逐渐暴露，并导致各种社会和经济问题的爆发。这些问题包括贫富差距扩大、环境破坏、国际贸易紧张等。

要素垄断会诱发多种形式的经济危机。第一，周期性经济危机的爆发。周期性经济危机的主要原因是市场失灵和需求不足，而要素垄断是市场失灵的主要原因之一。具体来讲，要素垄断的出现是由于市场竞争的不足，少数垄断企业或个人可以通过控制生产要素的供给和价格，获得更高的利润和更强的市场地位。这种市场地位的垄断会增强企业或个人对市场的控制程度，从而导致市场调节作用衰退，并引发资源配置的无效性、市场竞争的缺乏、价格歧视等问题。第二，结构性经济危机的爆发。结构性经济危机是指由于经济结构调整或产业升级等因素引起的经济危机。结构性经济危机的典型现象是某些产业或地区的失业率上升，经济增长率下降，经济结构失衡等。结构性经济危机的主要原因是生产要素分配不合理或不均衡，而要素垄断是当代资本主义生产要素分配不合理的主要原因之一。第三，要素垄断还会导致金融危机的爆发。金融危机的主要原因是金融市场失灵和金融监管不力，而要素垄断可以导致金融市场失灵和金融监管不力。

要素垄断是撬动社会危机的杠杆。一方面，要素垄断会导致贫富差距扩大和社会不公现象加剧。垄断企业或个人可以通过控制生产要素的供给和价格，获得更高的利润和更强的市场地位，致使社会资源分配不均，这种资源分配不均会导致社会矛盾的激化和社会危机的爆发。另一方面，要素垄断会导致生产要素的供给不足，致使生产停滞和需求不足，这种经济不景气会导致企业裁员和就业不足，从而激化社会矛盾，引发社会危机。

要素垄断助推当代资本主义政治危机，在政治领域要素垄断会导致政治资源被少数人掌控和操纵，从而引发政治危机。要素垄断引发政治危机的根本原因是政治资源的掌控和操纵导致政治权力的集中和失衡，带来了资本主义的系统性危机。具体来讲，垄断至少会在以下三个方向引发政治危机：首先是政治腐败，要素垄断导致垄断者采用政治手段维护自身地位和利益，表现为政治权力滥用、贪污腐败等问题，从而引发政治危机。其次是民主制度瓦解，要素垄断导致垄断者采用控制媒体和政治机构等手段干扰民主制度，引发民主制度瓦解，致使政治权力被少数人操控，民众参与政治的权利受到压制。最后是国际政治危机，要素垄断会导致寡头垄断和国际垄断，引发国际政治危机，国际政治危机表现为国际关系紧张、战争爆发等问题，对全球经济和社会稳定产生重大影响。

除此之外，要素垄断还会引发科技危机。要素垄断导致技术垄断，从而引发科技危机，科技危机表现为技术进步缓慢、科技创新不足等问题，对经济和社会发展产生负面影响。要素垄断还会加剧环境危机，要素垄断导致资源采集和生产过程的环境遭到破坏，从而引发环境危机。

环境危机表现为气候变化、生态破坏等问题,从而对人类和地球生态系统带来严重威胁。

案例 4-2 美国铁路垄断危机

历史上较为著名的要素垄断引发的危机是 19 世纪 90 年代的美国铁路垄断危机。19 世纪末期,美国经历了一场铁路建设热潮,然而这场热潮也催生了铁路垄断,导致一系列经济问题的产生。铁路垄断的主要原因是少数大公司控制了铁路运输和运价,形成了价格垄断,这种垄断导致运输成本上涨,从而使得制造商的成本增加,最终导致经济衰退。根据美国国务院的数据,1893—1897 年,美国的 GDP 下降了 10% 以上,失业率从 3% 上升至 18%。在此期间,银行破产数量达到了数百家,并且铁路公司和其他行业的破产数量也在不断增加。这场经济危机规模之大,使得要素垄断问题受到了政府和公众的广泛关注,在此背景下,美国政府通过了《谢尔曼反托拉斯法案》以遏制垄断问题。

第三节 虚实脱节扩大系统性危机冲击

在资本主义发展过程中出现了以金融资本为代表的虚拟资本,并且与实体资本日益脱节。金融资本与虚拟经济的产生是资本主义经济发展的必然结果,这也是由资本主义的本质特征所决定的。资本家为了获取更高的利润,必须不断扩大生产和销售规模,但是市场的扩大和消费的增长是有限的,这就出现了过剩的商品和资本,而金融化则是资本家为了应对这一矛盾,通过金融手段将过剩的资本投入金融市场中,实现资本增值和风险分散。因此,金融化和虚实脱节是资本主义发展的必然结果,金融化和虚拟化的过程加剧了资本主义的生产消费矛盾以及不稳定性,导致金融经济与实体经济脱节,扩大了系统性危机的冲击力。

一 金融资本成为经济虚拟化的主要推手

马克思主义的金融资本理论是对金融资本与垄断资本的联系和互动

关系的研究，它是马克思主义政治经济学的重要组成部分之一。金融资本是垄断的工业资本和垄断的银行资本的融合。它是在资本主义发展历史进程中，由于垄断资本的形成和集中而催生的一种新的资本形式。第二国际的著名理论家鲁道夫·希法亭（Rudolf Hilferding）是金融资本理论的典型代表，他通过对信用和股份制的分析来阐述金融资本的形成，强调了金融资本是建立在垄断性联合企业基础上的。在他的理论中，金融资本是通过工业垄断产生的，银行与垄断组织相互依存，而金融资本的经济政策则体现了帝国主义的实质。垄断的产生主要有两个原因：一是消除利润平均化的障碍，通过资本的联合能够克服一些外部的障碍；二是促进银行资本利益，银行只有在企业竞争被削弱或者被完全排除的情况下才能更好地保障资本投入的安全。在垄断产生的背景下，银行与垄断组织之间的关系日益紧密，银行逐渐变成产业资本家，形成了金融资本。列宁在其著作《帝国主义论》中，对金融资本进行了深入分析。他认为，金融资本是垄断资本发展的必然产物。此后，马克思主义的金融资本理论得到了进一步发展和完善。20世纪60年代，西方马克思经济学家莫里斯·多布在其著作《资本的积累和帝国主义》中，也对金融资本的内涵和特点进行了深入研究。他认为，金融资本具有高度的流动性、虚拟性和全球化特点。

在马克思主义政治经济学视域下，金融资本具有以下重要特征。首先，金融资本是由银行资本和工业资本相互渗透、相互融合而形成的一种新的资本形式，具有高度的集中和集团化特点，由于金融资本家控制了大量的资本和资源，因此可以通过垄断和控制市场来获取更高的利润。其次，金融资本具有高度的流动性、虚拟性和全球化特点。金融资本可以快速地在全球范围内流动和转移，通过各种金融工具和金融交易，实现资本增值和风险分散。这种虚拟化和全球化特点，使得金融资本成为资本主义经济中最具活力和竞争力的力量之一。最后，金融资本对经济和政治产生巨大影响。一方面，金融资本可以通过垄断和控制市场，获取更高的利润，从而加剧了资本主义的不平等和危机；另一方面，金融资本还可以通过对政治的影响，掌握更多的资源和权力，进一步加强其在经济和社会中的地位和影响力。图 4-3 反映了美国、日本、英国和澳大利亚四个国家的广义货币占 GDP 比重，这一指标通常被用来说明一个国家金融化虚拟化程度。我们可以直观地看出，日本的金融化程度最高，远远超过其他三个国家。从经济史角度来说，日本 1970年的广义货币占比就突破了 100%，而此时的美国、英国和澳大利亚的指标则分别为 65%、33% 和 43%；1996 年日本这一指标突破了 200%，此时美国、英国和澳大利亚的指标分别为 62%、65% 和 63%。当前这四个国家的指标全部突破 100%，深刻反映了金融资本的强大力量，这足以让人们清晰地看到，当代资本主义系统性危机中的虚拟化诱因加重。

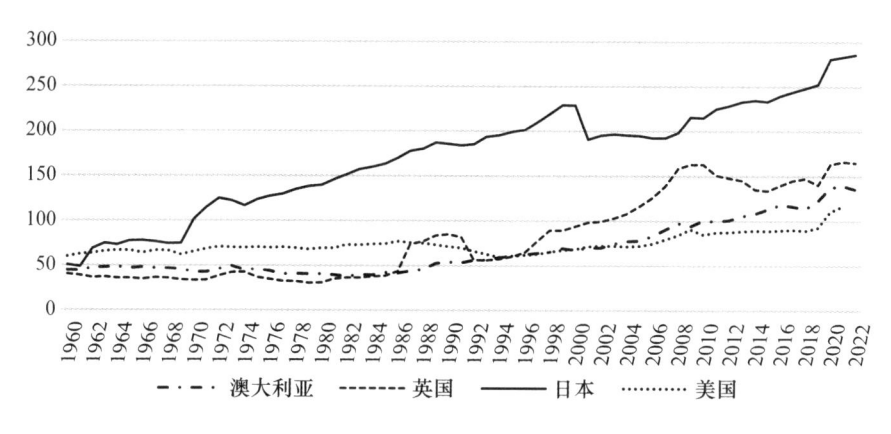

图 4-3 美国、日本、英国和澳大利亚四国广义货币占 GDP 比重

二 虚实脱节扩大系统性危机冲击的机理

实体经济和虚拟经济的脱节是指在资本主义经济体系中，虚拟经济的快速发展和实体经济发展的不平衡会导致资本主义系统性危机。实体经济和虚拟经济的脱节有多种原因，其中最主要的原因是金融化。金融化是指资本主义经济体系中，金融资本占据越来越重要的地位，金融化导致投机行为和泡沫经济的出现，使虚拟经济的利润高于实体经济，从

而加剧了实体经济和虚拟经济的脱节。

关于金融化的危机理论,最著名的分析来自日本马克思主义的宇野学派,该学派提出了负债式积累螺旋危机理论,认为过度的债务积累会导致经济危机的发生和加剧。在金融化背景下,企业过度依赖借贷,进行负债式积累,在短期内可以获取高额利润,但是长期来看,债务负担会逐渐加大,企业会陷入恶性循环,从而导致经济危机的发生和加剧。螺旋危机理论将这种债务积累的过程比作一个螺旋式上升的过程,债务负担不断增加,企业的财务状况逐渐恶化,最终导致企业破产和经济危机发生。具体来讲,负债式积累螺旋危机的发展过程包括四个阶段。起步阶段,企业开始借贷扩张,债务规模逐渐增大,企业的经营状况通常较好。上升阶段,企业依靠借贷获得了更多的资金和资源,业务范围扩大,债务规模增大,企业的财务状况开始逐渐恶化。风险阶段,企业的债务负担越来越重,债务利息和本金的偿还压力越来越大,企业开始出现经营困难和流动性问题。破产阶段,企业无法偿还债务,破产倒闭,从而导致经济危机的发生和扩散。① 宇野学派的负债式积累螺旋危机理论深刻地揭示了黄金货币化制度下的危机机制,谢富胜等人则分析了布雷顿森林体系终结,美元成为不兑现黄金的准国际储备货币后金融化是如何引发资本主义危机的。当布雷顿森林体系崩溃时,美国金融管理当局的货币供给几乎摆脱了任何物质上的限制,可以借助各种所谓的金融创新保证资本的积累能力。信用关系借助金融化进一步扩大,使资本主义经济发展成为最纯粹最巨大的赌博欺诈制度。金融化无限制地创造信用货币的能力必然侵蚀作为价值尺度的货币基础。货币管理当局始终面临着通过信用创造维持资本积累与维护货币基础的合法性之间的深刻矛盾。货币管理当局不得不通过注入更多的货币符号延续金融化过程,用货币流通量的泡沫性膨胀掩盖实体经济运动的低迷。当货币管理当局为了维护本国资本的整体利益而不得不提高利率以捍卫货币基础的合法性

---

① 渡边雅男、谭晓军:《日本马克思主义经济学者眼中的全球危机》,《政治经济学评论》2016年第4期。

时，债务链条的破裂将通过债务压缩机制引发危机。①

在金融化的推动下，资本主义经济体系的发展不断推动虚拟经济的发展，在当代资本主义环境下这种发展加剧了实体经济和虚拟经济脱节，这是因为虚拟经济的发展优先于实体经济的发展。具体地说，导致实体经济和虚拟经济脱节主要有四个原因。首先，虚拟经济的高利润率和短期收益导致实体经济的投资减少。虚拟经济常常以高利润率和短期收益为诱饵，吸引了大量的资本和投资者。这些资本和投资者倾向于投资虚拟经济，而不是实体经济。由于实体经济的投资周期长、回报率低，相对于虚拟经济而言，投资风险较高，这就导致实体经济投资减少，甚至停滞不前，从而加剧了实体经济和虚拟经济脱节。其次，虚拟经济的膨胀导致金融风险增加。虚拟经济常常存在泡沫现象，投机和炒作行为会导致虚拟经济的膨胀，最终导致经济泡沫破裂和风险增加。这些风险会通过金融市场传导到实体经济中，进而影响实体经济的发展和产业链的稳定运行，这就导致实体经济和虚拟经济脱节。再次，虚拟经济的快速发展导致实体经济的技术升级和转型滞后。虚拟经济的发展加速了科技的进步和创新，从而使得实体经济面临技术升级和转型的压力。实体经济往往需要长时间、大量的投资实现技术升级和转型，但虚拟经济的快速发展导致实体经济的技术升级和转型滞后，从而导致实体经济和虚拟经济脱节。最后，虚拟经济的高度金融化导致实体经济的融资渠道受限。虚拟经济的快速发展使得资本市场更加注重短期收益和高风险的投资机会，而实体经济的融资往往需要长期、低风险的投资。因此，实体经济的融资渠道受限，从而加剧了实体经济和虚拟经济脱节。

实体经济与虚拟经济脱节如果长期持续，就会导致资本主义的系统性危机，危机表现包括经济增长乏力、金融风险增加、社会不稳定等多种形式。首先，经济增长乏力。实体经济和虚拟经济脱节会导致实体经

---

① 谢富胜、李安、朱安东：《马克思主义危机理论和1975—2008年美国经济的利润率》，《中国社会科学》2010年第5期。

济的发展受到限制,从而导致整个经济体系增长乏力。这种增长乏力表现为三个方面:(1)生产率低下:实体经济是现代经济体系的基础,其发展水平直接影响整个经济体系的增长。实体经济发展乏力会导致生产率低下,从而限制经济增长。(2)就业岗位减少:实体经济发展不充分会导致就业岗位减少,从而影响经济增长。虚拟经济的高度发展,尤其是金融化的加剧,使得实体经济中的制造业等传统产业面临压力,就业岗位减少,从而导致整个经济体系的增长受到限制。(3)消费不足:实体经济发展不充分会导致消费不足,从而限制整个经济体系的增长。虚拟经济的高度发展,使得一部分富裕人群将资产投向金融市场和虚拟经济而忽视实体经济,这导致实体经济市场萎缩,消费不足,从而影响经济增长。其次,金融风险增加。实体经济和虚拟经济脱节会导致资本主义经济体系中金融风险的增加。这种金融风险表现为三个方面:(1)经济泡沫:虚拟经济的高度发展导致投机行为和泡沫的出现。这种泡沫往往在虚拟经济内部形成,但泡沫的破裂可能会引发全球性的经济危机。(2)金融市场崩盘:虚拟经济的高度金融化导致金融市场不稳定性和风险的增加。金融市场的崩盘可能会引发全球性的金融危机。(3)货币危机:虚拟经济的高度发展导致货币的不稳定性和波动性。货币危机可能会引发通货膨胀、通货紧缩等问题,从而导致经济不稳定性和风险的增加。最后,社会不稳定。实体经济和虚拟经济脱节不仅会导致社会贫富分化——虚拟经济的高度发展使得一部分富裕人群将资产投向金融市场和虚拟经济而忽视实体经济,还会导致政治风险的增加——由于实体经济的发展受到限制,一些国家会采取保护主义政策,从而引发国际贸易战争和政治摩擦,加剧全球政治风险。表4-2列出了西方发达国家贫富分化情况。进入21世纪以来,西方贫富分化日趋严重,引发社会阶级对立。美国最为严重,美国最高10%人群占有的收入份额始终大于后40%(按照五等份划分人群)人群占有的收入份额。加拿大、德国、法国、英国和意大利五个国家的后40%人群占有的收入份额虽然略高于最高收入10%人群,但是份额相差并不大。

表 4-2　　　　　2000—2020 年西方发达国家贫富分化概览

后40%人群占有的收入份额						最高10%人群占有的收入份额					
2000 年	29.8	31.5	30.1	27.9	29.3	27.8	25.6	22.9	25.4	31.1	26.4	30.3
2001 年	29.9	31	30.1	28.6	—	27.6	25.6	23.9	25.4	29.3	—	30.6
2002 年	30	31.2	30.5	29.2	—	27.8	25.5	23.7	25	27.7	—	30.1
2003 年	29.8	30.9	30.5	29.5	29.3	27.8	25.8	23.9	25.2	27.3	26.7	30.2
2004 年	29.9	31	30.8	29.5	29.4	27.8	25.6	24	24.5	27.3	26.3	30.1
2005 年	29.8	30.4	31.1	29.2	29.6	27.6	25.6	25.1	23.9	27.8	25.5	30.8
2006 年	29.8	30.7	31.2	29	29.7	27.4	26.1	24.7	23.5	28.3	25.6	31.2
2007 年	29.8	30.5	30	29.	30.1	27.6	26	25.1	26.2	26.5	24.9	30.4
2008 年	29.8	30.8	29.8	29.3	29.7	27.7	25.9	24.7	26.	27.6	25.7	30.3
2009 年	29.8	30.8	29.8	29.4	29.7	27.8	25.8	24	26.1	27.4	25.4	30.4
2010 年	29.9	30.9	29.5	29.8	29.2	28.2	25.7	24	27.1	26.4	26.2	29.3
2011 年	30.2	30.8	29.6	30.1	29.3	27.8	25	24.5	26.9	25.9	26.4	30.2
2012 年	30	30.8	29.6	30.1	29.4	27.8	25.2	24.4	26.7	25.6	26.4	30.2
2013 年	30	30.5	29.8	30.5	29.3	27.9	25.1	25	26.4	25.3	25.9	30
2014 年	30	30.8	30	30.2	29.5	27.6	25.2	24.1	26.1	25.6	25.5	30.7
2015 年	29.9	30.5	29.6	30.3	29.5	27.7	25.5	24.8	26.6	25.7	25.8	30.5
2016 年	30.2	30.6	30	30.1	29.3	27.7	25	24.6	25.9	25.5	26	30.4
2017 年	30	30.2	30	30.4	29	27.9	25.3	24.8	25.8	24.9	26.7	30.3
2018 年	30.4	30.2	29.6	30	29.3	27.7	24.8	25.2	26.7	25.8	25.9	30.7
2019 年	—	30.2	30.2	30.2	29.4	27.6	—	25.2	24.8	25.1	25.8	30.8
2020 年	—	—	30.5	30.5	29.4	28.2	—	—	24.5	25	26.1	29.5

数据来源：笔者根据世界银行数据库整理。

案例 4-3　次贷危机

虚实脱节导致的危机屡见不鲜，其中最具代表性的就是 2007 年次贷危机。这次危机的起因是房地产市场繁荣和次贷市场繁荣，但其根本原因还是虚实脱节。21 世纪初期，美国政府开始推动住房市场扩张，降低贷款门槛，这导致房地产市场的繁荣。同时，金融机构也开始将高风险的次级贷款打包成金融衍生品，出售给投资者。这些衍生品被评级为 AAA 级，得到了投资者的广泛认可。然而，这些次级贷款的违约率开始上升，衍生品的价值迅速下跌，造成金融市场的动荡。由于次贷市场的繁荣和金融机构的过度杠杆化，金融体系陷入了危机，最终导致全球资本主义的系统性危机。除了 2007 年次贷危机外，历史上还有其他虚实脱节引发的经济危机案例。例如，20 世纪 20 年代末期的股市泡沫，由于投机炒作和虚假宣传，股市价格脱离实际股票价值，导致股市崩盘和经济衰退。同样，20 世纪 90 年代初期的日本经济泡沫，也是由于虚假宣传和过度投资，导致房地产市场繁荣和金融机构的过度杠杆化，最终引发了经济衰退和失业率上升。

第四节 需求不足引发系统性危机多重恶果

根据马克思主义基本原理，资本主义的发展取决于市场需求的增长和资本积累的加速。然而，在资本主义体系中，贫富分化和不平等现象逐渐加剧，导致大多数人的消费能力不足以支撑市场需求的不断增长，这种需求不足的情况可能会导致系统性危机的发生。此外，需求不足还可能导致经济比例失调，引发资源浪费和生产能力过剩。资本主义体系中的竞争和追求利润最大化的动力，将导致企业在不断扩大产能的同时忽视市场需求的实际情况，使投入产出结构失衡，最终引发危机。

一 需求不足的两种主要形式

消费不足论是马克思主义经济理论的重要分支，其主要是指消费者的购买力和意愿不足以支撑市场需求的增长，导致企业面临销售下降和利润下降的风险。消费不足可能是由于贫富分化和不平等现象逐渐加剧，导致大多数人的消费能力不足以支撑市场需求的不断增长。罗莎·卢森堡（Rosa Luxemburg）是消费不足论的早期代表人物，她指出随着资本积累的不断进行会出现消费不足现象，需要资本主义制度外的消费来弥补，随着全世界被纳入资本主义体系，消费不足的问题将无法解决，资本主义制度就会趋于崩溃。我们从马克思的一个模型开始：

$$5000\, c_1 + 1000\, v_1 + 1000 s_1 = 7000\ \text{生产资料}$$
$$1430\, c_2 + 285\, v_2 + 285 s_2 = 2000\ \text{消费资料}$$

每一部类的资本有机构成都为5（第二部类近似5），剥削率为100%，利润率为16.7%，第Ⅰ部类的资本家把剩余价值的一半用于积累，第Ⅱ部类把2/3的剩余价值用于积累。因此在再生产过程中有：

$$5000\, c_1 + 428.7\Delta\, c_1 + \boxed{1000\, v_1 + 71.4\,\Delta v_1 + 1000 s_1} = 7000\ \text{生产资料}$$
$$\boxed{1430\, c_2 + 157.7\Delta\, c_2} + 285\, v_2 + 26.3\Delta\, v_2 + 285 s_2 = 2000\ \text{消费资料}$$

由此可以发现，在原模型中资本有机构成是5，但是积累的不变资本与可变资本的比例却是6。这种情况普遍存在于生产率提高的时候，此时资本有机构成提高，对不变资本的需求增加。第Ⅰ部类的产出无法满足这一需求，第Ⅱ部类的需求大于第Ⅰ部类的供给。因此，生产资料在第2年将会有一个16个单位的短缺（1430 + 157.7 - 1000 - 71.4 - 500 ≈ 16），同样的消费资料将有16个单位的过剩，这种不平衡将会逐期递增。罗莎·卢森堡认为，无论是工人资本家还是中间阶级，都不能提供实现这部分剩余价值所必需的购买力，只有一个类型的消费者可以做到这一点，就是那些完全在于资本主义生产方式之外的消费者。因此，这就可以理解资本主义的扩张倾向以及殖民地对于资本主义经济的重要性，殖民地是资本主义经济实现其产品、确保再生产顺利进行的必要条件。在全世界被纳入资本主义体系后，就不存在能够消费这些消费资料并为生产资料提供资金的域外人，这样一来，资本积累与社会再生产就会失调，资本主义濒临崩溃。[①] 针对消费不足引起危机的可能性，1932年，奥托·鲍威尔（Otto Bauer）提出了自己的观点。他认为消费不足论要论证的是生产扩大快于消费，这是最重要的问题。假定工人把他们的全部工资都用光，又假定资本家们所占有的剩余价值是逐步增大

---

① ［英］霍华德等：《马克思主义经济学史：1929—1990》，顾海良、张新等译，中央编译出版社2020年版，第105—107页。

的。由于资本家们追求发财致富，他们具有两种倾向，第一种是攫取尽可能多的利润，第二种是尽可能将大的一部分利润加以积累。第一个步骤会导致改进生产方法，第二个步骤则包括把日益增长的利润中的更大部分积累下来。于是我们得出了下面的结果，积累在剩余价值中的比重提高，投资在积累中的比重也提高，前者是因为第二步，后者是因为第一步。至于消费，它一直在增长，因为资本家增加他们自己的消费并把它的一部分积累用在增加工资上面，因此，工人的消费也增加，但重要的一点是，由于资本家消费的增加额在全部剩余价值中是一个递减部分，更多地用于积累，又由于工资的增加额在全部积累中也是一个递减部分，更多地用于投资，所以，消费增长率对生产增长率的比值有所下降。①

```
┌──────────┐   ┌──────────┐   ┌──────────┐   ┌──────────┐   ┌──────────┐
│工人月光  │   │剥削提高  │   │资本消费  │   │工人消费  │   │更多投资  │
│资本逐利  │──▶│积累提高  │──▶│相对积累  │──▶│相对剩余  │──▶│更少消费  │
│攫取积累  │   │比例变化  │   │有所下降  │   │有所下降  │   │消费不足  │
└──────────┘   └──────────┘   └──────────┘   └──────────┘   └──────────┘
```

图 4-4　消费不足的机制

消费不足的危机理论有一个共同的核心，那就是认为供工人阶级消费的工资增长的速度赶不上产出的步伐，因此造成有效需求不足。资本主义发展到 20 世纪 70 年代，消费不足实际情况与这一核心原理有所区别，一方面在收入分配上，在 20 世纪 70 年代危机的最初阶段，工资在纯收入中的份额是呈上涨趋势的；另一方面是关于滞胀，20 世纪 70 年代的危机遇到的是前所未有的高通胀率。所以，消费不足论在 20 世纪 70 年代之后拥护者甚少，其中大部分原因就在于这些异常情况的出现。与消费不足类似，比例失调是需求不足的另一种表现形式。杜冈—巴拉诺夫斯基（Михаил Иванович Туган–Барановский）是俄国著名的修正主义马克思主义者，他否定了马克思所论及的与利润率下降趋势相联

---

① 朱奎：《马克思主义经济思想史·欧美卷》，东方出版中心 2006 年版，第 62 页。

系的危机以及消费不足的危机，重点针对比例失调的危机展开了论述，他的分析也引入了马克思在《资本论》第二卷的再生产图式。杜冈首先指出，当所有商品都按照价值出售的时候，这就意味着各种物品的生产比例关系是正确的，但是这些正确的比例往往是无法预知的。虽然存在市场供求关系的作用，但是各种条件都在不断地变化，因此不均衡是常态，不均衡就会导致流通中断和比例失调，而这种比例失调的根源又在于资本主义生产的无计划、无政府性质。具体而言，杜冈的分析对象比卢森堡、鲍威尔更加直接，后两者是在马克思再生产基本条件，即 $v_1 + \Delta v_1 + m/x = c_2 + \Delta c_2$ 成立的条件上进一步展开分析的，但杜冈认为扩大再生产的基本条件本身就可能不存在。按照杜冈的说法，扩大再生产图式显示了两件事情，第一，资本的积累要按照正确的比例分配在各个部类和产业之间，否则，就会造成比例失调与流通中断；第二，如果资本的积累是按照正确的比例来进行的，那么就不存在危机的可能性。

一个更一般的比例失调理论是，当市场需求下降时，企业面临销售下降和利润下降的风险。为了维持利润和增长，企业可能会采取不同的策略，如扩大生产规模、增加产能、降低产品价格等。这些策略可能会导致企业的过度生产和过度投资，从而造成比例失调，因为它们忽略了市场需求的实际情况，只考虑了自身的利润和增长。比例失调的结果是企业的生产能力和产能过剩，企业可能会出现库存积压和产品滞销情况，从而无法回收投资和获得利润，这将导致企业面临倒闭和破产的风险，从而进一步加剧经济的衰退和不稳定性。弗里德里克·波洛克（Frederick Pollock）也持相同的观点，他从竞争与垄断的角度分析，认为国家干预会进一步导致比例失调，因为在国家的干预下，一些失败的企业不会退出，这使得竞争机制不再能够发挥作用，相反，在垄断部门中不按市场需求的生产成为一种常见现象。在苏联，经济学家叶甫盖尼·阿列克谢耶维奇·普列奥布拉任斯基（Преображенский, Евгений Алексеевиц）对经济危机的解释也是以比例失调在资本主义的垄断阶段变得越来越严重这一命题作为依据的。他从供求关系的角度指出，在垄断资本主义条件下，资源流动受阻，需求的变动带来非对称结果。需求的增长往往带来物价，而不是产量的上升，这背后的原因就是投资增长的缓慢和投资比例的失调。但是由于杜冈常将比例失调论说成是唯一可能的对于危机的解释，因此，在马克思这里视为危机一个因素的问题，到了杜冈这里成了唯一的因素，于是杜冈指出如果造成危机的原因仅仅是生产过程中的比例失调，那么完全可以通过资本主义条件下的制度的调整来弥补这种比例失调，通过托拉斯产业组织和政府对经济事务的干预，可以消除资本主义生产的无政府状态。[1] 由此不难看出，比例失调论具有较强的修正主义色彩。

所以，相比于传统的比例失调论，德国经济学家纳塔莉·莫斯科斯卡反对用比例失调来说明萧条的理论，她强调工资与利润之间、消费与储蓄之间进而投资品产业与消费品产业之间的失调，她指出这些失调严重削弱了消费能力，促进了积累，对她来说，比例失调意味着消费不足。莫斯科斯卡的危机理论可以概括如下，资本家之间的竞争要么绝对地降低工资，要么降低相对于利润的实际工资，这都带来剥削率的上升，因而，资本家越来越难以找到实现其产品中包含的剩余价值的充分消费需求。瓦尔加也是类似的观点，他认为资本有机构成提高造成失业上升，导致工人阶级的相对和绝对贫困，因此，资本主义社会消费能力的相对下降限制了生产资料的销售，社会消费能力的限制是所有真正生产过剩危机的原因，需求不足导致的资本主义系统性危机在莫斯科斯卡这里已经初具雏形。

二 需求不足加剧系统性危机的钳夹效应

需求不足是资本主义系统性危机的一个主要原因，因为它会导致生产过剩和供给过剩，从而引发利润下降问题，进而影响消费者的购买力和信心，形成恶性循环，最终导致整个经济体系的崩溃。钳夹理论是分

---

[1] 昌忠泽：《马克思主义视角下的美国金融危机成因研究》，《社会科学研究》2010年第5期。

析需求不足加剧的系统性危机的经典理论之一，该理论认为需求不足会导致资本主义的利润率危机，其正式模型见于霍华德·谢尔曼（Howard Sherman）1991年的研究。该理论认为每当资本主义经济扩张至接近周期顶峰时，需求的增长速度低于成本的增长速度，因而，利润受到有限的需求和上升的成本两方面的挤压，就像被夹钳夹住的坚果一样。[①] 夹钳理论根据是否引入信用、政府等因素，分为初次近似和二次近似。在夹钳理论的初次近似中，假定消费需求取决于全部工资和部分利润，投资需求取决于利润和利润率，成本主要是工资和原材料，经济高涨时期工资提升滞后而原材料价格迅速上升。这意味着经济高涨时期劳动生产率提高和工资上升较慢首先有利于利润率上升，但工资份额的下降不利于消费需求的实现，加上原材料价格的迅速上升，使利润率达到顶峰并开始下降，而此时滞后的工资上涨又会进一步挤压利润率。而在夹钳理论的二次近似中，经济高涨时期的政府税收增长快于支出增长，净出口减少，信用加杠杆带来的债务利息成本增加，社会总需求减少，利润率降低。衰退时期，工资份额上升、赤字支出、净出口增加、原材料成本下降等，促进利润率的恢复。除此之外，需求不足还会导致资本主义的价格通缩危机。当市场上存在大量的产品和服务供给，但消费者的需求量却不足以支撑这些供给时价格就会下降，发生通货紧缩。价格下降进而导致企业利润下降，可能会使企业采取减产和裁员等措施，从而加剧经济的下行压力。通货紧缩会影响消费者的购买力和信心，从而导致市场需求的进一步下降，形成恶性循环。消费者可能会因为价格下降而等待更低的价格，这将导致市场需求的减少，进而加剧生产过剩和供给过剩问题，最终导致整个经济体系的崩溃。

另外，需求不足所引发的危机还可能涉及社会问题。首先，企业采取裁员和减产等措施可能会引发社会不满和动荡。当企业利润下降时，为了维持自身的生存和发展，企业可能会采取裁员和减产等措施来降低

---

① 程恩富、胡乐明：《当代国外马克思主义经济学基本理论研究》，中国社会科学出版社2019年版，第196页。

成本和维持利润,这将导致失业率上升,从而影响失业者及其家庭的生计和社会地位,失业者会组织罢工和示威,要求政府采取措施解决失业问题。其次,失业率上升和消费能力下降也会导致低收入家庭的生活质量下降,从而加剧社会的不稳定性。当经济衰退和失业率上升时,低收入家庭的生活质量将受到严重影响,他们可能会面临贫困、无家可归、食品不足、医疗不足等问题,甚至失去生存的基本保障,这将导致社会不安定和民生问题的加剧,引发社会动荡和政治危机。

案例 4-4　大萧条

历史上最著名的资本主义系统性危机——大萧条,就是需求不足加剧的资本主义系统性危机的典型案例。20 世纪初期,美国的经济增长主要依靠投资和生产,而非消费,这导致生产和消费之间的不平衡,最终引发危机。这次危机的起因是股市泡沫破裂和银行系统瘫痪,但它的根本原因还是消费不足。19 世纪 20 年代,美国经济经历了一段高速增长时期,但这种增长主要是建立在借贷和投机的基础上,而非实际的生产和消费需求。到了 1929 年,投机泡沫破裂,股市崩盘,企业倒闭,导致大规模的失业和生产下降,进而引发消费需求下降,形成恶性循环,使经济危机进一步加剧。大萧条的发生和影响表明,消费不足是加剧资本主义系统性危机的重要原因。

第五章

当代资本主义系统性危机的生成路径 Ⅱ

本章提要：当代资本主义的发展，不同于纯粹理想状况下的资本主义发展，势必面临一系列具体的非经济因素，这些因素与资本主义客观规律一同加剧了危机的规模和深度。剩余价值占有分割方式的变革对系统性危机产生重要影响，可以划分为以生产性资本为占有主体、以私人垄断资本为占有主体、以寄生性资本为占有主体、以国家垄断资本为占有主体和以金融垄断资本为占有主体的阶段。总的来说，富人和大企业通过各种手段积累了更多财富，拥有更大的权力，导致贫富差距剧增，社会不平等进一步加剧。政治体制改良的成效衰减抑制了对系统性危机的应对，过去，一些资本主义国家进行政治体制改革以缓解社会矛盾并避免系统性危机的发生，然而随着时间的推移，这些改革措施的效果逐渐减弱，政治精英更关注维护现有的利益格局，对真正的制度变革和社会进步采取保守态度，这加大了应对系统性危机的困难。公共事务供给困境加速了系统性危机的爆发，在当代资本主义国家，教育、医疗、社会保障等公共事务的供给陷入重大困境，市场机制和追求私人利益导致公共事务供给受到限制，资源被少数富裕阶层垄断，加剧了社会资源的不公平分配和社会福利的缺失。阶级融合机制的失效激化了系统性危机的矛盾，在过去几十年里，一些资本主义国家试图通过政策措施实现阶级和谐和社会融合，然而随着时间的推移，这些政策措施逐渐失效，阶级之间的对立和矛盾重新升温，社会分裂进一步扩大。

剩余价值占有分割中的矛盾是导致系统性危机的另一因素。与第一条路径不同的是，它并不直接爆发于物质生产过程，本质上反映了各领域资本占有者之间的利益均衡问题。剩余价值中被产业资本和部分商业资本占有的部分是从事生产性活动的，被其他商业资本、土地资本和借贷资本占有的则从事非生产性活动，其中，土地资本和借贷资本是依靠吮吸地租和利息而存在的。在当代资本主义制度运行中，非生产性活动对系统性危机的影响日益明显，资产阶级通过政治干预抑制系统性危机的成效越来越低下。资产阶级政党内部斗争越来越激烈，本质上反映了不同政党背后资本力量矛盾的加剧。除非是资本主义国家的第二次、第三次分配，否则，逐利的本性使得资本家不会让手中的资本介入公共事务。公共事务在西方资本主义国家通常是由执政党提供，政党斗争导致任何一个执政党都会遭遇来自在野党的指责，公共事务难题频繁引发危机。此外，当代资本主义社会阶级固化严重，以美国梦为代表的阶级融合机制失效也是当代资本主义系统性危机的一种特殊生成路径。

第一节 剩余价值占有分割变迁下的系统性危机

资本主义制度运行的鲜明特征之一是剩余价值的占有分割。剩余价值的占有分割在资本主义历史的不同阶段是不一样的，这些变革主要受经济、社会和政治因素的影响。与此同时，随着剩余价值占有分割方式的不断变革，新的资本主义系统性危机开始显现。

一 生产性资本为占有主体的系统性危机

早期资本主义阶段是资本主义发展的起点，这个阶段的资本主义以商业资本和手工业为基础。在这个阶段，剩余价值的占有分割方式直接体现为工人与产业资本家之间的关系。资本家通过购买劳动力，将工人雇佣在工厂或工场中，劳动者按照一定时间和条件提供劳动，创造价值并获取劳动报酬，而资本家则占有劳动者创造的剩余价值。在早期资本主义阶段，商业资本的崛起促进了生产力的提高和商品交换的扩大。资本家投资并购买生产资料和原材料，组织生产过程，并招募工人执行劳动，这些工人以出售自己的劳动力为生，与资本家签订雇佣合同。根据合同的约定，工人在一定的工作时间内提供劳动，而资本家支付一定的工资作为对工人劳动力的购买。然而，工人所创造的价值远远超过他们所得到的工资，这部分差额就是被产业资本家所占有的剩余价值。这种剩余价值占有分割方式在早期资本主义阶段存在，引发了社会矛盾和阶级斗争。工人阶级在剥削和压迫下遭受了不公正的待遇，工作条件恶劣，工资低廉，劳动时间长。这导致工人的不满和抗议，为早期工会和劳工运动奠定了基础，工人开始意识到自己的劳动价值被剥夺，对收入分配提出了更公平的要求。

早期资本主义阶段的剩余价值占有分割方式虽然推动了资本主义经济的发展，但也催生了一系列的资本主义危机。这些危机源于剩余价值占有的不公平性和阶级矛盾的日益加剧，对经济体系和社会秩序造成了严重冲击。第一，剩余价值占有分割方式导致贫富差距的加剧。在早期资本主义阶段，资本家通过占有工人创造的剩余价值来积累财富和资本，这使得资本家阶级不断扩大其财富和权力，形成了财富的集中和垄断。与此同时，工人阶级的收入相对较低，生活条件恶劣。这种不平等的财富分配加剧了社会的分裂和不稳定性，为资本主义危机埋下了伏笔。第二，剩余价值占有分割方式导致过度剥削和压榨工人阶级的情况。资本家为了获取更多的剩余价值，常常采取延长工作时间、降低工资水平以及提供恶劣的工作条件等手段。工人阶级承受着沉重的劳动负担和不公平的待遇，生活在极度贫困和艰难的环境中，这种过度剥削和压榨引发了工人阶级的不满和抗议，劳资之间的矛盾激化，工人运动和罢工成为早期资本主义阶段的常见现象，进一步加剧了社会的动荡和不稳定性。第三，剩余价值占有分割方式导致生产过剩和市场危机的出现。在早期资本主义阶段，资本家为了追求更多的利润，不断扩大生产规模。然而，工人阶级的收入并未相应增长，这导致市场需求的不足。

随着产品过剩和市场饱和，商品价格下跌，利润率下降，企业面临倒闭和破产的风险。这种生产过剩和市场危机使得经济陷入衰退和停滞，为资本主义危机埋下了深层隐患。

二　私人垄断资本为占有主体的系统性危机

工业资本主义阶段是资本主义发展的一个重要阶段，其特点是生产资料的社会化和大规模生产的出现，在这个阶段，剩余价值占有的方式也发生了一定变化。在工业资本主义阶段，剩余价值的占有分割方式主要包括利润、利息和地租的分配。这三种形式的剩余价值占有反映了资本主义经济中不同的权力和利益关系。首先，资本家追求的利润本质上是剩余价值的转化形式之一，工业资本家通过控制生产资料和组织劳动过程来榨取剩余价值，并从中获取利润。其次，利息是资本家通过资本贷款和债券投资获取的一部分剩余价值。在工业资本主义阶段，随着金融资本的崛起，资本家不仅通过直接投资生产活动获取利润，还通过将资本出借给其他资本家或政府获取利息收入。这种形式的剩余价值占有体现了资本与金融机构之间的利益关系，金融资本家通过资本的流动和借贷来占有剩余价值。最后，地租是农业资本家从剩余价值中获取的一部分。虽然工业资本主义阶段以工业为主导，但农业仍然是一个重要的经济部门，农业资本家获得平均利润，大土地所有者通过地租形式占有超额利润，各得其所，农业资本家剥削的剩余价值由此被分割。地租体现了资本与土地所有者之间的利益关系，农业资本家通过对土地的占有和控制，实现了对剩余价值的占有。与早期资本主义阶段相比，工业资本主义阶段剩余价值占有的分割方式有三点不同之处。第一，早期资本主义阶段的剩余价值占有主要以利润形式存在。在这个阶段，资本家通过控制生产过程和剥削工人来获取剩余价值，并将其转化为利润。而在工业资本主义阶段，随着金融资本的崛起，利息和地租成为资本主义经济中重要的剩余价值占有形式。第二，早期资本主义阶段的剩余价值占有更加直接和集中。在早期阶段，资本家通常直接参与生产活动，控制工厂和工人,他们可以直接从工人身上获取剩余价值,占有和支配剩余价值的过程相对集中。而在工业资本主义阶段,由于生产规模的扩大和分工的加深,资本家与工人之间的关系更加复杂,剩余价值的占有分割也呈多样化和分散化。资本家通过金融机构的参与和土地的占有,间接地占有剩余价值,这导致剩余价值的占有分割更加分散和复杂。最后,工业资本主义阶段的剩余价值占有还涉及不同的社会阶层和利益集团之间的关系。在工业资本主义阶段,产业资本家、金融资本家和土地资本家之间的利益关系相对复杂,剩余价值的占有分割也涉及不同利益集团之间的博弈和妥协,这种复杂的利益关系和分割方式进一步加深了社会阶级和利益差距的复杂性。

工业资本主义阶段剩余价值占有分割的方式在一定程度上导致资本主义危机的发展。一方面,剩余价值占有分割方式导致金融化和金融危机的发生。随着工业资本主义的发展,金融资本的崛起越来越重要。资本家通过金融机构的参与来获取剩余价值,金融业成为一种独立于实体经济的利润追求方式。然而,金融化的过程往往伴随着金融市场的不稳定和风险积聚,金融危机的爆发可能导致金融体系崩溃、经济衰退和社会动荡,这些危机与剩余价值占有分割方式中金融资本家对剩余价值的追逐和风险扩大密切相关。[1] 另一方面,工业资本主义阶段的剩余价值占有分割方式对环境造成了更大的冲击。随着工业化的加速和大规模生产的推进,资源的过度开采和环境的破坏成为工业资本主义阶段的一个显著特征。资本家为了获取更多的剩余价值,常常忽视环境保护和可持续发展原则,这导致资源枯竭、生态系统破坏和气候变化等环境问题的恶化。[2] 这些环境问题不仅给人类社会带来了巨大的经济和社会成本,还加剧了社会不稳定性和资源竞争,进一步加剧了资本主义的危机。

---

[1] 谢富胜、李安、朱安东:《马克思主义危机理论和1975—2008年美国经济的利润率》,《中国社会科学》2010年第5期。

[2] 陈学明:《资本逻辑与生态危机》,《中国社会科学》2012年第11期。

三 寄生性资本为占有主体的系统性危机

帝国主义阶段是资本主义发展的新阶段，以垄断资本和国际扩张为特征。与工业资本主义阶段相比，帝国主义阶段的剩余价值占有分割方式有三点不同之处。首先，垄断资本的崛起是帝国主义阶段一个显著的特点。相比于工业资本主义阶段，帝国主义阶段垄断资本的集中程度更高，跨国公司和财团的垄断地位更加稳固，这种垄断地位使得少数大公司能够在全球范围内操纵市场和资源，进一步加剧了贫富差距和不平等。其次，在帝国主义阶段，资本输出和殖民地剥削的程度更深。跨国公司通过资本输出来进一步扩大市场和获取更多的剩余价值，同时，帝国主义国家通过殖民地剥削获取更多的资源和劳动力。这种资本输出和殖民地剥削加剧了全球南北差距，导致发展中国家的贫困和经济依附。最后，在帝国主义阶段，资本和国家之间的联系更加紧密。国家在帝国主义阶段扮演更重要的角色，成为资本的代言人和服务者，国家通过各种政策手段来支持和保护本国资本的利益，同时通过政治和军事手段来争夺市场和资源。这种资本与国家的紧密联系加剧了国际竞争和冲突，也进一步加剧了全球不平等和不稳定。

帝国主义阶段的资本输出和殖民地剥削加剧了国际竞争和矛盾。帝国主义国家通过资本输出来获取更多的剩余价值，但这也意味着它们与其他帝国主义国家之间的竞争加剧，同时，殖民地剥削导致殖民地和帝国主义国家之间的矛盾。被剥削的国家经济发展受到限制，资源和财富被掠夺，导致经济不稳定和社会动荡。这种国际竞争和矛盾加剧了资本主义体系的不稳定性。在工业资本主义阶段，危机主要局限在国家范围内，如经济衰退和萧条。然而，在帝国主义阶段，由于资本输出和殖民地剥削的存在，危机往往具有全球性影响。全球范围内的市场饱和、资源争夺和经济不稳定性相互关联，使得一个国家的经济危机很容易蔓延到其他国家，导致全球经济体系的动荡。①

---

① ［印］拜斯德伯·达斯古普塔，李艳秋：《金融化、劳动力市场弹性化、全球危机和新帝国主义——马克思主义的视角》，《国外理论动态》2014 年第 11 期。

四 国家垄断资本为占有主体的系统性危机

国家干预资本主义阶段是资本主义发展的一个重要阶段，以国家干预和社会福利政策的推行为主要特征。在这个阶段，剩余价值的占有分割方式进行了一定调整。为了缓解社会矛盾和防止社会主义的崛起，资本主义国家开始实施一系列的社会福利政策，如提高工人的生活水平和工作条件，减轻剥削程度，这包括提供医疗保险、社会保障、公共教育等福利制度的建立，虽然这些社会福利都是通过财政收入，也就是国民收入再分配的形式实现的。与帝国主义阶段相比，福利国家资本主义阶段的剩余价值占有分割方式有诸多不同之处。首先，国家干预资本主义阶段通过提供社会福利和公共服务来缓解社会不平等和提供基本保障。然而，这种福利的提供需要大量的资金支持，而企业的利润往往面临国际竞争的压力。在全球化背景下，企业需要在国际市场上与其他国家的企业竞争，这可能对福利国家资本主义阶段的剩余价值占有分割方式带来一定的限制和挑战。其次，在帝国主义阶段，跨国公司和财团在全球范围内提高了它们的实力，对全球剩余价值的占有具有较大的影响力。而在国家干预资本主义阶段，政府在剩余价值的占有分割中扮演更为重要的角色，政府通过税收、财政政策和经济干预等手段来调节剩余价值的流向，以实现社会福利的提高和对公共利益的追求。但是，这样一来，国家干预资本主义阶段的剩余价值占有分割方式也会导致新的资本主义系统性危机。首先，国家干预型政府通过税收和社会保障体系来实现剩余价值的再分配，提供教育、医疗、养老金等福利。然而，随着人口老龄化的加剧和社会需求的增加，福利负担逐渐加重，财政压力增大。当财政无法承担福利支出时，可能引发财政危机，导致福利体系的破产和社会动荡。其次，国家的社会保障体系往往包括失业救济、最低工资、劳动法保护等措施，致力于提供社会保障和保护劳工权益。然而，这些措施可能导致劳动力市场的僵化和扭曲，使得雇主对雇佣新员工持谨慎态度。同时，高福利和劳动力成本的增加可能导致企业减少雇佣或转向自动化和外包，进而加剧失业问题。另外，国家的高福利政策可能导致企业和个人的动力减弱，过多的福利和保障会削弱人们的创业意愿和竞争力，抑制创新和经济增长，缺乏竞争会导致行业壁垒增加、市场垄断和产业结构的僵化，最终阻碍经济的活力和可持续发展。①

五　金融资本为占有主体的系统性危机

金融垄断资本主义阶段，金融机构和大型跨国公司通过控制金融资本和生产资本以及通过剥削劳动力获取的剩余价值来实现巨额利润。在金融垄断资本主义阶段，金融机构通过金融工具和金融衍生品的创造和交易来牟取利润。由于金融机构对经济活动的控制力增强，它们能够操纵市场价格、资金流动和贷款利率等因素，进一步加剧了资本主义经济的不平等现象。这些金融机构通过金融化手段，从实体经济中获取大量的剩余价值，而不是通过生产活动创造价值。

金融垄断资本主义阶段的剩余价值分割占有方式导致以下问题和危机：第一，财富和收入不平等。金融垄断资本主义加剧了财富和收入的不平等，富人和金融机构通过金融活动获取大量利润，而工人阶级和广大民众的收入增长缓慢，甚至下降，这导致社会的不稳定和贫富差距的进一步扩大。第二，资本积累和投机泡沫。金融机构的主要目标是追求高额利润，而不是为实体经济提供资金支持和投资，这导致资本的过度积累和金融投机泡沫的形成，金融机构通过高风险的金融操作获取利润，而这些操作在经济危机爆发时可能引发系统性风险。第三，资本控制和政治影响。金融垄断资本主义阶段的大型跨国公司和金融机构通过控制金融资本和生产资本，获得了巨大的经济和政治影响力，他们可以通过操纵政府政策、腐败行为和利益集团的关系来维护和扩大自身利益，这导致资本主义体系的扭曲和民主原则的受损。第四，金融风险和系统性危机。金融垄断资本主义的运作方式导致金融风险的积累，金融

---

① 俞可兴：《再论西方经济滞胀的成因》，《世界经济》1994 年第 9 期。

危机和经济危机的潜在威胁,金融机构的高度杠杆化和风险传染效应使得金融危机的发生可能会对整个经济系统产生严重的负面影响,引发系统性危机。

第二节　政治体制改良抑制系统性危机成效衰减

资本主义制度自建立以来,政治体制改良一直被认为是抑制资本主义系统性危机的有效手段。然而,当前资本主义政治体制面临诸多结构性问题,限制了其对资本主义制度的改良作用。本节将基于资本主义政治体制改良的基本形式,从政府失去信任、政治极化现象和民粹主义思潮泛滥等方面,就政治体制改良对抑制资本主义系统性危机的成效逐一进行论述。

一　民主化改良效果低下

资本主义自建立以来的政治体制改良历史是一个漫长而复杂的过程,在这个过程中,许多具体的历史时间点和事件对于塑造现代资本主义国家的政治形态起到了重要作用。资本主义的诞生可以追溯到 16 世纪的欧洲。随着商业和贸易的发展,资本主义的经济体系逐渐形成。然而,在资本主义的早期阶段,政治体制仍然是封建主义或君主制的统治。直到 18 世纪末,随着工业革命的兴起,资本主义对社会和政治产生深远影响,工业革命时期(18 世纪末至 19 世纪初)是资本主义政治体制改良的重要时期,工业革命引发了劳工问题,工人阶级开始组织起来争取自身权益。这一时期,许多国家采取立法措施来改善工人的工作条件。例如,英国于 1802 年颁布了第一部《工厂法》,限制了工人的工作时间。随后,1833 年的《工厂法》进一步限制了儿童和妇女的工作时间,以及对工厂工作环境的规定。① 这些法律的出台标志着资本主义

---

① 金燕:《试论 19 世纪上半叶英国的工厂立法》,《学海》2006 年第 6 期。

国家开始重视劳工问题，并通过立法来改善工人的处境。

19世纪中期是普选和民主化时期。这一时期，一些国家开始实施普选制度，扩大了选民范围，使更多的人有权参与政治决策。英国是其中一个典型的例子。1832年的《改革法案》扩大了选民范围，允许更多的中产阶级参与选举，1867年的《改革法案》进一步扩大了选民范围，使更多的工人阶级拥有选举权。[①] 这些选举改革推动了政治体制的民主化，使政治权力更加广泛地反映了民意。19世纪末至20世纪初，社会改革运动对政治体制改良起到了重要作用。这一时期，女性权益运动争取妇女的投票权和平等待遇。1906年，芬兰成为世界上第一个允许妇女参选的国家，1918年，英国妇女争取选举权的胜利标志着妇女在政治上取得了重要进展。[②] 同时，工人运动和社会主义运动也发起了一系列抗议和罢工，要求更好的工作条件和社会保障制度。这些运动推动了政府采取一系列社会改革措施，包括社会保险、劳动法和工时限制等，以改善劳工和弱势群体的处境。20世纪中叶，福利国家的建立成为政治体制改良的重要方向。福利国家是指通过政府提供社会保障、医疗保健、教育和住房等公共服务，来确保社会的公平和公正。"二战"后，欧洲国家普遍面临战后重建和社会稳定的挑战，为了应对这些挑战，许多国家开始实施福利国家政策。例如，1945年英国实施了《福利国家法案》，确保了医疗保健、社会保险和养老金等福利措施的普及。同样，瑞典在20世纪中叶也通过一系列社会福利措施，建立了现代福利国家的模式。[③] 这些福利国家的建立为公民提供了更广泛的社会保障，缓解了社会不平等和贫困问题。20世纪后半叶，民族解放运动和民主化运动对资本主义国家的政治体制改良产生了重要影响，在殖民地国家，民族解放运动追求独立和民主，反对殖民统治。例如，非洲和亚

---

① 陆伟芳、余大庆：《19世纪英国城市政府改革与民主化进程》，《史学月刊》2003年第6期。
② 潘迎华：《19世纪英国的政治民主化与女权运动》，《史学月刊》2000年第4期。
③ 王家峰：《福利国家改革：福利多元主义及其反思》，《经济社会体制比较》2009年第5期。

洲国家在20世纪中叶纷纷获得独立,建立了新的政治体制。这些国家在独立后面临着建立民主政体的挑战,但也取得了一些进展。此外,20世纪末至21世纪初,东欧和拉丁美洲的一些国家也经历了民主化运动,结束了长期的独裁统治,这些民主化运动推动了资本主义国家政治体制的进一步改革和民主化。除了民主化运动外,全球化也对资本主义国家的政治体制产生了重要影响。全球化促进了国家之间的经济和政治联系,迫使国家采取更开放和透明的政治体制,全球化推动了一些国家改革选举制度,加强反腐败措施,并提供更多的政治参与机会。例如,拉丁美洲国家在21世纪初普遍进行了选举制度改革,以推动政治竞争和民主参与。

民主化是一种重要的政治体制改良形式。经济危机往往导致社会的不满和不稳定,政府被迫面对强大的社会压力,这种情况下,民主化的推动可以为人们提供更多的政治参与和民主权利,增强社会的稳定性。例如,菲律宾的"人民力量革命"和南非的种族隔离制度废除,都是在危机背景下推动的民主化进程的体现。首先,民主化的表现是政府向更加开放和包容的政治体制转变。在民主化进程中,政府通过改革选举制度、建立独立的司法系统、加强言论自由和媒体监管等措施,为人民提供更多的政治参与和表达意见的渠道,这种转变反映了政府向公民开放政治权利的态度,使得政府与民众之间建立了更加平等和互动的关系。其次,民主化的特征在于政府的权力制衡和分散。在民主化的政治体制中,政府的权力受到制约和平衡,不再集中于少数权力中心。通过建立议会制度、设立宪法法院、加强地方自治等措施,政府的权力被有效地分散和监督,这种特征有助于防止权力滥用和腐败,确保政府的决策更加公正和透明。最后,民主化的影响之一是提高社会稳定性和凝聚力。民主化进程为人们提供了更多的政治权利和更大的参与空间,增强了社会的稳定性。公民参与政治决策的能力增强,他们可以通过选举、示威抗议、言论表达等方式来表达对政府的意见和诉求,这种广泛的参与有助于缓解社会的紧张局势,减少社会不满和冲突，促进社会的和谐与团结。

二 政治公信力减弱

在资本主义危机中，政治体制改良采取了多种形式，包括威权主义向社会民主主义和福利国家的转变、民主化的推动、经济调控的强化以及环境保护和可持续发展的重视，这些形式的政治体制改良在缓解危机方面发挥了重要作用。从威权主义向自由主义的转变是一种重要的政治体制改良形式，无论是从最初的英美由重商主义转向自由贸易，还是法西斯主义的破败灭亡，抑或是20世纪80年代的新自由主义崛起，都是这一政治体制改良的体现。在一些经济危机中，威权主义政府采取集权的措施，试图通过强制手段解决危机。然而，这种政府干预往往加剧了社会的不平等和冲突，相反，自由主义通过建立福利制度和提供公共服务，缓解了危机对弱势群体的冲击，增强了社会的稳定性。瑞典就是一个典型的例子，通过社会民主工人党的改革措施，建立了全面的社会保障制度，为经济危机中的人们提供了更大的保障和支持。

资本主义由威权主义向自由主义转变的政治体制改良在表现、特征和影响方面是多样的。它体现在政治权力的分散和民主化、法治的确立和司法独立的加强、经济自由化和市场化的推进，以及对社会多元化和包容性的促进和对不平等问题的缓解。这种转变为社会提供了更大的政治参与空间、法律保障、经济发展和社会稳定，推动了社会的进步和繁荣。然而，需要注意的是，这种转变并非一蹴而就，而是一个渐进的过程，需要政府、社会和公民共同努力，以确保政治体制改良的可持续性和有效性。在实践中，资本主义由威权主义向自由主义转变的政治体制改良并不是一成不变的，它会受到不同国家和时期的特定条件和挑战的影响。例如，在经济危机时期，政府会暂时采取一些集权的措施，以应对紧急情况，然而，这些措施应该是有限和临时的，不能削弱民主和法治原则。此外，全球化和新技术的快速发展也给政治体制改良带来了新的挑战，需要不断进行适应和调整。

与之相对，从放任自由到经济调控则是另一种重要政治体制改良形式。资本主义的系统性危机时而暴露出市场机制的局限性和市场失灵的问题，这时政府需要加强对经济的干预和监管，以稳定经济、保护劳工权益，并促进经济的可持续发展。在20世纪30年代的大萧条中，美国实施了一系列新政策，如银行监管、劳工保护和公共工程项目，旨在刺激经济复苏、缓解失业和提供社会保障，这些政策的实施为经济的恢复和社会的稳定提供了重要支持。一方面，这种转变表现为政府对经济的主动干预和监管。在放任自由的市场经济中，市场机制被认为是高效的资源配置方式，政府的角色被弱化，经济活动主要由市场参与者决定。然而，随着市场的不断发展和全球化的推进，市场失灵和系统性危机的风险逐渐显现。在经济危机和社会不平等问题加剧的背景下，政府需要采取积极的调控措施，以稳定经济、保护劳工权益，并促进经济的可持续发展，这种转变体现了政府在经济领域的积极作用和责任。另一方面，从放任自由到经济调控的转变还表现为政府对社会公平和社会保障的重视。在放任自由的市场经济中，市场竞争往往导致资源分配不均衡和社会不平等加剧。为了缓解社会的不公正和减少贫困，政府需要加强社会保障体系建设，提供教育、医疗、社会福利等公共服务，确保每个人都能够享有基本的生活保障和机会平等，这种转变强调社会公平和社会正义，旨在构建一个更加包容和公正的社会。

从放任自由到经济调控的政治体制转变对经济和社会产生了深远影响。首先，经济调控改革有助于稳定经济和防范经济危机。通过加强金融监管、规范市场行为和控制经济波动，政府可以减少经济风险和不稳定因素，维护经济的稳定和可持续发展。其次，经济调控改革有助于保护劳工权益和提高工作条件。政府可以通过立法和监管措施，确保工人得到合理的工资和工时，提供安全和健康的工作环境，增加劳工的福利和保障。此外，经济调控改革还有助于促进社会公平和社会稳定。通过建立公共服务体系和社会保障制度，政府可以减少社会的不平等和分裂，增强社会的凝聚力和稳定性。

然而，当前政府失去信任成为资本主义政治体制改良的一个突出问题，资本主义国家的政府通常承担着维护公共利益、制定公正规则和促进社会发展的责任。然而，由于一系列因素，政府在执行这些职责时逐渐失去了人们的信任。近年来，一些国家的政府因为腐败丑闻和不负责任的行为而失去了公众的信任。巴西的"洗车行动"（Operação Lava Jato）就是一个典型的例子，该行动揭露了政府高层官员和企业精英之间的腐败勾结，引发了公众的强烈不满和抗议。类似的情况也发生在其他国家，如南非的雅各布·祖玛政府和马来西亚的纳吉布政府，它们在面临腐败指控和不负责任的行为时，失去了公众的信任。首先，政府失去信任的一个重要原因是精英政治的普遍存在。在许多资本主义国家，政府的权力主要由一小部分精英群体掌握，而这些精英往往与特定利益集团和大企业有紧密的联系。这导致政府在决策过程中忽视了公众的利益和需求，而更多地考虑了精英群体的利益。这种精英政治让人们对政府的决策产生怀疑和不信任，认为政府代表的是少数人的利益，而非整个社会的利益。其次，政府决策的低效性和不可持续性也导致公众对政府的信任缺失。政府在制定和实施政策时，常常面临各种挑战和利益冲突，导致政策制定过程复杂而缓慢。此外，政府的政策往往缺乏长期规划和可持续性，很难解决社会面临的结构性问题。这种决策低效性和不可持续性使得公众对政府的能力和诚信产生怀疑。

政府失去信任对资本主义政治体制改良的成效起到衰减作用，进一步削弱了政府解决系统性危机的能力。当公众对政府失去信任时，政府在应对危机时面临着困境和挑战，这可能导致改良措施难以推行，甚至无法有效解决现实问题。首先，政府失去信任会导致公众对政府的改革措施持怀疑态度——当政府试图推行改革以解决社会危机时，公众可能对其动机和承诺持怀疑态度。他们认为政府的改革措施只是为了维护自身的权力和利益，而非真正为了改善公众的生活，这种怀疑和不信任使得公众对政府的改革措施持保留态度，难以获得广泛的支持和合作，从而限制了改革的成效。其次，政府失去信任会削弱政府的合法性和权威性，导致政府在危机时期的领导能力受到质疑。政府的合法性和权威性是其有效应对危机的基础。当政府失去公众的信任时，其合法性和权威性受到削弱，公众可能对政府的指导和领导产生怀疑，甚至拒绝接受其决策和政策。这种情况下，政府在解决危机时往往面临来自公众的阻力和反对，难以有效地推动改革和解决问题。此外，政府失去信任还可能导致社会不稳定和政治混乱，进一步削弱政府应对危机的能力。当公众对政府失去信任时，他们更容易受到极端主义、民粹主义和社会动荡的影响。这种不稳定和混乱会分散政府的注意力和资源，使政府难以集中精力解决现实问题。同时，政府也可能被迫采取更保守和应急的政策，而非长远的改革措施，以维持社会的稳定，这将进一步抑制资本主义政治体制的改良成效。

三 政治极化与民粹主义并生

政治极化现象的突出以及民粹主义思潮的泛滥也是政治体制改良效果衰减的表现。政治极化是当前资本主义国家政治的一个显著特征，政治极化指的是政治立场和观点的极端化倾向，社会上形成了明显的对立阵营，这种极化现象在西方国家特别明显，表现为保守派和进步派之间的对立，左右翼政治矛盾的激化。这种极化不仅存在于政治家和政党之间，也渗透到社会的各个层面，导致政治对立越来越深刻。政治极化使得政府难以达成共识，决策和改革进程受阻，进而影响了政治体制改良的成效。民粹主义思潮的泛滥也是当前资本主义国家政治面临的挑战之一。民粹主义是一种将民众的利益与所谓的"精英"对立起来的政治思潮，它强调民众的权力和声音，批评现有政治体制的不公正和腐败。民粹主义往往以简单、情绪化的口号和政策吸引民众，但缺乏实质性的解决方案。这种思潮的泛滥导致政治变得情绪化和不稳定，使政治体制改良面临更大的挑战。①

---

① 房宁、涂锋：《当前西方民粹主义辨析：兴起、影响与实质》，《探索》2018 年第 6 期。

政治极化和民粹主义思潮的泛滥在许多国家都有真实的案例和历史实际支持。美国是一个政治极化和民粹主义思潮泛滥的典型例子。近年来，美国社会左右翼对立加剧，政治立场极化。2016 年的美国总统选举中，唐纳德·特朗普（Donald Trump）以民粹主义的口号和政策吸引了大量选民的支持，进而当选为总统。特朗普政府的执政手法和政策进一步加剧了社会的分裂和对立，使政治极化现象更加明显。此外，英国脱欧也是政治极化和民粹主义思潮的一个重要例证。英国举行的脱欧公投结果显示，民粹主义的主张获得了大量选民的支持，导致英国最终决定退出欧盟。脱欧过程中，政治对立和分歧进一步加深，社会矛盾激化，对政治体制改良的影响也变得更加复杂和困难。政治极化和民粹主义思潮的泛滥使资本主义政治体制改良的成效衰减。这种情况下，政府在应对社会危机和推动改革时面临更大的困难，而社会的分裂和对立进一步加大了政治改革的难度。首先，政治极化和民粹主义思潮的泛滥导致政府难以达成共识和开展合作。政治极化意味着政治立场和观点的极端化倾向，不同政治阵营之间的对立加深。民粹主义思潮则以简单、情绪化的口号和政策吸引民众，但往往缺乏实质性的解决方案。这种情况下，政府很难在政策制定和改革议程上取得共识，决策过程常常陷入僵局。其次，政治极化和民粹主义思潮的泛滥削弱了民主政治的功能和效力。民主政治的核心在于通过公民的参与和政治辩论来形成共识和决策。然而，政治极化和民粹主义思潮往往使政治变得情绪化和不稳定，以简单直接的方式回应民众的情绪和需求。这导致政策制定过程受到情绪化和短期利益的左右，忽视了长远的发展和全面的考量。政府在制定政策时可能受到民粹主义思潮的压力而偏离了理性和务实的方向，这种局面削弱了政府解决社会问题和推动改革的能力，使政治体制改良的成效衰减。最后，政治极化和民粹主义思潮的泛滥导致社会的分裂和对立加剧。政治极化使得社会上的不同群体更加对立和对抗，缺乏共同的价值观和共识。民粹主义思潮则强调民众的权力和声音，但往往以排斥和对抗所谓的"精英"为手段，这种情况进一步削弱了政治体制改良的成效，因为政府很难找到广泛的支持和合作。社会的分裂和对立使得政府在推动改革时面临更大的阻力，各方利益的冲突和对抗加剧了政策制定和实施的困难，使政治体制改良的成效衰减。综上所述，政治体制改良对抑制资本主义系统性危机的成效正在衰减。政府失去信任、大国主流政党萎缩、小党及民粹主义政党崛起、政治极化现象和民粹主义思潮泛滥等问题都反映了政治体制改良的局限性。

案例5-1　2016年美国总统选举

2016年，美国大选前，美国社会已经存在一系列深层次的社会、经济和政治问题。例如，全球化和科技进步导致经济结构的转变，许多传统产业受到冲击，工人阶级的就业机会减少，不平等现象加剧，同时，移民问题、种族关系紧张、恐怖主义威胁等也引发了社会分歧和焦虑。这些问题在一定程度上削弱了选民对传统政治精英的信任，为民粹主义思潮的抬头提供了土壤。在这场选举中，共和党候选人唐纳德·特朗普的崛起成为一大亮点。唐纳德·特朗普以其直言不讳、反对建制派的言论和政策主张赢得了大量选民的支持，他承诺解决移民问题、恢复制造业就业、保护美国利益等，这些主张与许多选民的焦虑和不满产生共鸣。唐纳德·特朗普的言论和行为常常具有极端化特点，他通过煽动性言辞和攻击性言论吸引了大量媒体关注，进一步激化了选民之间的对立。这场选举中的政治极化表现在选民的态度和行为上：支持唐纳德·特朗普的选民认为自己是反对精英统治、捍卫国家利益的正义斗士，而支持希拉里·黛安·罗德姆·克林顿（Hillary Diane Rodham Clinton）的选民则将唐纳德·特朗普视为危险的极右翼势力代表，两方之间的对立不断加深，选民们更加倾向于将自己的身份认同与政治立场紧密联系起来，形成了两个截然不同的阵营。这场选举的结果对美国政治和社会产生了深远影响。唐纳德·特朗普当选美国总统后，他的执政风格和政策引发了更多的争议和分歧，政府内部的人事任命、移民政策、贸易政策等引发了大规模的抗议和示威活动，社会上的对立不断升级，不同阵营之间的对立情绪越来越激烈。

第三节 公共事务供给困境加速
诱发系统性危机

从社会学角度来看，社会福利是指同改善公民生活素质、促进社会发展与提高社会总体文明水平相关的一切物质、活动和相关服务；或是国家（或政府）针对社会中有特殊需要的个人和群体提供的津贴、物质和社会服务。社会福利的出现最早可以追溯到16世纪英国的圈地运动，大量农民失去土地，统治者被迫考虑救济贫民。20世纪30年代，为缓解资本主义危机带来的经济大萧条，资本主义国家开始重视建立福利制度。1948年，英国率先宣布建成"福利国家"，随后欧洲及美洲国家纷纷仿效。可以说，资本主义国家公共事务供给，诸如医疗、卫生、福利公有制等，最初设计是为缓解贫富差距过大引发的资本主义危机，然而随着资本主义的新变化，福利制度却起到加速资本主义危机的相反作用。本节将从福利制度可持续性受挫、政府财政赤字加剧、福利制度负面效应加重三方面论证公共事务供给困境加速诱发系统性危机。

一 公共事务工程推进困难

预期寿命增加、人口老龄化和人口出生率降低，最终会威胁退休和医疗福利的可持续性。随着科学技术的发展，工作场所、营养条件、医疗卫生等愈加完善，20世纪初，全世界人们的平均预期寿命只有30—40岁，21世纪初，全世界人们的平均预期寿命为65—70岁，发达国家的人则达到80岁以上。预期寿命的延长必然导致人口老龄化，增加社会养老和退休福利的成本，而福利计划设立之初，政府没有考虑到预期寿命的延长以及由此产生的更长时间的退休费用。例如，1908年，在劳合·乔治（Lloyd George）首相的领导下，英国人的法定退休年龄为70岁，而当时很少有人能活过50岁。1935年，美国政府规定的领取社会保险养老金的年龄为65岁，而当时美国人的平均寿命为68岁。到

2000年，发达国家的工人预期会在55—67岁退休。随着预期寿命接近80岁，退休人员可以获得25年以上的退休金和医疗福利。根据相关数据预测，到2035年，65岁以上的人口将超过11亿人，占总人口的13%，是目前水平的2倍。老龄人口与劳动人口的比率（老年抚养比率）将会提高。到2035年，每3.85位25—64岁的职工，将对应1位65岁以上的老人，比2010年的6.25位对应1位有所下降。在发达国家，老年人的比例还会更高。日本、德国和美国的抚养比率（65岁以上人均）将分别为1.45、1.52和2.27，增长50%—100%。到2035年，新兴国家的老人抚养比率将翻一番，达到4.55。在中国和拉丁美洲，这一比率分别为2.78和3.70。①

与人口老龄化对应的是人口出生率的下降和劳动力的减少。全球未来的人口增长存在地区差异，非洲和南亚等经济欠发达地区保持较高的自然增长率，但增长趋势逐步放缓，而且无法抵消许多发达国家和一些新兴国家（如中国）人口规模的下降。人口老龄化反映了生育率的下降和预期寿命的延长。人口规模若想保持稳定，每位女性就要生育2.1个孩子（多出的0.1是将孩子夭折的可能性考虑在内）。目前，全球平均生育率为2.5，而且还在下降。福利制度涉及收入和财富的再分配，以现金福利或补贴的形式将资金从一个群体转移到另一个群体。这部分的资金来源，必须是税收、工资或受益人的捐款，但企业和政府经常无法为承诺的退休养老金和医疗福利提供充裕的资金。21世纪，世界范围内生育率下降、预期寿命延长和人口老龄化成为必然趋势，人口结构的变化，会影响劳动力、生产力、支出、储蓄和公共财政。老龄化也会减少储蓄规模，降低可用于投资的资本，增加投资成本。公共服务将不得不由数量越来越少的人员来支撑，很多福利政策都缺少充分的资金支持，即使在实行强制退休计划的国家，储蓄也往往不足，国家必须在老年服务上投入大量资金。出生率下降、预期寿命延长和人口老龄化，意

---

① ［澳］萨蒂亚吉特·达斯：《从大衰退到大停滞：全球经济危机剧变与后果》，魏薇译，中译出版社2022年版，第34—37、86—92页。

味着资金流入和税收增长同时下降,最终会威胁退休和医疗福利的可持续性。在全球人口数量减少和人口结构变动的背景下,原本被设计用来缓解资本主义经济危机和缓解社会矛盾的福利制度,难以发挥其作用,反而加速资本主义系统危机。在人口减少的同时,社会就业成为公共事务中最令资产阶级执政者头疼的问题之一。表5-1是七国集团女性弱势群体就业率的情况,数据显著地表明,七个国家在解决女性弱势群体就业上的成效差异比较大。加拿大和英国对这一问题的解决效果稳中趋升;德国和美国的成效基本没有变化;法国呈先降后升趋势;意大利和日本则呈典型的不断下降态势。

表5-1　　　1991—2021年七个国家女性弱势群体就业率　　（单位:%）

	加拿大	德国	法国	英国	意大利	日本	美国
1991年	7.07	5.68	01.26	6.18	20.31	23.95	4.54
1992年	7.56	5.73	9.96	6.16	20.75	22.60	4.25
1993年	8.22	5.85	9.02	6.12	20.14	21.09	4.24
1994年	8.48	5.61	8.84	6.21	20.13	20.36	4.60
1995年	8.58	5.91	8.48	6.17	20.16	19.87	4.52
1996年	9.14	5.46	7.81	6.13	19.77	19.00	4.47
1997年	10.04	5.56	7.54	6.15	19.41	18.53	4.39
1998年	10.18	5.54	6.98	6.13	18.90	18.36	4.15
1999年	9.73	5.21	6.73	6.14	18.63	17.98	4.00
2000年	9.07	5.25	6.21	6.16	18.07	17.10	4.07
2001年	8.26	5.86	5.93	5.81	17.67	16.16	4.03
2002年	8.56	5.69	5.75	5.84	17.48	15.38	3.92
2003年	8.54	5.71	5.99	6.22	17.44	14.90	3.99
2004年	8.33	6.14	5.55	6.18	17.95	14.54	3.98
2005年	8.44	6.80	5.33	6.25	16.62	14.14	3.90
2006年	8.36	6.64	5.66	6.59	16.42	12.98	3.93
2007年	8.59	6.72	5.08	6.69	16.10	12.52	3.88
2008年	8.57	6.34	4.79	6.80	15.45	11.92	3.72

续表

	加拿大	德国	法国	英国	意大利	日本	美国
2009 年	9.13	5.91	5.13	7.10	14.82	11.36	3.78
2010 年	8.85	5.86	5.49	7.56	14.91	10.43	3.76
2011 年	8.71	6.00	5.50	7.91	14.62	10.10	3.72
2012 年	8.88	5.87	5.43	8.26	14.50	9.85	3.78
2013 年	9.16	5.61	5.55	8.37	14.17	9.51	3.77
2014 年	9.08	5.48	6.11	9.05	14.72	9.32	3.64
2015 年	9.23	5.24	5.96	9.06	14.25	8.90	3.58
2016 年	9.13	5.23	9.46	9.26	14.06	8.33	3.51
2017 年	9.28	5.16	6.24	9.58	13.31	8.13	3.59
2018 年	9.42	5.00	6.17	9.70	13.40	7.95	3.54
2019 年	9.35	4.67	6.54	9.89	13.41	7.70	3.47
2020 年	10.02	4.68	6.99	9.51	13.15	7.73	3.74
2021 年	8.94	3.96	6.60	9.25	12.48	7.59	3.90

数据来源：笔者根据世界银行数据库整理。

二 公共事务供给保障能力不足

西方资本主义国家的高福利政策在一定程度上提高了人民生活水平，但随着社会福利开支占 GDP 的比重不断上升，政府财政入不敷出、长期赤字，福利制度的不合理扩张往往成为西方资本主义国家财政困境的根源。以瑞典为例，在世界经济危机和国际竞争的夹击下，瑞典越来越多的行业、企业陷入严重的困境，失业者队伍随之扩大。政府为维持就业不得不增大对困难企业的财政补贴和对失业者的救济金，使得财政状况加速恶化，赤字加速膨胀。中央财政赤字在 1960—1970 年这 10 年间，赤字增长了 4 倍（即从 6.5 亿克朗增到 32.3 亿克朗）；在 1970—1980 年这 10 年间，赤字增长了 12 倍（即从 32.3 亿克朗增到 429.1 亿克朗），而 1981 年则增至 662.7 亿克朗。赤字与国民生产总值之比不断提高，从 1950 年的 3%提高到 1960 年的 5%、1970 年的 7%和 1980 年的 12%。长期的巨额预算赤字，迫使瑞典政府不得不大量举债。瑞典政府的国债,在20世纪70年代迅速增长,从20世纪70年代初的1000亿克朗左右,到1981年年底已累积到2950亿克朗,人均负债3.5万克朗。财政赤字的不断扩大,给瑞典带来了通货膨胀。一般来说,消灭预算赤字的办法无非是增加税收(财政收入)或减少财政支出,或者两者并用。如果这些都做不到的话,除了发行公债和借外债,便是增发通货,结果只能是通货膨胀,物价上涨。1980年和1981年瑞典的实际通货膨胀率分别高达13.7%和12.1%。通货膨胀给国民经济造成了严重的后果,依靠工资收入谋生的劳动群众实际可支配收入大幅下降,社会生产经营活动受到影响,资源配置发生扭曲,社会矛盾不断激化。① 同样地,2020年,西班牙、希腊、意大利和法国的财政赤字占GDP的比重分别为11%、10.1%、9.6%和9.1%。巨大的财政赤字造成了严重的政府债务,如意大利政府2022年国家公共债务占GDP比重预计高达145.4%。②

　　这种不断扩大的财政赤字,首先对受社会福利保障的公民个人产生不利影响。社会福利制度原本是为提高居民生活水平、促进社会公平而设立的一种社会财富再分配制度,然而随着政府赤字不断加大,通货膨胀和物价上涨最先伤害的也是享受社会福利的失业工人和领取养老金的老人。失业金和养老金的上涨幅度,远远落后于物价的上涨幅度。他们承受税收上涨和通货膨胀的双面夹击,损失最惨重。其次对国家财政的可持续性产生直接影响。财政赤字的积累意味着国家需要持续借债来填补预算缺口,债务规模日益膨胀。由此带来的债务负担,不仅会限制政府的财政手段,还可能引发债务危机,损害国家信用,甚至危及金融稳定。此外,财政赤字还在实际操作中削弱了国家应对经济波动和外部冲击的能力。在经济下行周期中,财政赤字的加剧使得政府在刺激经济、

---

① 黄范章:《瑞典"福利国家"的实践与理论:"瑞典病"研究》,商务印书馆2021年版,第89—95页。
② 赵俊杰:《当今西方资本主义制度困境与新变化》,《世界社会主义研究》2022年第12期。

维护就业方面的政策空间受到限制。资金大量投入于维持福利支出，降低了应对经济衰退的财政回旋余地。同样，在面临外部冲击如全球金融危机或自然灾害时，财政赤字限制了政府在灾害恢复和危机应对方面的资金投入，国家更加脆弱，无法迅速适应外部环境变化。财政赤字所引发的财政脆弱性，使国家无法在经济不确定性加大时有效地应对，经济衰退的蔓延、失业率的上升、金融市场的动荡等问题，都可能通过财政赤字的加大而被放大，对整个资本主义体系构成潜在的威胁。综上所述，西方福利国家的高福利制度导致财政赤字扩大、通货膨胀、债台高筑，限制政府应对经济波动和危机的能力，种种因素交织在一起，资本主义体系更加脆弱，加速了系统性危机的爆发与深化。

三 公共事务隐藏消极弊端

西方发达国家完善的社会福利制度在经济危机期间起到维护社会稳定的作用，但是随着社会的迅猛发展，福利制度对劳动者个人、国民经济和社会长远发展的负面效应逐渐暴露出来。首先，社会福利制度和补贴政策削弱了民众的进取心和劳动积极性。保障全面的福利制度在一定程度上使劳动者滋生"吃大锅饭"的思想，当个体倾向于依赖丰富的福利和补贴，在享受稳定的社会保障和福利待遇时，便减少了为实现个人职业目标和创业愿望而付出的努力，也削弱了创新动力和进取心，整个社会劳动纪律松散，工作效率低下。欧洲失业率的居高不下与其优越的社会保障制度不无关联。其次，高福利制度损害的恰是社会公平以及公民对政府的信任。福利制度需要顺利维持，根本在于公共财政收入为福利支出提供足够的资金。在经济繁荣时期，两者没有根本矛盾，而当经济萎靡时，福利制度需要的大量资金难以得到保障。此时为了维持福利制度，最常见的做法是提高税收。最后，高福利制度通过财政压力影响创新投入。就政府而言，高福利意味着国家需要大量财政资源用于社会保障和福利支出，政府倾向于将有限的资源用于满足福利需求，减少了在科研、技术开发等创新活动上的支出，限制了科技进步和创新的动力,以致本国制造业萎缩或转移,制造业在技术和市场上的竞争力降低。例如,欧盟总人口仅占全球人口的 5.9%,但其社会福利开支却占全球的 50% 以上。《2021 年欧盟产业研发投入记分牌》报告显示,中美欧三强相比,中美企业研发投入分别增长了 18.1% 和 9.1%,而欧洲企业则下降了 2.2%。① 就企业而言,高福利制度对企业的创新投入产生负面影响。企业在高福利环境下需要承担更高的成本,包括员工福利和社会保障等,这迫使企业削减在研发、技术创新方面的投入,以降低成本并保持竞争力。长此以往,企业更倾向于发展那些与福利相容的行业,减少本国制造业的规模,降低竞争力,甚至被迫将生产转移到成本更低的地区。综上所述,过度发达的福利制度,已经从实施之初对经济发展的推动作用走向反面,福利制度的多个负面效应相互叠加,使资本主义体系变得更加脆弱,难以有效地应对外部冲击和系统性风险。

案例 5-2 瑞典的福利国家制度

北欧国家实行全面保障模式,建立了公民"从摇篮到坟墓"的社会保障体系,其开支多由公共财政和企业来承担,个人承担的份额很少。在高福利制度下,病假补贴及病孩家长的补贴均高达工资的 90%,致使职工的缺勤成本很低,从而刺激了泡病号和请假缺勤现象。正如丽都家用电器公司董事长汉斯·韦尔腾(Hans Werten)所戏言的:"在瑞典,工厂里的病人比医院里的病人还要多。在一家瑞典医院里,25% 的人是患者;而任何工厂里 25% 的工人正在休病假。但是,必须考虑到,一家瑞典医院中 25% 的工作人员也在休病假。"② 据统计,1981—1982年,瑞典职工的平均年工薪收入为 7.7 万克朗,其中用以缴纳中央和地方政府的所得税比例便高达 59%,除此之外,个人还需要缴纳医疗保险税和失业保险税。1980 年,瑞典人民为了支撑这些社会福利设施共

---

① 赵俊杰:《当今西方资本主义制度困境与新变化》,《世界社会主义研究》2022 年第 12 期。

② 于祖尧等:《中国经济转型时期个人收入分配研究》,经济科学出版社 1997 年版,第 424 页。

缴纳 2580 亿克朗,以全国人口 830 万计,平均每人一年所承受的经济负担是 3.1 万克朗,约合 1980 年人均 GNP 的 56%。[1] 高福利制度保障失业者和低收入者可以维持生活,与之相伴的高税收却挫伤了作为就业主体和纳税主体的中产阶级的积极性,更引发了富人的恐慌,不少富人选择移民并把资产转移到国外。民众对福利政策怨声载道,而当领导人提出改革措施时,民众又担心既得利益被削减,政治家为了争取大多数民意,不得不维持现有的高福利制度,陷入恶性循环。

第四节 阶级融合机制失效激化系统性危机矛盾

随着社会生产力的发展和工人阶级力量的壮大,资产阶级为维护自身统治采取了一些缓和劳资矛盾和社会矛盾的措施,如建立职工参与决策、终身雇佣、职工持股等制度,使资本主义国家的阶级矛盾得到一定程度的缓和。然而,随着新一轮科技革命和产业变革的发展,当代资本主义阶级融合机制成效逐渐减弱,主要表现在社会极端思潮抬头、社会流动性退化和社会矛盾激化,资本主义国家内部的冲突和矛盾日益明显,共同激化了资本主义系统性危机矛盾。

一 极端思潮抬头破坏了阶级融合

随着全球化和信息传播的迅速发展,近年来,西方社会出现了一种明显的社会极端思潮抬头的趋势,这一趋势的显著特征是一些欧洲国家中右翼政党的兴起和在贸易、移民、宗教等问题上日益增强的保守倾向。例如,在北欧和南欧部分国家,极右翼政党已具备较强的政治影响力。2018 年,意大利大选后,持部分极右翼政见的"五星运动"党和

---

[1] 黄范章:《瑞典"福利国家"的实践与理论:"瑞典病"研究》,商务印书馆 2021 年版,第 83—86 页。

近年来呈现由中右向极右转变的意大利联盟党实现联合组阁。在中东欧部分国家，极右翼已经长期执政并尝试挑战欧美价值观共识。匈牙利欧尔班·维克托（Orbán Viktor）领导的青民盟2011年修改匈牙利《基本法》，确立了高度有利于该党的选举制度，2022年成功击败反对党的大联合，又一次占据议会绝对多数。欧尔班·维克托公开主张匈牙利是"非自由的民主国家"，宣扬保守主义与宗教传统观念，同欧盟的价值体系分庭抗礼。①

西方社会极端思潮对异己观点的极具敌意、偏见以及极端主义倾向，其加剧资本主义系统性危机首先体现在引发社会分裂与不稳定。社会的稳定性对于资本主义经济体系的正常运行至关重要，然而，社会极端思潮的抬头使得不同社会群体之间对立，进一步引发政治、宗教、文化等各种冲突。社会内部的不和谐和紧张局势削弱了社会的凝聚力和稳定性，阻碍了国民经济的正常运行。例如，近年来，在一些欧洲国家，由于社会极端思潮的推波助澜，宗教和文化冲突越发显著，甚至出现了社会动荡事件，政府难以有效应对各种挑战。其次，导致劳动力市场的动荡与不稳定性。全球范围内人口老龄化和青壮年劳动力减少已是大势所趋，资本主义发达国家老龄化程度更甚，劳动力短缺将成为限制资本主义发展的重要因素。移民是缓解老龄化危机的重要手段，然而中右翼政党通常倾向于限制移民的数量，特别是非法移民，对劳动力移民实施严格的控制，并强调优先保护本国公民的就业机会和福利权益。这些政策可能造成劳动力市场不稳定和一部分群体的就业困难，引发社会的不满情绪。劳动力市场的不稳定性又会削弱消费者信心，爆发失业危机，阻碍社会化大生产完成正常的生产、交换、消费和分配。最后，阻碍国际合作与加剧贸易紧张局势。右翼极端思潮的兴起往往伴随着民粹主义和民族主义情绪的高涨，使得一些国家政府更倾向于强调国家利益和独立，保护本国产业和工人的利益，在对外贸易上倾向于采取限制贸易、

---

① 简军波、方炯升：《欧洲极右翼政党的崛起及其对欧洲一体化的影响》，《统一战线学研究》2023年第1期。

提高关税等保护主义措施；在国际事务中采取单边主义政策，削弱多边合作机制的作用。其结果是一些国家对国际合作产生怀疑，全球范围内国家合作减少、贸易摩擦加剧，国际组织和合作机制虚化，全球供应链的稳定性进一步削弱，各国经济增长缓慢，就业困难，使资本主义体系面临进一步压力。因此，社会极端思潮抬头导致社会动荡、劳动力市场不稳定，破坏国际合作和全球贸易，抑制创新和人才流动。这些因素共同作用进一步削弱资本主义体系，加速系统性危机的爆发。

二 社会群体固化阻断了阶级融合

资本主义产生之初的共同理想是个体之间的自由和平等，为此，资产阶级建立了自由市场、私有财产、社会福利等制度来保障自由和平等的实现，然而资本对剩余价值的盲目追逐加重了对无产阶级工人的剥削，自由市场又缺少政府的宏观调控，财富越来越集中在少数人手里，中产阶级群体急剧萎缩，社会阶层的流动日益"凝固化"，资本主义社会正陷入形式平等和实质不平等的反向发展状态。例如，在美国，截至2021年6月，美国收入排在中间60%的中产阶层所拥有的财富，在国家总财富中的占比已经跌至近27%，创30年新低，而收入前1%的富人却拥有27%的国家财富。美国研究者发表的统计数据显示，美国前10%的富人人均年收入是后90%人口的9倍多，前1%的富人人均年收入是后90%人口的40倍，而前0.1%的富人人均年收入是后90%人口的196倍之多。① 在英国，英国乐施会公布的一项调查显示，2016年，"英国最富有的10%的人口拥有该国总财富的54%，而占人口总数20%的底层贫困人群仅拥有该国总财富的0.8%，财富分配极度不均"②。

在资本主义体系中，市场经济和竞争机制被认为是推动资源配置和

---

① 马克思主义基本原理编写组：《马克思主义基本原理》，高等教育出版社2023年版，第269页。
② 李应齐：《贫富差距扩大加深英国社会裂痕》，《人民日报》2016年9月26日。

经济增长的关键因素。而社会流动性退化，个体在社会中获取机会的能力逐渐受到限制，社会内部的不平等日益扩大，这种现象可能在多个层面对资本主义体系带来挑战，加剧其内部的不稳定性。首先，社会流动性的退化可能破坏市场经济的公平性。在一个流动性有限的社会，市场竞争的不公平性加剧，个体在竞争中面临不均等的起点，少数人集中掌握机会和资源，而大多数人的社会地位和机会受到限制。当市场中的公平竞争机制受到阻碍时，资源无法在最优方式下进行配置，从而阻碍了市场经济的正常运行和资本主义体系的潜在增长。其次，流动性的退化可能削弱资本主义体系的动力源泉。创新通常依赖个体的积极进取和创造性思维，在一个流动性有限的社会，个体察觉到通过努力和创新无法改变自身的社会地位，其创新和创业的意愿受到抑制。经济创新的减少，限制了新技术、新产品和新市场的涌现，使资本主义体系长期可持续发展的根基动摇。社会流动性的退化还可能加剧社会的不稳定性。随着机会逐渐集中在少数人手中，社会内部的不平等加剧，逐渐引发社会内部的紧张局势和不满情绪。社会动荡和冲突增加，社会的稳定性被削弱，将影响消费者和投资者的信心，从而进一步加剧了资本主义体系的内部风险。综上所述，社会流动性的退化对资本主义体系产生广泛而深远的影响。市场经济的公平性受损、创新活力的减弱以及社会不稳定性的加剧，都将导致资本主义危机的爆发。

三 劳工内部分化抑制了阶级融合

资本主义社会作为一种经济体系和社会组织形式，自其诞生以来就伴随着各种矛盾和冲突，涵盖了经济、社会和政治等领域。这些矛盾在社会中不断产生摩擦，当这些矛盾激化到一定程度时，往往会导致群体性事件的增多，甚至威胁整个资本主义系统的稳定。一方面，财富分配不均、收入差距扩大、劳动力市场竞争等加剧了劳资矛盾，资本主义国家罢工频次、规模和强度升级。随着科技的不断发展和全球化趋势不断深入，许多传统产业遭受冲击，劳动力的需求和供给不平衡，引起失业率上升和工资水平下降。工人阶级不满情绪升级，引发抗议、罢工等群体性事件。例如 2011 年，为反抗大公司的贪婪不公和社会的不平等，反对大公司影响美国政治，数千名美国民众走上纽约街头"占领华尔街"，高喊"我们 99% 的人不能再继续容忍 1% 人的贪婪与腐败"的口号，西方主要一线城市均受到不同程度的影响。2021 年，澳洲运输物流巨头 Toll 公司为获得更高的利润，通过压低运输费、雇用外部工人来降低劳动力成本，从而剥夺了现有卡车司机的工作机会，数千名卡车司机举行大罢工。资产阶级为追逐剩余价值最大化，往往牺牲工人阶级利益，并通过改变雇佣模式、保持相对数量的失业人数、细化生产过程分工等方式分化、打压工人，激化工人阶级的内部矛盾，削弱工人阶级作为一个整体的战斗力。越来越多的工人意识到，资本主义制度下工人不可能获得与资产阶级同等的自由和平等，"在工业繁荣时期，厂主得到很多利润，却没有想到分一点给工人；但是到了危机时期，他们倒要把亏损转嫁给工人"①。另一方面，文化、宗教和种族等因素也可能导致不同群体之间的文化冲突和身份认同问题，引发社会动荡和群体性事件，进一步加剧了社会的不稳定性。根据中华人民共和国国务院新闻办公室《2021 年美国侵犯人权报告》，在美国政客的种族主义操弄下，美国境内亚裔面临日趋严重的歧视和暴力攻击，纽约市 2021 年针对亚裔的仇恨犯罪比 2020 年猛增 361%；"9·11"事件后的 20 年间，美国对穆斯林的歧视呈上升趋势；美国政府长期强制土著居民儿童入读偏远的寄宿学校，对其实施文化同化。2020 年，乔治·弗洛伊德（George Floyd）之死引起热议，美国市民举行和平示威集会要求正视国内根深蒂固的种族歧视问题，但示威很快演变成暴乱，堵路、店铺抢掠、破坏公物和记者采访时遭到警员不合理执法等现象蔓延至全美 50 个州，以及其他同样面对种族歧视问题的西方国家。

近年来不断增加的群体性事件反映了资本主义社会内部的不断积累

---

① 《列宁全集》第 4 卷，人民出版社 2013 年版，第 254 页。

的阶级矛盾和不满情绪。罢工、抗议和群体冲突是不同社会群体表达对政治、经济或社会问题的不满以及争取合法权益的方式，然而这些方式所具有的破坏力足以扰乱社会正常秩序，导致社会动荡。首先，干扰市场经济的正常运行。罢工和抗议活动引起生产中断和供应链问题，进一步导致投资者和消费者对市场的不确定性增强，影响经济的发展。其次，群体性事件削弱政府的执政能力。大规模抗议和社会动荡会分散政府的注意力和资源，政府难以集中资源解决经济发展和社会改革领域的重大问题。政府的无力又产生政策滞后和执行不足的问题，使公民对政府的信任度下降。最后，群体性事件导致社会的分裂和不和谐。不同群体之间的紧张局势和对立加深，社会凝聚力下降，国家难以应对外部冲击和压力，从而增强资本主义系统内部的不稳定性。如此，社会动荡和政治不稳定带来经济的波动，导致市场的不稳定和投资的减少，甚至引发金融危机和经济衰退，而经济下滑和社会不安定又进一步加剧社会矛盾，形成恶性循环，最终导致资本主义系统的系统性危机。

案例 5-3　法国"黄背心"运动

一个关于阶级融合机制失效的具体例子是法国的"黄背心"运动。这场运动于2018年年底爆发，起初是由一些法国基层工人和中产阶级人士组成的抗议运动，后来迅速蔓延到全国范围。这场运动的前因可以追溯到法国社会存在的深层次问题，在过去几十年里，法国经济增长乏力，失业率居高不下，特别是在工人阶级和中产阶级中，与此同时，社会不平等不断加剧，富人越来越富，穷人的生活水平不断下降。这些问题加剧了社会的不满和不公感，使得阶级矛盾逐渐激化。"黄背心"运动的爆发源于对政府提高燃油税的抗议，这项税收政策被视为对低收入家庭的不公，因为它增加了他们的生活成本。起初，抗议活动只是一些民众在社交媒体上的呼吁和集会，但很快就演变成全国范围内的示威和暴力冲突。越来越多的人加入了运动，他们的抗议范围扩大到了更广泛的社会问题，包括收入不平等、高失业率、社会福利削减等，示威者要求政府采取措施来改善工人和中产阶级的生活状况，减少富人的特权，运动的参与者来自社会各个阶层，他们通过堵塞交通、破坏公共财产等激烈手段来表达对现状的不满。政府对抗议活动的回应加剧了对立，示威者认为政府对他们的诉求置之不理，政府则担心抗议活动的暴力行为可能导致社会秩序的崩溃，警察和抗议者之间的冲突不断升级，造成了伤亡和损失。

第六章

当代资本主义系统性危机的生成路径Ⅲ

本章提要：第二次世界大战结束之后，世界体系表现为西方发达国家处于主导和控制、广大发展中国家和落后国家处于附庸和被剥削的局面。虽然来自发达国家的技术管理经验外溢在一定程度上促进了其他国家工业化进程，但是这些国家长期被锁定在为发达国家提供原材料和初级产品、中间品以及加工组装环节，全球发展失衡不断加剧，这反过来对西方发达国家的发展产生了冲击作用。发展中国家和落后国家的资源和市场越来越难以补偿发达国家的剩余价值生产实现，从而变成了当代资本主义系统性危机外部生成的第二条路径。在当代资本主义主导的世界体系中，经济格局经历了资本主义滞胀危机、资本主义新经济及繁荣、社会主义经济复苏新生三个明显阶段，世界体系中蕴含着结构性经济危机、债务危机和系统性危机三大隐患。从系统性危机的外部生成路径来看，通过全球价值链分工传导和剩余价值补偿机制断裂是两个重要内容。就全球价值链分工传导而言，具体包括国际分工体系、国际贸易体系、国际货币体系和国际能源体系四大方面；就剩余价值补偿机制断裂而言，具体包括外部生产中断、外部市场规模萎缩、外部债务危机和外部区域联盟加强等。

外部环境是当代资本主义系统性危机生成的另一个重要因素。这里的"外部"是指超越一个国家主权的地理范围概念，根据距离远近，分为区域外部环境和国际外部环境。第二次世界大战以后，世界体系呈现出许多新变化、新特征，一端是西方发达国家，它们是国际格局事实上的控制者，也是世界体系最大的受益者，在世界体系中处于主导地位；另一端是广大的发展中国家和落后国家，它们在世界体系中处于被控制、被剥削的地位，仅获取西方发达国家有限的红利让渡和溢出，是世界体系的真正受害者。从发达国家一端来看，随着苏联解体，美国成为世界唯一超级大国，英、法、德、日等资本主义国家发展强劲，在资本主义体系中，"一超多强"日趋稳固，但与此同时，世界多极化、多样化、多边化特征日益明显。从发展中国家和落后国家一端来看，绝大多数国家被锁定在发达国家的附庸路径上，即便是发展盛极一时的拉丁美洲国家，以及亚洲四小虎国家，基本上都陷入了社会经济发展泥潭，自然资源枯竭、人力资源折损、政治资源外控等问题明显，发展中国家和落后国家想在资本主义国家主导的世界体系中实现追赶和弯道超车，变得十分困难。与此同时，发展中国家和落后国家的发展不足反过来又成为发达国家自身发展的困境，不仅表现为发展中国家和落后国家通过参与全球价值链把自己与发达国家的命运紧密联系在一起——这也成为当代资本主义系统性危机外部生成的第一条路径；发展中国家和落后国家的资源和市场也越来越难以补偿发达国家的剩余价值生产实现，从而变成了当代资本主义系统性危机外部生成的第二条路径。

第一节　资本主义主导的当代世界体系

1848 年，科学社会主义思想的标志性成果《共产党宣言》正式问世，这部著作虽然是一份政治纲领，但它对人类社会发展一般规律的解析令人折服。恩格斯在 1883 年德文版序言中指出，"贯穿《宣言》的基本思想：每一历史时代的经济生产以及必然由此产生的社会结构，是该时代政治的和精神的历史的基础；因此（从原始土地公有制解体以来）全部历史都是阶级斗争的历史，即社会发展各个阶段上被剥削阶级和剥削阶级之间、被统治阶级和统治阶级之间斗争的历史；而这个斗争现在已经达到这样一个阶段，即被剥削被压迫的阶级（无产阶级），如果不同时使整个社会永远摆脱剥削、压迫和阶级斗争，就不再能使自己从剥削它压迫它的那个阶级（资产阶级）下解放出来"①。显然，资本主义制度是人类社会发展特定阶段才出现的，它有其形成的背景原因，既有和其他社会形态发展都共同具备的一般规律，也有自身发展的特殊规律。通过对资本本质的分析，我们可以发现，资本主义制度一经确立，它就天然具备对外殖民扩张、剥削统治的内生动力，世界历史确证了这一理论。

一　当代资本主义世界体系中的经济霸权体系

当代资本主义是一个政治经济学术语，对当代资本主义世界经济霸权体系的研究首先要弄清楚什么是当代资本主义。从时间来看，当代资本主义是特指第二次世界大战以后的资本主义发展阶段，此时也是新科技革命爆发的时代。从资本主义经济组织和结构来看，由于生产力的迅猛发展，资产阶级统治的旧的生产方式日益不能适应新变化，资产阶级在一定程度上调整了生产关系，具体表现为垄断从私人资本主义垄断向国家资本主义垄断过渡。当代资本主义世界经济体系经历了萌芽期和发展期。萌芽期包括资本主义生产方式兴起、大航海与世界贸易早期探索、第一次工业革命三个时期，最终形成了以英国在世界经济格局中为霸权地位的局面。发展期包括19世纪70年代开始的第二次工业革命、第一次世界大战、十月革命、资本主义大萧条和第二次世界大战五个时期，这一阶段是人类历史大调整大转折时期，最终形成了美国成为世界唯一超级大国并取得世界经济格局霸权地位的局面。此后的资本主义世界经济霸权体系有三个明显阶段。

资本主义陷入滞胀危机。以美国为代表的资本主义国家在经历了战后黄金20余年的发展后，经济危机再次爆发，且此次危机呈现全新特

---

①《马克思恩格斯文集》第2卷，人民出版社2009年版，第9页。

征，即物价上涨和经济衰退同时出现。这种特征与一般经济运行是相悖的，通常来说，只有在经济过热的时候，物价才会有上涨的表现，反之，在经济萧条的时候，物价则表现为下降态势。经济低迷不前、失业率居高不下、物价涨幅不止，西方资本主义国家在1973—1983年的10年间陷入困境。在滞胀危机面前，凯恩斯主义的宏观经济干预政策失去效果。提到凯恩斯主义理论，就不得不从经济思想史和经济史双重角度来进行解析。自从亚当·斯密在《国富论》中阐述市场能够解决资源最优配置从而应该在经济运行中起支配作用，政府只要扮好守夜人的角色就可以的观点提出之后，资产阶级秉行这一信条，使资本主义制度发展坚挺了150年——当然，这并不是说在1776—1929年间资本主义制度就没有出现零散的小的经济危机。直到资本主义大萧条出现，时任美国总统富兰克林·德拉诺·罗斯福（Franklin Delano Roosevelt）进行了大刀阔斧的改革，以国家强有力的干预介入挽救了资本主义。

  约翰·梅纳德·凯恩斯（John Maynard Keynes）认为，资本主义经济危机产生的根本原因是社会总需求不足，因此，政府要想方设法刺激社会总需求来保持经济的持续发展。对此，凯恩斯主义推出了扩张性经济政策来刺激需求从而促进经济增长，具体来说，包括增加政府购买支出、减税、赤字财政、增发货币、降低利率、增加公开市场业务操作，等等。然而，在滞胀危机面前，凯恩斯主义政策也失灵了。按照凯恩斯宏观经济政策——逆向调节思路，如果想要遏制物价高涨，在供给既定的情况下应该抑制社会总需求，采取减少政府购买支出、增加税收、减少货币供给、提高利率等措施，这样虽然能够降低社会通货膨胀的压力，但是总需求减少会进一步导致经济衰退，经济衰退的冲击使价格下降的效果大打折扣。相反，如果想要刺激经济增长，在供给既定的情况下应该刺激社会总需求，但这又会进一步抬高物价，这样经济增长的效果就会因价格上涨的压力而受到冲击。在这样的背景下，西方资本主义国家纷纷摒弃凯恩斯宏观经济政策，提出政府失灵论——"政府失灵包括行政低效率、财政赤字、以权谋私、官僚主义，以及政府机构的自我扩张等"①，把经济管理目标从刺激社会总需求和控制失业率转向了控制通货膨胀，由此经济政策的指导思想再次转向了自由放任，这在经济思想史上被称为新自由主义思潮。

资本主义进入新经济繁荣。20世纪末，美国在经历了乔治·赫伯特·沃克·布什（George Herbert Walker Bush）和威廉·杰斐逊·克林顿（William Jefferson Clinton）执政后，经济发展迎来了新的增长景象，史称"新经济繁荣"。从其经济指导思想来看，克林顿政府奉行的是宏观调控加微观自主，这种思想反映了克林顿政府认为国家干预和市场调节并不是对立的矛盾，总的来说，这种政策实际上是凯恩斯主义政策的一种升级，而不是一种否定。在尊重个体市场创新的同时，又通过宏观整体调节，有效地刺激了经济复苏繁荣。此时在经济思想史上出现了很多主张回到自由主义的新的流派，包括像以米尔顿·弗里德曼（Milton Friedman）为代表的货币主义学派、以乔治·卢卡斯（George Lucas）为代表的理性预期学派、以詹姆斯·布坎南（James M. Buchanan, Jr.）为代表的公共选择学派、以爱德华·普雷斯科特（Edward C. Prescott）为代表的实际经济周期学派、以阿瑟·拉弗（Arthur Betz Laffer）和裘德·万尼斯基（Jude Wanniski）为代表的供给学派、以罗纳德·哈里·科斯（Ronald H. Coase）为代表的新制度主义经济学派，等等，这些学派全部获得了诺贝尔经济学奖，它们有一个共同的理论信条，即政府干预经济是不必要的，市场能够自行解决资源的最优配置。

新经济繁荣时期。这是资本主义主导的世界经济体系在全球大幅扩张的时期，特别是西方发达国家的跨国公司的生产经营活动掀起了高潮。此时经济体系借助其他手段得到了强化巩固，比如通过扶持政治势力在其他国家或者地区来维护其霸权地位，最具代表性的就是拉丁美洲的改革。巴西、阿根廷、智利、秘鲁等国家从20世纪80年代的高速发展到90年代普遍陷入中等收入陷阱，面临同样遭遇的还有亚洲的一些

---

① ［美］维托·坦茨：《政府与市场：变革中的政府职能》，王宇等译，商务印书馆2014年版，第Ⅷ页。

国家，比如泰国、印度尼西亚、菲律宾、马来西亚等。在西方发达国家的新经济繁荣背景下，国际上的热钱疯狂席卷蚕食其他国家财富，比如1997年的东南亚金融危机，对新兴市场国家和发展中国家的发展造成了极大冲击。

社会主义经济从低谷到新生。在人类文明和现代化的进程中，资本主义文明和现代化在实践上先行于社会主义文明和现代化，并长期占据主导地位。1917年，俄国十月革命建立了人类历史上第一个社会主义国家，马克思的科学社会主义思想从理论变成了现实，从此，资本主义控制的世界经济体系被打破，社会主义经济制度爆发出的巨大能量深刻调整了全球经济格局。在第二次世界大战之后，全球市场被划分为资本主义和社会主义两个平行市场，世界政治形势表现为资本主义阵营和社会主义阵营对立，美国成为资本主义制度阵营中最强大的代表国家，苏联成为社会主义制度阵营中最强大的代表国家。苏联依靠高度集中的计划经济体制优势，通过大力发展重工业，很快就成为世界第二工业强国，引起了西方资本主义国家的忌惮和敌视。在国际对抗和内部各种复杂因素的交织影响下，20世纪80年代末东欧剧变和90年代初苏联解体相继发生，盛极一时的社会主义阵营瓦解，社会主义运动陷入低谷，社会主义经济模式的可行性和有效性遭遇各种质疑。然而，在两大阵营对抗期间，马克思科学社会主义理论在东方古老的大国中正在悄然地孕育着一个全新的生命，这就是中国共产党带领全国各族人民开辟的中国式现代化道路。

1978年，中国共产党召开了十一届三中全会，这次会议在中国追求现代化国家发展的道路中具有里程碑式的意义，对长期影响中国发展的"左"倾错误进行了突破，在思想路线上重新确立了实事求是，此次会议决定把全党的工作重点转移到社会主义现代化建设上，适时地提出了改革开放。改革开放以后的中国式现代化的脚步始终是在渐进式改革中前进的。中国共产党在提出"三个有利于"的标准下，坚持四项基本原则，确立了社会主义市场经济体制，积极主动寻求加入世界经济，以自身的比较优势和西方发达资本主义国家进行经济往来，不仅实现了对西方国家的弯道超车，而且以前所未有的成绩接近中华民族伟大复兴。党的二十大报告明确指出，"国内生产总值从五十四万亿元增长到一百一十四万亿元，我国经济总量占世界经济的比重达百分之十八点五，提高七点二个百分点，稳居世界第二位；人均国内生产总值从三万九千八百元增加到八万一千元。谷物总产量稳居世界首位，十四亿多人的粮食安全、能源安全得到有效保障。城镇化率提高十一点六个百分点，达到百分之六十四点七。制造业规模、外汇储备稳居世界第一。建成世界最大的高速铁路网、高速公路网，机场港口、水利、能源、信息等基础设施建设取得重大成就。我们加快推进科技自立自强，全社会研发经费支出从一万亿元增加到二万八千亿元，居世界第二位，研发人员总量居世界首位。基础研究和原始创新不断加强，一些关键核心技术实现突破，战略性新兴产业发展壮大，载人航天、探月探火、深海深地探测、超级计算机、卫星导航、量子信息、核电技术、新能源技术、大飞机制造、生物医药等取得重大成果，进入创新型国家行列"[①]。这些举世瞩目的成就向世界宣告，中国特色社会主义道路正在向世界展示社会主义焕发出的新的强大生命力。

二 当代世界体系中的危机隐患

历史表明，人类现代化进程在第二次世界大战结束后迎来了前所未有的发展，但资本主义主导的当代世界体系中危机隐患重重，反复出现的矛盾困扰资产阶级政权。

结构性经济危机隐患。结构性经济危机于 20 世纪下半叶逐渐形成并在最近 20 年频繁出现，具体是指由于不同生产部门、生产性企业和非生产性企业等之间的平衡比例被打破，经济内在稳定增长的机制受到阻碍而形成经济危机。它表现为有些部门生产过剩、有些部门生产不

---

① 习近平：《高举中国特色社会主义伟大旗帜 为全面建设社会主义现代化国家而团结奋斗——在中国共产党第二十次全国代表大会上的报告》，人民出版社 2022 年版，第 8 页。

足。以美国为例，去工业化出现之后，传统的冶炼、纺织、橡胶等部门生产萎靡不振，而像集成电路、电子信息等高科技部门生产势头迅猛。持续时间长、生产要素在不同部门的门槛约束高、资产专用性强等结构性经济危机的影响恶劣，所有可能的应对之策都需付出较大的阵痛代价。另外，结构性经济危机往往与传统周期性经济危机相融合，致使绝对过剩和相对过剩并行发生作用，极大地加剧了结构性经济危机的恶劣影响。结构性难题在经济结构上表现为产业空心化和经济金融化。随着新自由主义思潮的兴起，资产阶级执政党的经济政策日益宽松化，由此带来了新的难题。20世纪80年代，美国总统罗纳德·威尔逊·里根（Ronald Wilson Reagan）、英国首相玛格丽特·希尔达·撒切尔（Margaret Hilda Thatcher）推行了自由化市场化的改革，滞胀困扰的难题虽然得到了有效解决，却又出现了结构性难题，其中一个非常明显的表现就是产业空心化与经济金融化并举。所谓产业空心化，是指西方资本主义国家经济工业部门就业人口占全部就业人口比重、工业部门产出占经济总产出不断下降的现象。由于遭遇滞胀危机冲击，实体经济部门的利润率明显下滑，加上在战后黄金发展时期资本过度积累的冲击，资本追逐剩余价值的空间被严重挤压。此时，资本主义经济危机又导致工人阶级维护权益的斗争频发，这进一步导致资本面临生产难题。在各种因素的交织影响下，一轮由资本主义国家向发展中国家和地区的全球范围资源配置的活动开启。大量的跨国公司如潮水一般涌向自然资源和经济资源廉价富裕的国家和地区，外商直接投资、在发展中国家地区建立生产车间等提高了经济全球化发展水平，但毫无疑问的是，西方发达国家的经济结构面临巨大调整，实体经济部门的转移导致工人失业，由此引发了西方国家的民粹运动。当大量的制造业企业转向国外时，留在国内的资本便不得不另谋生路。凭借国际货币体系的控制权和不可撼动的经济实力，西方资本主义国家的资本普遍走上了金融化的道路。

马克思指出，"以实在货币为起点和终点的流通形式 $G...G'$，最明白地表示出资本主义生产的动机就是赚钱。生产过程只是为了赚钱而不可缺少的中间环节，只是为了赚钱而必须干的倒霉事。〔因此，一切资本主义生产方式的国家，都周期地患一种狂想病，企图不用生产过程作中介而赚到钱。〕"① 这很形象生动地指出了资本主义金融化的根本原因。在当代资本主义生产组织中，随着生产性部门活动的国内萎缩，相对过剩的资本就盯上了服务性部门，尤其是金融领域。在各类金融创新和金融衍生品的推动下，资本主义经济运行已然形成了以金融为核心的发展模式，金融垄断资本成为当代资本主义最具权力的资本，当代资本主义发展阶段被标榜为金融垄断资本主义。所谓金融垄断资本，就是银行资本与工业资本相互融合并形成垄断的资本，它是当代资本主义制度实际上的控制者，不仅垄断了经济活动，同时通过各种手段操控了政治、社会、生态、军事、文化等活动。但是没有实体经济的支持，金融垄断资本的发展出现了虚拟膨胀的泡沫并最终破灭，最典型的例证就是2008年全球金融危机。当代资本主义危机的另一个特征是金融资本过度膨胀，非生产性部门机构庞大，并与实体经济严重脱节。英国著名左翼经济学家考斯达斯·拉帕维查斯（Costas Lapavitsas）认为，当代资本主义大型企业积累资金自有化加速，加之非生产性领域获利空间暴增，金融机构独立于生产性企业增长迅速，且具有强烈的内在动力制造金融泡沫。金融垄断是当今世界体系的重心，以华尔街为代表的金融垄断集团所掌握巨额的社会财富在使贫富两极分化时诱发了巨大的社会危机，而其政治上不断增强的控制力也引发了合法性危机和信任危机。特别是随着21世纪世界互联网的迅猛发展，互联网金融成为金融资本全球扩张新的形态，但是，如果脱离了实体经济的支撑，互联网金融依然不可能长久促进经济增长，相反，只会加速危机的蔓延。

债务危机隐患。当代资本主义国家主权债务危机井喷，高福利模式不可为继。历史反复告诫人们，每当危机严重冲击资本主义经济体制时，对各国高福利的社会保障体系有明显的破坏作用。当前包括美国和

---

① 《马克思恩格斯文集》第6卷，人民出版社2009年版，第67—68页。

欧盟主要国家在内的西方政府普遍面临财政悬崖问题,导致债务危机加重。欧洲"从摇篮到坟墓"的福利体系已经被打破;欧盟不得不对公共支出进行大刀阔斧的改革,尤其是在削减不切实际的福利支出上幅度较强。2009年德国政府颁布《新债务限额》和2010年议会"一揽子"节约措施都力主削减社会福利开支;2014年法国总理曼努埃尔·瓦尔斯(Manuel Valls)公布计划在医疗福利和社会保障福利上削减共计210亿欧元的支出,再加上移民、难民危机等问题,这些国家社会稳定受到打击,高福利模式不可为继成了必然,但如何改革却面临多重困难。

图6-1反映了美国近30年来的失业率和财政赤字情况,显然,美国财政赤字问题非常不容乐观,仅在2001年出现了财政盈余,其余年限均呈现赤字状态。以进入新千年以后为例,美国在2008年金融危机财年的财政赤字为4550亿美元,到了2009年则猛然扩张到了1.42万亿美元,2010年有所回落,但依然高达1.3万亿美元。从美国债务规模来看,2010年9月,美国债务余额占GDP比重为94%,达到13.58万亿美元,不断逼近彼时国会批准的14.29万亿美元上限。2011年5月,美债突破法定债务上限,美国不得不提高债务上限,否则,美国主权债务违约风险爆发。2013年年初,美国债务上限16.39万亿美元,然而美国债务高企不下,美国国会不得不通过法案,美国人试图通过借钱和强有力的税收来维持债务。根据学者研究,通常来说,如果一个国家债务规模占GDP比重超过90%,那么该国将面临经济衰退的危机。2023年7月,美国债务规模高达令人咋舌的32.5万亿美元,与2022年美国经济总量25.4万亿美元相比,高达128%。对此,美国纽约时报网站发文批评指责美国举债度日,文章指出国会预算办公室预计,到2033年美国债务将达到46.7万亿美元。

系统性危机隐患。 当代资本主义危机已从传统相对独立的局部性危机转变为错综复杂的系统性危机,其中,经济危机对上层建筑危机的传导力和渗透力更强。近30年来,"历史终结论"的判断由被盲目吹捧转向被广泛质疑,这是源于系统性危机的爆发。特别地,2008年国际

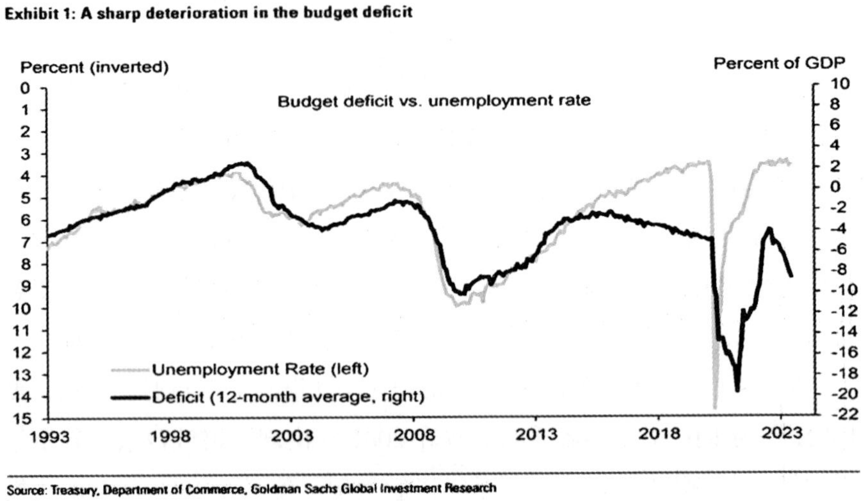

图 6-1　美国失业率与财政赤字

金融危机已经引起了诸多领域的反应，例如，华尔街与民主政治丑闻、社会福利削减与难民危机、新教伦理信仰受质疑、不可逆转的环境灾难等，即使西方的一些学者也认为，当前系统性危机只能从改变资本主义生产方式、变革资本主义制度角度寻求对策，以山村耕造（Kozo Yamamura）为保守主义代表提出的"系统性变革"是一剂触及资本主义基本制度的猛药。当代资本主义危机波及范围更广，全球范围内的金融掠夺成为常态。当代资本主义是国家垄断资本主义，其中，金融资本发挥了不可替代的作用。在国际分工深化的背景下，金融资本几乎将触角伸向了全世界所有角落，致使资本主义危机容易诱发为世界性危机。伊曼纽尔·莫里斯·沃勒斯坦（Immanuel Maurice Wallerstein）的世界体系理论深刻揭示了在"中心—半边缘—边缘"格局下资本主义危机波及范围的传导路径。货币滥发、恶意套汇、期货做空等金融掠夺行为成为大资本家维护自身利益的常用手法，墨西哥金融危机、亚洲金融危机、次贷危机、量化宽松政策就是典型例证。当代资本主义危机波及范围更广的一个新变化是缘于以下事实，即西方国家和国际金融组织长期向发展中国家施压，要求放开资本账户和利率自由化，这加剧了主权国家和世界金融格局的不稳定性和潜在危机。新一轮军备扩张开始，地缘政治冲突加剧。在寻求应对当代资本主义危机的解决之道上，西方国家逐渐走上与世界人民福祉相悖的道路。冷战结束后，新一轮军事扩张和竞赛重新抬头，2023 年度美国基本国防预算总额高达 8560 亿美元，这无疑会加剧地缘政治和军事冲突。世界经济史表明，军事战争是打乱现行秩序、重新洗牌的最直接方式，也是转嫁国内经济危机的最后一根救命稻草，历史上重要的军事战争背后无不夹杂着经济危机。当经济危机升级为系统性危机时，以牺牲他国利益为导向的策略便极易转为军事冲突。近年来，美国重返亚太战略、南海仲裁案、日本强行通过安保法案等事件很大程度与此相关，这些行为加剧了地缘政治和军事风险，损害了有关主权国家利益，违背世界人民发展意愿。霸权主义只会加剧危机，世界各国应该秉持求同存异，寻求合作共赢，推动世界和平稳定发展。资本主义国家遭遇到了前所未有的困境，即应对危机之策乏善可陈，能够产生积极效果的政策更是寥寥无几。货币宽松造成通货膨胀、维持社会福利增加债务危机、税制改革激化社会矛盾、科技创新加剧结构性失衡等矛盾导致资本主义国家面临何去何从的根本性问题。对于资本主义的未来走向，有学者总结出五种基本观点，分别为自由竞争资本主义、国家干预资本主义、民主社会主义、工业资本主义和社会主义。从历史进程视角来看，前三种模式已被或正被证明不可行，美国"再工业化"战略收效甚微则表明工业资本主义也存在较大不确定性，因此，社会主义属性越来越突出，很有可能是未来资本主义国家的一个重要特征。但是，只要资本主义的生产资料私有制不改变，试图借助内力和外力进行的自我调节式的改良主义不可能从根本上解决当代资本主义存在的系统性危机。

第二节　全球价值链分工输入性危机

在新科学技术革命的浪潮下，资本以前所未有的速度和规模在世界范围扩张，客观上把世界各国发展命运捆绑在一起，经济相互渗透融合，任何国家的经济活动都或多或少地受到其他国家和地区的经济影响，不同地区通过自身比较优势共同构建了一条全球价值链，对此，资本主义国家概莫能外。当代资本主义爆发系统性危机的外部生成路径与全球价值链密切相关，这是国际分工的结果，具体表现为当代资本主义主导的国际分工体系、国际贸易体系、国际货币体系和国际能源体系。

一　国际分工体系与系统性危机的生成

分工是马克思解析人类社会发展规律的一个重要线索。早在《1844年经济学哲学手稿》一书中马克思就专门用一个片段来阐述分工问题，指出了分工的本质，"分工是关于异化范围内的劳动社会性的国民经济学用语"①。劳动社会性指出了人类生产活动的一般特征。在《德意志意识形态》中，马克思和恩格斯进一步阐明了分工与国家发展的关系。分工首先是两性之间的性别分工，当它从物质劳动和精神劳动相分离的时候，成为将推动人类社会经济交往极为迅猛的活动，此时的分工从自然性向自发性分工转变。在自发性分工中，一方面，市场规模得到了扩张，"不是市场造成资本主义的分工，相反地，是以前的社会关系的瓦解以及由此产生的分工造成市场"②。另一方面，雇佣工人的劳动被牢牢地束缚在资本逐利上，工人的命运日益紧张，由此引发的矛盾对抗必然就会加剧。"生产资本越增加，分工和采用机器的范围就越扩大。分工和采用机器的范围越扩大，工人之间的竞争就越剧烈，他们的工资就越减少。"③当自发性分工进入自觉性分工状态时，世界历史就达到人类文明的最高形态，然而在这个过程中，资本主义生产方式占据主导地位的国际分工使全球生产可能陷入系统性危机状态。

所谓国际分工，是指不同国家和地区根据自身比较优势在世界范围

---

① 《马克思恩格斯文集》第 1 卷，人民出版社 2009 年版，第 237 页。
② 《马克思恩格斯文集》第 9 卷，人民出版社 2009 年版，第 242 页。
③ 《马克思恩格斯文集》第 1 卷，人民出版社 2009 年版，第 741 页。

内形成的劳动分工，它是生产活动从国内分工延伸到国际范围的一种新状态。国际分工并不是人类历史一开始就出现的，相反，它是人类生产活动和交往活动到一定阶段的产物。从人类生产活动视角来看，生产力发展水平、科学技术水平、世界各国各地区的经济结构和经济制度等都会对国际分工产生影响。从人类交往活动来看，交往的频率和范围、交往的便利程度等促使分工进一步发展。具体来说，国际分工是从15世纪末到16世纪初的地理大发现时期开始的，这一时期的企业生产形式基本上是工场手工业，地理大发现推动下的分工背后反映的是殖民扩张。第一次工业革命之后，工场手工业生产逐步被机器大工业生产取代，巨大的生产力需要更多更廉价的生产资源，同时过剩的生产商品和生产能力需要找到新的市场，在双重压力的驱动下，资本主义生产的国际扩张运动突飞猛进。这次国际分工是真正意义上的，并且形成了以英国为中心的垂直型分工体系，即发达国家生产工业产品，殖民地国家提供原材料，这一体系一直持续到20世纪中叶，之后国际分工发生了新的变化。

第三次科技革命爆发后，人类的生产规模和商品种类已经突破历史新高，重工业发展如同猛兽，钢铁、机械、化工推动汽车、家电等耐用品的消费，而此时除了英国和美国，德国、日本、法国、意大利、俄国等国家相继完成工业化，西方强国在全世界争夺原料和市场日益激烈，原来的垂直型分工越来越难以满足需要，国际分工转向水平分工，即在发达国家内部、发达国家与发展中国家之间按照工艺流程、生产过程的结合等为特征的专业化分工，虽然此时依然存在垂直型分工，但不再像之前那样占据主导地位。与此同时，国际分工还有一个新变化，即产业内分工向产品内分工转变。所谓产业内分工，就是在同一个产业内生产不同种类产品的分工，而产品内分工则是指在一个企业内部之间研发设计、加工组装、分配销售的工序环节交由不同国家分别完成。在这样一个分工状态中，广大的发展中国家有了迅速改变经济结构的可能性，特别是大量的工业产品生产转移出去后，留在发达国家的主要是核心技术专利，然而如果实实在在的商品生产遇到难题，技术专利无法直接作为消费品，那么经济自然就可能陷入危机境遇。从国际分工的推动力来说，自由竞争资本主义时期是市场推动分工的发展，但是"二战"以后，随着国家垄断势力的高涨，政府干预和调节经济活动增强，除了市场的作用外，政府发挥重要职能。

二 国际贸易体系与系统性危机的生成

国际贸易是世界经济发展的重要构成，它与世界市场相辅相成，人们习惯于用世界各国和地区相互贸易的总量来测算世界市场规模。根据相关统计数据，2022 年，全球商品出口总额约为 24.5 万亿美元，这是一个非常庞大的数字，表明人类商品贸易达到了一个新的高度。随着全球贸易频率的提升，各国贸易争端层出不穷，一个旨在协调各国和地区之间贸易冲突、制定统一贸易标准的组织应运而生，这就是世界贸易组织。世界贸易组织的前身叫关税及贸易总协定，于 1947 年签订，1995 年世界贸易组织开始正式运转。目前，世界贸易组织的成员国涵盖了世界上绝大多数国家和地区，成员国的贸易总量几乎占据全球贸易总额的全部，世界贸易组织被人们视为经济上的联合国。然而，在世界贸易组织框架中，有些贸易往来争端的协调解决往往要耗费大量成本，由此旨在推动快速发展的区域贸易组织不断出现。迄今为止，欧盟、北美自由贸易区、亚太经济合作组织、东盟等区域性经济贸易集团成为世界主要经济体贸易活动的平台载体。

跨国公司在世界贸易中承担了重要职责。所谓跨国公司，是指在 2 个及以上的国家设立分支机构、海外业务占 1/4 以上的有统一的决策体系的生产经营组织。跨国公司的发展经历了由小到大、由弱到强的变化，当前全球跨国公司控制了 60% 的贸易，富可敌国的公司越来越多，他们成为世界经济发展的幕后操纵者和掌控者。在跨国公司的推动下，世界贸易反映了世界产业结构。第二次世界大战以后，钢铁机械、造船汽车、石油化工等重化工业在发达国家迅猛发展，而彼时的发展中国家则以纺织服装、玩具百货等轻工业贸易为主。如此，世界贸易呈现显著的不平等格局，这一趋势在当前贸易中表现得更加突出。随着现代科技的发展和发展中国家的崛起，货物贸易在全球贸易中的占比增速下降，以知识产权为主要构成的服务贸易增速明显，近年来围绕知识产权的世界贸易争端日益增加说明各国应该适应新形势参与全球贸易。

各个国家和地区在世界贸易中为了维护本国利益会采取不同的贸易政策，总的来说，自由贸易和保护贸易是两个最重要的政策。恩格斯指出，"关于自由贸易和保护关税制度的问题，完全是在现代资本主义生产制度的范围内兜圈子"①。从根本上来看，自由贸易和保护关税是维护民族利益的两种互补性方案，它们可以在某种程度上实现有机结合，从而为工业发展和获取贸易利益提供强有力的保障。英国的经济发展史早就给出了最好证明，"英国在国内市场上实行的保护关税制度，又有了在国外强加给其商品的可能消费者的自由贸易作为补充。由于两种制度的这样巧妙的结合，到1815年战争结束时，英国获得了一切重要工业部门的世界贸易的实际垄断权"②。当一个国家通过依靠保护关税而使工业发展起来后，过剩的生产能力要寻求新的市场，此时，保护关税制度完成了它暂时性的历史使命，必然让位于自由贸易。同样以英国为例，在19世纪上半叶已经成为主宰世界的帝国后，英国工业品的输出遇到了两个障碍："其他国家的禁止性或保护性立法，以及输入英国的原料和食品的进口税。"③ 为此，工业资本家和土地贵族经历了长期斗争，英国最终相继废除了《谷物法》和《航海条例》等保护关税政策，留给英国人的任务变得清晰明了："使所有其他国家都改奉自由贸易的教义，从而建立一个以英国为大工业中心的世界，所有其他国家都成为依附于它的农业区。"④ 在自由贸易信条指引下，英国实现了工业的又

---

① 《马克思恩格斯文集》第4卷，人民出版社2009年版，第349页。
② 《马克思恩格斯文集》第4卷，人民出版社2009年版，第334页。
③ 《马克思恩格斯文集》第4卷，人民出版社2009年版，第335页。
④ 《马克思恩格斯文集》第4卷，人民出版社2009年版，第335页。

一次迅猛发展，但是落后国家则有沦落为英国的农业附庸的风险。因此，19 世纪中期，自由贸易对英国是"理所当然"，对法国、德国和美国却是"无可奉陪"；保护关税对英国是"过时货"，对法国、德国和美国却是"及时雨"。这并不是什么难以理解的怪现象，说到底，是由不同国家生产力发展水平决定的。恩格斯告诫人们，保护关税制度"一旦实行，就难以摆脱"，它绝不是永恒的庇护所，不可能让一个国家所有工业部门都受益，反而会致使某些部门受损。正因为如此，实行保护关税制度的国家内部斗争非常明显，最终结果是"朝着自由贸易方向的缓慢进步"①。事实胜于雄辩，通过关税把自己孤立起来，不符合世界经济发展大趋势。生产力的每一次革命，都极大提高了分工水平和交换范围，加速了信息、劳动力、资金、技术、产品等在不同国家之间流动，世界各国经济不断融合。因此，马克思认为，人类社会必然从地域性市场转变为世界性市场、从各民族历史转变为世界历史。

恩格斯指出，"自由贸易是现代资本主义生产的正常条件"②。这是从理论逻辑、实践逻辑与历史逻辑相统一视角做出的科学判断，全部结论可用一句话概括为："自由贸易扩大了生产力。"③ 从理论逻辑来讲，资本主义制度是以生产资料私人所有制为基础的，其根本特征是资本最大限度地获取剩余价值。当商品经济的发展进入高度发达的现代资本主义社会时，重心问题从剩余价值的生产转向剩余价值的实现。毫无疑问，仅靠国内需求已经不足以消化过剩的商品，开拓海外市场是必然和唯一的选择。奉行自由贸易，一方面，有利于资本主义各国打破保护关税制度藩篱，从而为商品的进出口直接提供便利；另一方面，有利于降低企业的生产成本，提高商品出口竞争力。恩格斯以英国保护关税为例作了反面论证，"由于征收原料税，用这种原料加工的商品的价格便提

---

① 《马克思恩格斯文集》第 4 卷，人民出版社 2009 年版，第 342 页。
② 《马克思恩格斯文集》第 4 卷，人民出版社 2009 年版，第 336 页。
③ 《马克思恩格斯文集》第 1 卷，人民出版社 2009 年版，第 752 页。

高了；由于征收食品税，劳动的价格便提高了"①，导致英国在国际竞争上处于不利地位。从实践逻辑来讲，一个国家解放和发展生产力的水平，受制于实行什么样的贸易制度。随着科学技术的不断创新，如何解放凝结在先进生产工具和现代化生产方式上的生产力呢？对此，马克思指出，"只有实行自由贸易，蒸汽、电力、机器的巨大生产力才能够获得充分的发展"②。行业竞争证明，实行自由贸易是现代资本主义生产的必然选择，其原因在于竞争加速了资本集中和资本积聚，在此背景下，任何一个行业如果不思进取将被淘汰，"一个行业不可能维持原状不变，停止扩大就是破产的开始"③。工业规模扩张需要自由贸易作为润滑油和助推器，正如恩格斯所说，"在每一个停滞的工业部门中都造成工人和资本的过剩，过剩的工人和资本在任何地方都用不上，因为同一过程也发生在所有其他工业部门。于是，从国内贸易转向出口贸易便成为各有关工业部门的生死存亡的问题"④。换言之，自由贸易成为工业资本家的一种必要选择。从历史逻辑来讲，经济全球化的潮流不可阻挡，作为经济全球化的根本之道，自由贸易是各国经济发展的正轨。违背自由贸易，现代资本主义积累的成果必将化为灰烬。自从打开自由贸易大门的枷锁后，市场经济有了突飞猛进的发展，"资产阶级在它的不到一百年的阶级统治中所创造的生产力，比过去一切世代创造的全部生产力还要多，还要大"⑤。通过自由贸易，资产阶级先是开拓了世界市场，逐渐把野蛮的民族历史卷到了现代文明进程中，最终获得了世界体系的绝对领导权。资本主义制度之所以能够发展到今天，并且还在一定程度上保持活力，自由贸易是关键因素，这一点是被历史确证了的，任何熟视无睹只能是自欺欺人。

马克思指出，"保护关税制度是制造工厂主、剥夺独立劳动者、使

---

① 《马克思恩格斯文集》第4卷，人民出版社2009年版，第335页。
② 《马克思恩格斯文集》第4卷，人民出版社2009年版，第336页。
③ 《马克思恩格斯文集》第4卷，人民出版社2009年版，第342页。
④ 《马克思恩格斯文集》第4卷，人民出版社2009年版，第342页。
⑤ 《马克思恩格斯文集》第2卷，人民出版社2009年版，第36页。

国民的生产资料和生活资料资本化、强行缩短从旧生产方式向现代生产方式的过渡的一种人为手段"①，其根本目的"是想扩大资产阶级的统治，特别是大工业资本家的统治"②。社会经济发展时期不同，这种统治的直接目的也不同，其中，保护工业早期成长和维护工业国际垄断最具代表性。在早期，保护关税制度是资产阶级保护本土工业成长的重要工具，许多国家在历史上实行了时间和程度不一的保护关税，有效保障了工业体系建立。不少人心存疑虑，如果一个国家跳过工业发展阶段，保护关税制度不就没有意义了吗？对此，恩格斯早就指出，"在我们的时代，没有一个大民族能够没有自己的工业而生存下去"③。这个判断仍然完全适用于当今世界。任何一个国家要想维持经济独立和安全，一定离不开工业体系，保护关税制度在其中发挥的作用至关重要。例如，英国强大的工业体系建构背景离不开《谷物法》和《航海条例》，"现代工业体系即依靠用蒸汽发动的机器的生产，就是在保护关税制度的卵翼之下于18世纪最后30多年中在英国孵化和发育起来的"④。为了扩大统治，大工业资本家有时还会根据实践需要调整保护关税制度，特别是在对外经济扩张中表现得尤为明显。"保护关税制度对于任何一个有望成功地争取自立于世界市场的国家都会变成不能忍受的镣铐。"⑤ 保护关税制度无法化解工业的过剩生产能力，不仅造成资源浪费，更会产生经济危机，所以它不可能永久地抵制自由贸易。正如马克思在《关于自由贸易问题的演说》中所说，"保护关税制度不过是在某个国家建立大工业的手段，也就是使这个国家依赖于世界市场，然而，一旦它对世界市场有了依赖性，对自由贸易也就有了或多或少的依赖性"⑥。令人不解的是，不少国家在工业发达时依然实行保护关税制度，这又意在何

---

① 《马克思恩格斯文集》第5卷，人民出版社2009年版，第867页。
② 《马克思恩格斯全集》第4卷，人民出版社1958年版，第282页。
③ 《马克思恩格斯文集》第4卷，人民出版社2009年版，第338页。
④ 《马克思恩格斯文集》第4卷，人民出版社2009年版，第334页。
⑤ 《马克思恩格斯文集》第4卷，人民出版社2009年版，第350页。
⑥ 《马克思恩格斯文集》第1卷，人民出版社2009年版，第758页。

为呢？这一现象并不难理解，其主要目的在于维护本国的工业国际垄断。为了源源不断地获得垄断利润，大工业资本家想方设法地遏制其他国家工业发展，人为切断资金流、技术流、产品流、产业流和人员流，保护关税再次粉墨登场。马克思指出，保护关税制度"把一个国家的资本武装起来和别国的资本作斗争，加强一个国家的资本反对外国资本的力量"①，这种保护手法并不高明，实质是贸易霸凌主义。我们已经看到，当前完全由贸易保护主义国家掀起的斗争越激烈，其维护国际垄断的真实目的暴露得越彻底，必然遭到追求贸易公正的国家一致反对。

三 国际货币体系与系统性危机的生成

为了适应国际贸易的变化发展，国际货币制度应运而生，并且日渐形成相对稳定的国际货币体系，其表现为世界各国有计划、有组织地通过对国际收支平衡的调节、货币兑换价格的制定、汇率制度的选择、储备货币结构的调整进行协商。例如，国际收支平衡是宏观经济政策的四大目标之一，当一个国家出现收支失衡时，其经济运行可能出现风险隐患，并通过商品生产贸易传导到其他国家，为了避免这一风险，相关国家可以通过借助货币手段来进行有效干预。再如，一国货币与其他国家货币兑换的比率和自由程度直接影响双边贸易格局，汇率制度采取固定制还是浮动制会影响国际热钱的投机活动，这些都会牵涉资本主义系统性危机的爆发。

国际货币体系迄今经历了三个主要阶段，即国际金本位制、布雷顿森林体系和牙买加体系。国际金本位制，顾名思义，就是以一定规格的黄金作为货币发行主要依据或者称为本位货币的制度，曾盛行于19世纪70年代至"二战"爆发之间，代表性国家是英国。国际金本位制包含金币本位、金块本位和金汇兑本位，该货币体系制约了政府货币发行的盲目性，在一定程度上维持了经济运行安全，但它限制了经济扩张。

---

① 《马克思恩格斯全集》第4卷，人民出版社1958年版，第284页。

1944年，在美国的布雷顿森林，由44国代表召开会议签署了《国际货币基金组织协定》，这一体系规定美元与黄金保持固定兑换比率，即35美元等价于1盎司黄金，世界各国货币与美元保持固定汇率，但是在20世纪70年代初，美元大幅贬值，美国无力承担美元与黄金的固定比例，尼克松政府宣布布雷顿森林体系解体，双挂钩的国际货币体系正式退出历史舞台。受历史启发，1976年，牙买加体系这一新的国际货币制度产生，它由《牙买加协定》和《国际货币基金组织协定第二次修正案》正式确立，主要包括五个方面：各成员国可以自由选择浮动汇率、美元不再是唯一的储备资产和清算支付手段、扩大发展中国家资金融通、增加成员国在国际货币基金组织中的份额、黄金非货币化。牙买加体系尽管在名义上扩大了各国金融权益，但实际上美元的国际地位已然不可撼动，不仅得益于美国的经济实力，更是因为美国又凭借政治、军事等手段确保了货币的霸权地位。

当代国际货币体系中，系统性危机生成的重要领域是国际金融，金融自由化、金融创新、金融全球化都在客观上增加了危机爆发的风险。例如，金融自由化表现为世界各国放松解除对金融市场的相关管制，在利率市场化和货币自由兑换的驱动下，世界各国和地区间的金融市场逐渐形成一个统一的局势，金融全球化进程逐步完成。与此同时，金融创新名目日益增加，期权、掉期、远期、期货等活动使国际商品生产交换更加复杂，传统的货币政策工具的功效受到挑战和冲击，而且通过大量的金融创新，个别金融资本的风险被不断放大，形成了整个金融市场的巨大泡沫，引发金融危机，并且在金融衍生品的助推下，金融危机在极短的时间内就能传导到世界的每一个角落。金融创新越强，金融部门就越庞大，金融机构就越臃肿，它们吮吸实体经济利润的胃口就越大，资本从事生产性活动的积极性就越低，扩大再生产的规模就会日趋萎缩，社会就业总量从而相应减少，不仅加剧了社会矛盾，更降低了社会总需求，这些都会极大地冲击社会经济发展正常秩序。以2007年美国次贷危机为例。次贷危机最初源于美国实行低利率刺激消费，加上信贷监管的不足，银行把资金贷给了不具备正常还款能力的、信用评级较差的群体。有研究发现，当时市场上还提供可调整利率抵押贷款，也就是所谓的 ARMs，即贷款人的初始贷款利率较低，后续利率会上浮，从而导致贷款人的偿款总额增加。在银行部门发放贷款后，它们将这些贷款打包成住宅抵押贷款证券 RMBs 出售给一些投资金融机构，如高盛集团、雷曼兄弟、美林公司、摩根史坦利等，投资金融机构再把 RMBs 和其他抵押证券进行组合，形成抵押担保债券 CMO，CMO 与其他抵押贷款的组合再一次形成新的金融衍生品债务抵押债券 CDO，CDO 流向世界各地投资者，如主权基金、养老金等。此外，在当代金融创新中，信用违约交换 CDS 常见于金融机构的风险对冲，在次贷危机中，高盛集团就购入了大量 AIG 的 CDS，最终在危机爆发的时候把 AIG 一起拖进了泥潭。显然，在当代国际金融体系中，资产证券化是一个重要的危机导火索，这种将缺乏流动性但能够产生现金流的资产进行证券化买卖的行为实际上就是一种投机赌博，尽管这种资产本身的收益是存在的，但它受到整个外部环境的变化和金融机构的影响。当前，全球金融发展已经形成了银行部门和非银行机构的相互持有债务格局，一荣俱荣，一损俱损，在资本追逐剩余价值的根本目标上，全球金融资本是一致的，然而各国金融市场的发育程度、金融监管的有效水平、金融风险的化解能力有天壤之差，致使个别国家的金融危机在全球金融市场上的传播难以控制。

四 国际能源体系与系统性危机的生成

能源利用与消耗是人类社会发展与自然发展之间的一对重要关系。在早期历史发展中，能源问题并没有那么凸显，主要是因为社会生产力水平低下和人类的物质需求结构相对简单。然而，随着新科技革命的迭代，资本扩张的能力和速度前所未有，与资本相匹配的能源供给日益成了难题。能源禀赋与地理环境密切相关，有些国家拥有丰富的能源，成为国家发展的重要条件，但不具备开发利用技术，因此，全球范围内的能源开发利用变得日益紧迫，全球能源结构逐渐形成。所谓全球能源结构，是指由各个国家和地区的自然禀赋、开发技术、能源政策、经济往来等因素交织而成的体系。当前的全球能源结构主要包括三大种类：化石能源、可再生能源和核能。其中，化石能源依然是目前人类生产生活的最主要能源，具体包括石油、天然气、煤炭等。根据国际能源机构数据，煤炭消费约占全球能源总消费的40%，由此能源消耗引发生态环境危机不断困扰世界。可再生能源包括风能、太阳能、地热能、水力等，尽管可再生能源引起了很多国家重视，但是在总能源占比中并不突出，略超过10%。核能备受技术型国家的青睐，目前全世界核反应堆总数已经突破400个，核电是未来全球能源的一个重要趋势。

能源问题引起系统性危机主要表现在两个方面，一是由能源问题引起的经济危机；二是由能源问题引起的生态危机。就前者而言，在当代资本主义发展中，20世纪70年代的两次石油危机冲击是最典型的案例。因为石油是现代重化工业发展的基本能源，受石油供应量减少和市场价格上涨的影响，资本主义社会总生产萎缩，经济衰退，与此同时，物价上涨，形成通胀压力。在新冠疫情冲击期间，受北溪1号、北溪2号管道被破坏的影响，2022年欧洲很多国家陷入能源危机，在天然气供应难题下，欧洲国家对电力需求猛增，然而在挪威电缆受到破坏的新压力下，欧洲的社会经济发展一度陷入混乱。就后者而言，在当代资本主义国家由能源引发的生态危机中，最具代表性的是切尔诺贝利核泄漏和日本福岛核泄漏两次事件，这两次核泄漏都被定为国际核事件的最高级7级。切尔诺贝利核电站是苏联建设的最大的核电站，由于核电站工作人员违规操作，核反应堆能量增加引发爆炸，放射性物质泄漏造成大面积污染，不仅造成了人员重大伤亡，更使得周边国家和地区的农业生产、生态环境和精神生活遭到破坏，人们一直处于恐惧之中，整个欧洲一度被核污染阴霾所笼罩。日本福岛核泄漏事件是当下国际高度关注的重大问题。2011年日本福岛第一核电站因日本地震发生放射性物质泄漏；2013年福岛第一核电站因工作人员操作事故产生污水泄漏；2021年日本福岛第一核电站因近海地震出现内部水位下降，日本政府内阁会议决定将福岛第一核电站的污水排入大海；2022年日本原子能规制委员会就东京电力公司的核污染水排海计划作敲定认可。2023年7月4日，国际原子能机构IAEA在官网发文称福岛第一核电站核污染水排海计划符合IAEA安全标准。然而，福岛核污水排海计划引起了众多国家民众的反对，甚至很多人直接提出质疑，就日本政府对核污染水的其他处理方式的争辩，还有人对国际原子能机构的调查报告表示反对，既然污染的水经过处理后对人类和生态环境的辐射影响可以忽略不计，那么日本政府为什么又选择向大海中排放呢？甚至有些国家和地区相关官员认为污染的水经过处理后可以达到饮用的标准，既然如此，日本作为资源稀缺的国家，这些水完全可以自用，何必浪费呢？显然，国际上许多国家地区及人民对福岛第一核电站核污染水的排放表示反对和担心。

总的来说，随着全球大市场的日益发展，由西方发达国家主导的生产方式向世界范围扩张，在殖民掠夺世界财富的同时把自己的命运和其他国家捆绑在一起，世界各国和地区经济深度融合、互为影响，并形成了有机衔接的全球分工合作的价值链，因此，西方发达国家需要防范由其他国家可能产生的危机因素通过价值链传入本国。

第三节　剩余价值补偿不足性危机

当代资本主义系统性危机的生成路径中，由外部因素引发的剩余价值补偿机制断裂是另一个重要原因，具体表现为四个方面：外部生产过程中断、外部市场规模萎缩、外部债务危机、外部区域经济联盟。

一　外部生产过程中断

随着产品内分工的精细化，社会化大生产在世界范围的布局更加深入，尤其是对工业化程度要求很高的商品生产来说更加如此。在当前的超大规模跨国公司中，通过技术转让、直接投资的方式把劳动密集型的生产活动转移到广大发展中国家成为资本获利的最有效方式。抛开造成生产过程中断的原因，单就生产过程中断本身的影响来说，新兴市场国家和发展中国家提供的往往是中间产品或者产品的最后组装工艺，中间产品生产中断当然就会切割整个商品生产的完整性，最后组装工艺中断也无法提供合规的商品。生产过程中断的时间越长，资本主义面临的危机程度就越高。马克思在《资本论》中论述说，"生产过程只是表现为资本价值的流通过程的中断，在这以前，资本价值只经过了流通过程的第一阶段 $G-W$。在 W 在物质上和价值上发生变化之后，资本价值才经过第二阶段即终结阶段 $W-G$。但是，就资本价值本身来考察，它在生产过程中只是发生了使用形式的变化"①。马克思明确指出，"连续性是资本主义生产的特征，是由资本主义生产的技术基础所决定的，虽然这种连续性并不总是可以无条件地达到的"②。生产过程中断，就意味着预付资本的回流遭遇到困难，而且这种中断时间越长，对资本家来说就越折磨，因为预付资本中有很大一部分并非自有资本，而是借贷资本，这需要支付利息，且不会因为生产中断而停止。还有一种生产中断是由销售不畅引起的，"如果对资本的一部分来说 $W'-G'$ 停滞了，商品卖不出去，那么，这一部分的循环就会中断，它的生产资料的补偿就不能进行；作为 W' 继续从生产过程中出来的各部分，在职能变换中就会被它们的先行部分所阻止。如果这种情况持续一段时间，生产就会受到限制，整个过程就会停止。相继进行一停滞，就使并列存在陷于混乱"③。

二　外部市场规模萎缩

外部市场萎缩包括两个方面，一是原材料和初级产品市场的供给萎

---

① 《马克思恩格斯文集》第6卷，人民出版社2009年版，第51页。
② 《马克思恩格斯文集》第6卷，人民出版社2009年版，第118页。
③ 《马克思恩格斯文集》第6卷，人民出版社2009年版，第120页。

缩；二是工业制成品市场的需求萎缩；这两种萎缩都容易引发当代资本主义系统性危机的生成。就供给萎缩而言，发达国家长期利用发展中国家和落后国家提供原材料和初级产品来控制成本，这种产业链供应链日益固定下来，最终形成了标准化的供应关系，基本上没有替代供应，因此，一旦供给出现困难，直接就引发了整个资本主义生产危机。在新冠疫情期间，由于全球防控形势的需要，很多国家的原材料和初级产品供应停滞，进而许多行业的生产中断，社会总供给不够。就需求萎缩而言，由于资本主义生产的工业制成品不仅用于内销，还有相当一部分是用于出口外销。在其他国家有支付能力的需求持续增长的条件下，资本主义的生产扩张能够得到充分满足，剩余价值的实现也就比较顺利。相反，资本主义国家的工业制成品生产过剩，剩余价值无法实现，资本主义便会陷入危机。从当前国际格局来看，经济全球化发展总体上是有利于西方发达资本主义国家的，广大的发展中国家和落后国家付出的代价和收益明显失衡，人们的有效需求增长速度跟不上发达国家资本扩张和生产速度，这就造成了全球范围内的生产过剩，国内过剩的危机便转化成全球过剩的危机。

三 外部债务危机

近年来，全球范围内的债务危机不断加重，这对世界可持续发展产生严重冲击。除了自身内部债务危机的困扰外，外部国家和地区的债务危机日趋突破上限。根据联合国相关统计数据，发展中国家陷入债务危机的趋势远超发达国家，图 6-2 显示，与 2010 年相比，发达国家债务增长了 1.5 倍，而发展中国家则增长了 3.2 倍，是发达国家的 2 倍之多。联合国秘书长安东尼奥·古特雷斯（António Guterres）警告，全球 2022 年创下了 92 万亿美元的公共债务，而发展中国家占比约 30%，全球有大量债务集中发生在贫穷国家，虽然不会对发达国家直接造成金融风险，但可能引发的时局动荡仍然不利于世界发展。外部国家和地区的债务危机有一个重要的原因，就是西方发达国家控制的全球金融体系，根据报告，欧洲发达国家和美国的融资借贷成本远远低于新兴市场国家和发展中国家，以德国的借贷成本 1.5 为参考标准，亚洲国家的借贷成本约为德国的 4 倍，拉丁美洲和加勒比地区国家的借贷成本为德国的 5 倍多，非洲国家的借贷成本更是约达 8 倍。这种金融体系必然导致外部债务危机的爆发。

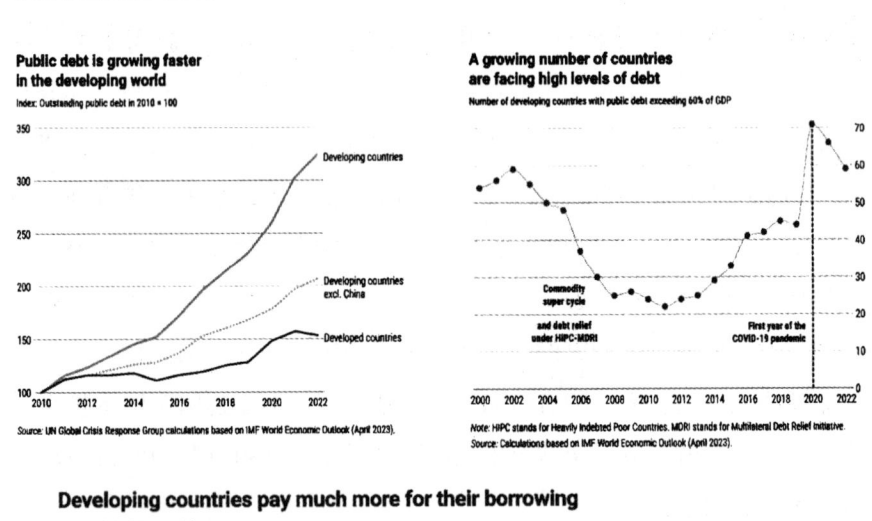

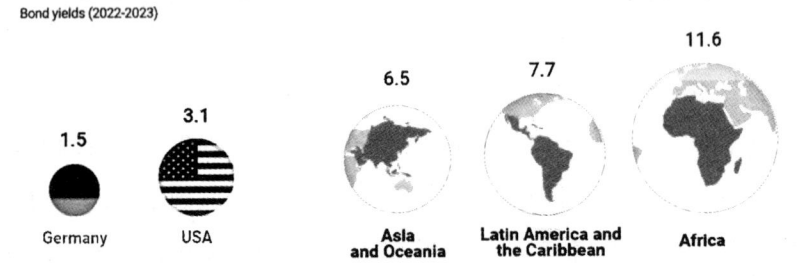

图 6-2 发达国家与发展中国家债务情况

四　外部区域经济联盟

第三次科技革命以来，经济全球化迅猛发展，与此同时，世界经济区域化特征日益明显。区域经济组织在一定程度上打破了西方发达国家主导控制的局面，从而在维护国家自身正当权益和地区经济发展上起到了积极作用。当前，上海合作组织和金砖国家组织是由新兴市场国家和发展中国家构建的两个重要经济组织。经济数据表明，中国、俄罗斯、印度、巴西、南非等国家不仅在全球经济发展中影响重大，同时也是发达国家重要的商品贸易和技术转移国家，如果区域经济组织内部合作加强，甚至与发达资本主义国家形成对抗形势，那么资本主义国家的剩余价值补偿就会被极大削弱。

案例 6-1　俄乌能源纠纷

一个关于国际能源体系危机的典型例子是乌克兰与俄罗斯之间的天然气争端，该争端涉及能源供应中断、政治纷争和地缘政治的复杂因素。乌克兰与俄罗斯之间的天然气争端的前因可以追溯到乌克兰独立后的能源关系，乌克兰是一个重要的能源转运国，俄罗斯通过乌克兰向欧洲供应大量的天然气。然而，乌克兰与俄罗斯之间的政治和经济关系一直紧张，乌克兰试图在其能源供应中减少对俄罗斯的依赖，并寻求与西方国家建立更紧密的能源联系。争端的过程可以追溯到 2006 年和 2009 年两次天然气危机。2006 年，乌克兰与俄罗斯之间的天然气价格谈判破裂，导致俄罗斯停止向乌克兰供应天然气，这一举措不仅导致乌克兰本国的供应中断，还对欧洲国家的天然气供应造成了冲击。2009 年，类似的危机再次发生。乌克兰和俄罗斯之间的天然气价格再次成为争议的焦点，谈判又一次破裂。俄罗斯再次停止向乌克兰供应天然气，并导致欧洲国家的天然气供应中断。这次危机引发了国际社会对乌克兰和俄罗斯之间能源关系的广泛关注和批评。随后几年里，乌克兰和俄罗斯之间的天然气争端仍然存在，双方对天然气价格、支付问题和能源转运等问题持续争议不断，这导致乌克兰的能源供应不稳定，并给欧洲国家的能源供应带来了不确定性。

第七章

当代资本主义系统性危机的演化

本章提要：当代资本主义系统性危机生成后就会进入发酵，最常规的发酵表现为在不同领域的有规律演化。从系统性危机有规律演化的行径来说，其爆发的源头多为单一点，即在经济、政治、社会、文化、生态、军事等某具体领域生成，进而按照树形扩散。这种演化除了原始领域外，其他每一个领域都有可能成为次生领域，也可能成为危机传导的终点领域。从时间节点来看，这种演化的种类是呈现指数级增长规律的。当爆发源头为多领域时，其有规律性演化则表现为平行扩散，也就是每一个领域都形成与其他领域没有交叉关系的发展趋势。无规律型演化包括交互式演化、闭路式演化和断点式演化三种。通常来说，单点触发型的系统性危机的破坏程度要小于多点触发型的系统性危机，有规律性演化的系统性危机的破坏程度要小于无规律性演化的系统性危机。从可能应对的方案来说，单点触发型的系统性危机的解决方案要优于多点触发型的系统性危机，有规律性演化的系统性危机的解决方案要优于无规律性演化的系统性危机。逻辑与历史及理论与实践统一表明，在有规律性演化的系统性危机面前，当代资产阶级可以通过调整剩余价值生产实现分割的旧秩序来应对冲击并强化其统治。在无规律性演化的系统性危机面前，旧秩序已经没有调整的可能和价值，唯有通过重构剩余价值生产实现分割的新秩序，资产阶级才能延续资本主义制度的寿命。

世界历史表明，每一次危机生成后都有其特殊的运动特征，这些运动特征既反映了危机的复杂程度，也彰显了危机的破坏程度，因此，人们可以在直观上根据危机的运动特征来判断破解危机的可能方案。总的来说，危机生成后的运动有两种，一种表现为有规律性的演化；另一种表现为无规律性的演化。这两种演化和系统性危机的爆发点相关。在当代资本主义发展中，经济、政治、社会、生态、文化、军事等任何一个领域都有可能成为系统性危机的爆发点，我们把某一个单独领域出现危机并引发系统性危机的情况称为单点触发型危机，把两个及两个以上领域同时出现危机并引发系统性危机的情况称为多点触发型危机。因此，系统性危机的演化在理论上有四种情况，分别是单点触发有规律性演化、单点触发无规律性演化、多点触发有规律性演化和多点触发无规律性演化。通常来说，单点触发型的系统性危机的破坏程度要小于多点触发型的系统性危机，有规律性演化的系统性危机的破坏程度要小于无规律性演化的系统性危机。从可能应对的方案来说，单点触发型的系统性危机的解决方案要优于多点触发型的系统性危机，有规律性演化的系统性危机的解决方案要优于无规律性演化的系统性危机。

第一节　资本扩张方式与当代资本主义系统性危机的触发

人们理解万物运行发展总是从易到难、由简入繁，对当代资本主义系统性危机的研究亦如此。资本主义系统性危机生成后就会发展直至爆发，我们把这一过程称为演化，而演化呈现何种特征与危机的触发领域有密切关系，因此，如果不理解危机从哪里生成，就不能准确把握危机的演化特征。

一　资本扩张方式决定系统性危机演化

人类社会发展具有不以人的主观意志为转移的客观规律——在资本主义社会中，资本为了追逐剩余价值而不断扩张是一种铁律。从地域范围来看，资本扩张起初是在本国内部进行的，当内部资源紧缺和市场日趋饱和，剩余价值的生成实现成为难题，资本便会突破空间约束，由国内扩张转向国际扩张。理论和实践都反复表明，资本扩张内含不可调和的矛盾，即一只脚往前进——表现为社会化大生产下财富创造速度极大提高，另一只脚往后退——表现为私有制条件下财富分配格局两极分化，资本扩张方式决定了当代资本主义系统性危机的演化规律。

资本国内扩张。资本扩张首先是在一个国家内部进行的，其过程逐渐超越了经济单一领域，以日益加快的速度慢慢渗透到政治、社会、文化、生态、军事、能源、科技等方方面面，这种过度膨胀和无序扩张不仅引发了周期性危机和结构性危机，同时还驱动了系统性危机的生成。生产资料所有制是理解资本主义制度下资本扩张的基本依据，也是正确认识和把握资本特性及行为规律的重要抓手。资本主义制度的生产资料私人所有决定了资本的本质是通过商品生产和交换来追逐剩余价值，为达到这个目的，资本通过积累不断扩大自身规模总量，而且还通过结合其他因素促使自身存在形式迭代升级。在当代资本主义国家，资本扩张决定系统性危机的演化主要体现在四个方面。首先，资本对劳动的占有。马克思曾指出，雇佣工人通过看不见的线系在了所有者手里，尽管不再实行最低工资制度，雇佣工人也可以通过员工持股和福利体制享受到更多的财富。但就剩余价值生产而言，当代资本主义生产方式中，资本对劳动的剥削实际上更加激烈。随着生产规模的扩大，资本以各种隐蔽化手段无偿占有劳动，同时资本有机构成不断提高又导致大量工人面临失业危机，进一步加剧了资本与劳动的对立。其次，资本对科学技术的占有。科学技术进步是人类社会发展的引擎，资本主义制度客观上推动了科学技术的创新和应用，使人类科学技术得到了突飞猛进的发展。然而，资本主义生产方式是在最大限度追求剩余价值的动机下利用科技的，所以它充当的是不自觉的工具。资本的高度垄断使重大的科技创新基本上被少数企业和资本家掌控，中小企业、普通民众甚至政府机构都成为科学技术的被动接受者，因此，资本持有何种立场直接决定了科技发挥怎样的作用，这种不确定的风险加剧了当代资本主义系统性危机。再次，资本对自然资源的占有。资本原始积累充分揭示了一个事实——没有自然资源资本主义生产方式就不可为继，这在当前西方国家不但没有消失，反而更加强化。有人提出怀疑，西方发达国家生态环境不是在变好吗？其实，这只不过是西方国家工业化生产转移到发展中国家的结果，追求剩余价值的资本积累没有停止，资本对自然的过度索取也不会停止，生态危机已经从发达国家内部演变成全球性难题。最后，资本对国家治理权力的占有。资本一旦达到了特定的规模，总是在经济系统内部与竞争者对抗的同时，试图借用政治力量来打击对手，这样一步一步完成资本积累，直至实现垄断。然而，上层建筑对经济基础具有反作用，特别是国家治理权力可以显著改变经济运行的环境和效果，比如通过财政、货币、收入和国际等政策，一个国家的物质财富生产能力会有相应的调整，财富分配也会相应调整。资本逐利的本性使其总是通过各种方式强行占有国家治理权，现实中，我们看到西方国家的金钱与权力政治不可分割就是最好的例证。

资本国际扩张。理论和实践反复证明，当国内生产要素和市场无法满足资本逐利的欲望时，资本所有者及为其服务的政党就会想方设法地寻找新机会，向国际范围扩张成了必然选择。实际上，资产阶级为自己创造的世界不过是扩大版的旧格局而已，这充分反映了资本为了转嫁国内危机而实行国际扩张的行为不但没有从根本上解决剩余价值难题，而且会加速系统性危机爆发，因为即便在国际范围内，空间修复日益变得不可能，主要体现在三个方面。首先，南北不平衡。长期以来，西方发达国家和落后国家之间的贸易剪刀差政策导致二者发展鸿沟日益扩大，发展中国家为发达国家提供了丰富的原材料、廉价的劳动力和广阔的市场，然而，绝大部分国家却长期处于世界体系的外围，社会经济发展缓慢，这种不平衡的发展格局反过来又制约了世界经济增长。西方跨国资本疯狂抢占发展中国家资源后，现在普遍面临积累衰退的难题，这是世界生产能力无限扩大的趋势与世界范围内有效需求不足之间矛盾的表现。其次，国际经济规则不公正。当西方发达国家经济高涨时，过剩的生产能力需要国际市场消化，资本就会忽视其他国家发展情况，强行在世界上开辟自由贸易征程；而当西方国家经济衰退或者难以与其他国家竞争时，资本又会巧立名目地设置各种关卡，筑起贸易保护关税的高墙。遭遇不公正规则的经济体对参与全球产业链、供应链、价值链的积极性受挫，全球经济秩序畸形发展，危机必然以各种形式呈现出来。最后，全球治理的国家权责不对等。随着国际分工和世界各国各地区相互交往的深入发展，大家已经形成了"你中有我、我中有你"的命运共同体，全球经济健康发展，各国和地区都可以从中受益；反之，大家都会受到困扰。全球经济是由各个国家和地区经济往来构成的，这就决定了没有任何人能置身事外，因此，全球经济理应由大家共同商量、共同建设、共同享受。遗憾的是，当前的全球经济治理体系弊端重重。西方国家以资本实力雄厚作为最粗放的指标来划分治理权，发达国家依然占据全球经济的主导地位，不仅回避新兴市场国家和广大发展中国家对全球经济增长的贡献，强行剥夺应该给予的话语权，同时极力推卸责任，这种以"利我则用、不利则弃"的单边主义和霸凌主义行径不断激化矛盾，造成全球范围内的经济秩序混乱，危机的爆发势在必然。

二　系统性危机的两种触发点

现代国家事务总体上可以分为经济、政治、社会、文化、生态、军事、外交七大领域，其中经济事务是关键，在国家整体事务中起基础作用，决定了其他领域的发展。根据不同领域的运行发展，当代资本主义系统性危机的触发分为单点触发型和多点触发型两种。

单点触发型系统性危机。单点触发型系统性危机，顾名思义，就是指某一个领域矛盾触发生成的危机，这种危机可以进一步分为两种：灰犀牛式路径和黑天鹅式路径。前者是指由经济基础领域内的危机引发上层建筑并最终形成系统性危机的灰犀牛式路径；后者是指由其他偶然事件开启导致国家整体事务塌陷的黑天鹅式路径。关于灰犀牛式路径。灰犀牛事件一般是指以常见性、大概率发生为特征的风险。马克思主义唯物史观认为，人类生存繁衍依赖物质资料生产，只有解决了吃穿住行等基本需要，才能更好地应付处理其他事务，换言之，一个国家和民族的进步必须以经济发展为前提。资本主义社会制度是以生产资料私有制和雇佣劳动为特征的高度发达的商品经济阶段，其经济基础主要反映了社会财富生产、交换和分配的三对关系，即资本与劳动、资本与资本、劳动与劳动之间的关系，他们的利益有合作的一面，也有竞争的一面，当冲突对抗无法调和的时候，经济基础领域内的危机就会产生。经济危机从 19 世纪初至今反复以周期性和结构性的形式出现，在当代主要表现为金融危机。当代资本主义社会是一个金融垄断资本高度发达的社会，金融寡头通过参与控制企业，通过个人联合实现对国家机器的控制，通过政策咨询等手段影响科教文卫等各个方面。同时我们看到，作为经济的血脉，金融日益呈现游离于实体经济之外的趋势，当金融系统发生风险的时候，经济运行必然不畅，而受金融垄断资本牵制的上层建筑也不可能置身事外，最终导致出现系统性危机。

关于黑天鹅式路径。黑天鹅事件一般是指以罕见性、小概率发生为特征的风险。当人们对常态化事情习以为常时，无论是思想上还是行动上都会放松对非常态化事情的警惕，甚至完全没有应对准备，因此，一旦罕见风险发生，很快会诱发整个制度的系统性危机。虽然概率小，但是黑天鹅事件带来的后果不容小觑，它不仅可以检验当代资本主义在国家治理上的反应速度和价值取向，也可以充分反映西方社会真实的综合能力。从当代资本主义系统性危机的历史来看，黑天鹅事件可能爆发于政治、社会、文化、生态等各个领域。比如，新型冠状病毒在全球范围暴发，成为 2020 年开年最大的黑天鹅事件。西方发达国家在疫情中普遍陷入困境，出现了众多匪夷所思或者遗憾的现象，比如政府管控在民众要求自由权面前失效、英国向民众宣传"群体免疫"、西班牙由于医疗器械资源紧张而放弃部分病人，等等。西方发达国家不仅面临着经济难题，比如由于制造业能力不足面临着医疗器械资源紧张，民众基本物资出现断供现象；而且还试图在政治、社会和文化上强行为自己辩护，个别国家的政客颠倒是非、强行甩锅，一些新闻媒体以双重标准报道新闻。不少业内专家认为，新型冠状病毒可能致使当代资本主义社会重蹈20世纪30年代大萧条的覆辙，并由此引发政治争斗、社会信任、文化冲突等各种难题，爆发系统性危机在所难免。

原则上来说，国家事务的每一个领域都可能成为系统性危机的单点触发源。单点触发型系统性危机是当代资本主义系统性危机的主要表现，且相互之间具有较为明显的相对独立性——比如，非经济领域触发的危机与经济矛盾并无直接关联；再如，执政党的外交战略调整引起的国际时局变化带来的危机与国内诸般事宜并无关联。

多点触发型的系统性危机。多点触发型的系统性危机是由两个及以上领域引发的危机。从理论上来讲，这种系统性危机的组合类型多种多样，在国家事务七大领域下，以数学逻辑推导，两个或五个领域触发的系统性危机都有21种组合，三个或四个领域触发的系统性危机有35种组合，六个领域触发的系统性危机有6种组合。例如，两个领域触发的系统性危机，常见的有"经济＋政治""经济＋生态""经济＋军事""经济＋社会""政治＋社会""政治＋军事"等；再如，三个领域触发的系统性危机常见的有"经济＋政治＋社会""经济＋政治＋军事""经济＋政治＋外交""经济＋社会＋文化"等。区别单点触发和多点触发不能以严格的即时状况为判断依据，而是要看不同领域之间的关联效应。一般情况下，如果关联效应强，那么在危机触发后，相关领域的危机反应就会很明显，彼此交错、相互呼应共同推进系统性危机的演化。在当代资本主义社会，多点触发型的系统性危机越来越普遍，这是由资本主义制度的内在矛盾决定的。资本主义社会发展早期，其所蕴含的强大的物质生产能力推进社会发展，这个优势是以往任何一种社会形态都不能比拟的，新生儿的光环效应在很大程度上掩盖了其剥削性质所带来的消极影响。此外，资本主义社会尽管会出现一些生产秩序的混乱，但在以往总是能从无序的暂时性的困难中走出来，甚至还会经历再次繁荣，这似乎更让人觉得资本主义制度具有强大的生命力。在资产阶级确立政权后的一段时间内，其面临的主要任务是要告知人们资本主义生产方式取代封建主义生产方式的合理性、合法性和合乎历史性，因此，此时的资本主义各种理论都还具有一定的科学性和进步性，比如，在经济学上强调客观劳动价值论，在政治学上强调权利本源，在社会学上强调公平正义，等等。总的来说，是为了巩固资产阶级政权。然而，当历史的车轮驶入19世纪70年代后，资本主义制度已经在各方面都牢固地稳定下来，此时资产阶级管理政策的核心任务开始转变，即要服务于资本追求剩余价值，资产阶级的虚伪性开始彰显出来，我们以马克思当年对系统性危机的非经济领域的一些简单描述为例。

关于资产阶级政权需要的辩护理论研究。马克思在《资本论》中明确指出，"资产阶级在法国和英国夺得了政权。从那时起，阶级斗争在实践方面和理论方面采取了日益鲜明的和带有威胁性的形式。它敲响了科学的资产阶级经济学的丧钟。现在问题不再是这个或那个原理是否正确，而是它对资本有利还是有害，方便还是不方便，违背警章还是不违背警章。无私的研究让位于豢养的文丐的争斗，不偏不倚的科学探讨让位于辩护士的坏心恶意"①。显然，根据马克思的判断，除了经济上的危机外，政治上的和科学研究上的日益带有欺诈虚伪。例如，就科学研究而言，马克思强调："只要政治经济学是资产阶级的政治经济学，就是说，只要它把资本主义制度不是看做历史上过渡的发展阶段，而是看做社会生产的绝对的最后的形式，那就只有在阶级斗争处于潜伏状态或只是在个别的现象上表现出来的时候，它还能够是科学。"②"资产阶级政治经济学的代表人物分成了两派。一派是精明的、贪利的实践家，他们聚集在庸俗经济学辩护论的最浅薄的因而也是最成功的代表巴师夏的旗帜下；另一派是以经济学教授资望自负的人，他们追随约·斯·穆

---

① 《马克思恩格斯文集》第5卷，人民出版社2009年版，第17页。
② 《马克思恩格斯文集》第5卷，人民出版社2009年版，第16页。

勒,企图调和不能调和的东西。"① 因此,理论研究的科学性让位于政治统治需要,真正的经济规律理论被遮掩,学术成了政治统治的工具。

关于资本追逐利润引发的生态环境问题。任何一个社会的生产都离不开自然生态环境,但在不同的社会形态中,生态环境所起的具体作用则存在明显差别。马克思以历史唯物主义原则区分了两种自然条件,"外界自然条件在经济上可以分为两大类:生活资料的自然富源,例如土壤的肥力、鱼产丰富的水域等等;劳动资料的自然富源,如奔腾的瀑布、可以航行的河流、森林、金属、煤炭等等。在文化初期,第一类自然富源具有决定性的意义;在较高的发展阶段,第二类自然富源具有决定性的意义"②。显然,自然地理条件是剩余价值生产的必要因素,土壤的肥力越好,自然地理位置越有利,气候环境越舒适,那么整个社会的剩余劳动可能就越多。马克思指出,"良好的自然条件始终只提供剩余劳动的可能性,从而只提供剩余价值或剩余产品的可能性,而决不能提供它的现实性。劳动的不同的自然条件使同一劳动量在不同的国家可以满足不同的需要量,因而在其他条件相似的情况下,使得必要劳动时间各不相同。这些自然条件只作为自然界限对剩余劳动发生影响,就是说,它们只确定开始为别人劳动的起点。产业越进步,这一自然界限就越退缩"③。《资本论》用大量的史实材料向大家论证,"资本主义生产方式以人对自然的支配为前提"④。因为人们的劳动产品用于交换从而成为商品的一个必要前提就是自然环境的差异,由于形成了不同的社会分工,不同区域的生产、需要、劳动资料和条件趋于多样,如此才为资本主义生产提供了可能性。

关于资本主义生产中的社会生活。社会生活是人类种的繁衍的基本构成,在资本主义生产条件下,工人的生活状况与资本追逐剩余价值直

---

① 《马克思恩格斯文集》第 5 卷,人民出版社 2009 年版,第 18 页。
② 《马克思恩格斯文集》第 5 卷,人民出版社 2009 年版,第 586 页。
③ 《马克思恩格斯文集》第 5 卷,人民出版社 2009 年版,第 588—589 页。
④ 《马克思恩格斯文集》第 5 卷,人民出版社 2009 年版,第 587 页。

接相关。马克思在《资本论》中阐明了资本积累和工人生活的内在联系，并以丰富的材料进行了佐证。"一个工业城市或商业城市的资本积累得越快，可供剥削的人身材料的流入也就越快，为工人安排的临时住所也就越坏。因此，产量不断增加的煤铁矿区的中心泰恩河畔纽卡斯尔，是一座仅次于伦敦而居第二位的住宅地狱。那里住小单间房屋的不下34000人。在纽卡斯尔和盖茨黑德，不久前大量的房屋由于绝对有害公益，根据警察的命令拆毁了。可是新房子盖得很慢，而营业却发展得很快。因此，1865年，城市比过去任何时候都更加拥挤不堪。简直难得有一间招租的小单间。"① "由于资本和劳动的大量流动，一个工业城市的居住状况今天还勉强过得去，明天就会变得恶劣不堪。或者，市政官员终于可能振作起来去消除最恶劣的弊端。然而明天，衣衫褴褛的爱尔兰人或者破落的英格兰农业工人就会像蝗虫一样成群地拥来。人们把他们塞到地下室和仓库里，或者把过去还像样的工人住房变成一种寓所，在这里住客变动得非常迅速，就像三十年战争时期的营房一样。"②

关于资产阶级暴力工具的作用。资产阶级统治领导的暴力工具，如军队，本质上是为资本逐利而服务的，尽管它也拥有对外和对内两个方面的职能。从对内来看，军队在经济萧条或者危机时起到镇压工人运动的作用。比如，马克思指出了1840年资本主义生产出现严重萧条而发生暴动时，资产阶级统治者派出军队进行干涉；1842年为了迫使谷物法条例的废除，大量工厂主解雇了工人，导致工人向约克郡涌入，结果遭遇了军队驱逐，而且当时的工人领袖被提交法庭指控；1847年危机使工人生活极大衰退恶化，在1848年时情况并未得到改善，资产阶级出动军队加强对曼彻斯特的保护。从对外来看，军队成为资本全球扩张的最主要保护伞，不仅为了争夺海外市场而进行的兵舰保护贸易，资产阶级甚至对资源型国家和地区直接推行军事政变，扶持军事代理人等。当然，在当代资本主义的系统性危机中，通过兜售军事武装设备来发战

---

① 《马克思恩格斯文集》第5卷，人民出版社2009年版，第762页。
② 《马克思恩格斯文集》第5卷，人民出版社2009年版，第762—763页。

争横财也是重要内容。

第二节 当代资本主义系统性危机的有规律演化

系统性危机生成后的演化分为有规律演化和无规律演化两种。有规律演化是指系统性危机的发展变化有明显的中心主线,且在对其他领域的影响上能够剥离出属于危机的源领域和支领域,具体传导扩散有清晰的路径。我们可以把有规律演化进一步划分为单点触发型和多点触发型,每一种演化都有各自的特征。特别值得注意的是,我们界定的有规律演化是单向顺向的,多向逆向的情况属于无规律演化的内容。

一 单点触发型系统性危机的有规律演化

根据前文,笔者将当代资本主义国家整体性事务分为七大领域,每一个领域都有可能成为单点触发型系统性危机的源头,然后再延伸至其他相关领域。根据演化表现出来的路径,有规律演化分为串联式演化和并联式演化两种情况。

第一,串联式演化。串联本身是一个物理学概念,指的是电路元件连接的一种基本方式,把不同电路元件按照顺序首尾相连所组成的电路叫串联电路,串联电路中的各电器的电流是相等的。借用物理学的串联概念,当代资本主义系统性危机的单点触发演化也有类似的特征。以 f 表示不同的领域,我们把七大领域标识为经济领域 fe,政治领域 fp,社会领域 fs,文化领域 fc,生态领域 fv,军事领域 fa,外交领域 fd,串联式演化可能存在的情况具体如下。

关于源领域:理论上,七大领域中的任何一个都有可能成为单点触发型系统性危机的源头,这是对等公平的。从人们的生产生活历史来看,由于物质生产实践决定了其他实践活动,所以,物质生产通常是更易触摸感知和高频次呈现的,经济领域 fe 更多一些。关于支领域:所谓支领域，是指在源领域确定下来后由源领域扩散传导的对象范围，根据先后时间，支领域的排列组合有多种方式且呈现衰减趋势。例如，七大领域中的某领域成为单点触发源头后，接下来危机演化的第一节点上有6种可能，第二节点上有5种可能，第三节点上有4种可能，第四节点上有3种可能，第五节点上有2种可能，第六节点上只有1种可能，因此，我们发现，节点位置数与可供选择领域的数加起来不会超过国家事务分类数值。根据数学运算法则，在七大领域均卷入系统性危机下的单点串联式路径情况一共有5040种可能，即$7×6×5×4×3×2×1$。但是如果在系统性危机中，并不是所有领域都卷入的话，情况会相对少一些，因此，串联式的总体情况绝不止5040种。为了直观形象地展现出来，我们举几种可能情况。

经济领域为源头，七个领域全部卷入系统性危机中，简列几种路径。$fe—fp—fs—fc—fv—fa—fd$：这种路径是从经济领域爆发后，先后向政治、社会、文化、生态、军事和外交领域演化；$fe—fs—fp—fc—fv—fa—fd$：这种路径是从经济领域爆发后，先后向社会、政治、文化、生态、军事和外交领域演化；$fe—fc—fs—fp—fv—fa—fd$：这种路径是从经济领域爆发后，先后向文化、社会、政治、生态、军事和外交领域演化；$fe—fa—fs—fc—fv—fp—fd$：这种路径是从经济领域爆发后，先后向军事、社会、文化、生态、政治和外交领域演化；$fe—fd—fs—fc—fv—fa—fp$：这种路径是从经济领域爆发后，先后向外交、社会、文化、生态、军事和政治领域演化；$fe—fv—fs—fc—fp—fa—fd$：这种路径是从经济领域爆发后，先后向生态、社会、文化、政治、军事和外交领域演化。总的来说，在经济危机发生后，是比较容易传导到政治、社会、文化和生态方面的，除非危机波及全球范围，通常来看，军事和外交一般不太容易传导进去。

经济领域为源头，但并不是七个领域全部卷入了系统性危机中，而是只有几个领域卷入，假如有3个领域被此次系统性危机波及，那么3个领域的选择就有15种可能性，笔者以政治、社会和文化为例，其串联式演化路径如下。$fe—fp—fs—fc$：这种路径是经济领域先后经历了政治、社会和文化；$fe—fp—fc—fs$：这种路径是经济领域先后经历了政治、文化和社会；$fe—fc—fs—fp$：这种路径是经济领域先后经历了文化、社会和政治；$fe—fc—fp—fs$：这种路径是经济领域先后经历了文化、政治和社会；$fe—fs—fp—fc$：这种路径是经济领域先后经历了社会、政治和文化；$fe—fs—fc—fp$：这种路径是经济领域先后经历了社会、文化和政治。

第二，并联式演化。并联同样是物理学元件连接方式的一种概念，这种连接方式下，2个及2个以上的同类或不同类的元件器件首首相接、尾尾相连，这种连接方式的特点是电路中各支路的电流互不影响，但干路电流等于支路电流之和。在并联式演化中，存在一个显著的现象，即只要包含2个领域引发的串联都可能成为并联演化中的一个组成情况，而且并联式的支领域的节点并不会向串联式演化呈现递减，如此并联的演化情况非常复杂。如图7-1所示，笔者仅以经济领域作为单点触发的源领域，以政治、社会和文化三个领域卷入系统性危机为例，存在的可能情况如下：第一种情况：政治、社会和文化互不影响，只存在唯一演化形式。第二种情况：政治、社会和文化中一个影响另一个，而不影响第三个，这可以进一步划分为六种演化形式。第三种情况：政

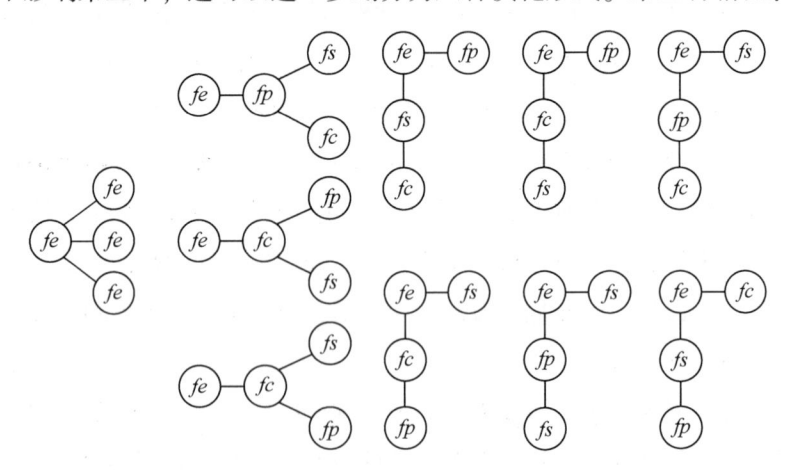

图 7-1 并联式危机演化路径

治、社会和文化中一个影响另外两个，这可以划分为三种演化形式。为了便于理解，笔者将单点触发型系统性危机的有规律演化——无论是串联式演化还是并联式演化，统称为"树形演化"。触发的源头类似于树根，其他领域类似于枝丫。

二 多点触发型系统性危机的有规律演化

与单点触发型系统性危机相比，多点触发型系统性危机有规律演化相对复杂，但其演化依然遵循串联式和并联式两种情况。以经济领域和政治领域为双点触发，并牵涉社会领域和文化领域为例，这种有规律演化可以进一步划分为两类，一类是没有旁生枝丫的演化，另一类是有旁生枝丫的演化。关于没有旁生枝丫的演化。这种演化一共存在4种可能，即经济领域和政治领域各自影响社会领域和文化领域，根据影响的顺序差异，如图7-2所示，很明显，这种演化的特征表现为平行式。

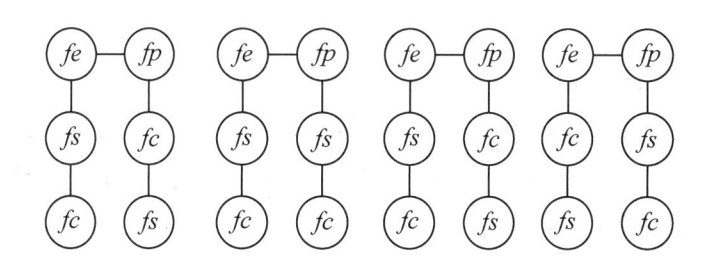

图 7-2 多点触发型危机演化

关于有旁生枝丫的演化。这种演化情况非常复杂，如图7-3所示，由于剔除了在各自演化路径上出现重复领域，所以在无旁生枝丫演化的

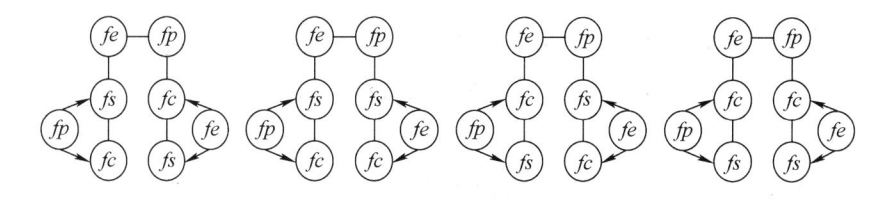

图 7-3 旁生枝丫的多点触发型危机演化

基础上，每一个节点都有 2 种可能，如此，有旁生枝丫的演化一共有 (2×2×2×2)×4=64 种情况。

第三节 当代资本主义系统性危机的无规律演化

当代资本主义系统性危机无规律演化是指从某领域生成后，其演化发展无迹可寻、无章可守、无律可查的状态，导致这一现象的重要原因是各领域之间不再是顺向影响，完全可能出现顺向影响和逆向影响并存，而且哪些领域之间存在相互影响都是有可能的。因此，本部分的分析与前一部分的关键区别在于"逆向传导"。就触发系统性危机的领域而言，依然存在单点触发和多点触发两种，据此，本书把无规律演化分为交互式演化、循环式演化和断点式演化三种类型。

一 交互式演化

交互式演化是指系统性危机生成以后，从源领域向其他领域扩散的过程中，不同领域之间可能存在互相作用的现象。这种演化并不严格按照依次顺序，且可能是跳跃式的互相作用，因此，从原则来讲，只要支领域中有一对领域之间存在逆向传导，那么就可以称呼其为交互式演化。就单点触发型系统性危机而言，以经济领域为源领域的系统性危机为例，这一危机可能牵涉其他六个领域中的每一个领域，而在这些领域的任何两个之间存在互相作用，就形成了交互演化。交互式演化是当代资本主义系统性危机中最常见的状态。

以 2007 年次贷危机为例，其根本原因是资本主义生产方式导致的生产过剩弊端，直接原因是贷款人不具备偿还贷款的能力，在贷款人收入不足和房地产价格走低的背景下，危机爆发。危机爆发后，美国华尔街金融市场遭遇重创，此时金融垄断资本要求其代理人借助政治权力来弥补资本损失，因此，有了时任美国财政部长亨利·保尔森（Henry

Merritt Paulson, Jr.）和时任美联储主席本·伯南克（Ben Shalom Bernanke）联手打造的白宫七千亿美元救市措施。实际上，美国国内政客针对是否救市进行了多次争辩，这是经济危机传导到政治的典型反映。在美国白宫救市下，一些大型金融集团及其高层从政府援助中获得了大量补贴，然而底层的白领和蓝领工人并未从危机救市中得到相应补偿，反而成为危机实际上的承担者。工人失业、民不聊生，这是经济危机传导到社会上的基本事实。当发现理应为危机负责的金融创新部门却能从政府救市中猛赚一笔时，大家对政府的公信力产生了极大质疑，纷纷走上街头表示抗议，因此，进入新千年后美国爆发了一场声势浩大的罢工罢课运动，占领华尔街运动。在危机的重创下，占领华尔街运动很快蔓延开来，这场运动的诉求包括就业、社会公正、环保、人权、反对权钱交易和政治腐败等，吸引了蓝领工人、白领工人、学生、教师甚至地方官员等不同社会阶层的人参与其中，这场运动更是波及了几乎全美境内的各大城市，波士顿、华盛顿、洛杉矶、旧金山等无一幸免。在这次占领华尔街运动中，大家希望政府能够保护被边缘化的群体，并改变社会贫富两极分化的现状，甚至包括诺贝尔经济学奖得主约瑟夫·斯蒂格利茨（Joseph Eugene Stiglitz）在内的很多人都日益意识到，美国体制已经出现了这一现象：国家一切资源被1%的人操控和为1%的人服务，却缺乏为国家纳税的99%的人服务的真正的代表。这场声势浩大的运动最后以警方清场结束，并且由此造成了民主党和共和党的矛盾斗争。民主党总统贝拉克·侯赛因·奥巴马（Barack Hussein Obama）借机想要改革金融监管，通过对富人们征税来缓和社会矛盾，并指责国会共和党人阻挠该法案。贝拉克·侯赛因·奥巴马的政治表达为其成功连任争夺了选票和民意支持。此外，从交互式演化支领域的最后轨迹来看，它并没有返回源领域，因此表现出来的是一个开放式的路径，且在不同的支领域之间也是开放式的演化。

二　循环式演化

循环式演化包括两种情况，一种是指系统性危机从源领域生成后，无论中间经历了怎样的支领域关系，最后又重新传导回了源领域，可以称其为大循环；另一种是没有回到源领域，但是在支领域之间形成了互相影响并最终危机褪去的循环，可以称其为小循环。如图7-4和图7-5所示。从危机演化特征来看，循环式演化是交互式演化的一种特殊情况，但它又深刻反映了危机的影响差异。大循环表明危机在其他领域的不可化解和对冲，小循环表明危机无法从源领域的根上祛除病灶。

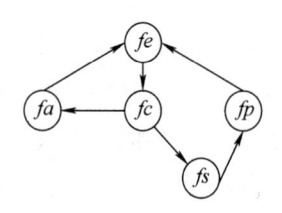

图7-4　大循环演化路径　　　图7-5　小循环演化路径

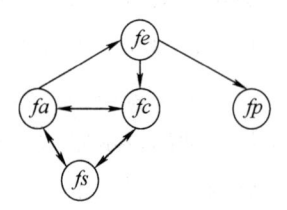

三　断点式演化

断点式演化反映了系统性危机在某源领域生成后对其他领域的扩散影响的程度，由于不同国家整体事务在不同领域中表现出各自的运动特征——换言之，不同领域有相对独立性，所以，系统性危机尽管可能造成不同领域之间的互相影响，但这种影响有大小强弱之分。如图7-6所示。断点式演化指的就是不同领域之间的弱相关性，例如，由经济领域触发的系统性危机在传导到外交领域时有可能产生强相关，也有可能呈现弱相关，这既要具体分析其他国家与危机爆发国是否存在较深的外交关系，也要分析危机爆发国的经济结构和其他国家之间的经济往来。

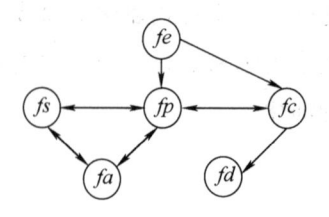

图7-6　断点式演化路径

从危机演化特征来看，因为断点式演化只要在原则上出现某一领域的扩散不畅即可，因此，它既可能表现为交互式演化，也可能表现为循环式演化。

第四节　两种演化下的剩余价值秩序

如前所述，当代资本主义系统性危机存在有规律演化和无规律演化的规律，之所以对其进行严格区分，是因为应对解决两种演化的方案是完全不同的。在有规律演化的系统性危机中，人们可以厘清危机的生成根源和扩散机制，进而可能提出有效的应对措施。在无规律演化的系统性危机中，危机在哪些领域之间存在互相影响关系、在哪些领域没有显著的单向影响、是否可能回到源领域等问题都不确定，化解这种危机就显得比较困难。从资本主义生产方式的制度属性来看，当代资本主义系统性危机爆发的根本原因是资本逻辑，即资本为追逐剩余价值的运动，因此，消弭系统性危机就要破解资本逻辑的魔咒——这在资本主义制度基本矛盾没有解决的情况下难以完成，但是通过调整或重构剩余价值的生产实现分割秩序，是资产阶级统治者面临系统性危机的可能应对方案。

一　有规律性演化：强化政府干预调整剩余价值旧秩序

当代资本主义系统性危机的有规律演化本质上反映了系统性危机生成的剩余价值旧秩序存在矛盾，但总体上是相对稳定的，有规律演化的系统性危机的破坏力和冲击力都是可控的，解决这种危机的关键就是找到爆发的导火索和传导机制，从而相应地调整破坏剩余价值秩序的内容即可。美国滞胀危机后经历的新经济繁荣已经告诉人们，政府干预是调整剩余价值秩序的重要工具，其内在逻辑和基本依据主要表现在两个方面。

关于政府干预是市场调节的有效补充。由于系统性危机的爆发本身多是在奉行市场能优化资源配置和促成社会整体效益最大的信条下出现的，此时再用市场工具调整秩序就形成了悖论。尽管一些市场万能论的拥趸者始终坚持认为，只要给市场足够长的时间，经济一定能够自我修复，恢复剩余价值的正常秩序，但是在现实中没有任何政党会放任不管，因为谁也无法确认在政府不干预的情况下系统性危机会存在多久。如果存在的时间比较长——例如，主流经济学中所说的三四十年的长波周期——而政府又不作为的话，很多人就会失业甚至失去基本的生活保障，很有可能引起政治危机、社会危机甚至暴力骚乱。对此，连著名经济学家、现代主流宏观经济学理论创始人约翰·梅纳德·凯恩斯都驳斥这种荒谬论调，或许给市场足够长的时间，市场能够产生自我修复的功能效果，但是从长远来看，我们都看不到了。同时，世界经济史表明，在系统性危机期间，社会经济只可能是以自然界的弱肉强食、优胜劣汰的丛林法则运转的，试图让奉行追求利润最大的资本家变成受人敬重的慈善家显然是空想。贫困救济、就业指导、教育医疗等成为市场工具手段自身无法解决的问题，能且只能交由政府来化解。从经济思想史的角度来说，政府与市场的关系始终是争论最大的理论课题，这重点反映在二者的资源配置议题上。在西方经济学界，迄今出现了"大市场+小政府"观、"小市场+大政府"观、"去市场的政府"观、"去政府的市场"观，其中，前两个观点在经济史的指导上发挥重要作用，而后两个观点则几乎没有应用到资本主义经济具体实践中。当代资本主义系统性危机的出现使很多人都意识到，传统意义上对政府和市场关系的认识是有问题的——它们一开始就被认定为是对立的关系——然而这既不符合理论，也不符合现实。从时间的角度来说，市场的出现要早于政府，因此，对主流经济学的一些人而言，这就成为市场配置资源有效性的合理依据，毕竟在政府没有出现的时候，市场已经为社会生产力的进步和发展提供了必要的物质准备和动力。但是这种观点忽略了一个事实，那就是现代意义上的政府的能力已经远远超出旧时代的群体组织，它所能调动的资源和手段有了极大的提升，其中的关键就是对市场信息数据的收集和分析。当代资本主义系统性危机出现的关键就是市场自身无法识别有效信息、无法收集有效信息和无法匹配有效信息，而这些问题都能在政府干预下得到解决。当前走资本主义道路的国家中，无论是先发达的国家，还是正在崛起的国家，在政府和市场关系上都已经突破了资源配置议题的禁锢，毕竟政府的功能远远超出市场的功能，市场主要是经济活动，政府则要负责处理各种问题，而这正是系统性危机解决的必然要求，例如，要调整剩余价值旧秩序，不能仅局限于经济领域视角的生产实现和分割，还有非经济领域的剩余价值修复问题。因此，当代资本主义现代化的道路进程中，"大政府＋大市场"才是真正意义上的社会现实。

  关于政府的经济管理职能可以调整市场调节不动的剩余价值秩序。无论是当代资本主义小系统性危机还是大系统性危机，都是多部门多地区牵涉其中的难题，依靠市场手段根本无法调节某些问题，如产业结构失衡、区域发展失衡等。政府的经济管理职能包括微观监管、中观调节和宏观调控，充分运用这些职能可以快速找到旧的剩余价值秩序中哪个环节出现问题导致危机爆发，从而有针对性地提出解决方案。以产业、区域发展不平衡的结构性问题引发的系统性危机为例，马克思在《资本论》中指出，任何一个国家和经济体在其社会生产过程中需要协调好生产资料部类和消费资料部类以及各部类之间的比例关系，这可以延伸至地区间的平衡，尤其是在社会化生产和交往范围日益扩大的时候，区域关联性增强，经济发展的质量体现了明显的木桶效应——木桶能装多少水并不取决于最长的木板，而是取决于最短的木板，落后地区的经济难题势必影响发达地区的发展。对此，政府可以进行区域发展平衡规划布局来配置相关资源，也可以通过财政税收和转移支付加大对落后地区的支持。产业政策是政府经济管理中常见于中观调节的工具，在当代资本主义发展中起着越来越重要的作用。在系统性危机中，通常可见产业间恶性竞争和产业利润的巨大差异，各地区各部门如果纯粹以市场利润为导向，区域产业雷同就会导致资源浪费和效益低下，如此，产业资本的个别运动就会影响社会总资本的运动，从而扰乱剩余价值秩序。以当代资本主义系统性危机在金融领域爆发并在社会政治领域演化为例。越来越多的研究认为，随着现代科学技术的发展，金融业务迅猛扩张，是当代资本主义所有经济议题中灵活度最高、涉及面最广、复杂性最深的，重点表现在两个方面：一方面，金融产品越来越私人化，例如基金、信托等成为少数具有雄厚实力的人，才能享受的收益产品，金融的大众化、普惠性远远不足；另一方面，金融风险日益成为社会公共产品，金融稳定则转嫁给了全社会来维护——当金融业务伴随全球化而扩展到世界各地时，全球成了金融屠宰场。在互联网的加持下，一个国家的金融市场波动和金融业务活动很快就波及其他国家，如果各国都推行金融市场化和金融自由化，那么任何一个国家都很难抵挡金融风险的冲击。因此，国家必须借助金融监管或是成立专门的金融业务监管部门，或是以法律条文出台金融活动范围，政府金融监管的有效性前提在于政府自身必须有坚定的廉洁性和与金融利益的脱钩性，否则，金融业务引发的系统性危机的政治表现就否定了政府干预的合法性和公信力。政府在制定和执行具体应对方案时，还要注意把握纠正的程度，不能矫枉过正，更不能以公权牟私利。经济思想史中有不少流派之所以反对政府过多干预经济的一个担忧就在于此——尽管无为而治已经被事实一再证明是不可行的。有观点认为，政府的金融管制容易产生新的矛盾弊端，例如，一些所谓的非常规货币政策工具扰乱了正常的经济秩序——美国在贝拉克·侯赛因·奥巴马、唐纳德·特朗普和小约瑟夫·罗比内特·拜登（Joseph Robinette Biden Jr.）执政期间先后实行了量化宽松货币政策和大幅度的加息政策，极大冲击了全球金融秩序，掠夺了他国人民通过辛苦劳动创造的社会财富。当代资本主义政府公权被寻租的情况也可能导致政府干预的失灵，例如扶持了很多大而不倒的企业，这些企业本身可能就是剩余价值秩序混乱的源头，是麻烦的制造者，是正常秩序的破坏者。不少人更是发现，政府担保贷款刺激了社会虚假性消费，让一些不具备偿债能力的人透支未来化解当前的产能过剩，而在危机爆发后，政府干预就会受到强有力的指责，政府变成了金融垄断资本俘获的对象和背锅者。

二 无规律性演化：多主体联动重构剩余价值新秩序

当代资本主义系统性危机的无规律演化反映了危机的破坏程度之深、波及范围之广、传导机制之乱，危机已经表明整个国家事务处于相对失控状态，亦说明旧秩序无法继续维系资本对剩余价值追求的需要，因此，唯有抛弃原秩序。如果说在有规律演化的系统性危机中，政府更多的是在事后对剩余价值旧秩序进行调整的话，那么在无规律演化的系统性危机中，就要通过政府、社会、企业和个人的多主体共同参与形成联动效应，并且在事前、事中和事后的经济全过程中重新构建剩余价值的新秩序。事实上，当代资本主义系统性危机的每一次爆发都引发了西方国家群众的悲痛，也是在危机后重建正常生产生活秩序时，各个阶级之间产生了一定程度的共情和团结。企业之间也会形成暂时性的妥协，或是表现为签订维护经济秩序的协议书，或是互相让利甚至债务证券化以求渡过难关。政府此时也会以社会负责任的管理者形象出现在政治舞台上，以求得各方支持重建家园。如果我们聚焦剩余价值这个核心，重构其秩序表现在四个方面。

从重构剩余价值生产动力来说。当代资本主义系统性危机的无规律演化表明剩余价值的生产能力缺乏，无法满足社会总资本循环周转的利润条件，因此导致资本过剩，而对资本家来说，资本的使命就是赚钱，资本一旦停下了循环周转的步伐，它就不能成为资本，必然出现资本之间的恶性竞争。在旧的生产状态中，不同体量的资本和不同行业的资本都会相对独立地在各自业务范围内循环周转，现在的情况不同了，甚至很多大资本开始疯狂进入此前自己看不上的小行业小领域，这些凶险且贪婪的吸血魔鬼会把这个领域的最后一滴血吮吸干净，小资本根本没有能力与大资本相抗衡，其结果就是小资本被大资本吞并蚕食，这样系统性危机之后只剩下大资本，大资本对整个国家社会经济的发展并不能解决所有问题。相反,在当代西方国家,很多大资本的世界里是没有祖国概念的,如果在旧的格局中无法找到剩余价值新的动力源,那么整个资本主义制度就会陷入停滞衰退的状态。剩余价值的生产动力主要体现在新型科学技术、新型材料、新型工艺、新型产品等方面,其中,新型科学技术是最具颠覆力的,也是最能推动资本主义经济发展的。纵观人类科技进步史,每一次重大的科技创新都引起了连锁反应,导致产业变革和经济革命,如此就能够重新配置社会资源,从而带来新的利润增长点,并且使整个社会利润在不同的资本之间都能享受到,避免资本之间的争斗。剩余价值生产动力的另一个重要支撑是劳动生产率的提高,但是这种劳动生产率不是以强行控制劳动为前提的——这恰恰可能是引发当代资本主义系统性危机的原因之一——而是以新的生产机器、新的生产工艺、新的管理方式等为主要支撑的,它们不仅能够在资源有限的情况下进一步放大资源产出效应,也能够在不破坏其他资本利得的同时提高本部门利润率,这样可以相对较好地构建剩余价值生产秩序。这里必须指出,按照劳动价值论原理,任何新机器、新工艺、新管理方式的背后都是人在支撑,活劳动的作用不可或缺。新机器、新工艺、新管理方式的发明者、使用者、管理者本质上都是雇佣劳动者,包括雇用工人和雇用管理人员。这些人员虽然表面上不是强制劳动,但实质上还是作为智力劳动力商品被迫进入资本主义生产过程,他们仍然是被强制的受剥削者。当代资本主义进程表明,生产要素多元化成为剩余价值生产的重要特征,尤其是随着新生活理念和新消费理念的不断更新,产业资本在生产剩余价值时已经不能仅停留在传统使用价值上,而是把现代万物互联的理念融入商品中,如此才能为剩余价值生产的持续性提供反动力。

从重构剩余价值实现条件来说。《资本论》问世至今的历史实践已经反复说明当代资本主义制度中流通制度的固有弊端在破坏商品正常买卖秩序,几乎每一次系统性危机都能找到商品流通方面的问题,因此,如果想要避免系统性危机的无规律演化,就必须在剩余价值实现条件上下功夫,构建合理规范有序的商品买卖市场,其中,政府、企业和公民三方需要形成联合体。具体来说，政府要把其应有相关职能贯穿商品流通的全过程，即事前设计、事中监管和事后奖惩。所谓事前设计，就是指要通过制定出台相关的法规政策规范市场交易秩序，特别是在价格指导、信息披露和公平交易方面做好相关工作。事中监管则是指在商品流通中要审慎处理普通商品交易、特殊商品交易、大宗商品交易等，防止囤积投机带来的价格市场波动而可能引发的通货膨胀危机。事后奖惩是针对商品交易结束后对整体流通情况的处理，一般来说，奖励可以带来正面放大效应，使商品买卖各方有动力有诚信地自觉维护交易规则；而处罚则可以产生显著的遏制效果。近年来，当代资本主义国家对一些巨型垄断公司的商品买卖行为开出了天价罚单，例如，意大利2021年12月9日的反垄断机构竞争和市场管理局对亚马逊公司继续开出天价罚单，约11.28亿欧元。此前，意大利已经对亚马逊和苹果两家公司分别给予了6870万欧元和1.345亿欧元的处罚，就是因为它们在苹果电子产品销售中违规。除此之外，微软长时间的捆绑销售已经遭遇欧盟22亿欧元的罚款、苹果公司遭遇法国11亿欧元罚款、谷歌被欧盟于2017年处以24.2亿欧元罚款，等等。对企业来说，随着现代商业的发展，商品买卖交易形式日趋复杂，其本身是以交易便捷性和缩短资本周转时间成本为目的的，但是在商业信用和银行信用的加持下，分期交易和期货交易日渐兴盛，分期时间越长，资本循环回流速度越慢，对生产产生的负面冲击越大，而期货一旦不能如期交割，则出现很多烂尾工程，这些都加剧了商品交易的危机。对公民来说，他们是商品生命周期的最后一环，也就是消费的主体，公民的消费需求直接决定了生产的规模和可持续性。但是我们都知道，经济学上讲的需求有两种，一种是有效需求，另一种是无效需求。有效需求是指有消费能力的需求，又可以进一步划分为拥有充足的即期收入能力的需求和拥有充足的偿债能力的借贷需求；无效需求就是指没有消费能力的需求。从当代资本主义社会的消费情况来看，典型特征就是信用诱导消费，也就是并没有足够的即期收入能力，但是大家都知道未来就业和未来收入都具有不确定性，一旦出现了冲击，那么社会公民的借贷消费是没有偿债能力的，从而引起危机，这也是当代资本主义系统性危机中的常见现象。

从重构剩余价值分割格局来说。从当代资本主义剩余价值的分割情况来看，商业资本、土地资本和金融资本规模越来越大，成为剩余价值分割的主体，产业资本获得的利润日益减少，这产生了两大问题：首先，实体经济日渐衰退枯竭。产业资本利润除了受到原材料价格上涨、劳动力成本上涨、能源成本上涨和各种复杂的因素导致的生产过程中断外，商业资本赚取了一部分利润，土地资本赚取了一部分地租，金融资本赚取了一部分利息，显然产业利润就有限了，在这种剩余价值分割格局没有大的改变下，实体经济的扩大再生产基本上则难以为继——而这违背了资本主义生产的扩大再生产本质要求。其次，商业资本、土地资本和金融资本从剩余价值中赚取大头以后，提高了投机性资本的生存预期和生存空间，社会总资本中愿意从事生产性活动的资本总量则不足，然而无论是人类赖以生存的物质基础，还是社会经济发展的经济结构，都离不开生产性活动。这也是我们看到当代资本主义系统性危机中非生产性的虚拟资本日益成为危机的导火索。剩余价值分割不合理的矛盾充分彰显的是不同资本之间的斗争，但它却通过各种伪装的方式把矛盾转移到了劳动者身上。由于产业资本家之间的团结性相比商业资本家集团、土地资本集团和金融资本集团要薄弱分散，所以，在无力对抗它们的时候，产业资本家就寄希望于劳动者来承担风险，必然的结果就是劳动者工作时间更长、劳动强度更大、劳动报酬更低。对劳动者来说，这样的工作环境既不利于自己的身心健康，也无助于提高生活质量，劳资之间的矛盾通常会随着资本之间矛盾的加剧而加剧。化解这一系统性危机可能产生的弊病，同样要依托强有力的政府干预，例如，政府可以通过出台最低工资法来保护劳动者合法权益，制定区别对待的不同商品流通体制限制商业资本对市场秩序的破坏，加强金融资本的常态化监管以遏制资本的无序扩张，规范土地所有权的转让交易，征收非生产性活动的特殊税种来加强对生产性资本的补偿等。相比政府的管制来说，不同资本之间的博弈也可以进行适当的调整，例如，金融借贷资本对产业资本的适度让利，具体形式包括低息贷款、展期、资产证券化等。商业资本的流通往往不是仅以一家企业为服务对象，而是多种商品多个企业，它提供的更多的是一个平台，而非实际资产，这就是我们在资本主义国家看到有些巨大商业资本的经营方式，爱彼迎并没有自己的房产、优步并没有自己的汽车，等等。因此，商业资本必须协调好与不同产业资本之间的关系。

从重构剩余价值修复环境来说。当代资本主义系统性危机中经济领域问题与其他领域问题相互融合、相互影响，除了生产实现分割外，当代资本主义系统性危机的无规律演化说明剩余价值旧秩序已无修复的可能，因此，重构剩余价值新秩序需要在剩余价值修复问题上做好设计。由于剩余价值修复主要是指政治、社会、生态、文化、军事、外交等方面，所以，打造剩余价值修复的良好环境也要从这几个方面来切入分析。就政治而言，资产阶级执政者是代表资产阶级利益的，所以，不可能从根本上改变其阶级属性而转向以社会公众为中心的服务，但至少应该在法制化建设上做到有法可依、有法必依，且剩余价值秩序遭到破坏后，损害的是资本的利益，这当然会影响执政的稳定性和可持续性。就社会而言，当代西方资本主义国家在社会福利制度建设上取得了无可否认的积极成效，这主要是从市场提供的社会福利和政府提供的社会福利来说的，但市场福利容易受到危机的冲击，政府福利则容易受到财政赤字的冲击，具有极强的不稳定性。就生态而言，如果缺乏生态环境保护意识，要么资源最大化产出实现不了，要么政府在后续环境治理中投入更多财力，得不偿失。由于个别国家已经开启了生态环境保护的实质性进程，还有很多国家因为经济发展滞后在走高污染高耗能的道路，这势必使全球生态环境面临不平衡的困境，因此需要世界各国秉持全球可持续发展理念共商生态安全。就文化而言，西方国家的文化是以自由主义和个人主义为本源的，这种文化容易演化成功利主义、极端思潮等，并不利于消弭危机的潜在风险。此外，西方国家也热衷于文化价值的对外输出，在国际上制造文化对立和文化冲突，不仅会破坏稳定的国际环境，更无益于资本主义的持续性发展。就军事而言，军工资本向民用资本的融合发展方向应该被约束在合理的范围内，国家制造军事冲突和矛盾同样阻碍了国家现代化的发展进程，美国长期陷在中东地区冲突已然说明了一切。就外交而言，秉持人类命运共同体理念构建新型全球秩序，是实现世界各国和地区和平发展、合作共赢的正确道路。

第八章

剩余价值生产与当代资本主义系统性危机应对

本章提要：基于剩余价值生产视角的一系列变革常常对于化解资本主义的系统性危机起重要作用。首先，科技革命与生产组织的进步创新在资本主义社会中起到了重要的推动作用。通过科技的进步和生产组织的创新，生产效率得到提高，劳动生产力得以提升。通过鼓励和促进科技创新，可以增加剩余价值的生产新的动力源，生产组织的创新节约了大量生产时间，提高了资本周转速度，降低了生产成本，实现了生产的规模效应，从而缓解资本主义系统性危机。其次，传统生产与数字化生产的交相融合也为化解危机提供了新的机遇。传统生产与数字化生产交相融合改进了资本积累的规模和结构，随着数字技术的广泛应用，传统生产方式逐渐被数字化生产所取代，数字化生产更倾向于以网络形式的生产组织架构为核心，而非传统的中心化生产组织架构。数字经济时代劳动具有很强的弹性，雇佣关系由标准雇佣转变为弹性雇佣，零工劳动者往往是孤立的个体，彼此之间没有紧密的联系。他们的工作时间和地点可能不同，缺乏机会进行集体行动和互相支持，这导致劳动者之间的分散，难以形成统一的阶级力量来推动社会变革。数字化技术使资本家能够更有效地监控和管理劳动过程，提高生产过程的灵活性和效率。个体劳动转化为社会总劳动与个体资本转化为社会总资本是相辅相成的，对缓解资本主义系统性危机具有重要意义。

当代资本主义系统性危机的反复出现表明，西方国家率先完成工业革命后开启人类现代化文明的进程中充满挑战，资产阶级想要将其执政掌管的国家树立文明的标榜模范，就不得不给出解决系统性危机的有效应对方案。通过基于历史唯物主义的科学研究，我们已经深刻认识到当代资本主义系统性危机的实质是剩余价值难题，首先是剩余价值的生产——它在当代之前一直被视为资本主义制度的"黑匣子"，无论是资本主义生产关系的真实面貌，还是资本主义生产效率的提高机理，奥秘皆在于此。然而，人类种的生存和繁衍都依赖物质资料生产，当生产劳动在人类没有实现自由解放之前就是大家不得不去做的事情，这就给予了资本追逐剩余价值更多肆无忌惮的砝码。如果在剩余价值生产环节秉持"稳定性、创新性和系统性"原则，当代资本主义国家在防范和化解系统性危机上就能占据一定的主动性。稳定性原则强调既定资源在不同资本之间配置的相对平衡，从而减少行业间、部门间、区域间的结构性失衡。创新性原则注重新科学技术革命引发的生产组织创新、商业模式变革和经济结构调整，对平均利润率下降趋势产生拉升效应，抑制剩余价值总量衰减。系统性原则旨在协调个别资本生产有组织性和资本主义整个生产无组织性之间的矛盾，把个别资本循环周转和社会总资本循环周转、个别劳动和社会总劳动等有机衔接起来，尽可能维持好剩余价值生产的相对稳定秩序。

第一节 技术进步与生产组织创新

随着科技的不断进步，人类社会的生产力和生产方式也在日益发展和变革。在过去的几百年里，三次科技革命对于人类社会的发展产生了深远影响，每一次科技革命都带来了新的生产力和生产方式，从而改变了人类社会的生产关系和经济模式，对于资本主义系统性危机的缓解起到了重要作用。

一 技术进步提供了剩余价值新的动力源

从科技革命看技术变迁基本历程。在第一次工业革命之前，资本主义面临一系列的危机和困境。首先，农业生产方式的落后和生产效率低下，使得欧洲国家的农业生产无法满足人口增长的需求，从而导致粮食价格上涨和粮食短缺。同样地，手工业的生产效率也十分低下，这使得商品生产无法满足市场需求，从而导致生产过剩和商品价格上涨以及经济的萎缩和不稳定。另外，人们生活极其贫困，劳动时间长，工作环境危险。这种不公正的生产关系引发了工人阶级的不满和抗议，从而催生了社会主义思潮和工人阶级的斗争。第一次工业革命缓解了这些问题。蒸汽机、纺织机、铁路等新技术的出现和应用，提高了生产效率和生产力水平，使得资本家可以更有效地利用劳动力和生产资料，获得更多的剩余价值。这些新技术的应用推动了工业化的进程，促进了资本主义经济的蓬勃发展。据估计，18 世纪末期到 19 世纪中期，英国的煤炭生产量和铁矿生产量分别增长了约 50 倍和 20 倍，这主要得益于蒸汽机的应用，蒸汽机的出现使得矿井的排水更加便捷，提高了煤炭和铁矿的生产效率。正如《共产党宣言》所讲："资产阶级在它的不到一百年的阶级统治中所创造的生产力，比过去一切世代创造的全部生产力还要多，还要大。自然力的征服，机器的采用，化学在工业和农业中的应用，轮船的行驶，铁路的通行，电报的使用，整个整个大陆的开垦，河川的通航，仿佛用法术从地下呼唤出来的大量人口——过去哪一个世纪料想到在社会劳动里蕴藏有这样的生产力呢？"[①] 此外，随着机器生产的普及和机械化的进程，工人阶级的工作强度和劳动时间得到了一定程度的缓解，新的生产方式和生产关系也为工人阶级提供了更多的就业机会和收入来源，从而提高了工人阶级的生活水平和福利待遇。然而，第一次工业革命也带来了一系列新的问题和挑战。新技术的大量应用和机器生产

---

① 《马克思恩格斯文集》第 2 卷，人民出版社 2009 年版，第 36 页。

的普及反而导致劳动力的大量失业和工人阶级权益的受损，机器生产的普及也导致资源的过度消耗和环境污染的加剧，从而对人类社会和自然环境造成了巨大影响和损害。随着 18 世纪末至 19 世纪中期工业化的深入，生产力再次无法满足经济的发展，越来越突出的问题制约了工业化的进一步发展。此外，垄断、经济不景气、社会问题等现象也带来了资本主义的新挑战。

19 世纪末，第二次工业革命的到来，通过新技术的应用再次缓解了资本主义面临的危机，并对剩余价值生产产生了重要影响。新技术的应用主要表现在生产效率的提高、产业结构的调整、市场范围的扩大和生产资料的集中化和规模化。首先，新技术的应用极大地提高了生产效率。自动化工厂的出现和传动带的广泛应用，使得生产线的自动化和机械化大幅提高。例如，福特汽车公司在生产 T 型车时使用流水线生产，使得生产效率大幅提高。这些技术的应用，使得劳动力成本降低，进而使得资本家能够更加有效地利用资本获得更高的剩余价值。其次，新技术的应用使产业结构得到调整和转型。电力、石油和钢铁的应用，使得传统手工业和手工业劳动力逐渐被机器和自动化系统所替代，从而使新兴产业得到进一步发展，剩余价值的生产格局被改变。例如，手工业在工业生产中的地位逐渐下降，而机器制造业成为主导产业。最后，第二次工业革命的新技术的应用使得市场的范围扩大。内燃机的应用使得生产和运输成本大幅降低，从而使得商品以低廉的价格运输到更远的地方销售，促进了国际贸易的发展。

第三次科技革命之前，资本主义再次面临多重危机，这些危机表现在经济、政治和社会方面且交叉影响。在经济方面，资本积累危机、过剩生产能力危机和商业周期危机等问题导致经济增长的放缓和市场的不稳定。在政治方面，阶级矛盾危机和帝国主义危机等问题导致政治动荡和社会不稳定。在社会方面，贫富分化危机和环境危机等问题导致社会不满情绪并导致政治危机的加剧。第三次科技革命的发生为缓解这些危机提供了新的机会和解决方案。新技术的应用可以提高生产效率和生产质量，促进经济增长和市场稳定。例如，信息技术和自动化技术的应用可以降低生产成本，提高生产效率和生产质量，从而增加企业的利润和剩余价值。互联网的应用可以改变传统的生产关系和经济模式，降低资本家的垄断程度，提高劳动者的收入和福利待遇，从而缓解社会不满情绪和政治危机加剧的状况。此外，新技术的应用也可以促进环保和可持续发展，从而缓解环境危机。例如，新能源技术的应用可以减少对化石燃料的依赖，降低温室气体排放，从而减小气候变化的影响，根据国际能源署（IEA）的数据，2021年可再生能源发电量将继续增长，预计增长8%，其中太阳能发电增长最快，预计将增长17%。①

当前，第四次科技革命即将到来，将引发一系列具有重大影响的技术革新，包括人工智能、物联网与区块链、新能源等，这些技术在多个领域都有潜力对资本主义剩余价值生产产生积极影响。人工智能是第四次科技革命的核心驱动力之一。AI技术的快速发展使得机器能够执行复杂的认知任务，从而替代人类在某些领域的劳动，自动化技术的应用可以提高生产效率、降低劳动力成本，并减少人为错误和事故，有助于提高资本主义企业的生产能力和利润率。物联网技术的发展则使得各种设备和物品互联互通，并产生大量的数据，这些数据通过大数据分析和机器学习等技术可以转化为有价值的信息。在资本主义经济中，这些技术可以帮助企业更好地了解市场需求、预测趋势，并优化生产和供应链管理，通过精细化的数据分析，企业可以更准确地满足消费者的需求，提高产品质量和服务效率，从而增加剩余价值的生产。区块链技术是一种去中心化的分布式账本技术，具有透明、安全和可追溯的特点。在资本主义经济中，区块链技术可以提高交易和合约效率、降低交易成本，并加强信任和透明度。这有助于减少中间环节的参与，降低信任成本，提高交易效率，从而增加剩余价值的产生。另外，随着人们对环境可持续性不断关注，新能源技术的应用变得越来越重要。可再生能源如太阳

---

① International Energy Agency. Renewables 2021：Analysis and forecast to 2026，https：//www.iea.org/reports/renewables - 2021.

能和风能的开发和利用有助于减少对传统能源的依赖，降低能源成本，并减小对环境的负面影响。在资本主义经济中，新能源技术的应用可以提高生产效率，减少能源成本。因此，科技革命对于缓解资本主义危机具有重要意义。新技术的应用和创新，可以提高生产效率和质量，降低生产成本，增加企业的利润和剩余价值，改变传统的生产关系和经济模式，提高劳动者的收入和福利待遇，缓解社会不满情绪和政治危机的加剧，促进环保和可持续发展，从而为资本主义系统性危机的缓解起到重要作用。

从技术进步看剩余价值生产的两个作用机理。西方马克思主义学者塞缪尔·鲍尔斯（Samuel Bowles）曾提出劳动榨取模型分析剩余价值生产，我们把技术进步引入模型中，对其进行拓展，更好地展现了技术进步通过提高劳动率和降低生产成本两个角度对剩余价值生产发挥作用。图 8-1 是包含技术进步的劳动榨取模型。塞缪尔·鲍尔斯指出，在劳动过程中，资本家支付给劳动者一定的工资，表现为单位小时工资 w；雇员通过劳动生产商品，表现为单位小时产出 z，即劳动生产率。其中，单位小时产出 z 取决于两个因素，一个是单位劳动付出 e，用来衡量每小时投入的抽象劳动量，另一个是劳动效率 f，用于衡量单位劳动量与产出的比，因此有：$z = ef$。需要注意的是，劳动付出 e 由工资或者预期失业成本决定。预期失业成本即雇员当前的工资与失业后各种可能收入的期望的差值，工资越高或预期失业成本越高，雇员工作的积极性越高，因此劳动付出 e 越大；但高工资或者高预期失业成本带来的劳动付出的增加效果是递减的，于是有：$e = e(w_c)$，$e' > 0$，$e'' < 0$，$w_c = w - [hw_a + (1-h)w_u]$，$e(0) = \underline{e}$，此时 $w = \underline{w} = [hw_a + (1-h)w_u]$。其中，$w_c$ 表示工资激励，w 表示雇员当前的工资，h 表示雇员再就业的可能性，w_a 表示雇员再就业后的平均工资，w_u 表示雇员失业后的保险收入，$\underline{w}$ 表示保底工资，低于这个工资劳动者将不愿意付出劳动，$\underline{e}$ 表示保底工资下的劳动付出。关于企业利润最大化目标。企业的最终目的是实现利润最大化，利润可以表示为产出效益与投入成本的差额，即，$zH - $

$wH = (1 - w/z)Q$，其中，H 表示总劳动时间，Q 表示预期产量，为了实现利润最大化目标，企业必须最小化单位产出工资，即最小化 w/ef，也就是使得单位产出工资对工资求导其结果为 0：$\dfrac{d(w/z)}{dw} = \dfrac{(z - wz_w)}{z^2}$ =0，其中，z_w 是 z 对 w 的导数，从而我们可以得到实现企业成本最小化的最终决策：$z - wz_w = 0 \overset{w \neq 0}{\Rightarrow} z_w = \dfrac{z^*}{w^*} = \dfrac{e^*f}{w^*}$。我们认为，技术控制不仅是劳动组织形式的外在表现，同时会对劳动效率产生影响，因此有 $f = f(t)$。

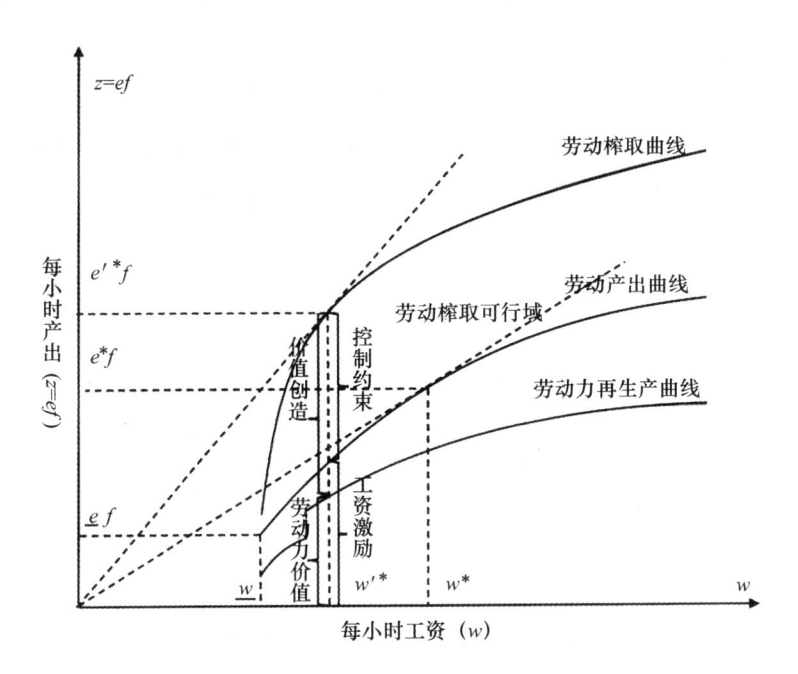

图 8-1　引入技术进步的劳动榨取模型

拓展和修正的劳动榨取模型指出技术对劳动生产率的影响主要体现在两个方面：一是在物质形式层面的劳动效率的提高，有 $f = f(t)$，且 $f_t(t) > 0$，科学技术能够显著地提高劳动效率，它不仅提高了劳动者的劳动技能，还使得人们能够创造新的工艺方法和劳动资料，从而推动生产力的发展，如改进生产工具、改善基础设施、创新劳动产品等。二是在社会形式层面的控制约束，有 $c = c(s,t,m,i)$，且 $c_t(s,t,m,i) > 0$，一些新技术也会通过影响劳动过程实现单位产出的增加，例如，在资本主义制度下资本家会通过流水线强制提高工人的劳动付出、发明更先进的劳动绩效监督考核制度和设备等。笔者接下来将探讨在拓展和修正后的劳动榨取模型中，技术进步所产生的影响。首先，对于劳动榨取曲线与劳动产出曲线而言，$z^{(')} = e^{(')}f$，因此，这两条曲线会在原有基础上以 f 增长的倍数向上方拓展；其次，对劳动榨取曲线和劳动力再生曲线而言，$e' = e(w_c, c)$，技术进步带来了新的技术约束，从而使得 c 变化继而影响 e'。

首先，考虑技术进步的物质层面影响——提高劳动效率，技术进步的物质层面影响也就是提高劳动效率，对劳动者名义收入的影响是中性的，既不会降低劳动者的工资，也不会提高工资。如图 8-2 所示。

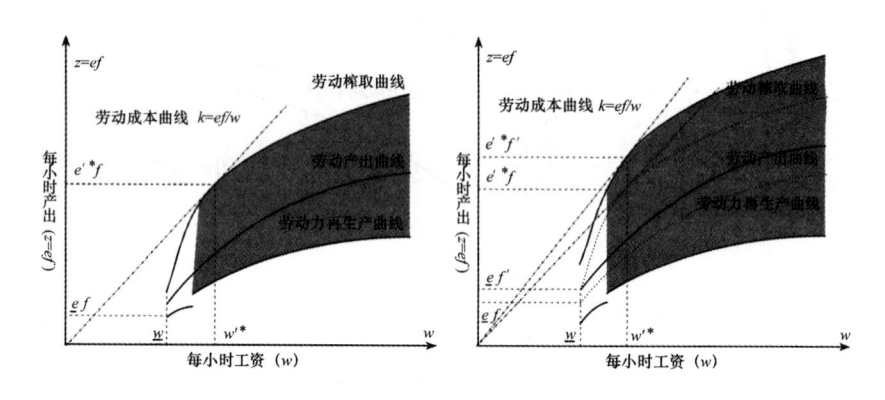

图 8-2 技术进步的劳动生产率效应

虽然技术进步不会带来名义工资的提高，但普遍的技术进步则会提高单位产出，提高全社会的劳动生产率，降低社会必要劳动时间，如此一来，虽然劳动者的名义工资没有提高，但他们用工资所能购买的产品是有所增加的，社会生产力是得到发展的。

其次，分析技术进步的社会层面影响——导致的控制约束变化对生产成本的节约,控制约束的变化其实就是对劳动付出的影响,使得劳动者在相同工资水平下能够带来更高的劳动产出。由于技术控制上无论是自动化机械化的生产还是新型监督考核设备都不能突破劳动者的劳动付出上限,因此,造成的影响表现为劳动榨取曲线和劳动力再生曲线向左拓展,而非向上拓展。通过技术控制改进,以及新的流水线或劳动监督技术,资本家实现了支付给劳动者每单位的产出更低的工资,即生产成本的节约。如图8-3所示。

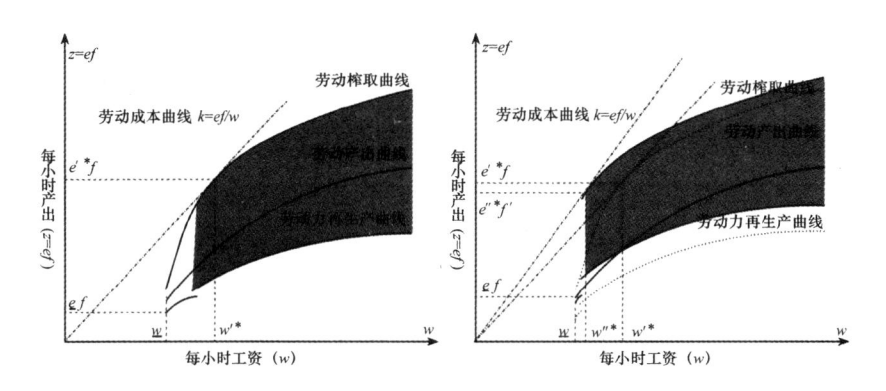

图8-3 技术进步的成本节约效应

二 生产组织的创新优化了社会资产配置效率

18世纪末,资本主义社会的生产组织形式发生了重大转变,从工场手工业转向机器大工业。这一转变涉及技术进步、劳动力组织和生产方式的变革。工场手工业阶段是资本主义发展的早期阶段,以手工劳动和小规模生产为主要特征。在这个阶段,生产过程相对分散,劳动者使用基本的工具和技能进行生产。由于生产规模较小,产品质量和数量受到限制,生产效率低下。此外,由于劳动力的有限性,劳动力的组织和协调也存在一定的困难。然而随着工业革命的到来,机器大工业开始崭露头角。这一阶段的关键特征是机械化和大规模生产,机器的引入使生产过程变得更加自动化和高效率,机器大工业的兴起在多个方面对资本主义社会的资产配置效率产生积极影响。首先,机器大工业显著提高了生产力水平。机械化的引入使生产过程变得更加快速、准确和连续，机器能够以更高的速度和精度完成繁重的劳动任务，从而提高产品质量和数量，这种技术变革推动了生产效率的大幅提高，为资本主义社会创造了更多的财富和价值。其次，机器大工业促进了生产规模的扩大。机器的使用使得生产过程能够更好地适应大规模生产的需要，通过机械化和流水线生产，生产能力得到了显著增强，生产规模有所扩大，这种规模经济效应使得企业能够更有效地利用资源，减少单位产品成本，提高生产效率，大规模生产也为企业提供了更大的市场份额和竞争优势。再次，机器大工业推动了劳动力组织和管理的变革，在机器大工业阶段，劳动分工更加细化，劳动过程达到规范化和标准化，工人不再是独立完成整个产品制造过程的手工劳动者，而是被分配到特定的岗位和任务中，这种分工和协作使得劳动力的组织和管理更加高效。最后，机器大工业还推动了劳动力的技术培训和专业化，提高了劳动者的技能水平，从而进一步提高生产效率。

19世纪末，随着工业化和机械化的发展，生产效率成为资本主义企业发展的核心问题。此时，工厂生产过程的主要问题是如何提高生产效率和降低成本。泰勒就是在此背景下提出了基于科学管理的生产组织形式——泰勒制。泰勒制的核心思想是通过科学的方法来管理和组织生产过程，从而达到提高生产效率和降低成本的目的。泰勒制要求对工作过程进行详细的分析和测量，以确定最佳的工作方法和标准化的工作程序。它将生产过程分解成一系列简单、重复、标准化的动作，并通过对工人的严格管理和控制来确保这些动作的执行。泰勒制的应用对资本主义企业产生了深远影响，它使得生产过程更加高效和标准化，提高了劳动生产率和降低了资本投入，为资本家创造了更多的剩余价值。同时泰勒制的应用使企业的管理更加科学化和规范化，提高了企业的组织能力和管理效率，推动了资本主义生产关系的进一步发展。因此，泰勒制在一定程度上可以缓解资本主义危机的发生，首先，提高劳动生产率和延长剩余劳动时间可以增加资本主义利润，缓解由于利润率下降而引发的危机。其次,泰勒制可以提高社会劳动生产率,降低工人生活成本,可以使得资本家尽量压低工人工资,进而缓解利润挤压引发的危机。①

20世纪初期,美国制造业的快速发展和企业规模的扩大,在传统的手工业生产方式无法满足企业需求的情况下,福特制的生产组织形式应运而生,它为企业提供了一种更加高效和标准化的生产方式。福特制的核心内容是将生产过程分为一系列简单、标准化的工序,并通过流水线和装配线的方式将生产过程分配给不同的工人完成。在这种生产方式下,每个工人只需完成自己负责的工序,而不需要像传统的手工业生产方式下那样完成整个产品的制造。② 这种分工和专业化的生产方式大大提高了生产效率,降低了成本,使得企业能够实现大规模生产和高度标准化的生产组织形式。福特制的应用对资本主义经济产生了深远影响。首先,福特制的应用使生产过程进一步高效和标准化,不仅提高了生产效率,还降低了成本,从而为资本家创造了更多的利润。其次,福特制的应用加速了资本主义经济的垄断化和集中化,因为只有那些承担大规模生产的企业才能够应用福特制这种高度标准化的生产组织形式。福特制的应用对于促进资本主义经济的发展、缓解资本主义系统性危机起到了重要作用。例如,福特制大量采用流水线生产方式,降低了工人的体力劳动强度,使工人的工作环境得到改善,提高了工人的生产效率和工作体验。这种改变使得工人不再需要重复机械性的动作,而是能够专注自己的工序,从而减轻了工人的劳动强度,工人的身体健康状况得到改善,有助于实现劳动力的再生产和缓解过度积累的危机。再如,福特制的应用使工人的工资得到提高,这主要是由于生产效率的提高和成本的降低所带来的利润增加,一方面,福特制的高效生产使得企业能够更高效地生产产品,进而获得更高的利润,这些利润一部分被用于提高工

---

① 刘诚:《泰勒制与工资机制问题研究》,《上海师范大学学报》(哲学社会科学版) 2013年第6期。
② 谢富胜:《当代资本主义劳动过程理论:三种代表性表述》,《马克思主义与现实》 2012年第5期。

人的工资待遇；另一方面，随着生产效率的提高和成本的降低，福特制推动了工业品的大规模生产，使得消费品价格降低，从而提高了工人的生活水平极大地缓解了消费不足的危机。

20世纪70年代，日本的汽车行业在世界范围内迅速崛起。日本汽车制造商面临的一个重要问题是如何在成本、质量和交付时间方面与西方汽车制造商竞争。在这样的背景下，丰田公司推出了一种新的生产组织方式——丰田制。丰田生产方式称为精益生产。"精，即少而精，不投入多余的生产要素，只是在适当的时间生产必要数量的市场急需产品；益，即所有经营活动都要有益有效，具有经济性。"① 丰田制的核心思想是通过减少浪费和提高生产效率来实现更高的质量和更快的交付时间，丰田制强调生产过程中的质量控制和员工参与决策，同时注重供应链和库存管理，丰田制的应用使得生产过程更加精细、高效和灵活，从而提高了劳动生产率和降低了成本。② 丰田制的应用在资本主义经济中产生了深远影响，它促进了生产过程的协作和创新，提高了生产效率和质量，增强了企业的竞争力；丰田制还强调员工参与、持续改进和灵活性，使得企业能够适应市场变化和客户需求，推动了资本主义经济的发展；同时，丰田制也强调了企业的社会责任，包括对员工和社会的贡献，这使得它在人们心中具有更高的社会形象。丰田制对缓解资本主义危机起到了一定的作用。首先，丰田制的应用使得企业能够更加注重质量和效率，降低生产成本并提高生产效率。这有助于企业在市场竞争中获得更大的优势，增加收入和利润，缓解资本主义经济中产生的一些危机，如比例失调和消费不足等问题。其次，丰田制强调员工参与和灵活性，使得企业能够适应市场变化和客户需求，这有助于企业生产的产品更符合市场需求，避免了过度生产和废品的浪费，进而缓解了环境和资源的危机。最后，丰田制注重企业的社会责任，积极承担对员工和社会

---

① 谢富胜：《中国道路的政治经济学》，中国人民大学出版社2023年版，第198页。
② 吕建强、许艳丽：《从泰勒制到温特制：生产系统演进与职业教育应对》，《高等工程教育研究》2023年第3期。

的责任，这有助于企业树立良好的社会形象，赢得公众的信任和支持，缓解了资本主义经济中产生的一些社会危机，如分配不公和社会不稳定等问题。

20世纪80年代，美国的汽车行业面临激烈的国际竞争，而且市场需求不断变化。福特公司认识到传统的福特制已经不能满足市场需求，需要创新生产组织方式。在这样的背景下，福特公司引入了丰田制的一些思想，结合信息技术的应用，发明了新福特制。新福特制强调生产过程的自动化和信息化，将生产过程中的人工干预降到最低，提高生产效率和质量；新福特制还注重组织重构和流程再造，将生产过程分解为多个环节，优化生产过程，提高生产效率和降低成本。[1] 新福特制对缓解资本主义危机也起到了一定的作用。首先，新福特制的应用使得生产过程更加智能化、高效化和可持续化，提高了劳动生产率、降低了成本，将大量"边缘"生产环节外包给其他企业，这有助于核心企业在市场竞争中获得更大的优势，从而缓解了资本主义经济中的利润率下降危机。其次，新福特制注重组织重构和流程再造，使得企业更加适应市场变化和客户需求，降低了企业的经营风险，缓解了资本主义经济中的过度积累与消费不足危机。最后，新福特制注重企业的社会责任和可持续发展，有助于消除企业与社会之间的矛盾，在一定程度上解决不平等问题。

第二节 传统生产与数字化生产交相融合

在科技快速发展和信息化深入发展的背景下，数字经济这一新的经济形态得以产生，它利用数字技术和互联网等信息技术手段，将传统经济活动数字化、网络化和智能化，为经济增长和转型提供新的动力和机遇。数字化生产主要是通过数字技术对传统的生产方式进行升

---

[1] 张宇等：《中级政治经济学》，中国人民大学出版社2016年版，第149页。

级和改进,从而提高生产效率和生产质量的一种生产方式。数字化与传统生产的交相融合从多个方面缓解了资本主义的系统性危机。一方面,数字化生产的发展提高了生产效率和质量;另一方面,数字生产方式改变了传统的生产关系和经济模式,从而为缓解资本主义危机作出了重要贡献。

一 传统生产与数字化生产交相融合改进了资本积累的规模和结构

数字化生产与传统生产的融合发展提高了生产效率和质量,对生产力的发展起到至关重要的作用。因为一方面通过数字技术的应用和创新,生产过程中的各种环节可以自动化、智能化和数字化,从而达到提高生产效率、降低生产成本的目的;另一方面,数字化生产可以使得生产过程更加精细化、标准化,从而提高产品质量和生产安全性。此外,数字化生产还能够快速响应市场需求,加快产品的研发和上市速度,提高企业的市场竞争力。

在生产资料层面,自动化、智能化和数字化是数字化生产应用和创新的最直接体现,通过产业数字化,以数字化提高传统产业效率,应用数字技术和数据资源为传统产业带来产出增加和效率提升。首先,数字技术在生产过程中的应用和创新使得生产过程更加自动化。传统的生产过程往往需要人工干预,而数字技术的应用和创新可以将生产过程中的各种环节自动化,从而提高生产效率和精度。例如,智能机器人在生产流水线上的应用,可以实现产品的自动化生产,无须人工干预。2021年的初步数据显示,全球已安装486700台工业机器人(同比增长27%)。① 这些数字化技术的应用和创新,使得生产过程更加自动化,提高了生产效率和精度,降低了生产成本(如图8-4所示)。

其次,数字技术的应用和创新,可以使生产过程中的各种环节智能化,以提高生产效率和精度。特别是物联网技术已经在工业生产中得到

---

① International Federation of Robotics. Double Digit Growth for Robot Sales in North America, https://ifr.org/news/double-digit-growth-in-north-america.

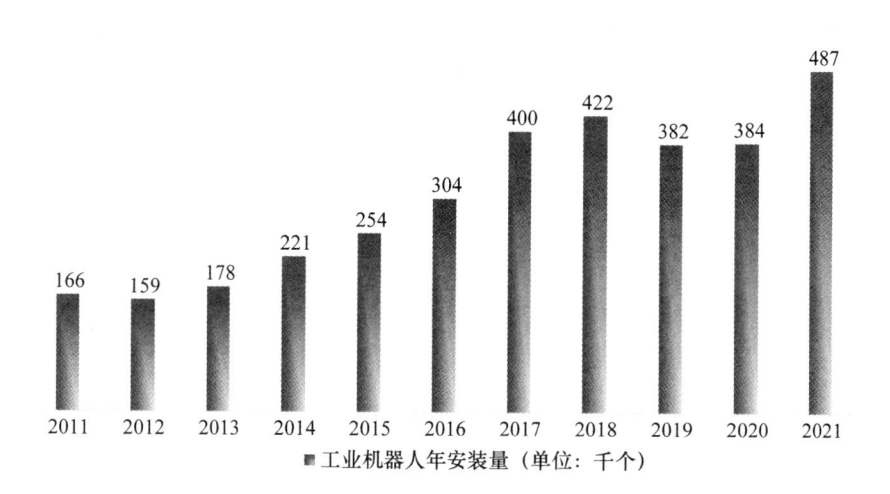

图 8-4　工业机器人年安装量

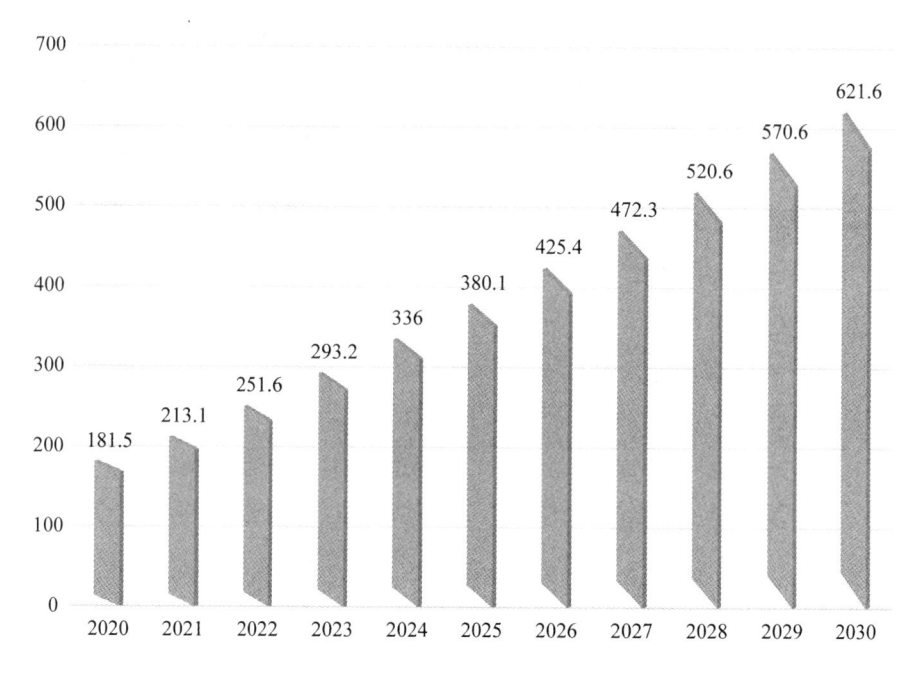

图 8-5　全球物联网（IOT）年总收入

广泛应用，物联网技术可以实现对生产过程的监控和控制，并且通过大数据分析实现生产过程的优化和改进。Statista 的数据显示，2019 年，全球物联网市场规模为 2131 亿美元，预计到 2030 年将增长至 6216 亿美元，年复合增长率为 14.9%。① 这些数字化技术的应用和创新，使得生产过程更加智能化，提高了生产效率和精度。

最后，数字技术的应用和创新，可以使得生产过程更加数字化。数字化的生产过程以及数字技术的应用和创新，可以将生产过程中的各种环节数字化，以提高生产效率和精度。例如，数字孪生技术可以将物理世界与数字世界相结合，实现对生产过程的数字化建模和仿真。数字孪生技术是一种虚拟仿真技术，它将物理实体（包括产品、系统、设备或流程等）的数字模型与实时数据相结合，以创建一个精确的虚拟副本。通过数字孪生技术，企业可以在虚拟环境中对物理实体进行模拟和测试，以评估其性能、预测其行为以及优化其设计和操作。据 MarketsandMarkets 的报告显示，全球数字孪生市场规模将在 2025 年达到 1101 亿美元。② 这些技术的应用和创新将使得生产过程更加数字化，从而提高生产效率和精度。通过数字化生产，自动化、智能化和数字化可以使传统产业实现更高的产出，以更低的成本生产更多的产品，从而扩大企业的利润空间。

从马克思主义政治经济学的视角出发，数字化生产能够提高资本主义经济的劳动生产率，削弱社会必要劳动时间。这样一来，一方面，剩余劳动时间得到延长，资本家投入等量的资本，可以获得更多的增殖，从而促进资本的积累，缓解资本主义危机；另一方面，全社会劳动生产率的提高可以增加社会福利，工人付出等量的劳动、获得等量的工资可以购买更多消费品。除此之外，个别企业或产业数字化生产的推广还能给个别企业或产业带来超额利润，从而吸引更多投资，促进数字化生产和数字产业的增长和发展。

---

① Statista. Internet of Things（IoT）Total Annual Revenue Worldwide from 2020 to 2030 – Statistics&Facts, https://www.statista.com/statistics/1194709/iot–revenue–worldwide/.

② MarketsandMarkets. Digital Twin Market by Application, Industry, Enterprise and Geography – Global Forecast to 2028, https://www.marketsandmarkets.com/Market–Reports/digital–twin–market–225269522.html.

在产品层面，数字化技术的应用可以使产品更加精细化、标准化，提高产品质量，同时保障生产安全。首先，数字化技术可以实现对生产过程的实时监控和数据分析，从而及时发现生产过程中的问题并作出针对性的优化和调整。数字化技术可以通过传感器、智能设备等实现对生产过程的实时监测，并将监测数据传输到计算机进行数据分析。利用数据分析技术，可以从监测数据中提取有价值的信息，并通过数据可视化的方式呈现出来，帮助生产管理者直观地了解生产过程的状况和存在的问题。同时，数据分析还可以通过算法模型对监测数据进行预测和分析，及时发现生产过程中的问题，并作出针对性的优化和调整。例如，德勤公司在《制造业数字化转型：实现更高生产效率和质量》一文中，提到了一个名为 Jabil 的电子制造服务公司采用数字化技术改进生产过程的案例。该公司使用了工业物联网、云计算和智能分析等数字化技术对生产过程进行实时监控和优化，并实现了自动化和智能化的生产控制。经过实施后，该公司生产过程中的错误率下降了 30%。[1] 其次，数字化技术可以实现对生产过程的全程监控和控制，保证产品的一致性和稳定性。数字化技术通过传感器、智能设备等实现对生产过程的实时监控和控制，传感器采集物理量、化学量等信息，将这些信息转化为电信号并传输计算机系统中做出分析和处理，智能设备可以通过计算机系统对监测数据进行实时分析和处理，并发出相应的控制指令，对生产过程实施调整和优化。据市场研究公司 MarketsandMarkets 的报告，数字化技术可以将产品缺陷率降低 35% 以上，提高产品的质量和品牌价值。[2] 最后，数字化技术可以实现对生产过程的实时监测和预警，及时发现生产过程中存在的风险和隐患，从而保障生产安全。具体来讲，数字化技术可以通过传感器、智能设备等实现对生产过程的实时监测和预警。通过

---

[1] Deloitte. Digital Transformation in Manufacturing, https://www2.deloitte.com/us/en/pages/consulting/articles/digital-transformation-manufacturing.html.

[2] MarketsandMarkets. Digital Transformation Market by Technology, Deployment Type, Vertical and Region-Global Forecast to 2027, https://www.marketsandmarkets.com/Market-Reports/digital-transformation-market-43010479.html.

对生产过程中的各个环节进行实时监测，企业可以发现生产过程中存在的风险和隐患，及时采取措施进行处理和调整，避免事故的发生，提高生产安全性。例如，有研究指出，数字化技术可以实现对铁路设备和列车的实时监测和预测维护，降低设备故障和人为错误的概率，从而提高铁路运输的安全性，将生产安全事故率降低 40% 以上。①

除此之外，数字化生产还能够快速响应市场需求，加快产品的研发和上市速度，提高企业的市场竞争力。数字化生产的快速响应市场需求能力主要体现在三个方面：首先，实现定制化生产。数字化技术可以实现生产过程的个性化定制，根据客户需求进行生产，从而提高生产效率和客户满意度。据 IDC 的统计数据，数字化技术可以将生产周期缩短 30% 以上，提高生产效率 20% 以上。② 其次，快速响应市场变化。数字化技术可以实现对市场需求的实时监测和分析，及时调整生产计划和生产流程，快速响应市场变化。例如，苹果公司采用数字化技术实现了生产过程的智能化管理，使得 iPhone 手机的研发和上市速度大大加快，从而提高了企业的市场竞争力。最后，优化供应链管理。数字化技术可以实现对供应链的实时监测和优化，及时发现和解决潜在的问题，从而提高供应链的效率和稳定性。据 IDC 的统计数据，数字化技术可以将供应链管理成本降低 25% 以上，降低供应链风险 20% 以上。③

从产品视角分析，数字化与传统产业的融合可以从提高资本周转速度、提供个性化弹性消费需求两个方面对缓解资本主义系统性危机起到显著作用。一方面，依托数字化设计和制造技术，企业可以快速开发出新产品，并且通过互联网等数字渠道进行推广和营销，从而使产品进入市场和取得增殖，加快资本周转。同时，数字化技术的应用也可以延长

---

① BIPA, AVE, BID, et al. "Application of Digital Technologies in Railway Transport", Science Direct, Volume 57, 2021, pp. 463 – 469.

② IDC. Worldwide Digital Transformation Use Case Spending Forecast, 2019 – 2022, https://www.idc.com/.

③ IDC. Worldwide Digital Supply Chain Management Spending Forecast, 2020 – 2023, https://www.idc.com/.

产品的成熟期，例如，通过数字化营销和客户关系管理系统，企业可以更好地维护和拓展已有客户的需求，从而延长产品的生命周期，缓解消费不足的资本主义危机。另一方面，数字化制造技术可以提高产品的精度和一致性，数字化设计技术可以更好地满足消费者的个性化需求，数字化营销技术可以充分地了解和满足消费者的需求和偏好。例如，随着资本主义经济的增长，大规模标准化的需求已经被满足，福特制的大规模流水线生产明显在20世纪70年代无法满足资本主义社会的消费需求，继而引发了滞胀危机。新自由主义通过构建个性化、弹性化的技术经济体系解决了滞胀危机，而数字技术在当代资本主义体系中无疑为个性化、弹性化生产提供了必要的技术支持。

二 传统生产与数字化生产交相融合的弹性积累

传统生产和数字化生产的交相融合对资本主义经济产生了深远影响，这种影响不仅局限于劳动生产力的变化，同时还涉及生产资料所有制、劳动过程、雇佣关系等多个方面。在这个过程中，数字化技术的应用不仅可以为资本主义经济系统缓解危机提供可能，也对未来的经济发展提出了新的挑战。

数字化生产的发展对生产资料所有制产生了深远影响。数字化技术的应用，使得生产资料更加共享和开放，从而为生产力的发挥提供了更多的可能。数字化技术的核心生产资料更加集中在少数人手中，而一般性生产资料的所有权更多地归属于外围的经济主体。这种所有权的变化，使得数字化生产更倾向于以网络形式的生产组织架构为核心，而非传统的中心化生产组织架构。在传统的生产模式下，生产资料所有权通常集中在少数人手中，这限制了社会资源的充分利用和生产力的发挥。这对于加速资本积累、提高利润率从而缓解资本主义系统性危机有重要意义，"一方面，平台企业仅保留核心的技术人员及其他必要人员，零工劳动者则属于外围人员，平台不与他们签订长期劳动合同，相应地，平台企业也不必负担这些零工劳动者的工资以及各项社会福利保障开支，由此加快了平台企业的资本积累速度。另一方面，平台企业通过避免承担劳动资料成本增加资本弹性积累。如在滴滴出行平台中，零工劳动者用自己的车提供出行服务，各项折旧费用、维护成本也都由劳动者自己承担，由此降低了平台企业的运营成本，扩大了资本积累的规模"①。

数字化生产对劳动过程的影响深远。首先，数字化生产改变了传统的劳动方式，实现了从手工劳动向智能化、自动化的生产方式的转变。数字化生产可以通过高度自动化的生产过程，大量减少劳动力的使用，同时还能够实现成品的高精度制造，提高生产效率和产品质量。数字化生产的普及使得劳动过程逐渐变得更加智能化和精细化，许多生产任务可以通过计算机、机器人等设备来完成，这大大减少了人工操作的数量。其次，资本家通过数字化技术的应用，可以实现对生产过程的全面监测和控制。表面上，数字化生产通过劳动过程以其碎片化、灵活的工作时间和地点使得劳动者产生自由工作的感觉，②但实际上，随着数字化生产方式的发展，各种生产相对剩余价值的先进技术手段迅速发展起来，劳动者不得不依赖这些数字化工具才能获得被雇用的机会。这样，以数字化工具与平台为核心，数字劳动者以散点的形式在全社会范围内形成了一个没有实体边界的社会工厂。资本家表现出的"善意"的灵活工作方式，实际上是其借用数字技术已经不需要为劳动控制付出成本。③"因此，劳动者作为一个群体被牢牢地禁锢在这种新型的劳动力和生产资料结合方式中，尽管个人获得了进出行业的自由，但总有源源不断的劳动者进入这个行业，整个群体被动态地锁定在这种劳资关系中。"④ 根据国际劳工组织的数据显示，数字化生产的出现使得劳动力的使用成本大幅降低。全球范围内超过 1.6 亿工人受到数字化技术的影

---

① 卢江、刘慧慧：《数字经济视阈下零工劳动与资本弹性积累研究》，《天津社会科学》2020 年第 4 期。

② 吴清军、李贞：《分享经济下的劳动控制与工作自主性——关于网约车司机工作的混合研究》，《社会学研究》2018 年第 4 期。

③ 韩文龙、刘璐：《数字劳动过程及其四种表现形式》，《财经科学》2020 年第 1 期。

④ 周绍东：《数字革命、生产方式变迁与资本主义生产关系调整》，《马克思主义理论学科研究》2023 年第 4 期。

响，其中许多工人失去了工作，或者被迫接受低薪、无保障的工作。①但是仅就缓解资本主义系统性危机而言，数字化生产的发展毫无疑问是一个积极因素，一方面，对劳动过程的强势控制能够提高劳动生产率；另一方面，数字化工具提供了大量的产业后备军，二者对于资本主义经济发展至关重要。这些影响同样会对剩余的获取和资本的积累产生影响，通过零工劳动者"自愿"延长劳动时间增加剩余价值。马克思在《资本论》中详细分析了绝对剩余价值生产和相对剩余价值生产，前者是指在不改变必要劳动时间的前提下延长工作总时间，后者是指在工作总时间不变的情况下缩短必要劳动时间而相对延长剩余劳动时间。② 数字生产中的剩余价值生产更多地表现为绝对剩余价值生产。如前文所述，数字生产具有灵活化、弹性化特点，为了能够获得更多收入，大部分零工劳动者"自愿"延长工作时间，这为数字企业带来了更多剩余价值，使资本积累绝对增加。表8-1分析了七国集团国家总失业人数占劳动力总数的比例。2008年金融危机是一个重要拐点，在此之前，失业率总体上是下降的，但是危机以后，失业率大幅上升。在全球经济危机后第四次工业革命迎来发展的迅猛浪潮，零工劳动越来越普及化，就业形势发生了重大转变，灵活就业成为劳动者就业的一种新选择。

表8-1　1991—2022年G7国家总失业人数占劳动力总数的比例　（单位:%）

	加拿大	德国	法国	英国	意大利	日本	美国
1991年	10.32	5.32	9.13	8.55	10.10	2.10	6.80
1992年	11.20	6.32	10.20	9.77	9.32	2.20	7.50
1993年	11.38	7.68	11.32	10.35	10.21	2.50	6.90
1994年	10.40	8.73	12.59	9.65	11.09	2.90	6.12
1995年	9.49	8.16	11.83	8.69	11.66	3.20	5.65
1996年	9.62	8.82	12.37	8.19	11.86	3.40	5.45

---

① 国际劳工组织:《全球就业和社会展望：趋势2019》，https：//www.ilo.org/global/lang--en/index.htm。

② 《马克思恩格斯文集》第1卷，人民出版社2009年版，第363—373页。

续表

	加拿大	德国	法国	英国	意大利	日本	美国
1997 年	9.10	9.86	12.57	7.07	11.98	3.40	5.00
1998 年	8.28	9.79	12.07	6.20	12.12	4.10	4.51
1999 年	7.58	8.85	11.98	6.04	11.68	4.70	4.22
2000 年	6.83	7.92	10.22	5.56	10.83	4.75	3.99
2001 年	7.22	7.77	8.61	4.70	9.60	5.02	4.73
2002 年	7.66	8.48	8.70	5.04	9.21	5.39	5.78
2003 年	7.57	9.78	8.31	4.81	8.87	5.25	5.99
2004 年	7.19	10.73	8.91	4.59	7.87	4.73	5.53
2005 年	6.76	11.17	8.49	4.75	7.73	4.45	5.08
2006 年	6.32	10.25	8.45	5.35	6.78	4.19	4.62
2007 年	6.04	8.66	7.66	5.26	6.08	3.89	4.62
2008 年	6.14	7.52	7.06	5.62	6.72	4.00	5.78
2009 年	8.34	7.74	8.74	7.54	7.75	5.07	9.25
2010 年	8.06	6.97	8.87	7.79	8.36	5.10	9.63
2011 年	7.51	5.82	8.81	8.04	8.36	4.55	8.95
2012 年	7.29	5.38	9.40	7.88	10.65	4.36	8.07
2013 年	7.07	5.23	9.92	7.52	12.15	4.04	7.37
2014 年	6.91	4.98	10.29	6.11	12.68	3.59	6.17
2015 年	6.91	4.62	10.35	5.30	11.90	3.39	5.28
2016 年	7.00	4.12	10.05	4.81	11.69	3.13	4.87
2017 年	6.34	3.75	9.41	4.33	11.21	2.82	4.36
2018 年	5.83	3.38	9.02	4.00	10.61	2.47	3.90
2019 年	5.66	3.14	8.41	3.74	9.95	2.35	3.67
2020 年	9.46	3.86	8.01	4.47	9.16	2.80	8.05
2021 年	7.46	3.57	7.86	4.83	9.50	2.80	5.35
2022 年	5.21	2.99	7.45	3.57	8.09	2.64	3.61

数据来源：笔者根据世界银行数据库整理。

数字化生产的出现对于雇佣关系和阶级力量产生了深远影响。首先，数字经济时代，劳动具有很强的弹性，雇佣关系由传统的标准雇佣转变为弹性雇佣。"一般意义上来说，弹性雇佣体现为数量弹性、工资弹性和劳动时间弹性，数量弹性是指企业面临需求变动时，可对员工数量进行适当增减；工资弹性主要是指一种根据劳动的完成量进行薪资分配的弹性制度；而所谓劳动时间弹性则是指劳动者可以根据企业和自身实际对工作时间进行灵活安排。"① 其次，当代弹性雇佣劳动者更多依靠平台获得就业机会。数字经济时代，拥有一部能够联网的智能手机，劳动者便可以参与到平台指派工作的竞争中，在这里，平台占据绝对优势，"无须为他们支付最低工资、缴纳相关费用和社会保险"②，而劳动者的阶级力量则处于劣势，"没有劳工权、谈判权和职业安全感"③。在数字化生产背景下，雇佣关系和阶级力量的变化对于缓解资本主义系统性危机产生重要影响。这一变化带来了一系列挑战和机遇，涉及数字平台、零工劳动者、劳资谈判和阶级力量的演变。首先，数字平台的兴起促进零工经济的蓬勃发展，许多零工劳动者依赖这些平台提供的短期合同和临时工作来维持生计。然而与传统工人相比，零工劳动者往往缺乏稳定的就业和社会保障，也没有固定的雇主关系，他们通常没有技能优势，在劳资谈判中处于劣势，无法有效争取更好的工资和福利待遇，这导致零工劳动者在劳动力市场上的弱势地位，难以改善自身的经济状况。其次，数字化生产的发展也影响了劳动者之间的联结与组织。在过去，工人往往通过工会等组织形成统一的阶级力量，以争取自身权益和改善劳动条件。然而，在数字化生产背景下，零工劳动者往往是孤立的个体，彼此之间没有紧密的联系。他们的工作时间和地点可能不同，缺

---

① 卢江、刘慧慧：《数字经济视阈下零工劳动与资本弹性积累研究》，《天津社会科学》2020 年第 4 期。
② [德] 施瓦布：《第四次工业革命》，世界经济论坛北京代表处、李菁译，中信出版社 2016 年版，第 51 页。
③ [德] 施瓦布：《第四次工业革命》，世界经济论坛北京代表处、李菁译，中信出版社 2016 年版，第 51 页。

乏机会进行集体行动和互相支持,这导致劳动者之间的分散化,难以形成统一的阶级力量来推动社会变革。因此,在数字化生产背景下,无产阶级的力量被分散和削弱。与此同时,资产阶级掌握了重要的数字技术和平台,从而进一步加强了对劳动者的控制。数字化技术使资本家能够更有效地监控和管理劳动过程,提高生产过程的灵活性和效率。此外,资本家还可以利用数字平台来控制劳动力的供给和需求,通过算法和数据分析来预测和优化劳动力市场的运作。这使得资产阶级能够更好地适应市场需求,提高生产效率,维护资本主义社会的稳定性。

第三节 资本与劳动生产要素从个别转向联合

在资本主义制度的发展历史中,"资本与劳动"的关系是所有问题的轴心,也是解析资本主义生产最重要的两个生产要素。当我们把视角转向研究资本剥削劳动来获得剩余价值而引发的系统性危机时,其实还绕不开一个潜在的前提,那就是个别资本与社会总资本之间的关系、个体劳动与社会总劳动的关系——只有资产阶级内部的矛盾和劳动阶级内部的矛盾都得以解决,才有可能提出改善劳资关系的对策,否则,资本和劳动中的任何一个要素市场混乱,都难以维系剩余价值生产秩序,必然由此引发系统性危机。

一 个别资本与社会总资本的结合

《资本论》指出,资本主义生产过程在形式上表现为不同行业不同部门中由一定数量的生产资本指挥一定数量的劳动者,资本家获得的财富越多,他就越能扩大企业生产规模,从而推动社会生产力水平的提高。剩余价值在个别资本家手里的积聚和集中越来越多,资本家投入生产的范围越来越宽,这就奠定了整个资本主义生产的根基。随着个别资本业务活动的增长,社会总资本日益发展起来,正如马克思指出,"社会资本的增长是通过许多单个资本的增长来实现的。假定其他一切条件不变，各单个资本，以及与之相连的生产资料的积聚，会按照它们各自在社会总资本中所占份额的比例而增长"①。个别资本与社会总资本之间的矛盾如果协调不了，那么，当代资本主义系统性危机的剩余价值生产的核心难题也无法破解。

随着资本积累的加剧，资本主义生产资料私人占有引发的问题不断爆发，因为在其他同等条件下，如果一个国家的生产资料是被私人占有，那么国民财富的增长更多的是被少数人占有。这就是为什么当代资本主义制度出现了一个怪异现象——生产社会化程度越高，绝大多数劳动者越贫困，但资本主义制度越能创造出前所未有的富豪，总结而言，就是生产资料不断积聚在个别资本手里，他们对劳动的支配权不断提升。与此同时，个别资本之间的排斥加剧，因为社会分工使个别资本的生产成为整个社会生产中的一个环节，不同资本之间的生产具有相对独立性。然而个别资本之所以会转向社会总资本，是因为不同资本之间的生产活动又具有一定的衔接性，既然个别资本只是分工链条上的一个环节，那么它生产的商品就可能是中间品，而并非最终品。从这个角度来说，个别资本相互间的独立性越来越淡化，联合性则越来越提升。马克思强调，个别资本的循环周转是为了获得个别利润，因此，其循环周转是有组织的状态，然而在既定的生产力和生产资料下，社会总利润是相对有限的，这必然导致个别资本恶性竞争，社会总资本的循环周转陷入混乱无序状态。

个别资本转向社会总资本是在资本主义社会生产组织创新中发展的，马克思在《资本论》中已经明确提到，"不论经营规模的扩大是积累的结果，还是集中的结果；不论集中是通过吞并这条强制的途径来实现，——在这种场合，某些资本成为对其他资本的占压倒优势的引力中心，打破其他资本的个体内聚力，然后把各个零散的碎片吸引到自己方面来，——还是通过建立股份公司这一比较平滑的办法把许多已经形成

---

① 《马克思恩格斯文集》第 5 卷，人民出版社 2009 年版，第 721 页。

或正在形成的资本融合起来,经济作用总是一样的。工业企业规模的扩大,对于更广泛地组织许多人的总体劳动,对于更广泛地发展这种劳动的物质动力,也就是说,对于使分散的、按习惯进行的生产过程不断地变成社会结合的、用科学处理的生产过程来说,到处都成为起点"①。而在马克思看来,股份制是资本主义社会形态向共产主义社会形态过渡发展的重要途径。从当代资本主义制度的生产组织来说,生产社会化过程确实把个别资本以前所未有的方式和速度结合起来,资本开始以社会总资本的形象出现在与社会总劳动的斗争中。

二 个别劳动与社会总劳动的结合

《资本论》在论述分工协作和机器大工业的内容中深刻揭示了生产工人从局部工人向总体工人转变的逻辑。局部工人是指在工场手工业时期,由许多局部工人结合成的总体工人本身。他们通常是在生产过程中负责某个具体环节的工人,通过不断地经常重复做同一种有限的动作,从而磨炼劳动者的局部技术,完善局部劳动方法,实现消耗最少的力量达到预期的效果。总体工人则是由许多局部工人社会的结合而成的一个总体性存在,是在协作中生成的一种有机的生产关系。总体工人顺利地实现了生产活动在时间上的继起和空间上的并存。总体工人的出场扩大了剥削材料,延展了剥削范围,构筑了严苛的劳动和工资等级制度。另外,"除了原来那些从事直接生产活动的工人外,一些为资本增殖服务的脑力劳动者及部分管理人员、技术人员、协调人员、经纪人和工程师等都被纳入'总体工人'的范畴之中"②。生产工人从局部工人向总体工人转变就是个别劳动与社会总劳动结合的过程,在资本主义体系的分工协作的体系下,个别劳动成为社会总劳动的不同的组织器官。不仅使社会总体工人的不同质的器官简单化和多样化,而且为这些器官的数量

---

① 《马克思恩格斯文集》第 5 卷,人民出版社 2009 年版,第 723—724 页。
② 付文军、卢江:《马克思的"总体工人"概念及其社会历史意义——基于〈资本论〉及其手稿的批判性考察》,《经济纵横》2022 年第 1 期。

大小，即为从事每种专门职能的工人小组的相对人数或相对量，创立了数学上固定的比例。这种分工协作的方式，提高了生产效率，降低了生产成本，从而为资本家带来了更多的利润。这种分工协作虽然使得工人的劳动变得单调、重复，缺乏创造性，但是加剧了工人之间的竞争。工资等级制度的出现，进一步强化了资本对劳动的权力。因此，总体工人的出现加剧了剥削程度，拓宽了剥削领域，构筑了严苛的劳动和工资等级制度，也带来了工人权益的削弱，这对于缓解资本主义系统性危机意义重大。具体而言，个别劳动与社会总劳动结合，从以下几个方面促进资本主义的发展，消弭资本主义的系统性危机。

首先，个别劳动与社会总劳动的结合方式提高了生产效率。一方面，在资本主义生产的分工协作体系下，每个工人只负责生产过程的一部分，从而加快了生产速度，提高了生产效率。如果一个工人负责整个生产过程，他需要花费大量的时间和精力来了解每个环节，这样会降低生产效率。但是，如果将整个生产过程分解成若干个简单的环节，每个工人只负责一个环节，那么他可以更加专注自己的工作，从而提高生产效率。另一方面，分工协作还可以降低生产成本。因为当一个工人只负责一个环节时，他可以专注提高自己的技能和效率，从而降低了生产成本。这种分工协作的方式使得生产过程变得更加高效和精密，从而为资本家带来了更多的利润。除此之外，个别劳动与社会总劳动的结合还可以通过促进市场的发展来提高生产效率。在分工协作的体系下，每个工人只生产自己擅长的产品而不是所有的产品，这样就会形成商品交换的市场。在市场经济中，生产者可以根据市场需求来调整生产计划，从而更好地满足消费者的需求，促进生产的发展，带动经济的增长。特别是促进国际分工和国际贸易的发展。在国际分工的体系下，每个国家都可以根据自己的资源和优势来选择自己擅长的产业，从而提高生产效率。这样，不同国家之间就可以进行贸易，互相交换所需的产品和资源。

其次，个别劳动与社会总劳动的结合方式扩大了剥削范围。一方面，分工协作使得生产过程高度依赖协作。每个工人只完成生产过程中的一部分，而整个产品的完成需要多个工人之间的紧密配合，其中任何一个环节失误就会导致整个生产过程的失败，这在无形中控制和约束了工人，确保了生产过程的顺利进行。由于工人只参与到生产过程中的一部分，他们对整个生产过程缺乏整体了解，这使得工人更容易被资本家所操纵和控制。另一方面，分工协作使得产品标准化程度更高，从而大大降低了工人的技能水平要求。这就意味着资本家可以通过雇用更多的普通工人来扩大生产规模，无须支付高昂的技能劳动力成本，这种方式可以大大降低生产成本，从而提高资本家的利润率。并且，由于普通工人缺乏高级技能，他们通常只能从事低技能、低薪的工作，这就使得资本家可以剥削更多的工人，从而进一步扩大剥削范围。除此之外，分工协作也为资本家创造了更多的机会来进行工人之间的竞争。由于每个工人只完成生产过程中的一部分，他们通常只与同一生产过程中的其他工人竞争，而不是整个劳动力市场，这就使得资本家充分利用工人之间的竞争，来迫使工人接受更低的工资和更恶劣的工作条件。

最后，个别劳动与社会总劳动的结合方式削弱了工人的斗争力量，缓和了资本之间的矛盾。一方面，分工协作的方式削弱了工人的斗争力量。每个工人只负责生产过程中的一个环节，使得工人在空间上被分割，很难团结起来形成规模性的工人力量。这种分割和孤立的状态使得工人难以进行有效的集体行动，无法维护自己的权益。同时，由于工人只参与到生产过程中的一部分，他们对整个生产过程缺乏整体了解，这也使得他们很难在斗争中合理利用和协调各个环节，进一步削弱了工人的斗争力量。另一方面，分工协作也缓和了资本之间的矛盾。在分工协作的体系下，产业资本、商业资本和银行资本等不同类型的资本都可以充分发挥作用，生产并占有剩余价值，实现平均利润。这种协作的方式使得产业资本更好地获取原材料和销售渠道，商业资本顺利地实现产品的流通和销售，银行资本充分地提供融资和资金流转服务。这些因素都促进了资本之间的合作和协调，缓和了资本之间的矛盾，进一步加强了资本的权益。

个别劳动与社会总劳动的结合使生产效率更高、剥削范围更广、资本对劳动的控制更强。也就是说，在资本主义的体系下，个别劳动和社会总劳动的结合方式促进了分工协作的发展，从而提高了生产效率，降低了生产成本，为资本家带来了更多的利润，同时，这种分工协作也使得工人的劳动变得单调、重复，缺乏创造性，进一步强化了资本对劳动的控制。

第九章

剩余价值分割与当代资本主义系统性危机应对

本章提要：当代资本主义制度中剩余价值主要在借贷资本、商业资本和土地资本之间分割，据此，我们聚焦三个视角解析系统性危机的应对之策。首先，我们注意到在当代资本主义生产方式中，银行信用在资本扩张和金融工具创新方面正扮演日益重要的角色。银行信用的崛起是资本主义制度的内在要求，它释放了资本扩张的范围和收益，但同时增加了资本主义经济运行的虚拟泡沫，对于解决资本主义系统性危机只是一种临时手段。其次，土地价格市场调控与城乡空间修复被认为是当代资本主义系统性危机的重要议题。在城市化和快速发展的背景下，土地价格市场的调控和城乡空间的修复成为当务之急，也是缓解资本主义系统性危机的重要依靠。最后，随着科学技术的发展，商品流通方式发生了变革，平台经济崛起成为一种新的商业模式。然而，平台经济也带来了一系列挑战，如市场垄断和劳动权益问题，对当代资本主义体系的影响是双向的。以上途径都只能对当代资本主义系统性危机起到缓解或暂时的抑制作用，不可能完全破解。

剩余价值在不同资本之间的分割是一个不断博弈的过程，在当代资本主义社会现实中表现为不同资本家的相互竞争。尽管单个资本家的生产经营活动是有序的，但全部资本家的交往结果是混乱的，因为不同行业和领域的资本利润最大化所需要的生产交换条件并不一致，甚至存在矛盾斗争，这是马克思关于资本主义生产方式中个别资本生产有组织性和整个社会生产无政府状态的论述的常态表现。传统的政治经济学相对注重资本与劳动之间对抗，以此来分析资本主义制度的剥削本质，并揭示无产阶级瓦解资本主义生产方式、建立共产主义社会的历史使命，这是历史唯物主义的基本原理，也是解析资本主义生产方式运行规律的核心内容，但并非全部内容。除了劳资关系，劳动者之间、资本家之间的关系也是探析资本主义社会运动的重要内容。马克思在《资本论》第三卷用了大量的历史数据和材料阐述了剩余价值在不同资本集团之间的分割，研究了作为维护整个阶级利益的资本和作为追求个人利益的资本的两种活动类型，展示了不同情况下资本主义生产秩序的运行特征。理论表明，资本之间的竞争可能引起当代资本主义系统性危机的中介是利润率，不同行业的利润率动态变化总体上导致资本主义平均利润率趋于下降，这是由个别行业生产过剩造成的整个社会生产过剩，这种过剩产能要么以漫长的时间为代价来缓慢消解——对于资本而言，这是不可忍受的，要么以危机来强制进行平衡。因此，研究当代资本主义系统性危机的破解之道，必须解析剩余价值在不同资本之间的分割，其中，借贷资本、商业资本和土地资本是三种最重要的代表。本章基于《资本论》的相关原理和论述，结合当代资本主义社会的新发展，从借贷信用体系扩张与金融工具创新、土地价格市场调控与城市空间修复、商业组织模式变革与平台经济兴起三个方面阐明资产阶级是如何通过协调不同资本的矛盾来应对系统性危机的，指出剩余价值分割是促使当代资本主义系统性危机爆发的可能条件，不是危机生成的根本条件，因此，协调剩余价值在不同资本之间的分割无法从根本上解决当代资本主义系统性危机，只能暂时性局部性缓解危机的爆发和冲击。

第一节　银行信用体系扩张与金融工具创新

在资本主义生产方式中，价格体系发挥生产要素调节作用。价格体系是由不同行业不同部门的资本根据自身部门的投入价格和产出价格综合形成的，其中的关键是生产价格。马克思曾对生产价格作出明确判断，强调它"是由利润率的平均化和与之相适应的资本在不同社会生产部门之间的分配来调节的"①。换言之，利润表现为资本和劳动在不同部门之间分配的制约因素。产业资本家从雇佣工人身上获得剩余价值并不能完全独自占有，因为绝大部分产业资本家在当代资本主义社会中并不是以自有资本投入生产的，而是向金融机构贷款融资维系扩大生产规模，所以，产业资本家的利润被分割为企业主收入和利息两个方面，关于这种分割形成的原因，马克思指出："首先是由于资本作为自行增殖的、生产剩余价值的价值的发展，由于占统治地位的生产过程的这种一定的社会形式的发展。这种分割从它本身发展出了信用和信用制度，因而也发展出了生产的形式。在利息上等等，所谓分配形式是作为决定的生产要素加入价格的。"②信用和信用制度在当代资本主义社会发展中扮演双重角色，在科学技术不断发展的背景下，资本主义生产规模迅猛膨胀，其需要吸吮的资金越来越多，原有的商业流通模式和商业信用远远不够，银行信用的崛起成为资本主义制度的内在要求，"信用制度的必然形成，以便对利润率的平均化或这个平均化运动起中介作用，整个资本主义生产就是建立在这个运动的基础上的"③。从信用制度的作用来看，它一方面极大地释放了资本扩张的范围和收益，另一方面又加剧了资本主义经济运行的虚拟泡沫，资产阶级寄希望于通过银行信用体系扩张和金融工具创新来化解经济难题是饮鸩止渴。

一　从商业信用到银行信用的发展逻辑

资本主义银行信用是在商业信用基础上发展起来的。所谓商业信用，指的是不同的资本家在商品买卖时因为暂时无充足的资金而提供的

---

① 《马克思恩格斯文集》第 7 卷，人民出版社 2009 年版，第 999 页。
② 《马克思恩格斯文集》第 7 卷，人民出版社 2009 年版，第 999 页。
③ 《马克思恩格斯文集》第 7 卷，人民出版社 2009 年版，第 493 页。

赊销信用，买者向卖者出具具有法律效应的票据，根据票据，持票人能在一段时间后从出票人处获得钱物，出票人因为延期支付，所以需要向持票人支付一定的利息，这被称为商业利息。根据历史材料，商业票据在前资本主义时期就已经存在，且通常与高利贷相伴相生。

从商业信用存在的历史环境和具体运行来看，它具备三个典型特征：第一，以商品买卖销售为主要依托。根据马克思产业资本循环理论，商业信用主要表现为在生产过程结束后生产资本变为商品资本的买卖，也就是剩余价值实现阶段，商品资本的买卖本质上反映了商品资本能否顺利转化为货币资本，商业信用的存在能够提前解决这个难题，尽管此时的难题只是从产业资本家手里转移到了商业资本家手里，因为商品是否最终销售成功——也就是说，是否被消费者购买消费依然——还是未解之谜。第二，商业信用只存在于不同的资本家之间，且彼此都是职能资本家，它们之间的商业信用交易需要付出价格，因此，不同的职能资本家之间是竞争关系，这种商业信用交易的价格本质上来自剩余价值，所以，职能资本家的矛盾并没有否定它们作为资本家阶级对无产阶级的剥削。第三，商业信用的运动变化与产业资本的运动变化趋势是相一致的，当产业资本生产规模扩大时，商品供给能力大幅提高，商业信用随之提高，相反，当生产规模萎缩时，商品流通滞缓，商业信用则相应缩小。

商业信用在资本主义社会时期发展到了较高水平，在资本主义生产方式中，社会分工的广化和深化使资本分散在各种行业领域和部门，而根据物质产品的属性，不同部门的资本周转速度和时间存在显著差异，这就导致职能资本家的买卖关系并不一定具有充足的现金。例如，产业资本家甲生产齿轮，由商业资本家乙进行统购统销，商品运输销售至全球各地的影响因素很多，如交通运输条件、世界市场环境、人们的消费能力等，这就导致商业资本家乙并不总能顺利地销售出去，如果上一批齿轮暂时性因客观条件而滞销，那么商业资本家乙就不能及时地回收资金，但是产业资本家甲的生产活动依旧在持续进行，那么此时产业资本家甲就只能以赊账的方式将齿轮卖给商业资本家乙。我们可以看到，这种商业信用在商品流通中存在明显弊端：首先，商业信用与资本数量密切相关，商品的赊销总量和周期取决于商业资本家持有的资本规模，商业资本家持有的资本越多，商品的赊销就越容易进行。其次，产业资本家对商业信用的评价因素较为复杂，通常来看，越容易流通变现的日用商品，其商业信用越能得到认可；相反，大宗商品和使用寿命较长的商品，其销售周期比较长，流通总额比较大，对商业资本家来说其资本回流比较慢，相应地，商业信用就会有所遏制。最后，由于商业信用流通存在于不同的职能资本家之间，它们彼此之间可能存在商品抵消来冲账，一旦出现商品冲账，此时问题就出现了——不同商品之间的流通可能性。例如，对于生产包子的资本家来说，机器是必要的生产工具，所以，生产机器的资本家可以向包子铺出具商业信用，然而生产包子的资本家却难以向生产机器的资本家提供商业信用。

商业信用的缺陷无法满足资本主义生产规模扩张——资本主义生产的本质特征是扩大再生产，银行信用作为商业信用的发展新形式出现了，而且一经出现就显示了其强大的适应力和推动力。首先，银行具有超强的资本集中能力。前述指出，商业信用的规模受制于职能资本家拥有的资本数量——这一数量通常并不会很大，从而也就约束了商品流通规模，然而银行信用却能通过把全社会游散的货币集中起来，作为借贷资本发放出去，只要能源源不断地吸收存款，那么资本贷放的总量就有保证，换言之，只要想借贷总能有足够的贷款资本。其次，银行信用突破了商业信用受商品物理属性限制的不足。商品物理属性在很大程度上影响商业信用流通，职能资本家获得的信用期限比较短，且信用难以延期，但是在银行信用下，这一难题被轻松化解。银行的贷出物是货币——尽管银行也拥有较多的实物资产抵押，但对银行来说较易变现，货币并不依赖商品之间的相关性和销售周期等。总的来说，银行部门的出现使资本主义扩大再生产以前所未有的速度加快了，在它的一端是债权人，即把各种暂时闲置的货币存放在银行的企业和个人，另一端是债务人，即向银行获得一定货币量并按期偿还本金利息的企业和个人。相对于存款的债权人来讲，存款是银行部门的负债业务，银行在存款人提取货币时，除了本金外，还需要向存款人支付一定的存款利息。贷款对于银行来讲是其资产业务，主要包括期票贴现、抵押贷款和长期投资三种形式，其中，贴现业务的利息与贷款的利息要基本相当，否则，银行收购未到期的期票就会亏损；抵押贷款可以是活期或定期，一般以实物抵押，对于一些具有较高社会声誉和影响力的法人或个人，银行也可能向其发放贷款。银行的长期投资业务是以购买股票方式对企业投资，这既密切了银行和企业之间的关系，同时能够获取一定的股息收益或者转手交易的投机收益。在商业信用向银行信用发展的过程中还伴随着国家信用，在当代资本主义生产方式中，国家信用和银行信用相互交织，国家信用工具包括内债和外债两个方面，其中，内债包括国债和地方债，国库债、公债是国债的两大构成，外债则包括政府债和国际金融机构债。

二 银行信用对资本主义系统性危机的影响机理

信用对资本主义制度的发展的影响具有二重性，它打破了资本主义生产的时空限制，把未来可能的预期转化为现实当下的生产，从而把物质生产提高到了前所未有的水平，与之相伴的世界市场规模也达到了巅峰，所以，"信用制度加速了生产力的物质上的发展和世界市场的形成；使这二者作为新生产形式的物质基础发展到一定的高度，是资本主义生产方式的历史使命。同时，信用加速了这种矛盾的暴力的爆发，即危机，因而促进了旧生产方式解体的各要素"[①]。实际上，马克思通过翔实的数据案例和严谨的理论逻辑揭示了信用制度既是资本主义发展的动力，又是资本主义灭亡的加速器。"信用制度固有的二重性质是：一方面，把资本主义生产的动力——用剥削他人劳动的办法来发财致富——发展成为最纯粹最巨大的赌博欺诈制度，并且使剥削社会财富的少数人

[①] 《马克思恩格斯文集》第7卷，人民出版社2009年版，第500页。

的人数越来越减少；另一方面，造成转到一种新生产方式的过渡形式。正是这种二重性质，使信用的主要宣扬者，从约翰·罗到伊萨克·贝列拉，都具有这样一种有趣的混合性质：既是骗子又是预言家。"① 银行信用对资本主义产生系统性危机影响既体现在经济领域内的危机，又反映在政治、社会甚至军事等方面。就前者而言，银行信用给资本家提供了充足资金，使资本主义再生产的规模扩大，日益超出了现实需求；银行信用给消费者也提供了充足资金，使消费需求呈现出虚假的繁荣态势。就后者而言，银行信用体系中的金融垄断资本渗透进入非经济领域，与相关方形成联合共生的利益体，银行信用本身出现危机会造成其他领域秩序的破坏，而其他领域的矛盾反过来会影响银行声誉。

第一，银行信用加剧了再生产脱离现实。根据资本循环理论，产业资本首先以货币资本形态存在，购买生产资料和雇用劳动力，而后进入生产过程，货币资本形态转化为生产资本形态，如果生产过程顺利完成，生产资料则再次转化，变为商品资本形态。如果产业资本家自己负责商品销售，只有在销售完成也就是实现了商品惊险的跳跃之后，产业资本家回收资本，才能进行扩大再生产。相反，如果商品资本一直处在销售困难的流通过程，那么资本扩大再生产就缺乏资本支持，整个社会生产也就容易出现萎缩。然而，我们都知道，商品生产价格和销售价格受到各种难以预料的因素影响，一旦价格下降，整个社会生产就会陷入困境，马克思称之为停滞和混乱，"这种混乱和停滞，会使货币的那种随着资本的发展而同时出现的并以这些预定的价格关系为基础的支付手段职能发挥不了作用，会在许许多多点上破坏按一定期限支付债务的锁链，而在随着资本而同时发展起来的信用制度由此崩溃时，会更加严重起来，由此引起强烈的严重危机，突然的强制贬值，以及再生产过程的实际的停滞和混乱，从而引起再生产的实际的缩小"②。信用制度引起的再生产变化符合辩证唯物主义关于发展的本质揭示，社会再生产也是

---

① 《马克思恩格斯文集》第 7 卷，人民出版社 2009 年版，第 500 页。
② 《马克思恩格斯文集》第 7 卷，人民出版社 2009 年版，第 283 页。

遵循曲折式前进和螺旋式上升的过程。在资本主义生产方式中，资本回流是影响再生产的重大问题，资本回流的规模和速度在银行信用制度下脱离实际，因为不同资本之间的货币转手不再以现实的实物为直接条件，而是直接借助信用来调节，这样商品的交易更加便捷和被刺激膨胀。相比再生产本身的发展，作为流通手段的现金支付结算等都相对减少。然而，资本家之间的这种信用促使商品交易具有迷惑性和滞后性，其信用的具体情况容易受到前期信用交易的影响。例如，一个资本家之前保持良好的信誉，那么他在自己出现巨大危机的时候依然还能在一段时间内获得别人的认可。"回流迅速而可靠这种假象，在回流实际上已经消失以后，总是会由于已经发生作用的信用，而在较长时间内保持下去，因为信用的回流会代替实际的回流。但只要银行的客户付给银行的汇票多于货币，银行就会开始感到危险。"① 如果资本不能顺利回流，那就意味着商品销售始终没有完成，处于市场流通中的商品就会过剩，此时市场中虚假的繁荣景象是靠信用来维持的。此时，资本家手里没有充足的支配资本，那么对借贷资本的需求就会大幅提高，利息率自然也会提高，利息率的提高反过来进一步刺激了信用业务的扩大，这样整个经济就会呈现越来越膨胀的发展态势，虚假的繁荣泡沫危在旦夕，一种内心惶恐表面却繁荣的假象终将向世人展现它的真实面貌。此外，信用流通如果发生中断，危机必然随之而来。因为当信用无法继续维系商品交易时，现金支付结算成了最重要方式，对现金的需求会迅速增长，大家会到银行提取现金，然而银行由于已经把大部分钱贷给了此时无法交付信用的企业，显然就会发生挤兑风险。"所以乍看起来，好像整个危机只表现为信用危机和货币危机。而且，事实上问题只是在于汇票能否兑换为货币。但是这种汇票多数是代表现实买卖的，而这种现实买卖的扩大远远超过社会需要的限度这一事实，归根到底是整个危机的基础。"②

---

① 《马克思恩格斯文集》第 7 卷，人民出版社 2009 年版，第 507—508 页。
② 《马克思恩格斯文集》第 7 卷，人民出版社 2009 年版，第 555 页。

第二，银行信用造成了社会需求虚假繁荣。在银行信用下，商业资本的发展摆脱了原来受商品销售回流资金的限制，从而带来了社会需求的虚假繁荣。马克思明确指出，"在现代信用制度下，商人资本支配着社会总货币资本的一个很大的部分，因此，它可以在已购买的物品最终卖掉以前反复进行购买。在这里，无论是我们这个商人直接把商品卖给最后的消费者，还是在这二者之间另有12个商人，都与问题无关。当再生产过程有巨大的弹性，能够不断突破每一次遇到的限制时，商人在生产本身中不会发现任何限制，或者只会发现有很大弹性的限制。因此，除了由于商品性质造成的 W—G 和 G—W 的分离以外，这里将会创造出一种虚假的需求。尽管商人资本的运动独立化了，它始终只是产业资本在流通领域内的运动。但是，由于商人资本的独立化，它的运动在一定界限内就不受再生产过程的限制，因此，甚至还会驱使再生产过程越出它的各种限制。内部的依赖性和外部的独立性会使商人资本达到这样一点：内部联系要通过暴力即通过一次危机来恢复"①。社会需求的虚假繁荣与过剩的社会生产相关，而过剩的社会生产则离不开资本规模的扩张——这在银行信用制度杠杆下是很容易完成的，"随着生息资本和信用制度的发展，一切资本好像都会增加一倍，有时甚至增加两倍，因为有各种方式使同一资本，甚至同一债权在各种不同的人手里以各种不同的形式出现。这种'货币资本'的最大部分纯粹是虚拟的"②。众所周知，经济运行能否持续健康，关键是商品生产和消费能否稳定匹配。马克思主义基本原理认为，"一切现实的危机的最终原因，总是群众的贫穷和他们的消费受到限制，而与此相对比的是，资本主义生产竭力发展生产力，好像只有社会的绝对的消费能力才是生产力发展的界限"③。因此，那些因信用制度进行的股票投机交易和外汇市场买卖的危机，表面上看起来像是不同资本部门生产的不平衡造成的，但实际上

---

① 《马克思恩格斯文集》第 7 卷，人民出版社 2009 年版，第 339 页。
② 《马克思恩格斯文集》第 7 卷，人民出版社 2009 年版，第 533 页。
③ 《马克思恩格斯文集》第 7 卷，人民出版社 2009 年版，第 548 页。

则是由于生产部门的积累和整个社会消费之间出现的失衡。依靠银行信用制度的消费模式本质上是建立在有稳定工作收入基础上的，然而资本主义生产方式中，工人阶级的被迫失业是理论必然逻辑的外在反映。工人失业，他们就难以有持续的消费能力，这反过来就不利于再生产，而再生产遭遇困境则会抑制信用扩张，以信用来刺激社会消费需求就变得艰难。"因此，只要再生产过程的这种扩大受到破坏，或者哪怕是再生产过程的正常紧张状态受到破坏，信用就会减少。通过信用来获得商品就比较困难。要求现金支付，对赊售小心谨慎，是产业周期中紧接着崩溃之后的那个阶段所特有的现象。在危机中，因为每个人都要卖而卖不出去，但是为了支付，又必须卖出去，所以，正是在这个信用最缺乏（并且就银行家的信用来说，贴现率也最高）的时刻，不是闲置的寻找出路的资本，而是滞留在自身的再生产过程内的资本的数量也最大。"①

第三，银行信用促进了社会化大生产规模化。人类社会发展的历史表现为各民族各地区的历史逐渐走向世界历史，这个过程的重要表现之一就是社会化大生产的规模越来越大。生产社会化和社会化生产都与资本规模密切相关，而能够投入社会化大生产的资本主要是来自社会有多大能力把暂时闲置的游散的资金联合起来，这是银行信用制度的看家本领。这种社会化大生产已经在一定程度上否定了资本主义生产方式，为进入更高级的社会形态铺垫了基础。马克思指出，"信用制度和银行制度把社会上一切可用的、甚至可能的、尚未积极发挥作用的资本交给产业资本家和商业资本家支配，以致这个资本的贷放者和使用者，都不是这个资本的所有者或生产者。因此，信用制度和银行制度扬弃了资本的私人性质，从而自在地，但也仅仅是自在地包含着资本本身的扬弃。银行制度从私人资本家和高利贷者手中夺走了资本的分配这样一种特殊营业，这样一种社会职能。但是这样一来，银行和信用同时又成了使资本主义生产超出它本身界限的最有力的手段，也是引起危机和欺诈行为的

---

① 《马克思恩格斯文集》第 7 卷，人民出版社 2009 年版，第 547 页。

一种最有效的工具"①。当货币被持有在不同个人手中时，它并不能发挥放大生产的作用，而信用制度的出现改变了这个局面，信用使一部分人以纯粹冒险家的姿态出现在经济活动中，他们从银行那里获得贷款——这在本质上表现为他通过借助银行成为原来游散闲置货币的实际使用人，或是直接投入生产，或是以此进行投机，尤其是在股份制经济结构中，为了获得股息收入，逐渐失去理性的交易所赌博行为日趋繁盛。当然，只要是在资本主义生产方式支配下的投机，都没有改变这样一个事实："在股份制度内，已经存在着社会生产资料借以表现为个人财产的旧形式的对立面；但是，这种向股份形式的转化本身，还是局限在资本主义界限之内；因此，这种转化并没有克服财富作为社会财富的性质和作为私人财富的性质之间的对立，而只是在新的形态上发展了这种对立。"② 股份制其实是合作生产的一种具体表现形式，但在资本主义生产方式中才普遍流行起来，这表明资本主义制度中的信用使私人企业转化为股份制企业。当信用制度继续扩张时，国家也参与到信用体系中，各方组织甚至将自己的本职权利折合成信用入股投资等，如此"资本主义的股份企业，也和合作工厂一样，应当被看做是由资本主义生产方式转化为联合的生产方式的过渡形式，只不过在前者那里，对立是消极地扬弃的，而在后者那里，对立是积极地扬弃的"③。

最后，银行信用提高了金融垄断资本的渗透力。根据资本的形成逻辑和信用制度的发展历史，贵金属货币是信用制度的前提基础，然而银行信用的迅猛发展把一切可以货币化的东西都吸纳进来，而且社会生产资料日益集中在少数私人垄断手中，这符合资本逐利的天然本性，又给予了资本逐利的绝好条件。对此，马克思认为，信用制度"一方面，它本身是资本主义生产方式固有的形式，另一方面，它又是促使资本主义

---

① 《马克思恩格斯文集》第 7 卷，人民出版社 2009 年版，第 686 页。
② 《马克思恩格斯文集》第 7 卷，人民出版社 2009 年版，第 498—499 页。
③ 《马克思恩格斯文集》第 7 卷，人民出版社 2009 年版，第 499 页。

生产方式发展到它所能达到的最高和最后形式的动力"①。在当代资本主义生产中，信用使金融垄断资本能够轻易地支配大众的财产和小资本家的资本，从而也就更容易剥夺雇佣劳动的权利——银行信用把社会闲置的货币集中起来后贷给金融垄断资本，或者金融垄断资本集团通过一些金融方式把货币集中在自己手里，使其变成对社会资本进行支配的代表，如此他便获得了对整个社会劳动的支配权，所以，"一个人实际拥有的或公众认为他拥有的资本本身，只是成为信用这个上层建筑的基础"②。

三 金融工具创新对资本主义系统性危机的有限遏制

金融工具创新是银行信用体系扩张的必然结果，也是区分资本主义市场经济发展阶段的重要标志之一，理解金融工具创新需要厘清金融市场及交易的产品工具。金融市场是一种要素市场，主要包括银行及非银行的其他金融机构的借贷，例如，企业发行债券和股票的融资，投资人购买债券和股票的投资，金融市场中常见的租赁业务、信托业务、保险业务等都涉及资金集中后如何分配的事宜，在当代资本主义生产方式中，各类证券的发行交易成为最盛行的现象，这就是证券化。金融工具指的是金融资产，它的重要特征是其价值大小取决于未来预期收益，金融工具创新实际上就是以金融资产具有的流动性、收益性和风险性三个基本特征而进行的金融市场交易延展。随着科技的进步，当代资本主义社会的金融市场是一个非常庞大的系统，常见的金融市场主要是指货币市场和资本市场，前者以 1 年期短期金融交易为主，服务于资金流动性需求；后者则以 1 年期以上的长期金融交易为主，服务于企业中长期投资和政府财政需求。

从货币市场交易业务来看，票据、拆借、短期债券、大额存单、国库券、回购等基本上覆盖了全部。票据业务主要有商业票据、融通票

---

① 《马克思恩格斯文集》第 7 卷，人民出版社 2009 年版，第 685 页。
② 《马克思恩格斯文集》第 7 卷，人民出版社 2009 年版，第 498 页。

据、银行承兑票据等，其主要服务于短期融资。票据业务中有一种特殊的票据，即中央银行票据。该票据是中央银行向商业银行发行的一种短期债务凭证，作用是控制商业银行的放贷规模，如果商业银行购买了中央银行票据，显然其可贷资金规模就会缩水。对于中央银行来说，如果先卖出票据再买回票据，这叫正回购，反映了回收资金的作用；相反，如果先买回票据再卖出票据，这叫逆回购，反映了投放资金的作用。国库券市场主要指的是政府发行的短期债券，在当代资本主义国家，国库券是定期发行的，并根据市场中的无风险利率来确定贴现率。由于国库券的流动性是货币市场所有业务中最高的，所以它引起的市场各方参与程度也是最高的。大额存单业务（简称CDs）是商业银行发行的一种金融产品，高额的利率上浮使其极具竞争力。银行间拆借业务是指银行之间的短期资金借贷，以隔夜拆借最具代表，通常最长时间不超过1年。银行间拆借也是规模较大的一种货币市场，在现实中的操作比较常见。银行信用的票据主要包括本票、汇票和支票，其中，银行可以签发自己的票据以代替企业家的票据，这种票据要求可随时兑现，这就是银行券。

从资本市场来说，主要包括长期借贷市场、长期证券市场两种。前者常见于银行对个人的消费信贷，后者常见于股票市场和长期债券市场。股票市场是针对股票发行转让的交易市场，除了在固定场所交易——一般称为证券交易所外，也有场外交易市场。债券市场品种繁多，例如，长期政府债券是由政府发行的1年期以上的债券，包括财政部直接发行的债券和政策性金融机构发行的政策性金融债券两种。再如，公司债券或商业银行债券在发行量上越来越多。在当代资本主义社会，资本市场业务总量日益扩张，业务结构越来越复杂，通过资本市场来刺激经济增长动能带来的问题越来越多。例如，就政府债务占GDP比重而言，全球主要的资本主义国家债务负担沉重。见表9-1，进入新千年以后，美国、日本、意大利、法国、加拿大、英国和德国7个国家（又称七国集团，G7）一般政府债务不断高涨。2000—2021年，七国集团债务问题经历了两个重要时间拐点,一个是 2007 年次贷危机,一个是 2019 年的新冠疫情冲击。在次贷危机前,除日本的债务呈现较为明显的上升趋势外,其他国家的债务总体保持较为稳定。七国集团的债务问题在 2007 年后进入了高涨阶段,其中,日本的债务要远远高于其他国家,新冠疫情暴发之前,意大利是七国集团中唯一债务占比突破 200% 的国家,这一数据在 2021 年更是高达 262.49%。截至 2021 年,法国是七国集团中仅存的债务占比在 100% 以下的国家。

表 9-1　　2000—2021 年 G7 集团一般政府债务占 GDP 的比重

	加拿大	德国	法国	英国	意大利	日本	美国
2000 年	80.44	58.88	59.34	109.03	135.61	37.76	53.17
2001 年	81.46	58.34	58.19	108.89	145.12	35.08	53.15
2002 年	79.60	60.26	59.95	106.36	154.10	35.47	55.54
2003 年	75.91	64.42	63.54	105.49	160.02	36.72	58.62
2004 年	71.89	65.94	65.20	105.10	169.49	39.80	66.09
2005 年	70.64	67.38	67.55	406.74	174.03	41.92	64.17
2006 年	69.92	64.61	66.89	106.74	174.03	41.92	64.17
2007 年	66.86	64.54	64.16	103.89	172.81	42.96	64.56
2008 年	67.89	68.78	65.68	106.16	180.71	50.66	73.41
2009 年	79.27	83.04	73.16	116.61	198.70	64.57	86.58
2010 年	81.22	85.26	81.99	119.20	205.69	75.69	95.14
2011 年	81.78	87.84	79.42	119.69	219.09	81.09	99.48
2012 年	85.41	90.60	80.75	126.49	226.09	84.11	103.04
2013 年	86.15	93.41	78.32	132.46	229.63	84.75	104.54
2014 年	85.60	94.89	75.28	135.37	233.53	86.46	104.53
2015 年	91.22	95.58	71.95	135.28	228.40	87.01	105.12
2016 年	91.76	97.96	68.95	134.79	232.52	86.74	107.14
2017 年	88.85	98.13	64.62	134.16	231.42	86.12	106.18
2018 年	88.85	97.78	61.29	134.44	232.33	85.47	107.45
2019 年	87.16	97.43	58.90	134.14	236.28	84.85	108.76

续表

	加拿大	德国	法国	英国	意大利	日本	美国
2020 年	117.76	114.65	67.95	155.27	259.43	103.60	134.51
2021 年	112.85	112.58	69.64	150.83	262.49	103.79	128.14

数据来源：笔者根据世界银行数据库整理。

20世纪70年代后，在资本主义世界体系中，衍生金融产品迅猛发展。众所周知，除了与机器厂房设备等实物资产直接相连的金融资产外，还有与股票、债券等相关的新的金融资产，如期货、股指期权等，这些新的金融资产价值依赖股票、债券本身的价值，所以可以称为带有衍生性的资产。常见的衍生金融工具包括远期合约、期货合约、期权合约、掉期合约等。图9-1反映了七国集团国家股票交易总额占GDP的比重。一般来说，经济发达和市场化程度高的国家，其股票交易总额占GDP的比重具有较为明显的分布规律，低收入国家这一指标在30%以下，中等收入国家这一指标在50%左右，而发达国家这一指标能达到100%以上。从七国集团数据来看，美国2008年这一数值达到了300%

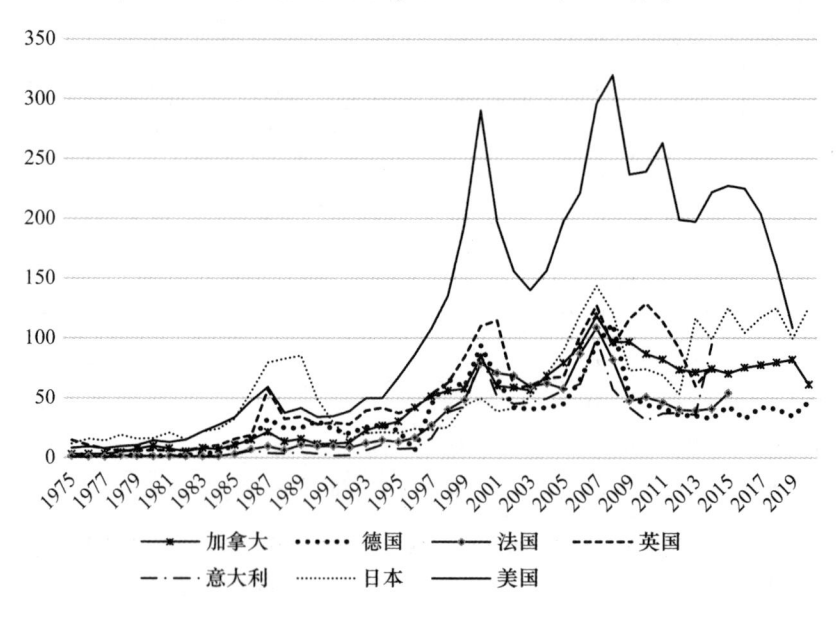

图9-1 七国集团股票交易总额占GDP比重

以上，然而这一年刚好是美国金融危机爆发的年份，它反映了股票交易背后的危机性问题。2008年，其他6个国家的股票交易总额占GDP几乎都达到了历史最高水平。

总的来说，金融工具创新对资本主义系统性危机的遏制作用客观上是存在的，但并不能从根本上消除系统性危机的风险，只是在一定程度上分散和转移了局部风险。

第二节　土地价格调控与城乡空间重塑

地租理论是马克思主义政治经济学中的重要组成部分，涉及资本主义社会中土地所有权和收益分配的问题。资本主义经济中的地租是在资本主义土地所有制基础上产生的。资本原始积累，把生产者和生产资料分离开，资本主义土地所有制代替了封建土地所有制。地租之所以会产生，是因为土地具有两个特点，一是土地不可复制，二是土地的所有者可以垄断土地的供给。这两个特点使得土地所有者能够要求土地的使用者支付地租，所以，租金并不是农业生产的一种特殊现象，当所有者拥有的物品具有这两个特点，并且这种物品可以给其使用者带来好处时，与地租类似的租金就会产生。因此，应对当代资本主义系统性危机的可能方案之一就是调整土地的所有权收益，主要工具表现为土地价格调控，着重表现为城乡一体化发展。

一　三种地租形式及其对平均利润率的影响机理

在分析地租时，假设经济中除农业以外的其他产业部门已经形成了一个平均利润率，因此，产业资本会比较农业利润率和其他部门的平均利润率，并选择留在利润率比较高的部门，但是土地所有制给资本流向农业部门设置了阻碍，当农业利润率高于其他部门的平均利润率时，产业资本只有得到土地所有者的允许才能进入农业部门，为此资本要向土地所有者支付地租，从而使得资本只获得平均利润。在《资本论》及其手稿中，马克思深刻揭示了三种地租形式及其对平均利润率的影响机理差异。

垄断地租。马克思对超额利润的分析揭示了一种特殊情况下地租形成的机制，即垄断地租。当某种商品只能在特定土地上生产，并且该商品具有强烈的购买欲和支付能力时，垄断地租就会产生。这种情况下，地租不会随着商品供应的增加而消失，而是转化为垄断地租，由个别地主对拥有特殊性的个别土地进行垄断。垄断地租的形成源于商品购买者对特定商品的需求，以及该商品在特定土地上的独占生产。假设有一块土地非常适合葡萄酒的生产，而其他土地上种植葡萄并不能产生同样高质量的葡萄酒。由于消费者对高质量葡萄酒的强烈购买欲和支付能力，他们愿意为这种特殊土地上生产的葡萄酒支付更高的价格，这使得在这块土地上生产的葡萄酒获得了超额利润。然而，垄断地租并不是地主纯粹因为土地的拥有权而获得的，垄断地租的形成依赖地主对特定土地的垄断控制。由于该土地的特殊性，其他人无法轻易获得类似的土地用于葡萄酒生产，因此，地主能够通过垄断这块土地来获取超额利润，这种垄断地租是个别地主对具有特殊性的土地的垄断，而非对土地的普遍拥有。马克思认为，垄断地租的存在加剧了土地资源的不平等分配。个别地主通过垄断特定土地而获得额外收入，而其他人则无法分享这种收益。这不仅导致土地所有权的集中化，也加剧了社会贫富差距。

级差地租。马克思对土地租金理论的分析不仅包括绝对地租，还涉及级差地租，其中包括级差地租Ⅰ和级差地租Ⅱ。首先，马克思指出级差地租Ⅰ是基于土地质量的差异产生的。马克思认为，不同土地的质量差异会导致在相同的投入条件下产出存在差异，较好的土地由于其肥力、水源、气候等有利条件，可以获得更高的产出，土地所有者通过对这些优质土地的垄断，可以获取更高的地租。马克思指出，这种级差地租Ⅰ的产生是由土地质量的自然差异造成的，而土地所有者则通过控制土地的使用权来获得经济利益。其次，马克思对级差地租Ⅱ的分析关注土地的地理位置差异。地处交通便利或经济中心地区的土地具有更高的地价和地租,这是因为这些地区更容易吸引商业和产业发展,提供更多的机会和利益。马克思认为,这种级差地租Ⅱ是由于土地在经济活动中的独特地位和地理优势所导致的。土地所有者通过垄断这些有利地段,可以从地理位置的优势中获得额外的地租。从历史发展的角度来看,级差地租的存在可以追溯到农业社会时期,在这个时期,农业是经济的主导部门,而土地则是最重要的生产要素之一。土地质量和地理位置的差异使得级差地租成为一种普遍现象,土地所有者通过对土地的垄断,从农民手中获取地租,进一步加剧了社会的不平等和贫富差距。在现代资本主义社会,级差地租仍然存在,并且在某些地区和行业中越发显著。例如,城市中心地区的地价和地租远高于郊区或农村地区。这是因为城市中心地区通常集中了商业、金融和文化等重要产业,吸引了大量的人口和投资,土地所有者通过对这些地区的垄断,可以从城市化和经济发展中获取高额地租。

绝对地租。马克思对绝对地租的分析揭示了一种由地主阶级对全部土地的垄断所产生的特殊形式的地租。与垄断地租不同的是,绝对地租的垄断不仅仅是个别地主对个别土地的垄断,而是地主阶级对整个土地资源的垄断,这被称为阶级垄断。绝对地租的特点是没有超额利润的产生。超额利润是由于商品购买者对特定商品的强烈需求和支付能力而产生的,而绝对地租则是地主阶级对土地的垄断所导致的必要费用,即使在租种质量最差的土地上进行农业生产,农民仍然需要向地主支付地租。这种情况下,地主阶级的垄断虽然没有创造超额利润,但却阻碍了农业部分剩余价值与利润平均化的过程。农业在马克思的分析中具有资本有机构成较低的特点,这意味着农业部门使用的资本相对较少,而劳动力是主要的生产要素。然而,由于地主阶级的垄断存在,农业部门无法充分分享其所创造的剩余价值。如果没有地主阶级的垄断,利润平均化的过程将导致农业资本所获得的剩余价值少于其所创造的剩余价值。换言之,在没有地主阶级垄断的情况下,一部分农业剩余价值将转移至其他部门,农业资本相对较低的资本有机构成是阻碍一部分剩余价值参与利润平均化的必要条件。

综上所述,地租的存在源于土地的特殊性和稀缺性。在现代社会,地租仍然存在,并且在某些地区和行业中占据重要地位。尽管农业产量的增长和技术的进步使得农民能够获得更高的产出,但土地的稀缺性和需求的增长导致土地所有者仍然能够从农民手中获取超过其生产成本的地租。此外,城市化和工业化的发展也导致土地的需求增长,进一步加剧了绝对地租的存在。马克思认为,三种地租形式对资本主义经济产生重要影响。绝对地租的增加使农民的剩余产品减少,重新分配了剩余价值,为土地资本家带来了利润;而两类级差地租的存在加大了土地资源的不平等分配,也影响了资本家内部的剩余价值分割。通过消除土地私有制和垄断地租实现土地的公有化与社会化,能进一步促进社会经济的发展,并最终实现无产阶级的解放。

二 土地资本对资本主义剩余价值秩序的纯粹破坏

马克思在《资本论》中对土地所有权以及地租对社会经济发展和阶级矛盾的影响进行了深入探讨,论述了土地资本对资本主义剩余价值秩序的破坏。首先,马克思地租理论对土地所有权进行了批判。马克思认为,土地作为自然资源,应该属于全体社会成员共同拥有,而不应该被个人或少数资本家垄断,土地所有权的私有化导致土地资源的不公平分配和不合理利用。少数资本家通过掌握大片土地,能够从中获取巨额利润,而广大农民和劳动者却无法享受到土地所带来的好处。因此,马克思主张消除土地私有制,实现土地的公有化,以实现土地资源的社会化管理和公平分配。进一步地,马克思地租理论关注地租对社会经济发展和阶级矛盾的影响。马克思指出,地租的存在和增加会导致农业生产成本的上升,限制了农业的发展。随着土地垄断程度的加深,地租的增加使得农民的剩余价值减少,加剧了资本家与劳动者之间的矛盾,这种不平等现象加剧了社会阶级矛盾,对社会经济产生了负面影响。

首先,垄断地租的不平等分配影响了剩余价值的生产过程。垄断地租使得土地成为一种稀缺资源，其供给受到限制，需求却持续增长，这导致土地租金的不断上升，从而使得资本家需要支付更高的地租成本，这种成本的增加会直接降低资本家在生产过程中获取的剩余价值。因此，垄断地租的存在限制了资本家对剩余价值的获取能力，对资本主义剩余价值秩序产生了直接影响。另外，垄断地租的存在加剧了资本家与劳动者之间的矛盾，进一步影响了剩余价值的分配。通过垄断土地资源，资本家不仅可以通过地租获取利润，还可以控制农业生产的过程和结果。资本家通过操纵土地的使用权和农业生产手段，实施对农民的剥削，他们可以通过提高地租或者限制农民的土地使用权来迫使农民以更低廉的劳动力价格从事农业生产，从而进一步增加剩余价值的产生和获取，这种剥削和不公平的分配方式加剧了社会阶级矛盾，导致劳资关系的紧张。此外，垄断地租还对剩余价值的分配形成了一种富者愈富的循环。由于垄断地租使得少数资本家能够获取巨额利润，他们可以利用这些利润进行进一步的资本积累和扩张。通过购买更多的土地或其他生产资料，他们能够扩大自己的生产规模和市场份额，进一步巩固垄断地位。这种积累的过程导致富者愈富现象，削弱了竞争机制的有效性，限制了其他资本家获取剩余价值的能力。因此，垄断地租的存在使得剩余价值的分配更偏向于少数富裕的资本家，加剧了财富的不平等现象。

其次，级差地租的存在使得土地利用不够高效。因为级差地租的存在使得农民倾向于在肥沃的土地上进行农业生产，以获得更高的产量和利润。由于肥沃的土地具有更好的农作条件和较高的产出潜力，较差的土地往往被忽视，因为其产出较低，土地资本家会避免开发这些土地。这种选择行为导致土地利用的不均衡，较差土地的资源得不到充分利用；也导致资源的浪费和农业生产效率低下，限制了社会经济的发展。另外，级差地租的存在还会进一步加剧土地资源的不平等分配。由于土地资本家更倾向于选择肥沃的土地，这导致土地租金的分布不均，拥有肥沃土地的土地资本家可以获得更高的租金收入，而拥有较差土地的土地资本家则面临租金收入的减少或缺乏。这种不平等的土地租金分配拉大了社会的财富差距，进一步导致社会阶级的分化。

最后，绝对地租也对剩余价值的产生和分配产生了重要影响。第一，绝对地租的存在使得土地成为一种稀缺资源，其价格取决于供需关系而非劳动价值。由于土地的总量有限，而人口和经济发展的需求不断增长，土地的需求大于供给，导致土地租金的上升。这意味着土地所有者可以从土地的稀缺性中获益，这种收益并不是通过劳动或生产活动所创造的价值产生的。相比之下，其他商品的价格通常是由生产过程中的劳动投入和价值创造决定的，因此，绝对地租使得土地成为一种特殊的商品，其价格机制与其他商品存在明显差异。第二，绝对地租的存在导致土地所有者可以通过土地租金获取收入，无须进行实际的生产活动。由于土地的稀缺性和需求的持续增长，土地所有者可以将土地出租给其他人或企业，从而获得租金收入。这种收入来源并非通过劳动或生产活动创造，而是通过土地的所有权和控制权所获得的。相比之下，劳动者需要通过实际的劳动活动才能获取收入。绝对地租使得土地所有者可以依靠非生产性的收入分配方式获取财富，从而削弱了劳动者的社会地位和经济地位，这种非生产性的收入分配方式进一步加剧了社会的阶级矛盾。由于绝对地租使得土地所有者能够获得非劳动性收入，他们在经济上拥有更大的财富和权力。与此同时，劳动者需要依靠实际的劳动活动来维持生计，并且相对缺乏财富和资源，这种财富和资源上的不平等加剧了社会的阶级分化，导致社会的不公平和不稳定。

三　城乡空间修复对资本主义系统性危机的缓解

城乡空间修复是指在资本主义发展过程中，通过对城市和农村空间的再组织和再配置，以解决资本主义系统性危机的一种理论和实践。这一概念融合了马克思的地租理论和大卫·哈维（David Harvey）的空间修复理论，旨在论述城乡空间修复对缓解资本主义系统性危机的重要性和影响。马克思的地租理论提供了理解土地在资本主义经济中的特殊地位和作用的重要工具。根据马克思的观点，土地是一种自然资源，其供给是固定且有限的。随着经济发展和城市化进程，土地的需求不断增长，导致土地租金的上升，这种绝对地租的存在使得土地成为一种独特的商品，其价格由土地的稀缺性决定，而非劳动所创造的价值。土地所有者通过土地租金获取收入，无须进行实际的生产活动，这种非生产性的收入分配方式削弱了劳动者的地位，加剧了社会的阶级矛盾。在这一理论基础上，大卫·哈维提出了空间修复理论，强调了城市和农村空间的重要性及其在资本主义发展中的作用。大卫·哈维的空间修复理论对城市和农村空间的重要性进行了深入探讨，并指出了它们在资本主义发展中的作用。根据哈维的观点，资本主义经济的发展不仅涉及经济活动本身，还涉及对空间的再组织和再配置。在这一过程中，城市和农村的功能、结构和地位发生了巨大变化，引发了空间上的不平等和不均衡，加剧了社会矛盾和不稳定，在资本主义的空间修复过程中，城市成为资本积累的中心和重要驱动力。随着资本主义经济的发展，大量资本涌入城市，形成了强大的经济力量和集聚效应。城市成为资本家和大企业的总部和中心，集中了大量的产业、金融机构和创新资源。[①] 这种集中现象导致城市的经济、社会和文化功能不断扩展和强化，形成了城市优势，并进一步吸引了更多的资本流入。在资本主义的空间修复过程中，农村地区的资源和劳动力被大规模转移和剥夺，以满足城市的需求。农村地区的经济活动受到限制，农民失去土地和生计来源，导致农村地区的落后和贫困，这种城市与农村之间的空间不平等加剧了社会阶级矛盾和不稳定，造成了城乡差距进一步扩大。城乡空间修复理论强调通过重新组织城市和农村空间，实现资源和机会的公平分配，以缓解资本主义系统性危机。

首先，通过促进城市和农村的均衡发展，可以减小城乡差距和不平等，这一步骤是实现社会公平和可持续发展的关键。通过政府的规划和政策支持，可以在城市和农村之间建立更加紧密的联系和互动，实现资

---

① ［奥］约翰内斯·耶格:《城市地租理论：调节学派的视角》，谢富胜、汪家腾译，《当代经济研究》2017年第2期。

源和机会的合理分配。在城市方面,采取城市内部的多中心发展策略。过去,城市往往依赖中心区域的发展,导致资源的过度集中和不均衡,现在城市的分散发展建设了多个经济中心和商业区域,这样一来,不仅减轻了中心城区的压力,还为城市的边缘地区吸引了更多的投资和就业机会,推动城市的全面发展。在农村方面,通过制定政策,可以鼓励农村地区的产业发展和基础设施建设。通过投资农村产业,提高农产品的附加值,可以创造更多的就业机会和经济增长点。此外,加强农村基础设施建设,包括道路、水电等公共设施的改善,可以提高农村地区的生活质量,为农村吸引更多的人才和资本。其次,城乡空间修复可以促进资源的合理利用和环境的可持续发展。在过去的资本主义发展过程中,城市往往过度集中了资源和人口,这导致严重的环境破坏和资源浪费的问题。然而,通过将资源和产业适度分散到农村地区,我们可以减轻城市的环境压力,提高资源利用效率,并实现生态平衡和可持续发展的目标。具体而言,由于城市过度集中,许多资源在城市中被大量消耗,而农村地区却缺乏有效利用。通过将一部分产业和资源逐渐转移到农村地区,可以更好地平衡资源的分布,减少资源的浪费和过度消耗。例如,农村地区可以发展农业、林业和渔业等资源密集型产业,充分利用土地和水资源,提高资源的利用效率。此外,城乡空间修复还可以促进社会的整体稳定和减少社会矛盾。通过提供公平的机会和资源分配,可以缩小城市和农村之间的经济差距,缓解社会紧张局势,从而建立更加和谐和稳定的社会秩序,减少社会冲突和动荡。过去,由于城乡之间的隔离和差距,城市和农村往往形成了相对独立的社会群体,城乡空间修复可以打破这种隔离,促进城乡之间的互动。例如,可以建设更多的交通和通信基础设施,提高城乡之间的联系和互联互通,这将在极大程度上缓解资本主义社会存在的两极化问题,在起到维护经济社会稳定作用的同时,改善剩余价值分配面临的问题。

第三节 商品流通方式变革与平台经济兴起

前文指出,买卖分离是资本主义经济危机产生的可能条件,货币回流的速度直接影响社会再生产的连续性,它们都是商品流通方式的具体表现,在资本主义发展的不同阶段,商品流通方式存在明显差异,这与科技革命、交往范围、信用制度等都高度相关。当前平台经济既是资本主义商品经济流通的重要依托,也是一种新型的经济形式,成为商业资本试图缓和资本主义系统性危机的新构想。

一 从商品流通方式看平台经济兴起

平台经济是通过互联网技术和数字化平台,实现商品或服务的交易和流通的经济模式,它以平台作为交易的基础架构,通过信息技术的支持,将供应商、消费者和其他参与者联结在一起,促进交易的便利和效率。平台经济的发展历程可以追溯到互联网的兴起和数字化技术的快速发展,随着互联网的商业化应用,早期的电子商务平台如亚马逊和eBay等开始出现,这些平台联结了卖家和买家,实现了商品的在线交易。然而,随着移动互联网的普及和智能手机的出现,平台经济进入了新的发展阶段。共享经济平台如哈啰单车、滴滴出行等迅速崛起,改变了传统的交通方式,外卖平台如美团、饿了么等满足了人们日益增长的生活需求,互联网巨头如阿里巴巴、京东等构建了综合性的电商平台,提供了多样化的商品和服务,社交媒体平台如微信、微博也扮演重要角色,通过广告和内容推荐等方式实现商业变现。

平台经济具有以下特点。首先,它可以整合供应商和消费者的资源,形成规模化的市场,提供多样的商品和服务选择,资源整合能力使得平台能够满足广大用户的需求,促进交易的发生。其次,平台经济利用互联网和数字化技术,降低了交易的成本和门槛。供应商和消费者可以通过平台直接交互,减少中间环节,提高了交易效率和便利性。此外，平台经济具有网络效应，随着平台参与者的增加，平台的价值和吸引力得以增大。数据驱动是平台经济的另一个特点，它通过大数据分析和智能算法，对用户行为和偏好进行分析，提供个性化的推荐和服务。从商品流通的角度看，平台经济在推动商品流通方面发挥了重要作用。平台经济通过数字化平台和电子商务技术，打破了传统实体店面的空间和时间限制，实现了商品的线上销售和交易。这一创新使得供应商可以将商品推广到全国甚至全球范围，扩大了市场规模和潜在消费者群体。传统的实体店面受到空间和时间的限制，仅能在特定的地理位置和营业时间内提供服务，这限制了供应商的销售范围和潜在利润。平台经济的出现改变了这一局面，通过数字化平台和电子商务技术，供应商可以在线上销售和交易商品，无论时间和地点都不再是限制因素。消费者可以随时随地通过互联网访问平台，浏览和购买他们感兴趣的商品，这种便利和灵活性为供应商提供了更多的销售机会。进一步地，平台经济的发展也促进了市场的全球化和扩大化。平台经济通过在线销售，将商品推广到全国甚至全球范围，供应商可以利用平台的全球覆盖能力，将商品引入新的市场，并吸引来自世界各地的消费者，这种扩大化的市场规模为供应商创造了更多的销售机会和潜在利润。

此外，平台经济也推动了新型的销售模式的出现，进一步丰富了商品流通的形式，其中之一是 C2C 的二手交易平台。通过这些平台，个人可以将自己闲置的物品出售给其他消费者，实现资源的再利用和循环利用，这种模式不仅为消费者提供了购买廉价二手商品的机会，还促进了资源的可持续利用，降低了浪费和环境负担。另一种新兴的销售模式是 P2P 的跨境电商平台。随着全球化的发展，消费者对来自其他国家的商品也有了更多的需求，平台经济通过跨境电商平台，将供应商和消费者联结起来，实现了全球范围内商品的交易，消费者可以通过这些平台购买来自世界各地的商品，拓宽了消费者的选择范围，并有机会体验不同国家和地区的特色产品。平台经济提供的更多商品选择和多样化的销售模式，为消费者带来了诸多好处，消费者可以根据自己的需求和喜好，自由选择适合的商品，无论是品牌、款式、功能还是价格，消费者都可以在平台上找到符合自己需求的产品，这种个性化的选择能够满足消费者多样化的需求，提高消费者的满意度。

平台经济通过数据分析和个性化推荐，提高了商品流通率和用户体验。平台经济可以通过对用户的购买历史、浏览行为和偏好数据进行分析，了解用户的需求和偏好，基于这些数据，平台可以向用户推荐符合其需求的商品，提高购买的准确性和满意度。通过个性化推荐，消费者可以更快地找到感兴趣的商品，节省了大量的时间和精力，这种精准的推荐可以减少信息过载的问题，帮助消费者更好地进行决策。平台经济还通过建立完善的物流和配送系统，加快了商品的送达速度。消费者可以在平台上选择合适的配送方式，如快递、物流等，将商品送达指定的地点，这种高效的配送服务缩短了消费者等待商品的时间，提高了购物的便利性和满意度。同时，平台经济还可以通过实时跟踪和提供物流信息，让消费者随时了解订单的状态，增强购物的透明度和信任度。

二 平台垄断资本对剩余价值的分割

平台垄断资本是指通过控制和主导特定领域的数字化平台，实现了对市场的垄断地位和巨大利润的获取的资本实体，这种垄断地位使得平台资本能够在商品流通和交易中掌握更多的权力和资源，从而对剩余价值进行分割。[①]

在平台垄断资本的运作下，它能够通过网络效应和积累效应实现垄断。首先，平台资本通过网络效应实现垄断。网络效应是指随着平台用户数量的增加，平台的价值和吸引力也会相应增加，当平台积累了大量的用户和数据时，它能够为用户提供更好的服务和更广泛的选择，从而吸引更多的用户加入。这形成了一个良性循环，使得已有用户更倾向于留在该平台，同时吸引了更多的新用户，这种规模效应使得平台资本能

---

① 谢富胜、吴越、王生升：《平台经济全球化的政治经济学分析》，《中国社会科学》2019年第12期。

够在市场上建立强大的竞争优势,从而形成垄断地位。其次,平台资本通过数据积累实现垄断。平台经济的核心是数据,平台资本能够通过收集、分析和利用大量的用户数据,对用户需求、行为和偏好进行深入了解,这使得平台能够提供个性化的推荐和定制化的服务,从而提高用户体验和满意度。同时,数据也成为平台资本的核心竞争资产,它可以帮助平台优化运营、改进产品和服务,进一步巩固其市场地位,形成数据壁垒,限制其他竞争对手的进入。①

平台垄断能够起到刺激和扩大消费的作用。一方面,平台垄断能够通过提供更多的商品选择来刺激和扩大消费。当一个平台垄断了特定领域的市场时,它能够吸纳大量的供应商和商家,提供丰富多样的商品和服务。平台还可以通过数据分析和个性化推荐,根据消费者的偏好和历史行为向其推荐符合需求的商品,提高购买的准确性和满意度,这种个性化的推荐使消费者更容易发现和购买他们感兴趣的商品,进一步刺激消费的增长。另一方面,平台垄断资本能够提升交易的便捷性,从而促进消费。平台经济提供了方便的支付和配送服务,加快了商品的流通速度,为消费者提供了更便捷的交易体验。消费者可以通过平台进行"一站式"购物,无须跳转到不同的网站或实体店铺,大大简化了购物流程。平台提供的在线支付系统和多种支付方式也使得交易更加便利和灵活,平台还提供了快速、可靠的配送服务,使消费者能够更快地收到所购买的商品,这种便捷性和高效性促使消费者更愿意购买,进一步促进消费。此外,平台垄断资本通过吸纳和整合大量的供应商和商家,帮助他们扩大市场和提高销售额。一方面,平台垄断资本的吸纳和整合为供应商和商家带来了更多的销售机会和潜在利润,这会激发他们提高生产和投资的动力,进一步推动产能和经济的增长。另一方面,平台垄断资本的优化和效益提升反过来促进了供应链上下游企业的协同发展。供应链上的不同环节相互依赖,当平台垄断资本通过整合和优化提高了供应

---

① 周文、韩文龙:《平台经济发展再审视:垄断与数字税新挑战》,《中国社会科学》2021 年第 3 期。

链的效率和运营水平时，上下游企业都能够从中受益。

平台垄断资本通过吸纳和整合大量的供应商和商家，帮助他们扩大市场和提高销售额。平台资本为供应商提供了更广阔的销售渠道和更高效的营销手段，帮助他们降低成本、提高效率，从而促进供应链的优化和效益的提升，对上下游的各类资本都能起到积极的推动作用。另外，平台的垄断地位使得它成为供应商和商家进入市场的主要通道。供应商和商家通过在平台上注册和销售商品，能够直接触达广大的消费者群体，这种直接的销售渠道降低了供应商和商家的进入门槛和经营成本，特别是对于小型企业和创业者来说，他们能够利用平台的垄断地位获得更多的销售机会和曝光度。此外，平台垄断资本还为供应商和商家提供了更高效的营销手段。平台拥有庞大的用户基础和海量的消费数据，通过数据分析和个性化推荐系统，能够帮助供应商和商家更精确地定位目标消费者，并向其提供针对性的推广和营销活动，这种个性化的营销手段提高了营销效果和转化率，使得供应商和商家能够更有效地吸引和留住消费者，从而提高销售额。同时，平台还为供应商和商家提供订单管理、物流配送、售后服务等一系列的支持和辅助功能，帮助他们提高运营效率和顾客满意度。供应商和商家可以依靠平台提供的物流和配送网络，快速高效地将商品送达消费者手中，增强交易的便捷性和顺畅度。此外，平台还提供售后服务，解决消费者的问题和投诉，提升消费者的购物体验，加强供应商和商家的声誉，提高品牌形象。

平台垄断资本还在一定程度上降低了交易成本。平台经济提供了方便的支付和配送服务，加快了商品的流通速度，提高了交易的便利性。平台经济还通过大规模的数据分析和个性化推荐，提高了购买的准确性和满意度，减少了用户的信息搜索和比较成本。首先，平台垄断资本所提供的支付和配送服务极大地方便了交易过程。在传统的购物方式中，消费者需要在不同的商家或网站进行购买，每次购买都需要单独支付，增强交易的复杂性，增加时间成本。而在平台经济中，消费者可以在同一个平台上浏览和购买多个商家的商品，通过统一的支付系统一次性完成支付，避免了多次输入支付信息的麻烦。此外，平台还提供高效快捷的配送服务，消费者可以选择将商品送达指定的地址，无须亲自前往实体店铺或承担自行配送的麻烦。这种方便的支付和配送服务大大降低了消费者的交易成本，提高了购物的便利性和效率。其次，平台经济通过大规模的数据分析和个性化推荐，减少了用户的信息搜索和比较成本。在平台经济中，平台拥有庞大的用户数据和消费行为信息，可以通过数据分析和算法技术，为每个用户提供个性化的商品推荐和购买建议。消费者可以根据平台的推荐直接找到符合自己需求的商品，减少信息搜索和比较的时间和成本。此外，平台还提供了用户评价和评论的功能，消费者可以通过查看其他用户的评价和经验，更加准确地了解商品的质量和性价比。这种个性化推荐和用户评价的机制使得消费者能够更快速地做出购买决策，降低了信息搜索和比较的成本。

总的来说，平台垄断资本通过掌控特定领域的数字化平台，实现了对市场的垄断地位和利润的获取。它通过网络效应和数据积累实现了垄断，并通过佣金、广告和数据交易等方式分割剩余价值。尽管存在一些问题和争议，平台垄断资本的分割剩余价值对资本主义体系起重要的积极的作用，推动了经济的创新和发展，帮助供应商和商家扩大市场，降低了交易成本，提高了消费者的选择权和满意度，从而对缓解资本主义系统性危机起到了重要作用。

三　作为新兴经济关系的平台经济对资本主义生产关系的调整

平台经济作为一种新兴的经济关系，对资本主义生产关系产生了广泛而深远影响。探讨平台经济对资本主义生产关系的调整，我们主要聚焦平台经济对劳动过程的影响、平台经济对阶级力量的影响以及平台经济对经济社会的影响。首先，平台经济对劳动过程产生了重要影响。传统的劳动过程通常由固定的雇佣关系和工作地点组成，而平台经济通过在线平台连接供需双方，改变了传统的商业交易方式和劳动组织形式。平台经济提供了灵活的就业机会，使个人能够根据自身需求和条件选择工作内容和工作时间。这种灵活性给一些特定群体，如自由职业者、兼职工作者和家庭主妇等，提供了更多的就业机会和灵活性，有助于平衡工作和生活需求。同时，平台经济促进了劳动力市场的扩大和全球化，使得人们可以通过在线平台与全球范围内的雇主和客户进行连接与交流，进一步拓宽了就业机会和经济参与的可能性。

然而，平台经济也引发了对劳动者权益和保障的关注。由于平台经济的特点，劳动者往往以自由职业者或合同工的身份参与，缺乏传统雇佣关系中的保障和福利待遇，这使得劳动者面临诸多风险和不稳定性，如工资不确定、劳动时间弹性不足、社会保障缺失等。平台经济对劳动者权益和社会保障的挑战引发了对劳动法律和政策的重新思考，需要制定相应的规范和保护机制，以确保劳动者的权益和福利得到有效保障。① 其次，平台经济对阶级力量产生了影响。在平台经济模式下，平台拥有者和技术提供商成为新的关键角色，他们掌握了平台的控制权和技术资源，从而在经济中获得了更大的利益和话语权。与此同时，劳动者在平台经济中的地位和权力相对较弱，由于劳动者的分散性和个体化，他们往往难以形成集体行动和争取自身权益的能力，这导致平台经济中阶级力量的重新配置，加剧了社会的不平等和阶级分化现象。

平台经济的崛起还引发了对劳动过程的数字化和自动化的挑战。随着平台经济的发展，越来越多的工作任务被数字技术和算法所替代，从而改变了传统的劳动组织和生产方式，这种数字化和自动化能够提高生产效率和经济增长，但也导致劳动者岗位的减少和技能要求的变化。劳动者的需求和技能结构发生了变化，需要不断适应和学习新的技术和能力，以应对数字化时代的劳动需求，这对教育和培训系统提出了新的挑战，需要加强对劳动者的技能培养和再培训，以确保他们能够适应和参与到数字化经济中。

平台经济对经济社会产生了广泛影响。一方面，平台经济的发展提

---

① 王文珍、李文静：《平台经济发展对我国劳动关系的影响》，《中国劳动》2017 年第 1 期。

供了更多的经济机会和更广阔的创业空间，促进了创新和创业精神的兴起。平台经济模式为创业者和小微企业提供了更低的进入门槛和更广泛的市场机会，有助于推动经济增长和就业机会的增加。另一方面，平台经济也带来了一系列社会问题和挑战。平台经济的快速发展导致市场垄断和平台巨头的崛起，使得资源分配不均和市场竞争不充分。此外，平台经济还涉及数据隐私、劳动者权益、税收征管等一系列社会议题，需要加强监管和政策调整，以确保平台经济的可持续和公平发展。

平台经济改变了传统的劳动组织形式，提供了灵活的就业机会，重塑了阶级力量的格局，加剧了社会的不平等现象。同时，平台经济的数字化和自动化趋势对劳动过程和技能需求产生了影响，需要适应和应对新的挑战。此外，平台经济为社会带来了机会和挑战，需要加强监管和政策调整，以确保平台经济的可持续和公平发展。因此，平台经济作为新兴的经济关系对资本主义生产关系产生了重要且深远的影响，它既是缓解当代资本主义系统性危机的重要力量，也在一定程度上强化危机的影响。

第十章

剩余价值修复与当代资本主义系统性危机应对

本章提要：当代资本主义国家除了从剩余价值生产和分割视角外，还可以从剩余价值修复视角提出应对系统性危机的政策措施。所谓剩余价值修复，就是指跳出经济领域而从政治、社会、生态、文化和军事等其他方面出发，通过调整、改革和重新布局规划，为能够继续创造剩余价值打造优良的外部环境。剩余价值修复之所以可行，其根本原因是当代资本主义国家经济已经与政治、社会、生态、文化和军事相互交织融合。在政治上，资产阶级政权虽然也调和党派之间的矛盾斗争，但主要是通过让渡公民政治权利来获得选民的认同和支持，以此保证剩余价值的生产实现分割能有相对好的政治环境。在社会上，当代资本主义国家在扩大社会福利覆盖面的同时进一步提高质量，很大程度上补偿了普通民众在生产中遭遇的不公待遇，从而降低了阶级斗争的风险和冲击。在生态上，西方社会近些年也在高谈阔论生态环境补偿修复内容，提倡绿色能源、低碳社会的生产生活新理念，然而为了降低成本，西方社会往往采取将高耗能的企业向国外转移、将高污染物向国际公共区域排放等手段。在文化上，西方国家长期乐此不疲地制造文化对立，刻意制造舆论，向全世界强行兜售其价值观念，引发不少发展中国家和落后国家出现错误思潮。在军事上，金融垄断资本渗透进军工企业，这些资本或是直接向他国高价兜售军工武器敛财，或是制造地缘军事紧张形势来发财，甚至通过各种力量干涉他国军事政变来扶持代理人等。总的来说，剩余价值修复视角的政策是从"外因"角度或多或少地缓解了当代资本主义系统性危机,但由于其没有触及系统性危机的"内因",终究还是隔靴搔痒,未除病灶,也就不可能从根本上阻止系统性危机的爆发。

马克思主义认为,经济基础决定上层建筑,上层建筑对经济基础具有反作用。剩余价值是一个经济学范畴,剩余价值理论是一个关于剩余价值生产、实现和分割的理论,它们本身都是相对纯粹的经济学议题。然而,从当代资本主义制度发展史来看,其经济不可能完全独立存在于政治、社会、生态、文化、军事之外,相反,与相关领域的交织却变得日益密切,剩余价值作为资本主义制度特有的经济现象,它不可能游离于政治、社会、生态、文化和军事等。笔者在前文已经用了大量理论和事实论证了这样一个观点:当代资本主义系统性危机本质上是资本逻辑下的剩余价值危机,因此,资产阶级破解当代资本主义系统性危机,除了从剩余价值的生产和分割视角寻求对策外,还可以从剩余价值修复的视角来探讨方案。

第一节 政治维度:让渡公民政治权利

历史唯物主义指出,在上层建筑中,政治上层建筑占据主导地位,而国家政权又是政治上层建筑的核心,政治权利涉及的主体是多元的,不同的主体之间利益矛盾激化的时候,需要有一个强有力的组织来干预,"这个社会陷入了不可解决的自我矛盾,分裂为不可调和的对立面而又无力摆脱这些对立面。而为了使这些对立面,这些经济利益互相冲突的阶级,不致在无谓的斗争中把自己和社会消灭,就需要有一种表面上凌驾于社会之上的力量,这种力量应当缓和冲突,把冲突保持在'秩序'的范围以内;这种从社会中产生但又自居于社会之上并且日益同社会相异化的力量,就是国家"[①]。20 世纪以来,西方资本主义国家调整

---

① 《马克思恩格斯文集》第 4 卷,人民出版社 2009 年版,第 189 页。

让渡公民政治权利，以此标榜自己是民主的、捍卫人权的文明制度，也通过此举在一定范围内获得了民众的信任与支持，尽管很多政策的实际效果并不显著，然而资产阶级就是这样一点一点赋予公民权利，进而蚕食人们为实现自由解放的斗争精神和集体力量。

一 公民经过长期斗争获得政治权利的本质被篡改

马克思认为，无产阶级只有解放全人类才能最终解放自己。无产阶级的真正觉醒是在马克思深刻揭示了资本主义生产方式中资本追求剩余价值的基础之上。然而，资产阶级统治者却通过各种包装和虚假宣传把公民政治权利说成是其主动赋予的结果，显得其似乎不是为资本服务，而是为劳动服务的救世主一样，其实只要看一看主要的资本主义国家宪法中对公民权利的规定就很容易戳穿谎言。战后，不少国家确实在宪法中扩大了公民的基本权利，但本质上是资本主义在这个时期经历了经济繁荣发展，为了维持这种繁荣就需要在政治权利上对公民进行适当让渡。然而，当经济出现波动的时候，公民的一些基本权利再次被收回或者被模糊处理也是常见现象。

战后，德国、日本、法国和意大利等国家在宪法的明细规定中扩大了公民权利的范围。例如，日本在明治天皇颁布的宪法中涉及国民权利义务的共计14条。1946年，日本宪法把国民权利义务的相关规定增至31条。法国在旧的宪法中没有公民基本权利和义务的规定条例，在1946年制定的新宪法中则专门列举了法国公民所享有的各种权利。意大利的宪法中涉及公民权利的规定则从战前的9条增至42条。德意志联邦共和国基本法中直接对公民权利平等作出了3条明确规定，即法律面前人人平等、男女享有同等权利、反歧视反优待。除此之外，有些国家还在宪法中明确规定，公民权利受到侵犯时应得到法律保护和补偿。然而，资产阶级统治者又通过其他方面的具体法规条例限制公民的政治权利，所以从形式上来看，公民拥有较多的基本权利和自由，实际上并不意味着就能真正享有这些权利和自由，甚至在很多条件下又被其他补充条例所限制。例如，美国宪法第 9 条修正条款就限制了公民的基本权利。美国"塔夫脱—哈特莱法"就限制了工人自由组织工会的权利，"麦卡伦—伍德法"则把公民联合达成协议的某些行为界定为非法的，显然，这些行为与宪法中规定的公民权利是相违背的。日本政府在宪法之外又制定了"防止破坏法""限制罢工法""禁止教员从事政治活动法"等法案来限制约束公民的权利。显然，当代资本主义国家对公民政治权利的让渡反映了阶级斗争的形势转变，当公民阶级拥有较强的斗争优势时，他们能获得的政治权利就多一些；相反，如果资产阶级统治者拥有足够的斗争优势，他们要么直接修改宪法条款，要么通过增补其他法案来对宪法做补充，这再次说明，公民政治权利是公民阶级自身实现自由解放而进行长期斗争的结果。

案例 10-1　美国 2022 年全美铁路工人预罢工事件

2022 年年底，新冠疫情的阴霾还在深深笼罩着世界各国时，美国又面临着自 1992 年以来的最大一次工人罢工风险。因为对工资待遇、用工制度不满，美国铁路工人预谋全国大罢工，由于美国铁路运输是美国经济运行的重要方式，约占货运量的 40%，一旦铁路罢工将对美国经济产生巨大压力，在此背景下，拜登政府积极介入斡旋，而在这次风波中，看似政府在维护工人权益，实则却变成了欺骗和侵犯公民政治权益的一场闹剧。预罢工事件涉及的两个主要对象分别是美国铁路公司和美国铁路工会，拜登政府的失信也是这次预罢工的导火索之一。当初为了获得选民的选票，拜登团队把其打造成最爱坐火车的"铁路·乔"（Amtrak Joe），并承诺其当选后会改善铁路工人工资待遇，然而拜登政府并没有足够的能力对抗铁路公司资本的力量，最后其承诺化作了一缕空气。早在 2022 年 7 月，美国铁路工人就要罢工，因为拜登政府的强势干预，美国铁路公司和美国工会在 9 月达成一项临时协议，然而这份临时协议并没有得到美国参与谈判的所有工会同意，因此双方约定谈判的时间拖长到了 12 月 8 日，如果还不能达成一致意见，则将举行全国罢工。在这期间，拜登政府于 11 月强烈呼吁国会通过立法，国会有权干预则是依据美国1926年颁布的法律。2天后，美国众议院通过了临时协议，并赋予铁路工人享受7天带薪病假的权利。表面上看，7天带薪病假似乎是给予工人的福利，但是美国铁路系统的用工制度非常严苛并具有剥削性，7天带薪病假完全不能充分代表铁路工人的权益。因此，有媒体发表文章指出，拜登政府在任内的这场劳资斗争中深深地捅了工人一刀，出卖了美国工人，也十分讽刺地戳穿了自己竞选时的虚假的仁慈面孔。国会通过临时协议后，铁路工人罢工则被视为非法事件。显然，这侵犯了美国宪法赋予的公民基本的政治权利。

二 西方法治赋予形式上言论自由麻痹了公民的阶级斗争意识

在资本主义国家公民政治权利中，言论自由是最能引起人们关注的内容，也是最具有迷惑性但实际上最能揭露资产阶级政治统治本质的话题。虽然资本主义国家在历史发展中出现了不少得到公民拥护的政治人物，他们的确试图改变不合理的法律条文和规章制度，但总体上并不能起到什么作用，因为问题的根源在于制度，而不是个人。对此，马克思在《评普鲁士最近的书报检查令》一文中就强调，"可是，如果说书报检查官很中用，不中用的是法律，那么，为什么还要再度求助于法律去反对正是它本身所造成的祸害呢？或者，也许为了造成一种改善的假象而不从本质上去改善事物，才需要把制度本身的客观缺点归咎于个人吧？虚伪自由主义的手法通常总是这样的：在被迫让步时，它就牺牲人这个工具，而保全事物本身，即制度。这样就会转移从表面看问题的公众的注意力"①。而在关于林木盗窃的一文中，马克思更是精辟地论述了法的本质和公民基本权利的关系。马克思认为，枯枝是自然的一种馈赠，穷人捡树枝却被定性为盗窃，无非就是触碰了某些人的利益，马克思批判莱茵省议会荒诞、虚伪和丑陋的本质，"凡是立法者忘了说这里涉及法律的例外，而不涉及法律的地方，凡是在他提出法的观点的地

---

① 《马克思恩格斯全集》第1卷，人民出版社1995年版，第109页。

方,我们的省议会都会出来非常得体地对他加以纠正和补充,并且凡是在法为私人利益制定了法律的地方,它都让私人利益为法制定法律"①。关于公民的自由,马克思在关于自由贸易的演说中更是直截了当地指出,这是资本的自由,而不是人的自由,所以,资本主义制度的法从根本上来说是为维护资本的统治需要而建立的。

在公民的强烈斗争下,西方国家加强了法治建设,公民以获得了法律制度认可的个人政治行为或团体组织政党为单元的集体政治行为来参与影响国家治理,当代资本主义国家的法治建设在协调社会阶级矛盾上起到了一定的作用,但这只是形式上的,例如,公民言论集会表达自身权益的自由最终也往往都被法律本身所破坏。这些形式上的言论自由看似资本主义制度是民主的,实则成为绑架公民抗议资产阶级剥削的枷锁,对此,马克思在《路易·波拿巴的雾月十八日》中深刻地指出,"宪法的每一条本身都包含有自己的对立面,包含有自己的上院和下院:在一般词句中标榜自由,在附带条件中废除自由"②。资产阶级统治下的国家赋予公民的权利之所以是形式上的虚假的,根本原因在于资产阶级国家政权的本质。恩格斯在《社会主义从空想到科学的发展》中强调,"这个理性的王国不过是资产阶级的理想化的王国;永恒的正义在资产阶级的司法中得到实现;平等归结为法律面前的资产阶级的平等;被宣布为最主要的人权之一的是资产阶级的所有权;而理性的国家、卢梭的社会契约在实践中表现为,而且也只能表现为资产阶级的民主共和国"③。"现代国家也只是资产阶级社会为了维护资本主义生产方式的一般外部条件使之不受工人和个别资本家的侵犯而建立的组织。现代国家,不管它的形式如何,本质上都是资本主义的机器,资本家的国家,理想的总资本家。它越是把更多的生产力据为己有,就越是成为真正的

---

① 《马克思恩格斯全集》第1卷,人民出版社1995年版,第288页。
② 《马克思恩格斯文集》第2卷,人民出版社2009年版,第484页。
③ 《马克思恩格斯文集》第3卷,人民出版社2009年版,第524页。

总资本家，越是剥削更多的公民。"① 从当代资本主义国家政治发展的情况来说，在没有从根本上危及资产阶级核心利益的时候让渡部分政治权利给公民，能够有效地对公民思想产生麻痹作用，使其满足于这种虚假权利的获得，从而在一定程度上缓解系统性危机的冲击。

当前，有一部分人通过社交媒体发表自己对政治人物的批评甚至讽刺谩骂，以为这就是言论自由，实则贬低了言论自由的真正内涵。我们认为的言论自由是能够揭开事件真相并且以此提升国家治理和对人民负责的诉求，绝不是个人逞一时口快的那种表象的自由，而且一旦这种言论被警察机构审查，这种自由也会变成不自由。欧美国家的言论自由已经被曝出相当多的虚伪的案例，2023年2月，美国俄亥俄州发生运载氯乙烯火车出轨爆炸事件，事件造成附近地区重大灾难，然而事故发生后的近10天里美国国内几乎没有相关的新闻报道，有不少记者试图调查报道此事，却遭到了政府逮捕。数据显示，仅2020年5月到6月，美国就在64个城市发生了405起侵犯新闻自由的事件，记者在直播中被拘捕殴打的画面让世界人民越来越清醒地意识到，所谓的言论自由不过是资产阶级的虚晃口号，当这些政治权利侵犯到资产阶级私人利益的时候，所有的真相都会被掩盖，而相关的人甚至遭受人身恐吓。其实除了言论自由外，美国标榜的一些自由也不过是为了少数资本利益而服务，例如美国近年来的社会枪击案造成了大量无辜居民死亡，但是政治官员除了进行强烈的谴责外似乎并没有对持枪自由作出深刻反思，其背后深层次的原因之一就是军火商的利益。

第二节 社会维度：改良社会福利制度

福利国家制度的普遍推行是第二次世界大战结束后当代资本主义新

---

① 《马克思恩格斯文集》第3卷，人民出版社2009年版，第559—560页。

变化的重要表现，缘于凯恩斯国家干预主义思想，在福利经济学的代表人阿瑟·塞西尔·庇古（Arthur Cecil Pigou）的研究推行下，一系列旨在改善社会福利的政策措施相继出台，无可否认，西方底层民众权益得到保障，生活水平得以改善，工作热情有所提升，但究其本质，西方福利制度的制定完善是为资本逐利提供有利条件，也是应对资本主义系统性危机的缓兵之策。从实际效果来说，社会福利制度因为其提供了快速、直接的方案，确实在一定程度上减少系统性危机的负面冲击。

一　福利国家转型是缓和社会阶级对立的需要

20世纪中后期，福利国家制度在西方得到普遍建立。所谓福利国家，是指一个国家经济迅猛增长后通过财政收入等多种方式手段覆盖居民健康医疗、失业保险、公共政务服务、教育、生育养老等相关领域治理的经济体，福利国家的主要代表是欧美发达国家。福利国家在战后黄金20年时间进入迅猛发展甚至达到了相对成熟阶段，此时的福利制度也几乎达到了历史最高水平。滞胀危机后，西方福利制度陷入萎缩衰退的困境。实际上，西方国家注重社会福利制度的改革绝不是政治当权者主动以慈善家的身份出现而带来的——尽管我们可以看到有比较多的政客始终打着社会福利的旗号为竞选拉票，而是经济发展大背景下人们自然关心社会福利的结果，也是资产阶级为了缓和社会阶级对立以更好地维护自己统治需要的结果。

20世纪80年代，西方福利国家在经济危机的背景下纷纷开始寻求福利制度的改革——可以说当代资本主义系统性危机迫使资产阶级调整福利方案，也可以反过来说资产阶级通过福利制度改革来应对系统性危机的负面冲击。从社会资源供给与社会就业机会之间的矛盾来看，在滞胀系统性危机面前，如何协调就业资源，西方国家的改革呈现出三种代表性方案。第一种是北欧的一些国家，它们并没有否定以前的模式，而是继续寻找扩大就业的战略计划。第二种是美国、英国和新西兰等盎格鲁-萨克逊国家，它们通过解除工资管制和劳动力市场管制，充分市场化自由化，再配以削弱国家福利方面的权力功能。第三种是德国、法国等欧洲大陆国家，它们通过减少劳动力供给来保持旧的社会保障标准。三种模式各有利弊，对缓解系统性危机的成效褒贬不一。

从应对系统性危机的成效来说，三种模式的成效各有千秋。北欧模式这种福利制度基本上实现了全民保障的目标，尤其是独特的平均主义工资政策使就业得到了公共部门和私营部门的联合协助，而且就业上性别歧视受到严格的处罚，这种政策将就业政策和生育问题相关联，在社会上向外界展现了性别平等的模范，同时减少了社会贫富差距，社会总体收入较为平稳，相对富裕的收入为政府的高税收提供了基础。北欧模式对系统性危机的应对启示在于：这种模式能达成这样一个目标，即在接受资本主义社会不平等既定事实的基础上，通过政府社会福利项目的布局来减少不平等被固定在某些群体上的机会，也就是有效解决了阶级固化问题。美国模式这种福利制度是盎格鲁－萨克逊道路的集中代表，实行这种模式的国家还有英国、加拿大、澳大利亚和新西兰，该模式始终信奉充分就业已经提供了最有效的经济福利，而且能够为政府向老弱病残等群体进行救助提供税收基础，因此，问题是如何实现充分就业？在降低法定最低工资标准的基础上实行放松工资管制的新自由主义主张带来了就业率的大幅提升，但是出现了显著的社会不平等。与北欧模式不同的是，美国模式下一些人不断努力地工作，但其总体财富却还是呈现不断下降态势，越工作越贫穷成了美国模式中的典型弊端，这反过来要求政府部门对这些群体不得不进行大量的社会福利转移支付，转移支付又在一定程度上使这些低工资劳动者被锁定在低技能岗位上，从而使整个社会陷入了典型的贫困陷阱。此外，美国模式在社会福利制度设计上显得有点功利主义和急于求成，尽管在短期内有效提高了社会就业率，但把黄金 20 年的努力成效付之一炬，众所周知，在战后罗斯福主义干预下，美国的社会结构形成了两头小中间大的橄榄型，社会贫富差距控制得不错，然而最近这 30 年的新自由主义模式改革使社会贫富日益悬殊。因此，西方学者有人批评，新自由主义所推崇的市场机制在分配上或许能够达成资产阶级的预期目标,却带来了社会分裂的严重后果。欧洲大陆模式另辟路径,通过减少劳动力的供应来维持社会福利标准,德国、法国等国家鼓励人们提前退休,领取退休补贴把社会工作岗位让给年轻人,实际上,这种模式的实行是与欧洲大陆国家的福利制度相联系的。此前,如果一个人想要领取稳定的社会保险,那么就业要有基本的持续年限,如果没有达到相应的标准,社会保险就难以认领。这种模式的最大问题是导致社会群体分层,一部分人领取高退休金,另一部分人辛苦工作,还有一部分人要依靠工作才能生存,这是当前欧洲大陆模式的典型特征。在这种模式下,一旦出现经济危机,那么失业所带来的冲击是家庭无法承受的,这也是欧洲大陆模式国家工人罢工情绪高涨的重要原因。

二 第三条道路社会福利改革对资本主义制度的扬弃

20世纪两极争霸格局解体后,欧洲有一些国家走上了第三条道路的社会福利改革。第三条道路在学界有时也被标榜为民主社会主义,具体表现有德国的社会市场经济等,在20世纪末引起了世界广泛关注,西方政党曾就第三条道路进行了广泛的学术争论和实践实验。例如,德国政党领袖就曾强调社会市场经济既不是自由主义市场经济,也不是苏联的高度集权的中央计划经济,而是通过社会政策有意识加以控制调节的一种模式。安东尼·查尔斯·林顿·布莱尔(Anthony Charles Lynton Blair)、格哈德·施罗德(Gerhard Schröder)等人在解决英国、德国等西欧资本主义国家在全球化背景下所面临的现实问题时提出了一种超越传统左右政治意识形态的新理念。它不是关于资本主义和社会主义之间的冲突,而是关于资本主义社会内部的左派和右派政治观念及其政治运作方式的一种超越性思想,他们试图超越传统的左右二元对立,寻求一种综合两者的思维方式,以实现社会民主主义复兴的政治变革思潮。

第三条道路的社会福利改革倡导新社会福利理论,这种理论非常注重政府的作用,与新自由主义消极否定政府是完全不同的。例如,市场经济中有些天然就不具备竞争优势的人可能遭到社会福利损失，此时政府必须以积极有效的干预来构造国家、集体和个人三方共担责任的福利政策。然而，这种新社会福利理论又强调政府可能是危机的来源之一，因为一旦政府公职失信，或者出现政治周期，那么社会福利危机就随之产生，所以应该谨慎圈定政府社会福利权责，把社会公民权责、企业社会福利权责等一同纳入福利体系，形成边界分明的福利体系。此外，新社会福利理论指出了传统社会福利的弊端和缺陷，主张用新举措来取代旧模式中的不合理之处，例如减少救济性社会福利保障，通过增加就业机会来推动，缩小传统社会救济的人群范围和救济力度。最后，新社会福利理论主张包容发展，在促进社会公正平等上做出了积极有效探索。

总的来说，第三条道路是资本主义制度部分质变的结果，它在辩证地看待资本主义生产方式对社会福利制度带来的二重影响后积极寻求对策，试图修复资本主义制度的弊端——对能够正视市场机制的缺陷应该予以充分肯定，然而第三条道路本质上没有彻底否定资本主义生产方式，是一种典型的改良主义政策。第三条道路社会福利改革的出台也标志着当代西方资产阶级在系统性危机面前的妥协和让步，再一次验证了马克思关于资本主义制度命运的科学研判。

第三节 生态维度：加强自然环境补偿

历史唯物主义认为，自然地理环境是人类社会发展的基本条件之一，既是人类物质生产活动的直接来源，又是人们精神生活的必要构成，合理利用自然资源是人类社会健康持续发展的题中应有之义。资本主义制度发展史表明，在早期工业化进程中，为了无休止地提高物质生产力，资本对自然资源的过分攫取、对生态环境的肆意破坏已经达到了骇人听闻的地步。然而随着生态危机的爆发，人们发现经济生产秩序遭到了破坏，反过来不利于社会稳定发展和人的身体健康，西方国家开始寻找维护自然环境的新方案，这主要有两个方面，一是将落后的高污染高耗能产业借国际分工名义向他国转移；二是通过制定气候生态相关规则条例限制落后国家和发展中国家的碳排放。

一 "外部转移+内部修复"双管齐下应对生态危机

转移污染性企业是西方发达国家打着国际生态保护、扶持发展中国家经济增长和民生就业等多重旗号下的行为，虽然确实给发展中国家带来了一定积极效果，但相比负面冲击是微不足道的。资本主义发展史中反复出现的生态环境危机引起了很多人的关注，包括政治家、经济学家、社会学家、生态学家、环保主义者等都在思考生态环境危机的原因和破解之策。如果说在资本主义发展早期，资产阶级为了巩固自己的执政地位而大力发展制造业，迫不得已实行高污染高耗能高投入的发展道路，只为能够获得更高产出以此攫取利润；那么到了资本主义发展的当代，在全球经济相互融合的价值链中，低端制造业的利润空间已经越来越少，特别是在巨大的生态环境成本压力下，西方国家通过全球价值链把高污染高耗能高投入的企业转移到其他国家，既能从他国攫取一部分收益，又能维护本国生态环境，还能调整优化本国经济结构，为产业结构升级创造有利条件，可谓是一举多得。

案例10-2　印度博帕尔事件

西方发达国家向发展中国家转移污染型企业的案例有很多，一个代表性案例即1984年印度博帕尔氰化物泄漏事件——这次事件被认为是人类历史上最严重的人为导致的环境事故。20世纪下半叶，随着印度对粮食需求的大幅提升，其农药生产供给无法满足对粮食的需求，所以，印度寻求与大企业合作，此时美国联合碳化物公司进入了印度，在博帕尔地区建造了一座年产能力高达5000吨的农药厂，然而随着企业效益的恶化，企业在生产经营管理上出现疏松漏洞。1984年12月2日深夜，农药厂发生爆炸，很快30吨剧毒化学物在爆炸中形成的烟雾在周边扩散开来。据统计，爆炸直接或间接造成了近60万人死亡，事故中和事故后的伤残人数更是难以统计。事后印度最高法院要求美国公司作出赔偿并要求公司高管承担刑事责任，然而其时任总裁始终未被法律制裁，这充分表明公司只是一味地追求利润，没有把可能引起的生态及社会事件纳入风险防控体系。

从资本主义国家内部生态危机治理来看，成效较为显著。首先，发展理念的转变。绿色发展在西方国家引起了较为普遍的共识，政党、居民、社会组织等不断地将绿色议题纳入公共事务平台，企业在各方压力下努力采用更为环保的工艺和装备投入生产，回收再利用也成为生活消费中的重要内容。不少人发现生态环境一旦遭到破坏，其治理成本高昂、治理周期较长、治理效果不甚理想，因此，越来越多的国家从生态环境治理转向生态环境预防，涉及的领域包括空气、水和土壤三大类，产业包括农、林、牧、渔、矿等。随着传统能源和不可再生能源的利用速度加快，人们对新能源的需求不断提升，在经济发展迭代的基础上实现生态保护。其次，生态运动不断爆发。随着专家学者对生态问题的深入研究，以及新闻媒体记者对现实环境破坏的曝光，大量环保人士走上街头游行抗议，迫使西方国家不断立法治理环境污染。世界"地球日"是每年的4月22日，已经成为世界上最大的民间环保节日，它是盖洛德·尼尔森（Gaylord Nelson）和丹尼斯·海斯（Dennis Hayes）于1970年发起的，在这一运动的推动下，1972年联合国召开了第一次人类环境会议，"只有一个地球"的理念日益成为生态环境保护运动最有力的口号。1970年，"地球日"运动还促使美国成立了环境署，并且对空气、水和动物保护等法案的通过产生了重要影响。从国际性组织通过的涉及环保相关的文件来看，例如1970年联合国教科文组织制订了《人与生物圈计划》、1972年颁布了《联合国人类环境会议宣言》、1973年签署了《濒危野生动植物国际贸易公约》、1982年签署了《世界自然资源保护大纲》《联合国海洋法公约》、1992年签署了《气候变化公约》《保护生物多样性公约》等。生态环境保护还促使新的政党成立，最典型的是新西兰成立的绿党，也叫新价值党，绿党提出的发展理念获得了公众的广泛认可，成为一支重要的政治力量。

二 通过制定生态协议等方式限制他国碳排放

当代资本主义国家为了应对生态环境带来的系统性危机冲击，除了将落后产能向国际转移外，还有一种表面上具有迷惑欺骗色彩的方式，即借着国际组织的影响或者打着促进全球可持续发展旗号制定生态协议，并且迫使他国签署，如果不签署，那么它们就会被排挤在规则之外，甚至西方国家通过各种手段来切断与相关国家的经济合作往来，因此，不少国家在心知肚明的情况下，被迫签署相关协议，艰难求生。通过制定生态协议等，西方国家在应对当代资本主义系统性危机上有了较大的转机，尽管这是一种双重标准且令人不齿的行为。

碳排放指标制约了广大发展中国家和落后国家的崛起。众所周知，工业是衡量一个国家经济发展水平的重要标志，而人类工业史表明，传统能源是工业发展的重要基础。欧洲国家和美国等在早期工业化进程中也经历了碳排放带来的污染创伤。当发达资本主义国家已经进入工业化后期或者进入以现代服务业作为经济支柱时，它们对生态环境的迫切需要使其必须限制碳排放，实际上，这些发达国家拥有更多的碳排放指标，甚至远远超过其工业发展的需要。而此时对于广大发展中国家和落后国家来说，它们的工业化还处于发展早期，粗放型的发展是工业化早期发展的主要途径，因此，对碳排放的指标需求非常高，但是在西方国家主导的碳排放框架协议中，分配给发展中国家和落后国家的指标是远远不能满足工业化进程需求的，这样就只能通过向发达国家购买碳排放指标，而高昂的碳指标费用又超出了大多数国家的支付能力，如此，这些国家不得不通过证券化或者抵押物的形式出卖一部分利益给发达国家，进而被迫紧紧依附发达国家。如果发展中国家和落后国家排斥碳排放框架协议，可能面临西方国家的制裁，如此，商品进出口贸易、对外经济往来甚至参与国际事务都会受到一系列钳制，因此，现实中绝大多数发展中国家和落后国家只能被动地接受明显不合理不公正的碳排放框架协议。

案例 10-3　联合国气候变化谈判与《巴黎协定》

在联合国气候变化谈判（COP）中，发展中国家和落后国家常常被迫接受明显不合理和不公正的国际协议，导致他们在碳排放指标分配和碳交易规则中处于被动地位。以 2015 年签署的《巴黎协定》为例，该协定旨在全球范围内应对气候变化，要求各缔约国提交自主贡献，即各国自主确定的减排目标和行动计划。中国作为缔约国之一，也需要提交自己的国家自主贡献。2015 年中国提交的自主贡献目标是，到 2030 年，二氧化碳排放强度比 2005 年下降 60%—65%，并力争实现非化石能源占一次能源消费比重达到 20%。同时《巴黎协定》要求各缔约国建立透明度和报告机制，定期向联合国气候变化框架公约秘书处报告有关温室气体排放和减排行动的信息。中国需要按照协定要求，建立并完善国内的透明度和报告机制，向国际社会公开披露相关数据和信息。

根据《巴黎协定》，发展中国家被要求承担相当的减排目标，而发达国家则应提供技术和财务支持，这种指标分配方式存在明显的不公正性，忽略了发达国家在历史上对全球碳排放的巨大影响。发达国家在工业化过程中大量排放温室气体，而发展中国家则相对较晚开始工业化，因此其排放量较低，根据《巴黎协定》，发展中国家却被要求与发达国家承担类似的减排责任，这给他们增加了不合理的减排负担。

第四节　文化维度：制造意识形态对立

自资产阶级开启人类工业革命以来，西方工业文明等同于现代文明成为很多人头脑中的固有之见。特别是随着物质生产力的爆炸式增长，西方国家人们的精神生活有了大幅提升，他们对文化的诉求越来越高。在发展不平衡的背景下，当世界上很多发展中国家和落后国家的劳动人民还在为温饱问题发愁时，西方发达国家人们总体上达到了富裕，此时资产阶级通过提供奖助学金、就业、管理经验培训、援助计划等各种方式向外输出其价值观和意识形态，资产阶级通过制造意识形态对立在全球各地慢慢孵化并培养了一批西方文化的拥趸和信徒。

一　宣扬资本主义价值观为资本扩张铺就舆论基石

当代资本主义国家基于自身工业发展优势向外输出的价值观中有三种极具代表性，并且已经演化成风行全球的意识形态思潮，这就是市场原教旨主义、机会主义和历史虚无主义。每一种意识形态思潮都有其特定的内容，但是，总的来说，三种思潮都是在刻意为资本主义制度代言，过分夸大了西方工业文明的适用性，是想借此来为资本主义生产方式垄断控制世界铺就基石。

市场原教旨主义。市场原教旨主义是近年来备受国内外经济学者青睐的议题，但是它本身并不是新话题，其根源在于亚当·斯密经济理论中"看不见的手"的思想，亦即市场能够完美地解决资源配置、促使经济实现自动平衡、经济效率达到最优，政府的一切经济干预都是不必要的，甚至是坏的。从经济实践对理论的验证来看，市场原教旨主义就像"百足之虫死而不僵"。毫无疑问，市场原教旨主义在 20 世纪经济大萧条面前破产了，萨伊定律、斯密教条的古典经济理论神话被深深地烫上了烙印，凯恩斯经济学体系应运而生。借助国家对经济的干预，以美国为首的资本主义制度国家不仅摆脱了经济大萧条的痛苦，还在"二战"后全面进入"黄金时期"。然而，随着 20 世纪 70 年代和 80 年代的两次石油危机，西方国家经济进入滞胀阶段，此时市场原教旨主义再一次呈现在世人面前，并且在经济学理论和经济学实践中达到了新的巅峰。在经济学理论上，以米尔顿·弗里德曼（Milton Friedman）为代表的现代货币主义学派、以罗伯特·埃默生·卢卡斯（Robert Emerson Lucas）为代表的理性预期学派、以弗里德里希·奥古斯特·冯·哈耶克（Friedrich August von Hayek）为代表的新奥地利学派被推崇为新自由主义重要阵营。在经济实践上，英国首相玛格丽特·希尔达·撒切尔（Margaret Hilda Thatcher）大行推动私有化改革，美国总统罗纳德·威尔逊·里根（Ronald Wilson Reagan）推行"新联邦主义"，在短期内来看，滞胀危机的确得到了化解，从长远来看，这些改革隐藏着更加激烈的矛盾和不可调和的冲突，但丧失理智的经济学家似乎并不看重这些（这与经济学家提出的"理性经济人"假设显然相冲突），因为摆在眼前的是经济效益的显著增长，然而市场的自发性终究酝酿了2007年美国次贷危机，进而演化成全球性经济危机，市场原教旨主义又一次备受指责。日本前首相鸠山由纪夫（Hatoyama Ruk）2009年在《日本的新道路》中痛批美国的市场原教旨主义，但这并不是日本高层领导首次反思市场原教旨主义。早在2002年，日本大藏省前财务次官神原荣介（Eisuke Sakakibara）就在《市场原教旨主义的终结》中进行了强有力的批评。2001年，诺贝尔经济学奖得主之一约瑟夫·尤金·斯蒂格利茨（Joseph Eugene Stiglitz）曾多次批判市场原教旨主义，他不仅否认了私有制相比国有企业更有效率的论点，同时指出"即使能够证明私有制比公有制更有效率，也并不能说私有化就是可取的"①，"市场并没有发挥应有的作用，因为它们显然既无效率也不稳定"②。2001年12月，阿根廷金融危机爆发，包括斯蒂格利茨在内的众多经济学家指出这是IMF宣扬市场原教旨主义的恶果。随后《波士顿环球报》《纽约时报》都刊登了以美国应对阿根廷经济崩溃负责为核心思想的文章，指出阿根廷经济发展模式是美国强行推加的市场原教旨主义。当前不少学者从实际案例来揭露市场原教旨主义的失败，例如，冷元元指出我国农产品和食品市场在市场原教旨主义影响下呈现价格暴涨暴跌及质量安全等混乱现象，作者提出不能放纵市场无为而治的倾向，需要借助政府"有形的手"对农产品和食品市场进行调节和控制，弥补和矫正市场缺陷。③ 于祖尧认为，反思经济危机、批判新自由主义和《华盛顿共识》，挑战美

---

① ［美］热拉尔·罗兰：《私有化：成功与失败》，张宏胜等译，中国人民大学出版社2011年版，第7页。
② ［美］斯蒂格利茨：《不平等的代价》，张子源译，机械工业出版社2013年版，第Ⅷ页。
③ 冷元元：《"市场原教旨主义"神话的又一次破灭——以农产品和食品市场为例》，《马克思主义研究》2012年第5期。

国经济霸权,抨击金融垄断资本主义,已经发展成为西方世界不可逆转的群众性思潮。① 当前依然有不少人在大肆兜售贩卖新自由主义,鼓吹私有化、自由化。经济史的周期性经济危机以及经济思想史关于政府和市场作用研究的一波接一波交替性热潮使得部分马克思主义学者对马克思主义经济学说逐渐产生怀疑,但这种怀疑本身是带有偏见性的。此外,当前美国经济制度的创新能力以及经济总量在短期内仍然处于霸主地位,这足以使得不少人信奉市场原教旨主义,但事实上,他们不仅忽视了美国经济制度的创新是依赖政府强有力的约束框架及专利保护下才维系的,更加不懂得马克思所指出的两个决不会的科学论断。

机会主义。19 世纪 80 年代,马克思、恩格斯曾同德国社会民主党和国际工人运动中的机会主义作了坚决斗争,他们借用机会主义来特指那些在国际工人运动中背离无产阶级利益,主张向资产阶级妥协和让步的行为。马克思、恩格斯所批判的机会主义头号人物为斐迪南·拉萨尔(Ferdinand Lassalle)。恩格斯逝世后,机会主义逐渐演变为修正主义,最著名的代表为爱德华·伯恩斯坦,后继者为卡尔·约翰·考茨基(Karl Johann Kautsky)。从世界社会主义运动史来看,苏联在修正主义分子赫鲁晓夫、勃列日涅夫、戈尔巴乔夫的统治下,最终解体。机会主义在一定程度上还表现为投机主义和折中主义,列宁曾对这样的行为予以痛斥:"辩证法是具体的和革命的……考茨基和王德威尔得之流的折中主义和诡辩术,为了迎合资产阶级,抹杀了阶级斗争中一切具体的和确切的东西"②。机会主义——包括投机主义和折中主义——及其演变而成的修正主义是比教条主义影响更恶劣的错误倾向。

历史虚无主义。历史虚无主义是近年来国际上愈演愈烈的一股反历史事实的唯心主义方法论思潮。其主要特点有:一是认为历史不是绝对的,因此,历史认识不可能存在真理;二是否定历史一切革命,以其主

---

① 于祖尧:《西方市场原教旨主义的衰败和中国信徒的堕落》,《中华魂》2013 年第 1 期。
② 《列宁全集》第 35 卷,人民出版社 2017 年版,第 326 页。

观要求重新"塑造"历史。在国际上,苏联领导人戈尔巴乔夫否定十月革命和无产阶级专政;在国内,部分学者借以重读历史为由,否定中国共产党早期革命和社会主义建设,进而否定中国道路的历史必然性。有学者指出,历史虚无主义反对马克思主义历史决定论,在国际上出现了"历史终结论"、社会主义"失败论"、马克思主义"过时论"、共产主义"渺茫论"等,[①] 这些在意识形态表现为反社会主义的思潮实际上是西方"和平演变"的重要手段。也有学者指出,"历史虚无主义所散布的种种言论,不仅涉及史学领域的大是大非问题,而且直接关系到做人立国的根本问题。这主要是:是维护历史本来面目,还是歪曲历史真相;是高扬民族精神,还是鼓吹妥协投降;是从历史主流中吸取精神力量,还是在历史支流中寻找负面影响;是坚持唯物史观,还是回到唯心史观"[②]。按照历史虚无主义的逻辑,当代的社会发展道路亦是不可知的。在审视历史与文化传统时,历史虚无主义忽视了历史演进的内在逻辑,倾向于割裂其内在的传承与连续性,将传统到现代的转型视为一种根本性断裂,而非一个渐进且交织着继承与创新的过程。更进一步,历史虚无主义也否认当代,从而否定了中国革命的历史地位和价值,否认现代中国所坚持的马克思主义和社会主义传统,这种否定历史和革命的理论不可能真正理解文明的传承。

中国特色社会主义道路是中国共产党带领全国人民对中国如何步入社会主义进行的伟大探索,也是一条没有成功经验可借鉴的新型道路。实践证明,中国特色社会主义道路取得了举世瞩目的成就,这是不可否认的。同时,当前中国出现了尚未实现共同富裕、区域发展不平衡等问题,有人就借此来大肆鼓吹历史虚无主义,否定改革的道路。笔者认为,任何一项事业的发展都会有积极和消极的结果,但是要注意把握哪一个是主要的,哪一个是次要的。根据矛盾的辩证法,复杂事物中的多

[①] 张晓红、梅荣政:《历史虚无主义的实质和危害》,《思想理论教育》2009年第7期。
[②] 本刊记者:《要充分认识历史虚无主义思潮的严重危害性——访中国社会科学院马克思主义研究院特聘研究员梁柱》,《马克思主义研究》2009年第3期。

种矛盾所处的地位及其起的作用是不同的,其中,主要矛盾处于支配地位,对事物发展起决定作用,因此,要善于抓重点,集中力量解决主要矛盾,与此同时要注意次要矛盾转化为主要矛盾的可能。历史虚无主义根本不懂得唯物辩证法的矛盾论。当前的社会主义市场经济发展模式其成就是主要的,还具有广阔的发展空间,我们抓住主要力量来攻坚克难,进一步深化经济体制和政治体制改革,坚定不移地走中国特色社会主义道路是正确的。同时,政府并非像历史虚无主义者鼓吹的那样不注重社会现实问题,国家在集中各种可利用的力量来共同应对改革中出现的新问题,这些问题有的是转型过程中旧的发展模式遗留下来的,有的是在转变发展方式中新产生的,但无论如何,新问题是可以解决的,绝非像历史虚无主义所宣扬的那样不可调和。

二 以文明冲突论为资本扩张转移危机遮掩

"文明冲突论"是由美国哈佛大学教授、国际政治学家塞缪尔·菲利普斯·亨廷顿(Samuel Phillips Huntington)于 1993 年提出的,在《文明的冲突与世界秩序的重建》一书中得到详细论述。亨廷顿认为:"人民之间最重要的区别不是意识形态的、政治的或经济的,而是文化的区别。"[①] 文化的多样性导致"在这个新的世界里,最普遍的、重要的和危险的冲突……属于不同文化实体的人民之间的冲突"[②]。文明由宗教信仰、语言文字、人文历史、价值观念、社会习俗和体制等构成,所谓文明冲突,实则是指这些构成要素的冲突。"文明冲突论"一经提出便在世界范围内引起了巨大反响,在收获了大量拥趸的同时也遭致不少批评,诚如亨廷顿所言,这一观点引起的争论超过自己撰写的任何文

---

① [美] 亨廷顿:《文明的冲突与世界秩序的重建》,周琪等译,新华出版社 2009 年版,第 5 页。
② [美] 亨廷顿:《文明的冲突与世界秩序的重建》,周琪等译,新华出版社 2009 年版,第 6 页。

章。亨廷顿强调,"人类的历史是文明的历史"①。《文明的冲突与世界秩序的重建》一书把当代主要文明细分如下:中华文明、日本文明、印度文明、伊斯兰文明、东正教文明、西方文明(包括欧洲、北美以及其他欧洲人居住的国家,如澳大利亚和新西兰等)以及拉丁美洲文明②。不同文明分别拥有一个核心国家,文明间的地理界限则被称为文明断层线。世界冲突中的确有不少爆发在文明断层线附近,所以就结果而言,文明差异似乎构成对冲突的显著解释变量,例如宗教就是十字军东征的主要驱动因素。20世纪90年代以来,世界范围内或大或小的经济军事战争似乎都印证了"文明冲突论"的正确,但问题也随之而来:不存在文明断层线的国家间的冲突能用"文明冲突论"解释吗?特别地,亨廷顿强调"在全球或宏观层面上,核心国家的冲突发生在不同文明的主要国家之间……文明间全球均势的变化可能导致核心国家的战争"③"中国的崛起则是核心国家大规模文明间战争的潜在根源"④,然而中国与大多数文明核心国家间并不存在文明断层线,又何以会出现针对中国的频繁冲突?亨廷顿在"文明冲突论"中覆盖了另一种情况:存在一种不以文明断层线或地理边界为约束的机制,其突破空间限制将不同文明联系起来,并向外发散形成一套有特定运行规律的关系网络,从而构成各文明交流的前提。既然存在一种关系能将地理上隔绝的文明联系起来,那么导致文明冲突的是这种关系还是文明本身?我们带着这一问题审视亨氏理论,并试图从中得到答案,进而理解文明冲突爆发的根本原因,但遗憾地发现亨氏理论逻辑上存在悖论:不同文明间的冲突是难以避免的,文明差异本身就导致冲突——先置性地将冲突根源定位于文明

---

① [美]亨廷顿:《文明的冲突与世界秩序的重建》,周琪等译,新华出版社2009年版,第19页。
② [美]亨廷顿:《文明的冲突与世界秩序的重建》,周琪等译,新华出版社2009年版,第24—25页。
③ [美]亨廷顿:《文明的冲突与世界秩序的重建》,周琪等译,新华出版社2009年版,第185页。
④ [美]亨廷顿:《文明的冲突与世界秩序的重建》,周琪等译,新华出版社2009年版,第186页。

本身，再用不同文明间差异来解释冲突成因，显然是一种循环论证。不仅如此，将文明冲突视作内生且不可避免的天性，似乎冲突之于文明犹如逐利之于资本，这是典型的历史唯心主义。正如吴晓明所指出，亨廷顿的文明冲突模型"对于现代文明冲突的前提和根源根本未曾批判地予以澄清，而只是使之归结为文明间固有的冲突本性，"[1]"在理论上丧失了历史的原则高度，并且更加重要的是，把'文明之冲突'的现代根源完全遮盖起来了"[2]。

现在我们把视线转向中西关系。中国在加入世界贸易组织以后，对外贸易、外汇储备等增长突飞猛进，综合国力显著增强，如果按照"文明冲突论"的逻辑，"西方文明"并没有理由接纳这样一个有潜在冲突的文明。对此，一种合理的推测是，当年中国加入WTO符合"西方文明"的利益诉求，当两种文明的利益出现分歧并达到一个临界点时，文明的冲突就会产生，由此就会产生另一个重大问题——什么因素推动或促进了这种文明冲突临界点的到来？以上分析表明，"文明冲突论"难以回答国际经济政治形势变化的根本原因。马克思指出："我们判断这样一个变革时代也不能以它的意识为根据；相反，这个意识必须从物质生活的矛盾中，从社会生产力和生产关系之间的现存冲突中去解释。"[3]文明属于意识范畴，其冲突对抗的根源在于物质存在，意识只能对物质的变化做出反应而不能直接解释物质变化，因此，由文明差异导致的国家间冲突的内在秘密，要到社会物质生产方式的经济基础层面中寻找答案。

在瞬息万变的全球化时代，以静态的文明划分来应对气象万千的政治经济问题，显然是画地为牢，很难得出科学正确的结论。"一带一路"的实践生动说明，尽管沿线国家分属不同文明，但为了经济社会发

---

[1] 吴晓明：《文明的冲突与现代性批判——一个哲学上的考察》，《哲学研究》2005年第4期。

[2] 吴晓明：《文明的冲突与现代性批判——一个哲学上的考察》，《哲学研究》2005年第4期。

[3] 《马克思恩格斯文集》第2卷，人民出版社2009年版，第592页。

展和增进民生福祉的共同目标，各国依然可以携手合作、实现共赢。当然，我们不能完全否认文明因素对国际冲突的影响，但文明的影响以反作用于物质的形式存在。换言之，文明因素虽然不能解释冲突的成因，但是可以解释文明主体在面对冲突时的价值取向与措施选择。例如，内嵌于中华文明的"以和为贵"和"天下大同"观念使得现代中国自古就有兼济天下的文化基因，在经济利益潜在冲突的前提下，中华文明更倾向于用平等对话的方式化解纷争。从新中国成立初期的"和平共处五项原则"到今天"一带一路"提倡的"政策沟通、设施联通、贸易畅通、资金融通、民心相通"，无一不印证了中国的和平发展道路。反观之，认同"如果，中国的崛起和这个'人类历史上最大角色'的日益自我伸张继续下去，就将在21世纪初给世界的稳定造成巨大的压力"①的亨氏预言才是对文明的误解。

第五节　军事维度：强化军事渗透霸权

近代以来，西方国家就热衷于通过军事保护和军事战争来瓜分全球贸易版图，军事国防已经突破了传统的保家卫国的意义，越来越被赋予新的功能，成为霸占全球资源和资本全球扩张的保护伞。以美国为首的西方国家通过缔结军事组织，经常性地干涉区域和他国事务，造成地缘军事冲突，甚至引发战争，然后通过兜售军事武器和战争来转嫁危机。美国更是打着"世界警察"的旗号，在全球收保护费。军事已经成为当代资本主义国家应对系统性危机的屡试不爽的底牌，尽管这对人类文明和他国合法权益造成了巨大损害。

一　军民一体发展扩大了资本积累市场

在很长一段时间内，军事由于其机密性、复杂性和专用性，游离于

---

① ［美］亨廷顿：《文明的冲突与世界秩序的重建》，周琪等译，新华出版社2009年版，第288页。

一般民众之外，因此，军工企业基本上独立于民用企业。然而，随着民用企业的发展壮大和全球扩张，巨额的利润引起了军工资本的垂涎。此外，20世纪80年代末和90年代初，东欧剧变、苏联解体相继发生，美苏两极争霸的世界格局落下帷幕，超级紧张的军事竞赛暂告一段落，世界各国膨胀的军事预算骑虎难下，同时大量的军事装备面临着市场萎缩，这些过剩的军工资本必须找到新的投资才能继续生存。另外，随着第三次科技革命的高涨，世界各国聚焦经济发展，将高科技转化为制造应用，在这样的背景下，西方国家逐步探讨提出军民融合发展的新模式，"民技军用""军民两用"一时间兴盛起来，军民融合产品备受市场青睐。

美国凭借其世界头号经济强国和世界头号军事强国的优势，其军民一体化发展模式领先于世界。美国军民一体化发展的指导方针是"国防部主导，民为军用、以军带民"。因此，我们可以看到国防部拥有非常大的权责，它通过识别认证民用企业中的高水平科学技术产品，以此交叉融合到军事装备中，这样把二者的发展直接联系起来，既能够刺激国民经济发展，又能保持军方技术优势的广泛来源。美国国防部推动的以军带民战略为国民经济发展和就业提供了动力源泉，因此，美国经济发展背后的高科技中有相当一部分要归功于先进的装备制造业。欧洲地区国家达成广泛共识，也要把装备建设和经济建设关联协调，形成两头得力，共同发展的局面。法国当局更是重新调整国防结构，在保留军工核心能力的基础上，把相关业务交给市场和企业去做，形成了军民一体化发展的模式。在欧盟地区，军用技术和民用技术、军工资源和民用资源较早地开启了互相流动，在一定基础上形成了良性互动。苏联解体后，俄罗斯的军事发展一度陷入困境。相关数据表明，1998年，俄罗斯经济总量只占美国经济总量的10%，相比1990年，俄罗斯经济严重衰退，经济总量下降超过40%，工业总产值和消费品生产都减少了50%以上。经济危机迫使俄罗斯在军民融合发展上推出新政策，成效十分显著。2006—2008年，俄罗斯国防工业总产值分别增长了9.8%、15.6%和

7.1%，其中的民品增长份额大幅攀升，2008 年的民品份额已经达到 42.7%。俄罗斯武器装备市场的出口额不断增长，2000 年这一数字不足 40 亿美元，到 2010 年已经高达 103.7 亿美元。①

从军民融合的具体路径来说，不少西方国家首先进行了军事相关方面的改革，例如，调整军工用品规范标准，与民用技术寻求对接的可能性，在满足军事需求的条件下，积极融合民用标准，减少烦琐且不影响军事性能的要求。美国在 20 世纪末制定相关文件中，对军用标准体系的要求庞大复杂，覆盖了武器装备系统到零部件、元器件、设计使用维护等各个方面，总数约 45000 项。2001 年，美国国防部相关标准化文件缩减至 26000 余项，当前这一标准现行有效的约 19000 项，其中民用标准占比超过 50%。2011 年，美国国防部标准化工作文件明确要求优先采用民用标准，只有在确无不可用的民标时，政府再制定标准。英国官方也对军用标准规范进行了整改，提高了民用标准的占比，并鼓励相关承包商优先采用能满足军用需求的民用标准，然后再使用军用标准等。

从军民融合的企业和产品来看，当前西方国家除了涉及核心技术的军事外，如核武器、核心密钥等高度机密的装备外，大部分都是由军民融合型企业参与制造，市场化运行法则越来越成为军火商之间竞争的默认共识，尤其是那些利润较大、风险较小、保密性弱的相关军工，市场活跃程度非常高。从企业来说，美国不少大型跨国公司均涉及军方，例如，美国波音公司作为世界最领先的航空公司，它也是最大的军用和民用飞机生产商，而且在军民融合中互相渗透。报道显示，波音公司研发波音 707 民用飞机的时候，引入了部分军用加油机和轰炸机等技术，在确保飞机性能的同时还节约了研究费用和生产周期。再如，日本军方生产的 90 式主战坦克，生产工艺、零部件、材料等涉及超过 1000 家企业。

---

① 吕斌等：《西方国家军民融合发展道路研究》，国防工业出版社 2015 年版，第 224 页。

二 制造地缘军事冲突为军工资本牟利

美国拥有强悍的军事力量使其成为具有调和国家之间、党派之间、区域之间冲突矛盾的"公正官",美国当局也借此把自己打造成是维护世界和平发展秩序的警察,然而这也为美国联合西方国家制造地缘军事冲突提供了便利。当代资产阶级热衷于此主要缘于两个目的,一个是可以直接向其他国家兜售相关军事武器来敛财,实际上,西方国家往往都是以高价售卖已经相对过时的或者被美国军事升级换代淘汰的军事武器,当然,对于某些国家来说还算是先进的。相关国家为了政权稳定和背靠美国,即便在知晓武器装备实情下也只能哑巴吃黄连。另一个是通过军事冲突在两败俱伤后美国和西方国家就能趁机介入,不少国家和地区为了战后重建不得不寻求美国和西方国家帮忙,但他们鲜有帮助人道主义建设,更多的是接管霸占他们想要的资源,或是通过扶持代理人政权以此来操控这些国家,等等。通过军事冲突转移系统性危机日益成为当代西方国家的常用手段。阿富汗战争(1979—1989年)、海湾战争(1990—1991年)、叙利亚战争(2011年至今)、伊拉克战争(2003—2011年)、科索沃战争(1999年)、俄乌战争(2022年至今)等背后几乎都能看到西方大国或多或少介入其中,有的是明面上介入,有的是通过政治施压迫使相关当局承认代理人政权,等等。所有的军事冲突都表明受到最大伤害的是普通民众,而那些大发军事横财的资本却不会对此负责,成为幕后黑手和最大赢家。表10-1列出了七国集团军费支出占中央政府支出的比重,我们可以看到美国自进入新千年以来,军费开支占比平均达到10%,几乎是其他六个国家军费占比总和的50%。

表10-1 2001—2021年七国集团军费支出占中央政府支出的百分比(单位:%)

	加拿大	德国	法国	英国	意大利	日本	美国
2001年	2.76	2.80	3.93	6.92	3.53	2.62	9.56
2002年	2.76	2.79	3.88	6.92	3.64	2.62	10.27

续表

	加拿大	德国	法国	英国	意大利	日本	美国
2003 年	2.76	2.74	3.93	6.86	3.61	2.64	11.30
2004 年	2.82	2.72	3.97	6.56	3.58	2.71	11.97
2005 年	2.87	2.28	3.80	6.31	3.39	2.69	12.05
2006 年	2.90	2.65	3.74	6.18	3.18	2.69	12.00
2007 年	3.08	2.70	3.63	6.16	3.09	2.64	11.79
2008 年	3.21	2.74	3.56	6.09	3.21	2.63	11.97
2009 年	3.17	2.72	3.67	5.95	3.04	2.49	11.78
2010 年	2.77	2.63	3.46	5.76	3.01	2.49	12.33
2011 年	2.87	2.67	3.36	5.74	3.00	2.50	12.44
2012 年	2.73	2.76	3.28	5.54	2.82	2.46	12.02
2013 年	2.51	2.64	3.23	5.46	2.75	2.41	11.25
2014 年	2.58	2.60	3.26	5.31	2.52	2.48	10.42
2015 年	2.88	2.58	3.30	5.08	2.40	2.52	9.89
2016 年	2.86	2.59	3.38	5.01	2.72	2.48	9.62
2017 年	3.34	2.61	3.38	4.96	2.78	2.47	9.36
2018 年	3.23	2.63	3.31	5.00	2.81	2.60	9.35
2019 年	3.14	2.80	3.32	5.17	2.71	2.66	9.60
2020 年	2.68	2.73	3.25	4.56	2.68	2.29	8.20
2021 年	2.74	2.52	3.21	4.66	2.64	2.47	8.32

数据来源：笔者根据世界银行数据库整理。

图 10-1 反映了西方七国集团军费开支增长情况，数据来源是世界银行数据库，开支总额按照本币现价来计算。由此可以看到七国集团军事费用开支总额变化的一个重要拐点是 1991 年，这一年苏联解体，美苏各自为首的两大阵营军事竞赛结束，西方七国集团的军事费用总额开支有了缓慢增长或者明显下降。除了意大利、英国和加拿大在 2008 年金融危机后军费开支有所下降外，几乎所有年份中七国集团都在军费扩充。我们统计 1960—2020 年的数据发现，七个国家军费开支平均增长率分别为 5.25%、3.70%、5.11%、5.75%、7.83%、6.19% 和

4.98%。从增长速度来说，日本是七国集团中军事费用开支增长最快的国家。

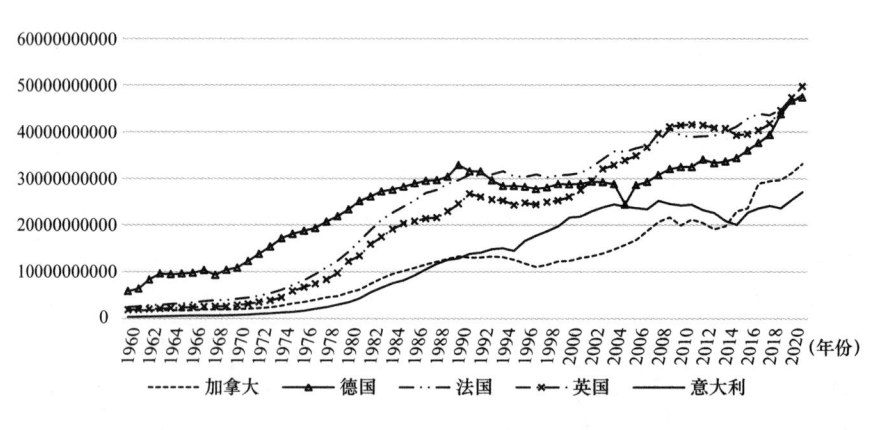

图 10-1 加拿大、德国、法国、英国和意大利军事费用开支

案例 10-4 俄乌冲突中西方国家的介入

根据新闻报道和数据，在俄乌冲突中西方国家向乌克兰提供了大量军事援助，美国和北约成员国都是向乌克兰提供武器和军事装备的国家。长期以来，美国一直是乌克兰最大的军事援助提供者之一，自 2014 年俄乌冲突爆发以来，美国就开始为乌克兰提供武器装备支持，2022 年美国向乌克兰提供了 15 亿美元的军事援助，其中包括武器、弹药和军事装备；到了 2023 年，美国对乌克兰的军事援助增加至 25 亿美元。美国还向乌克兰提供了标枪导弹系统、反坦克导弹和装甲车等军事装备。除此之外，英国、法国、德国等国家也向乌克兰提供了价值约 1 亿—4 亿欧元（英镑）的军事援助。在这场战争中，俄乌双方都遭受了巨大的人员伤亡和财产损失，西欧国家也饱尝能源危机的消极影响，唯独美国在不断介入俄乌冲突的过程中不仅实现了遏制俄罗斯发展扩张的目标，还通过武器装备交易大发横财，占领了国际市场上原本由俄罗斯占据的能源与粮食市场，最后实现了国内矛盾的转移以及对欧洲的进一步控制，可谓百利而无一害。

第十一章

当代资本主义系统性危机批判与人类文明前景

本章提要：资本主义制度在人类历史中发挥了重要作用，马克思不止一次地强调资本主义制度对于人类社会的历史贡献。资本主义制度在促进社会生产力的发展与社会关系的进步方面发挥了重要的历史作用，同时资本主义制度也受到资本逻辑的制约，具有制度局限性，且依靠资本主义自身无法摆脱困境。当代资本主义的发展已经为过渡到社会主义制度创造了一定的物质生产基础，培育和壮大了先进的无产阶级群体，同时资产阶级和无产阶级之间的矛盾依旧存在且无法消除。当今世界正处于百年未有之大变局，经济全球化为世界各国的经济发展带来新机遇和新挑战。当前，世界百年未有之大变局的基本特征为：国际政治经济格局之变前所未有、现代科学技术革命之快前所未有、人类命运共同体之紧前所未有、现代化发展道路之新前所未有。随着第三次产业革命的兴起，新兴市场国家和发展中国家在经济全球化中不断崛起，传统资本主义发达国家的发展相对停滞。在面对现有的全球性问题时，西方发达国家总是不愿意承担大国责任，缺席全球性问题治理的名单，导致发达国家和发展中国家之间的矛盾日益激化，并外化为不同文明之间的冲突。文明多样性是人类发展的重要特征，也是人类文明进程的瑰宝。任何一个国家和地区都应在尊重包容其他国家和地区文化的基础上维护人类文明多样性。社会主义现代化作为人类历史上前所未有的全新命题，对落后国家来说必然是艰难的。落后国家想要实现社会主义现代化，需要借鉴学习发达国家的一切有益发展成果。落后国家在与发达国家的合作斗争中实现对发达国家资本主义现代化道路的超越。在当今世界，需要摒弃和抵制旧的国际秩序，建立以合作共赢、和平发展为核心的新的国际秩序，实现社会主义现代化的发展目标。

第一节 当代资本主义系统性危机的必然性和历史性

相比于以往的旧的社会制度，资本主义制度是一种新的社会形态，是人类社会生产力发展进步的产物，它早期焕发出的强大生命力，不仅迅猛提升了物质生产能力，改善了人们整体生活水平，增强了资本主义国家综合国力，而且推动了世界各国的交往，打破了过去相对封闭的隔绝的状态，世界历史由此真正意义上开启了。然而，资本主义制度出现了一次又一次的系统性危机，资本主义制度往何处去的历史之问早已不是杯弓蛇影，而是悬挂在头顶的达摩克利斯之剑。资产阶级执政党一方面继续通过一切可能手段维护垄断利益，另一方面又无力从根本上解决资本主义制度的基本矛盾，当代资本主义系统性危机的终极影响就是资本主义社会必将被更高级的社会形态所取代。

一 当代资本主义制度的历史新贡献

促进了社会生产力的发展。 资本主义制度的历史贡献首先体现在社会生产力的巨大飞跃，实现了社会物质资料的当代供给。在资本主义制度以前，还不存在机器大工业这一社会物质生产部门，近代工业是在简单的手工业基础上发展形成的。资本主义制度以前的手工业由两种基本形式组成，以自然经济为主的家庭手工业和以小商品生产为主的个体手工业。随着小商品生产的发展，部分个体小商品生产者破产并无力继续经营，便成为其他商品生产者的雇员，雇佣劳动关系的出现也说明了资本主义生产关系的萌芽逐渐形成。起初这种生产关系的发展缓慢，但随着西方国家暴力掠夺进行资本原始积累后，资本主义工业迅猛发展，逐渐从手工业为主的生产方式过渡到机器大工业的生产方式。历史上将工场手工业向机器大工业的过渡称为产业革命或工业革命，这一革命最早发生在英国，标志是纺纱机的发明及其应用。在资本逻辑的支配下，资本家急迫地需要更为先进的机器来代替大量的人力和畜力，以降低生产成本来获取更多的利润。蒸汽机的发明和使用满足了资本家的意愿。随着蒸汽机从纺织业运用到其他的工业部门，极大地推动了其他部门的发展，如冶铁、冶金、采煤、能源、原材料等工业的生产技术的革新，同时也使得轮船和火车横空出世，交通运输业也由此产生。随着机器的广泛使用，工业生产发生了翻天覆地的变化。产业革命是资本主义发展上升时期过程中的特有标志，它代表了社会生产力的空前提高。在《共产党宣言》中，马克思就资本主义的历史贡献指出，"资产阶级在它的不到一百年的阶级统治中所创造的生产力，比过去一切世代创造的全部生产力还要多，还要大。"[①] 产业革命的发生使得机器大工业普遍化，这也导致了社会生产力高度的社会化，加深了社会生产的社会性。资本主义国家将科学技术应用于社会生产实践，将其转化为强大的物质生产力，改变了当今世界各个国家和民族的生产方式和生活方式。高度发展的生产力也越来越接近共产主义社会的生产力需要，印证了马克思和恩格斯的早期论断。

推动了生产关系的进步。当代资本主义制度推动了社会生产关系的进步。在资本主义制度以前，人类正处于封建生产方式为主导的历史进程。在探寻资本主义生产关系的过程中，马克思认识到人与人之间生产关系的转变，他对比了奴隶社会、封建社会与资本主义社会中的生产关系演变，探讨了奴隶、农奴、自由劳动者之间劳动形式的不同。从政治经济学的角度来看，资本主义制度的历史贡献表现为三者之间在两个方面的进步。一方面，劳动者可以自由出卖自己的劳动，在《雇佣劳动与

[①] 《马克思恩格斯文集》第2卷，人民出版社2009年版，第36页。

资本》中，马克思认为奴隶的商品形式是作为商品一次性地出卖给奴隶主，这也代表着奴隶的劳动力与奴隶主之间不再具有商品属性，而是完全归奴隶主所有；农奴与奴隶则有不同的商品形式，农奴不像奴隶一样完全失去了对自身劳动力的掌控，他们只需出卖自身一部分的劳动力，这表现为农奴将自己劳动获得的粮食进行服役或缴纳贡赋，而不是领取工资；雇佣工人与奴隶、农奴都不同，工人可以自由出卖自己的劳动力，并获得工资作为报酬。从商品形式上看，雇佣工人相较于奴隶和农奴有着相对自由的劳动选择，奴隶必须听从奴隶主的命令从事劳动，他们没有权利去选择是否工作以及怎样工作，农奴虽然有一定的权利去选择劳动的对象和赋税的对象，但实际上也是强制性劳动，只有雇佣工人可以自由地出卖自己的劳动力。雇佣工人的无偿劳动是资本家获取剩余价值的关键，这部分价值被工资所掩盖，但劳动者的无偿劳动不具有强制性，而奴隶和农奴的无偿劳动具有强制性。这表明雇佣工人较以往的劳动形式有了较大的进步，生产关系也由强制劳动演变为自由劳动。另一方面，劳动者的价值呈现形式的进步，在《政治经济学批判（1861—1863年手稿）》中，马克思指出，奴隶是以自身的使用价值来保证生存，而雇佣工人则是以交换价值来获取维持自身生存的物质资料。对奴隶主而言，奴隶是否可以进行生产活动是其存在的唯一标准，一旦奴隶失去了劳动能力，奴隶主会放弃奴隶的生命。而雇佣工人则是以交换价值来维持自身生存，工人的交换价值要比奴隶的使用价值的价值更高，同时工人相较于奴隶的工作范围更广，不会因为失去某种生产活动的能力而失去生命。工人的工资实际上不仅包括了他自身所必要的物质资料消费，还包括了他家庭成员的物质资料消费、教育消费、医疗消费等费用。这表明雇佣工人的价值形式比奴隶更高级，也体现出资本主义社会相较于奴隶社会生产关系方面的进步。生产关系的进步证明了资本主义社会相较于以往的社会形态的优越性，也是资本主义社会的巨大贡献。

提升上层建筑反作用。在资本主义制度形成和发展的历史进程中，逐渐地形成了以维护资本利益为核心的主流意识形态,即在资本主义国家中占统治地位的资产阶级的全部思想理论和观念观点,其实质是反映了作为统治阶级的资产阶级的利益和要求,这表现为在资本主义国家中的人文社会科学的思想、理论和观点作为资本主义意识形态的统治地位。在资本主义生产方式不断发展的过程中,资本主义制度也逐渐从萌芽走向成熟,这表现为资本主义民主制的进步。在反对封建制度的斗争中,人们逐渐探索一条新的社会制度来维护自身的切身利益和满足日常生存的需要。第一,政治思想的进步。资本主义制度的意识形态要求实现"主权在民""天赋人权""自由、平等、博爱""分权制衡"等思想,并由此建立全新的资产阶级民主制的国家。在封建社会,人们长期处于分封割据的状态、等级差别意识和人身依附关系成为社会主流意识,被压迫的人们长时期生活在水深火热之中,他们急需和渴望新的社会制度来实现社会个人权利的平等和主流社会意识的变化。资本主义制度所宣扬的社会意识形态一定程度上解决了这一问题,人民群众在资本主义制度下获得了发展空间。人们在资本主义制度下比封建制度下有着更有利的物质条件和社会观念,个人的发展有了更好的空间和平台,因而资本主义制度在政治思想解放方面促进了人类思想的进步和人类社会的进步。第二,社会福利的进步。资本主义政治制度是以资产阶级为核心所建立的意识形态体系,是为资本主义国家中的资产阶级服务的,这就保证了资本主义制度在促进经济发展方面的进步性。与以往的社会制度不同,资本主义制度鼓励生产经营的发展,在经济上保护各个商家自由竞争,实行等价交换,这极大地刺激了资本主义社会的物质生产发展。同时,资本主义制度实施了社会福利的政策以及提高劳动者的经济地位。在资本主义制度下,资本主义国家实行的经济政策增加了国家社会福利,这表现为劳动人民获得了较多的报酬和社会福利。劳动人们相较于奴隶和农奴来说,有了较好的生存条件和经济收入。第三,文化意识的进步。资本主义意识形态是人类对于全新的社会制度探索形成的关于资产阶级意识的集中体现,属于文明社会的主要文化成果。资本主义意识形态是阶级社会形成的文化外化表现和资本主义社会中文化发展的重要载体。资本主义制度在创造巨额的生产成果的同时，也形成了丰富的意识形态成果，是人类精神文明的一种贡献。总的来说，在资本主义制度以前，在文艺复兴时期和社会革命时期所形成的资产阶级的意识形态对于人类反对封建主义和宗教统治以及指导资产阶级革命和建立资本主义国家有着积极意义，对于人类社会的发展是进步的。同时，作为资本主义意识形态中的政治、经济、法律、哲学、历史、文学等思想是人类文明发展的重要载体，关于它们对人类社会发展规律的揭示和先进成果，对于人类社会发展有着重要贡献，值得批判继承和发展。

二 资本主义制度基本矛盾决定了系统性危机必然发生

无论资本主义制度发展到了何种阶段，变化的只不过是其外在表现形式，生产资料资本主义私人占有和生产社会化之间的基本矛盾依旧存在，这一矛盾也充分表明，即便资产阶级通过各种政策方式改善社会福利，它是剥削的社会制度的本质没有变。资本对劳动的剥削在当代人类社会进程中总是试图用文明的遮羞布来掩饰，但当代资本主义制度却无从回应人类追求自由全面发展的诉求，自然也就不可能回答什么才是世界历史文明的真正图景。

资本主义生产过程与劳动异化同步扩大。资本主义制度对于社会生产力发展的巨大推动作用实际上是受到资本逻辑制约的。在资本主义制度下，生产方式的革命性变革表现为劳动生产率大幅度提高以及产业革命的蓬勃发展。物质生产力的发展是以资本家和资本的需要而进行的。资本主义制度之所以极大地推动物质生产力的发展，究其原因，其中一个重要的方面就是资本家对于剩余价值的渴望和资本对自身增殖的本性，资本之间互相竞争，推动了资本主义制度的发展。正如马克思所说，"资本家只有作为人格化的资本，他才有历史的价值"[①]。这表明，资本家是为了追逐剩余价值而促进社会生产力的发展，这同样是资本为

---

① 《马克思恩格斯文集》第 5 卷，人民出版社 2009 年版，第 683 页。

了自身增殖而需要社会物质生产力的发展。资本家不自觉地为物质生产力的提高起着一定积极作用。物质生产力的提高是需要依靠劳动组织形式的优化和科学技术的发展来实现的,这就是说,提高劳动生产率的方法和工具不是依靠资本家的劳动和创造,而是依靠先进的管理人才和科技人才,而这些都来自劳动生产者日常的实践经验和实践积累。但是,在资本主义制度下,管理人才、科技人才以及所有劳动者都无法支配物质生产活动,只有资本家将能够提高物质生产力的各种因素应用到物质生产活动时,社会物质生产力才会向前发展。所以说,并不是由资本家直接提高了社会生产力,而是由资本家和资本所支配的劳动生产者提供了各种促进物质生产力的因素,同时只有资本家才能决定是否将其应用于物质生产活动中。应当看到,资本主义制度中物质生产力的发展实际上被资本逻辑所支配,因为物质生产活动的发生不是以人们的需要而进行生产的,而是为了满足资本家和资本的自身需要。于是,在资本主义生产方式中体现的资本主义生产关系包含着资本主义生产活动与社会化生产活动的冲突关系。相比较于以往的社会制度,生产者在进行物质生产活动时,生产的物质生活资料常常属于劳动者自己;而在资本主义社会,劳动者虽然还在使用物质生产资料,但是生产的物质产品却不属于劳动者,而是属于占有物质生产资料的资本家。劳动者所生产的物质生活资料不再属于自身,而是归于别人。但是生产活动的进行和停止都是被资本家个人的意志所支配,无关他人。正如恩格斯所说:"赋予新的生产方式以资本主义性质的这一矛盾,已经包含着现代的一切冲突的萌芽。"①

资本积累与风险转移齐头并进。在资本主义制度下,物质产品的生产虽然受到资本家的支配,但仍处于社会的分工体系之中,有很强的社会属性。因为,劳动者生产的产品对于资本家来讲只有价值,只是待兑现为货币的"货币",而商品从"货币"向货币的转化是资本家最为关

---

① 《马克思恩格斯文集》第9卷,人民出版社2009年版,第287页。

心的环节,也就是剩余价值的实现过程。只有商品对社会成员有使用价值的前提下,商品才可能从"货币"向货币转化,因此证明物质生产活动的社会属性,属于社会劳动。与此同时,物质生产活动也是私人劳动的集合,因为只有作为物质生产劳动的结果劳动产品转化为货币,其内在包含的私人劳动因素才会被实现,也就是通过其他社会成员对使用价值的需要使用货币对商品进行购买后,商品生产者的经济价值才会体现。货币体系的变迁加剧了资本主义制度的矛盾,也就是说,经过商品到货币的转化再到资本的积累,在这一过程中同时伴随着剩余价值的产生,这一矛盾也发生了具体内容的变化。资本主义制度矛盾不断加剧,劳动的社会性不仅仅只是从商品二重性的实现来说明,这种社会性劳动的表现也逐渐扩大到生产过程。在资本主义制度下,日益复杂的生产过程逐渐从少数人的活动变成了许多人和部门共同协作所组成。可以看到,在劳动过程中,生产的社会性体现在不同的生产过程中,劳动的组织形式和劳动资料发生了巨大的社会变革,使得资本主义社会生产力发展空前绝后。虽然资本主义生产方式创造了巨大的财富和使用价值,但这种劳动形式从头到尾都属于资本。商品虽然是许多生产者共同完成的,但是生产者只是充当生产过程中的一个要素,只是被看作可变资本固定比例投入现实的生产活动中,因而整个生产过程表现为资本增殖的过程并受到资本逻辑的支配。因此,产品不属于生产者而属于资本家,属于其他人的私人产品,自然这种生产活动在资本主义社会的生产关系中只充当为私人劳动,即属于资本家个人的生产劳动,因为劳动者在生产活动开始之前就已经将自身的生产力作为商品交换给资本家以获取生存资料,于是劳动者的生产活动成为资本家的私人劳动。在社会分工高度发展的情况下,社会生产活动规模巨大并逐渐成了世界性的活动,整个生产活动仍受资本家支配,这就意味着资本家的私人劳动在世界范围内与社会劳动发生着矛盾,表现为个别企业中生产活动的有组织性和整个社会生产的无组织性之间的矛盾。所以,社会化程度较高的生产活动的过程和结果与资本家支配整个生产活动过程的矛盾日益严峻,并直接表现为资产阶级和无产阶级之间的矛盾,资产者和无产者之间的矛盾。这表明,受资本逻辑支配的资本主义社会的生产方式以及生产关系充满着各方面的矛盾,而最根本的矛盾就是生产的社会化和资本主义私人占有之间的矛盾,而这一矛盾体现在资本主义性质下商品生产者的个人劳动与整个社会的生产活动关系的日益严峻,且无法调和。在资本主义制度下形成和发展的社会化程度较高的机器大生产是与资本主义制度天生相矛盾的,直至成为资本主义制度的桎梏。

资产阶级国家治理能力式微。资本逻辑掌控了资本主义意识形态的发展方向,资本主义意识形态成为资产阶级压迫无产阶级的手段和方法。在资本逻辑的支配下,资本主义意识形态本质上是资产阶级统治的工具,具有很强的阶级属性。首先,在资本主义制度建立初期,资本主义意识形态还是战胜封建制度的重要思想武器,它为解放人的思想和改变社会现状发挥重要作用。但是随着资本主义制度的发展,资产阶级为了巩固资本主义制度,也就是为了延续资本家对于无产阶级的剥削的社会条件,开始大肆鼓吹资本主义意识形态,并宣扬资本主义制度的合理性。对于这个问题,列宁一针见血地指出,资产阶级"为了维持自己的统治,都需要两种社会职能:一种是刽子手的职能,另一种是牧师的职能"[①]。"刽子手"是通过暴力手段来镇压无产阶级中的反抗和暴动,而"牧师"是通过缓和的手段来安抚无产阶级群众,他们向无产阶级描述了资产阶级存在的合理性和好处,并宣扬资产阶级给予被压迫者的好处以及讲述反抗带来的各种苦难,使得无产阶级顺从资产阶级的统治,放弃革命的行动和决心,而"牧师"不会为任何前景做担保。相比较"刽子手"的暴力手段,"牧师"的方法显然轻松许多,他们只需要宣扬资本主义意识形态的思想,去论证资本主义制度的合理性以及资本主义民主的普遍性就可以实现其职能。其次,资本主义意识形态逐渐理论化和实践化。在资本主义制度的发展过程中,资产阶级成为社会发展的

---

① 《列宁全集》第26卷,人民出版社2017年版,第248页。

统治力量，并逐渐地形成了作为统治阶级的阶级意识，这些思想成了统治阶级的意识形态，也就是资本主义意识形态。从资本主义制度成立以来，统治阶级一直探索如何建立新的社会制度以便更好地实现阶级统治，资本主义意识形态与资产阶级的实践相互作用。一方面，资产阶级意识形态源自于资产阶级在资本主义制度下对于资本主义社会建设的各种探索，这也意味着资本主义意识形态成为资产阶级未来发展的方向，于是资产阶级意识形态成为每个资产阶级成员的信条；另一方面，资产阶级意识形态是整个统治阶级进行阶级统治的方法，资产阶级成员运用资产阶级意识形态为资本主义制度进行理论辩护。总体来说，资本主义的意识形态虽然在反抗封建社会过程中发挥着重要作用，但是在资本主义制度建立后，便逐渐成了资产阶级统治的工具，其历史作用也由反抗的革命精神转变为阶级压迫和阶级剥削的手段，维护资本主义制度的工具。这表明，资本主义意识形态作为资本主义制度中上层建筑的重要组成部分，反映了资产阶级的利益和需求，是带有资产阶级属性的虚假理论，有着很强的阶级局限性。最后，改良主义策略功能有限。例如，资本主义民主制起初是为了反抗奴隶制不平等的现象，有着很大的进步意义。但是，随着资本主义制度的发展，在私有制基础上形成的资本主义民主制发生了内涵上的变化，本质上成为资产阶级统治的方式，不可避免地具有历史局限性。一方面，资本主义的民主不是真正意义上的民主，而是资产阶级有钱人的游戏，是资产阶级精英统治下的民主。在资本主义制度下，民主选举是其政治制度实施的重要方式，但是这里的"民主"实际上是被金钱所控制的民主。因为，资本主义国家的选举是不同党派之间的竞争，而党派代表想要获得选举的胜利，不但需要向广大的选民进行美好的"承诺"用来拉拢人心，还需要为选民准备物质好处。于是，选举人为了得到大多数选民的支持，其背后的党派和财团要支付巨额的费用用来收买人心，而普通的公民是无法承担这一笔费用的。所以，资本主义制度下的政治选举是资产阶级统治者的游戏，是资本主义政治玩弄于统治阶级的表现。另一方面，正如资本主义国家的普世价值观中所宣扬的平等观念一样，在资本主义制度下的法律名义所宣扬的平等观点也是资产阶级统治者的"把戏"，实际上掩盖了人与人之间的不平等。虽然资产阶级意识形态宣扬"法律面前人人平等"，但是在资本主义制度下法律的制定是建立在私有制的基础上的，而资本主义国家法律的实质是保护个人利益不受侵害，很大程度上是为了保护资产阶级的利益，也就是将资本家和劳动者之间不平等的经济利益关系合法化。另外，资本主义政党制度的扭曲化日益严峻。资本主义国家推行的两党制甚至是多党制表面上看是不同党派之间互相制约和监督，有利于资本主义国家的发展。但是就其本质来说，资本主义国家的多党制还是由资产阶级统治，资产阶级有权力选择自己想要的党派作为国家的执政党，也就是说，多党派的政党制度是资产阶级内部利益平衡的政治制度。然而，各个政党为了实现自身的最大利益，常常相互竞争，导致社会矛盾激化，民不聊生。政党为了获取选民信任所做出的美好"承诺"常常不能一一兑现，进而加剧了社会的矛盾，进一步彰显了资本主义制度的缺陷和局限性。

三 当代资本主义系统性危机的终极影响是资本主义制度被取代

当代资本主义系统性危机最终会导致资本主义制度灭亡，被新的更高的社会主义制度所取代。马克思和恩格斯在指导无产阶级进行早期革命时，他们认为通过暴力革命的手段才能推翻资本主义制度的统治，同时他们也在构想通过和平的形式实现资本主义制度过渡到社会主义。

首先是暴力革命途径。马克思和恩格斯在探索社会发展规律时不仅强调了资本主义社会过渡到社会主义社会和共产主义社会的历史必然性，同时也探索了资本主义制度如何向社会主义过渡的现实方式。在19世纪40年代的欧洲，马克思和恩格斯积极投身于无产阶级革命中，他们批判资本主义制度的同时，一直思考着如何实现一直构想的理想社会制度，即社会主义制度。在当时的历史条件下，马克思和恩格斯领导无产阶级群众反抗资产阶级的剥削和统治,他们非常重视"暴力革命"对于推翻资本主义制度的重要作用。为了阻止工人们的抗议和游行,资产阶级通常用武力来镇压无产阶级运动,而无产阶级为了实现革命目标,通常会以暴力手段进行回击。例如,巴黎公社是无产阶级第一次尝试夺取政权的群众运动,对于巴黎公社运动的失败,马克思和恩格斯分析道,"工人阶级不能简单地掌握现成的国家机器,并运用它来达到自己的目的"①。因此,马克思和恩格斯在当时时代,非常强调无产阶级群众暴力革命的历史作用,"工人阶级必须在战场上赢得自身解放的权利"②。在马克思和恩格斯看来,资本主义国家想要过渡到社会主义国家,只能通过暴力革命,"暴力是每一个孕育着新社会的旧社会的助产婆"③。

其次是和平过渡途径。马克思和恩格斯十分强调暴力革命在推翻资本主义制度的过程中的作用,两人根据这一观点积极投身于无产阶级革命中,但资本主义制度并没有成功被推翻。所以,马克思和恩格斯在重视暴力革命手段的同时,结合资本主义发展的新变化,开始探索新的出路。马克思和恩格斯虽然将资本主义制度过渡到社会主义制度通过和平的方式实现看作是特殊情况,但这种研判也没有使两人放弃对这一可能性进行探索。恩格斯在《1891年社会民主纲领草案批判》中讨论欧洲无产阶级革命的问题时,他指出英国、美国和荷兰等国家在国家性质方面不同于法德两国,这些国家的无产阶级群众有可能通过和平的手段实现进入社会主义。根据早年革命的经验,恩格斯晚年领导无产阶级运动时十分强调要抵制冒险主义行动,并指导法国的无产阶级领导人要坚持宣传组织工作而不是使用暴力手段进行革命。不同于恩格斯早年间批判资本主义的普选制度,恩格斯晚年指出,"在人民代议机关把一切权力集中在自己手里、只要取得大多数人民的支持就能够按照宪法随意办事

---

① 《马克思恩格斯文集》第2卷,人民出版社2009年版,第6页。
② 《马克思恩格斯文集》第3卷,人民出版社2009年版,第619页。
③ 《马克思恩格斯文集》第5卷,人民出版社2009年版,第861页。

的国家里，旧社会有可能和平长入新社会"①。

  总体上看，对于资本主义制度如何过渡到社会主义制度的可能方式，马克思主义经典作家进行了积极的探索，除了强调使用暴力手段之外，他们并没有否定通过和平过渡的方式来达到这一目的。随着资本主义制度的发展，西方资本主义国家制定了经济发展、社会福利、收入分配、政府宏观调控等强化政府作用的政策并收到了积极成效。例如，当代发达资本主义国家的国有企业占比逐渐增加；资本主义国家的劳资关系的变化，工人持股的人数急剧增加；国家开始干预经济发展，进行宏观调控。可以看到，资本主义制度为了更好地发展进行了"自我调节"，出现了一些社会主义的因素。资本主义制度中出现社会主义因素证明了资本主义逐渐从内部进行"自我扬弃"，即资本主义开始放弃一些不符合当下资本主义制度发展的举措和战略，选择了一些带有社会主义因素的举措和战略来适应生产力的发展，也就是说，资本主义开始从自身的生产关系进行调整以适应生产力的发展。我们知道，无产阶级革命要实现的就是变革旧的生产关系，建立新的生产关系来适应社会生产力的发展。正如马克思所说："工人阶级不是要实现什么理想，而只是要解放那些由旧的正在崩溃的资产阶级社会本身孕育着的新社会因素。"② 根据马克思的观点，任何事物内部都存在着肯定和否定两方面的因素，也就是说，资本主义制度中产生"新社会因素"是否定资本主义制度的因素，而这也是进入社会主义制度的肯定因素。资本主义制度产生的新变化在一定程度上缓和了资本主义制度的根本矛盾，使得资本主义社会的经济实力和人们的生活条件有效提高，缓和了资产阶级和无产阶级之间的矛盾，这也导致无产阶级群众不愿意选择暴力革命的方式进入社会主义制度。与此同时，资本主义制度的新变化带有社会主义色彩的因素，这也驱使资本主义制度在其内部不断地否定和优化，为和平过渡到社会主义创造条件。

---

① 《马克思恩格斯文集》第 4 卷，人民出版社 2009 年版，第 414 页。
② 《马克思恩格斯文集》第 3 卷，人民出版社 2009 年版，第 159 页。

但是马克思时刻提醒人们,当面对资产阶级政府的剥削和统治时,无产阶级要懂得使用暴力手段。在《神圣家族》中,马克思和恩格斯提出了"人民群众是历史的创造者"的观点,人民群众作为阶级革命的主体,决定着历史发展方向。在《德意志意识形态》中,马克思和恩格斯强调,随着物质生产力的发展,必定会与现有的社会生产方式发生不可调和的矛盾,只有通过暴力革命才能解决。马克思和恩格斯主张,制度更替需要通过阶级革命的方式来实现,对待资本主义剥削制度的革命更是如此,"暴力是每一个孕育着新社会的旧社会的助产婆"①。晚年恩格斯在致格尔松·特里尔的信中强调,"无产阶级不通过暴力革命就不可能夺取自己的政治统治,即通往新社会的唯一大门,在这一点上,我们的意见是一致的"②。在马克思和恩格斯逝世后,以爱德华·伯恩施坦为主的第二国际理论家主张和平的方式进入社会主义。爱德华·伯恩施坦认为,资本主义国家经济相对比较发达,且资产阶级民主制较为完备,也就是在部分欧洲发达资本主义国家和平过渡到社会主义是可能的。"从我的论文得出的实践上的结论是,放弃由在政治上和经济上组织起来的无产阶级夺取政权。"③ 可以看到,马克思和恩格斯逝世后,世界资本主义发生了新的变化,导致部分无产阶级领导家否定了无产阶级革命的必要性。于是,在处理当代资本主义问题时,留给无产阶级革命道路的选择有两种,和平过渡和暴力革命。虽然资本主义在当今发展过程中发生了新的变化,甚至其内部出现了一些社会主义因素,但是时至今日,还没有任何资本主义国家通过和平过渡的方式进入社会主义,且也没有出现统治阶级想过渡到社会主义的主观意愿。所以,如果一味地追求通过和平方式使得资本主义过渡到社会主义,而轻易放弃马克思主义经典作家关于暴力革命的思考和警示,让世界无产阶

---

① 《马克思恩格斯文集》第 5 卷,人民出版社 2009 年版,第 861 页。
② 《马克思恩格斯文集》第 10 卷,人民出版社 2009 年版,第 578 页。
③ [德] 爱德华·伯恩施坦:《社会主义的前提和社会民主党的任务》,殷叙彝译,生活·读书·新知三联书店 1965 年版,第 1 页。

级轻易放下暴力武器，无论从理论上还是实践上都是对马克思主义的背离和否定。国家是否采取暴力革命的方式，只能由该国的无产阶级政党和人民来决定，这需要根据马克思主义基本原理与本国的实际情况相结合作出科学决定。

四　当代资本主义社会正在加速向社会主义社会过渡

资本主义制度经历了数百年的发展逐渐壮大，按照马克思和恩格斯的设想，资本主义制度的发展是整个人类社会进入共产主义社会的必要条件。从当今的资本主义制度发展特点来看，资本主义社会正在加速向社会主义社会过渡。

从生产力方面的思考。第一，科技进步使生产规模以前所未有的速度爆发，过剩的生产能力在资本主义生产关系中无法消解，推动着资本主义社会迈向社会主义社会。正如马克思在《资本论》中指出，资本主义制度下资本家"作为价值增殖的狂热追求者，他肆无忌惮地迫使人类去为生产而生产，从而去发展社会生产力，去创造生产的物质条件，而只有这样的条件，才能为一个更高级的、以每一个个人的全面而自由的发展为基本原则的社会形式建立现实基础。"①。可以看到，马克思认为资本主义制度中所创造的物质条件是未来社会形式的现实基础，也就是生产力基础。在社会化的生产发展到成熟状态下，必然达到资本主义制度的桎梏，整个社会的生产活动会要求建立在与之相适应的新的社会制度，满足生产资料和产品占有之间的平衡关系。受资本逻辑的制约，资本主义制度有着永恒的贪婪性和无限的扩张性，这就需要依赖科技来实现资本主义经济的持续发展。科学技术的发展有着自身的内在逻辑，但是在当今社会它的发展依赖资本主义制度对社会生产力的渴望。依靠科技发展的资本巨头通过提升生产效率不断地打压和排挤小资本家，形成了行业内部的资本、生产和技术垄断。在实现本国本行业的垄

---

① 《马克思恩格斯文集》第5卷，人民出版社2009年版，第683页。

断后，资本垄断会不断向外扩张和寻找新的利润空间，最终形成了世界经济体制和经济全球化。这也导致了在资本主义经济体制框架内，发达国家与落后国家在企业竞争、劳资关系、资源利用、环境污染等方面发生矛盾。因此，要消除经济危机，需要变革资本主义生产关系，并建立以公有制为基础的社会主义生产关系，实行社会主义制度。第二，科技进步使大国家宏观调控的数据计算能力有了迅猛提升。随着科学技术的进步，资本主义善于将大数据计算能力应用在资源配置的过程中。通过大数据计算能力，资本主义国家可能有效地避免市场配置资源的缺陷。这是因为市场配置资源的弊端是可以通过宏观经济调控来平衡的，而大数据计算能力很好地解决这一问题。资本主义国家通过大数据计算能力获取市场中的供给侧和需求侧的信息，可以通过国家干预的方法实现计划经济，通过计划配置资源实现社会总生产的平衡。可以看到，资本主义制度通过社会主义手段有效延长了经济危机发生的间隔时间，在一定程度上改善了资本主义制度的局限性。同时，随着资本主义制度的不断改良，出现了越来越多社会主义因素，也有利于资本主义制度向社会主义的过渡。第三，全球范围内资本追求剩余价值的空间几近尽头，资本的限度达到顶峰。随着资本主义制度下物质生产力水平的大幅度提高，国内群众无法消费急剧增长的生活资料，为此西方帝国主义通过暴力手段进入其他国家的市场，由此进入经济全球化时期。西方发达资本主义国家的垄断资本通过资本输出顺利在国外投资建厂，这使得整个世界都卷入了资本主义世界市场，受到资本逻辑的支配。资本主义国家的生产活动的盲目性和自发性影响世界范围内的国家和民族，这造成了在世界范围内可能实现剩余价值的空间全部被占用。资本无序扩张占有世界内可占有的剩余价值，这也导致了资本追求剩余价值达到了上限。因此，资本主义的生产活动只能在有限范围内继续进行，这意味着社会化生产的范围达到了顶峰。当资本主义生产活动在世界范围内都无法扩张时，资本主义制度便会加速过渡到社会主义制度。

从生产关系方面的思考。第一，资产阶级改良政党在政治上的作用增强。资产阶级改良政党逐渐登上执政舞台,并对资本主义社会的发展发挥了重要的作用。例如,在经济危机时,富兰克林·德拉诺·罗斯福曾担任纽约州州长,他主张的改良主义得到了大多数选民的支持,所以在他上任美国总统后开始实行了新政。在罗斯福新政后,资本主义民主党所推行的新政实际上就是一个具有资产阶级改良主义色彩的政党思想。其中包括了:国家强制干预保护公平竞争、保障了工人维护自身权益的权利、实行社会福利。总体来看资本主义改良政党所采取政策的主要内容就是扩大政府的权力,从生产和消费两个方面来干预国家的经济发展,保障工人的合法权益和提高工人的生活待遇,实现社会福利政策。可以看到,资产阶级改良政党所采取的一系列措施实际上包含了社会主义社会的因素,也是资本主义制度内部自我调节的开始。第二,工人阶级的斗争。在资本主义制度的发展中,生产力水平的大幅度提高实际上培养的不是资本家本身,而是作为生产要素中最重要的生产者,工人与资本主义制度的发展是相辅相成的。随着资本主义制度的发展,机器逐渐代替了传统工人,造成了工人的大量失业,同时工人逐渐成了机器的附庸。资本家不惜将人格在内的一切东西都用于降低生产成本以获取更多的利润,于是资本家采用延长劳动时间、增强劳动强度、减少劳动者工资、用低价雇用童工和女工等手段来达到赚钱目的。资本主义制度成为资本家合法地剥削和压榨劳动者的工具,也引发了劳动者对于资本主义制度的反抗,工人采取破坏工厂的生产资料、烧毁工厂等方式来与资本家进行斗争。虽然当今资本主义发生了新变化,但是资产阶级和无产阶级之间的矛盾关系并未消失,这也是促使资本主义制度过渡到社会主义的重要力量。第三,社会主义制度优越性的示范。首先,社会主义制度建立了以生产资料公有制为基础的社会主义生产关系,是比资本主义制度建立的资本主义生产关系更优越的社会生产关系。其次,社会主义制度是以无产阶级领导的,广大人民群众当家作主的社会制度。社会主义制度下,广大的劳动人民成为国家和社会的主人,劳动人民有着共同的利益和发展方向,这使得全体人民为了共同的目标自觉地加入建设社会主义发展的行动中。社会主义实现了劳动者成为生产资料的占有者，劳动者劳动的首要目的就是为了自己而劳动，也是为了全体人民而劳动。最后，社会主义意识形态对生产力的发展起着更有效的促进作用。资本主义意识形态是在资本逻辑支配下形成和发展的，造成了资本主义制度下的物质生产活动的盲目性。而以共产主义思想为核心的社会主义意识形态对于社会生产力的发展有着积极的反作用，这表现为社会主义物质生产生活是为了整个社会人类生存和发展的需要和人类社会可以进入更高级的社会形态即共产主义社会为前提的。这也是为什么资本主义生产方式所表现的社会矛盾是对抗性，无法通过社会内部解决；社会主义生产方式所表现的社会矛盾是非对抗性的，可以通过社会内部进行解决。

第二节　百年未有之大变局与全球治理体系变革

随着新一轮科技革命和产业革命深入发展，世界百年变局加速深化并出现了许多新特征。在经济全球化背景下，部分发达国家保护主义和单边主义抬头，推行"经济霸凌"主义，企图实现"赢者通吃"，而对由资本主义生产方式所导致的全球性公共问题选择视而不见、不担责任，这使得改变以资本主义生产方式为主导的全球治理体系迫在眉睫。与此同时，新兴市场国家和发展中国家借助经济全球化的浪潮，实现自身经济高速发展，与发达国家经济发展滞后形成鲜明对比。"西强东弱"的世界经济格局被进一步改变，世界各国都致力于去构建合作共赢、和平发展的世界治理体系，共同维护人类文明发展的多样性。

一　世界百年未有之大变局的基本特征

世界百年未有之大变局表现为国际政治经济格局之变前所未有，科学技术革命之快前所未有，人类命运共同体之紧前所未有和现代化发展道路之新前所未有四个方面。

就国际政治经济格局之变前所未有而言，这一特征可以从三个视角来认识：首先，世界中心正在从西方主导步入东西方相对平衡。当前，以美国为首的西方发达国家仍是世界中心，以中国为代表的新兴市场国家和发展中国家的群体性崛起，世界经济中心已慢慢发生变动，也就是正在从西方主导的世界经济体系步入东西方相对平衡的世界格局，世界经济重心"东升西降"的趋势已经出现。其次，新兴市场国家和发展中国家的群体性崛起。新兴市场国家崛起的特点有几方面：一是经济发展速度快。进入21世纪后，新兴市场国家在第一个十年中，年平均经济增长速率超过6%，其中金砖国家的年平均增长率超过8%，远超同时期发达国家2.6%的年平均增长率。二是劳动力人口规模大。新兴市场国家庞大的生产规模主要归功于充足的劳动力人口，新兴市场国家和发展中国家的人口数量为几十亿，其中的金砖国家的人口数量就达到了世界人口的40%。三是地理位置范围广。新兴市场国家和发展中国家主要分布在亚洲、非洲、拉丁美洲地区，逐渐形成了多地区共同繁荣发展的趋势。新兴市场国家和发展中国家的经济实力总体增强，同时在国际事务中扮演越来越重要的角色。近年来，新兴市场国家和发展中国家长期致力于推动全球经济的发展，成为经济全球化的推动者、主导者和受益者，在世界经济贸易规则的制定中扮演重要角色。最后，多极化多样化多边化成为国际政治经济格局重要发展方向。当前越来越多的国家认识到，追求现代化的道路是多样化的，双边多边关系、区域关系、政府间组织、非政府间组织等日益兴起，国际政治经济格局已不再是简单的一极或两极态势。

就现代科学技术革命之快前所未有而言。当前国际竞争日益严峻，现代科技革命的发展速度前所未见。首先，新科技革命和产业变革正在重塑全球经济结构。进入21世纪以来，世界各国对高新技术的竞争空前绝后，全球科技创新进入高度活跃时期，新一轮科技革命和产业变革正在重构全球创新版图、重塑全球经济结构。一方面，新产业革命可以催生新业务、新服务、新业态，实现产业结构升级，刺激国家经济增长动能进一步转化。另一方面，新产业革命刺激新科技革命的发生。新一轮产业革命需要新科技革命的支持，产业变革要求科技在产业应用中实现新突破。世界各国都加大对全社会科技行业的投入和关注，积极培养科技人才，目的是实现技术创新和实现国家经济增长，增加科技在经济增长中的贡献率。其次，关键核心技术难以通过市场交换获得。经济全球化的发展推动了世界各国之间的合作交流，西方发达国家的垄断企业拥有绝对技术优势，为了获取更多利润，发达国家常常将技术向落后国家进行转移，而发展中国家由于缺乏科技创新实力则会依附于发达国家。在发达国家向发展中国家的技术转移过程中，主要包括技术合作和技术引进两种方式，从技术获取的路径上看，这两种方式都属于发展中国家在市场交换中获取技术，即"市场换技术"。但是发达国家跨国企业不会将关键技术转移到其他国家，而是将产品设计和工艺设计的方案转移到技术引进国，这些国家往往只能按照设计方案进行生产，无法获得关键核心技术。在整个生产过程中，技术引进国收到的方案已经是发达国家实验证明的成功方案，实际操作中很少出现错误，渴望获得技术的引进国只是掌握了技术的执行能力而非这项技术的核心内容，因此在技术创新方面产生严重的"惰性思维"，长时间局限在低端生产的困局。最后，坚持独立自主和开放合作相统一。在经济全球化的背景下，新兴市场国家和发展中国家认识到，只有发展先进技术才可能赶超西方发达国家，而提高国家的科学技术水平就不能完全依附于其他国家，必须依靠自身努力克服专业壁垒，实现高新技术为本国的发展所用。因此，如今的新兴市场国家和发展中国家选择坚持独立自主，依靠自身的力量去推动高新技术变革。与此同时，世界各国在世界经济体系中密不可分，越来越多的国家选择与其他国家共同完成高新技术创新，并将所取得成果共同分享。这表明，任何一个国家和民族，要想实现进步，都需要学习其他国家和民族的优点、长处，学习其他国家的先进技术，取长补短。因此，越来越多的国家选择独立自主和开放合作相统一的发展道路。

就人类命运共同体之紧前所未有而言，经济全球化日趋深化，世界各国和各民族在经济、政治、文化等各个方面密切相连，成为不可分割的整体。首先，经济全球化的历史潮流不可逆。经济全球化是社会生产力发展的客观要求和科技进步的必然结果。在经济全球化的今天，国家与国家之间的商品和资本流通频繁，世界各国科技快速发展，人类文明进步，世界各国和各民族之间的交往更加密切，为世界经济发展注入强大动力。世界经济发展历程表明，经济全球化程度越高，世界各国经济呈现繁荣景象；相反，经济全球化遭到阻挡，世界各国经济就会出现问题。其次，各国经济日益形成"你中有我、我中有你"的局面。随着经济全球化的不断发展，各国家和各经济主体之间以商品和生产要素相互流通作为媒介，日益形成相互依存的经济体系，这也意味着世界各国在经济交流中形成"一荣俱荣，一损俱损"的局面。在日常生活中，我们可以看到欧洲人民热衷于华为手机，中国人民热衷于德国汽车，世界经济贸易已经成为一个整体。最后，人类共同面临全球性问题。一方面，人类共同面临着人与自然关系失调问题。社会生产力的高度发展是以消耗大量的地球能源为代价的，世界每进行一轮新的产业革命，就会消耗大量的自然资源，致使地球的能源迅速枯竭。与此同时，现代化大生产在创造大量的物质财富的同时，也严重破坏生态环境，危害着人类的生存环境。自然环境所遭到的严重破坏，已经波及人类生活的生物圈，环境问题已经成为炙手的世界性问题。另一方面，人类共同面临着人与人之间严峻关系问题。例如部分发达国家制造核武器并以此去威胁其他国家，对人类的生命安全造成了极大的威胁。全球人口的变动也逐渐成为世界性挑战，部分国家人口老龄化加剧导致社会养老负担沉重和劳动力不足，另一部分国家人口急剧膨胀且无法控制，生产生活资源相对不足，人类生存面临不同程度的挑战。

就现代化发展道路之新前所未有而言，现代化道路的意义是国强民富，由于历史、地理、制度的差异，世界各国探索现代化道路时间不一样，成效不一样，模式也不一样。没有定于一尊、放之四海而皆准的现代化。一直以来，西方发达国家的现代化道路成为世界各国现代化道路的发展标杆，同时西方国家认为不存在其他优于西方现代化道路的发展道路。随着冷战的结束，西方发达国家占据了世界发展的中心位置，落后国家的现代化道路发展方向迷失。与此同时，许多落后国家不顾及自身的实际情况，盲目地照搬西方发达国家的现代化道路，却没有实现和西方发达国家一样的发展水平。事实证明，"西方模式"自身存在的特殊性也存在着诸多的局限性，不能看作现代化道路的圭臬，落后国家选择西方发展道路需要依照自身国情。进入21世纪，中国这个世界上最大的发展中国家继续探索社会主义现代化道路并取得显著成效，使社会主义制度焕发强大生机与活力，给落后国家实现现代化道路提供了新的中国方案。习近平总书记深刻指出："世界上既不存在定于一尊的现代化模式，也不存在放之四海而皆准的现代化标准。"① 历史实践证明，没有任何一个国家和民族可以通过依附于其他国家实现国家的繁荣稳定和强大振兴，依赖外部力量、照搬他国模式、跟在他人后面亦步亦趋是不可能找到适合自身国情的发展道路，只会让现代化道路走向歧途。

二　在批判资本主义生产方式中变革全球治理体系

现行的全球治理体系是资本主义旧生产方式的产物。现行的全球治理体系是在二战结束以后逐渐形成发展起来的，是资本主义国家维护自身利益而构建的，反映了当时资本主义生产方式的诉求。西方国家掌握决策机制、议题设置、规则制定的主动权，占据世界话语体系的主导优势，而发展中国家一直处于下风。在世界范围内逐步形成了"中心"和"外围"的国际经济发挥格局，西方发达国家占据世界经济发展的"中心"地位，垄断着世界的资金、技术、生产力、军事、政治等资源，并凭借自身经济发展和国际地位的优势，制定了以自身利益为核心的全球治理体系，在全球经济活动中处于支配地位，能够在经济全球化

---

① 习近平：《习近平谈治国理政》第4卷，外文出版社2022年版，第123页。

中获益最大。广大新兴市场国家和发展中国家，由于科技落后且经济实力不足，在全球治理体系的制定中缺乏话语权，只能依附于西方发达国家，在全球化中获益最少。无可否认，资本主义生产方式推动了经济全球化的发展，使得世界各国都成为经济全球化的一部分，任何国家都无法脱离。正如马克思所说，"创造世界市场的趋势已经直接包含在资本的概念本身中。任何界限都表现为必须克服的限制"①。"资本一方面要力求摧毁交往即交换的一切地方限制，征服整个地球作为它的市场，另一方面，它又力求用时间去消灭空间，就是说，把商品从一个地方转移到另一个地方所花费的时间缩减到最低限度。"② "不断扩大产品销路的需要，驱使资产阶级奔走于全球各地。它必须到处落户，到处开发，到处建立联系。"③ 资本主义生产关系实现了整个人类社会的向前发展，一方面使得资本主义国家的经济快速发展创造了大量的物质财富；另一方面打破了落后国家的生产方式和生活方式。这使得整个世界成为经济共同体，推动了世界治理体系的构建，以及整个人类社会生产力的进步。

资本主义生产方式对全球治理体系的双重作用。资本主义生产方式在推动生产的社会化和世界经济发展的同时，给世界经济的发展带来许多新矛盾，对全球治理有着双重作用：一方面资本主义生产方式推动了世界治理体系的建立；另一方面，资本主义生产方式由其内在局限性构建不平等的世界治理体系，造成了世界治理的难题。当前，世界治理体系成为世界各国之间必不可少的经济交流的中介。由资本主义生产方式推动的国际治理体系加速了国际贸易的扩大，增加了跨国投资的数量和范围，国际金融市场在全球范围内不断发展，包括了银行贷款、票据融资和债券发行等方面，各国之间的劳动力跨国流动。与此同时，资本主义生产方式主导的治理体系不适应当今世界的经济发展方向，世界各国

---

① 《马克思恩格斯文集》第 8 卷，人民出版社 2009 年版，第 88 页。
② 《马克思恩格斯文集》第 8 卷，人民出版社 2009 年版，第 169 页。
③ 《马克思恩格斯文集》第 2 卷，人民出版社 2009 年版，第 35 页。

不得不共同面对资本主义生产方式导致的全球性危机。西方资本主义国家为实现自身的经济利益精心设计了全球剩余价值分配和经济矛盾转移机制，但随着经济全球化不断加深，一国所转移的经济矛盾及其造成的严重后果将会被经济利益共同体中的每一个成员共同面临和解决。进入21世纪以来，在全球范围内出现的能源危机、环境危机、政治危机、反全球化浪潮等问题深刻地印证了上述情况，而造成一系列问题的根本原因就是以资本主义生产方式为主导的世界体系具有显著负外部性，同时西方发达资本主义国家在全球治理体系中推卸责任。随着新兴市场国家和发展中国家在全球范围内的崛起，在经济全球化中扮演着越来越重要的角色，面对西方发达国家主导的世界资本主义经济体系导致的经济利益分配失衡，发展中国家要求对现有的世界体系革新，并建立一套公正合理的世界经济体系，以获得更多的国际话语权和更平等的国际地位。另一方面，西方发达国家不愿变革当今的世界格局，对于新的世界体系变化异常排斥，努力维持现有的世界资本主义经济体系，常常无视发展中国家的诉求，依然奉行霸权主义，使世界各国陷入相互冲突的漩涡。

  构建各国共建共治共享的全球治理体系。解决全球性经济问题只依靠少数国家显然是不可行的，"全球经济治理应该以合作为动力，全球性挑战需要全球性应对，合作是必然选择，各国要加强沟通和协调，照顾彼此利益关切，共商规则，共建机制，共迎挑战。全球经济治理应该以共享为目标，提倡所有人参与，所有人受益，不搞一家独大或者赢者通吃，而是寻求利益共享，实现共赢目标"[①]。任何国家想要在经济全球化的过程中依靠全球治理体系获益，就应当承担生产公共品的责任。所谓共建，就是世界各国发挥长处、各尽所能，由参与全球经济活动的所有国家共同推动经济发展。目前全球性矛盾之一就是"全球经济治理"的公共产品的生产问题，而解决这一问题的有效办法就是世界各国

---

① 中共中央党史和文献研究院：《习近平关于中国特色大国外交论述摘编》，中央文献出版社2020年版，第232页。

共同建设公共品的生产,同时在这一过程中,各个国家应当发挥自身的优势和潜能实现生产要素的优化配置,实现世界经济的长久发展。所谓共治,就是世界各国平等交流、集思广益,由参与全球经济活动的所有国家共同商议国际体系,这需要由世界各国和各民族共同商量,而不是由单一国家或少数国家行使霸权建立全球经济体系并强加给其他国家。所谓共享,就是世界各国公平享有、全体受益,由参与全球经济活动的所有国家共同享有全球治理带来的好处,让世界经济发展的成果惠及到世界各国家和各民族。共建共治共享的全球治理体系符合世界经济发展趋势,代表着各国家和各民族世界经济体系和格局的当代诉求。

三 在尊重包容各国文化中维护人类文明多样性

以历史唯物主义省察人类文明历史。依据历史唯物主义观点,人类文明包括原始文明、封建文明、资本主义文明、社会主义文明、共产主义文明,各种文明表征着人类历史发展中不同的特定阶段。人类文明发展历史是由经济条件所决定,随着社会生产力的不断发展,人类文明呈现出逐渐从低等文明迈向高等文明,并最终进入共产主义文明的历史发展趋势。马克思和恩格斯从生产力和生产关系的辩证关系中揭示了人类文明发展的动力。在《家庭、私有制和国家的起源》中,恩格斯揭示了物质生产力的发展对人类文明发展的决定作用。从生产力上看,不同人类文明时期所表现的生产力水平不同;从生产关系上看,不同人类文明时期占主导地位的生产关系也不一样。在马克思和恩格斯看来,人类文明在不同发展阶段上发展程度差异明显。衡量人类文明进步的因素,虽然表现在社会生活的各个方面,但是物质生产的发展是人类文明进步的根本动力。物质生产力水平不仅包括社会的生产状况和生产条件——主要表现为技术水平和规模,还包括社会物质财富的积累和人们日常生活水平,这些方面的发展程度也代表着人类文明的发展程度。马克思和恩格斯认为虽然由于各国和各民族的具体历史条件不同,人类文明的演化和迈进经历的时间长度、困难程度、发展模式不尽相同,但人类文明发展的总体趋势是相同的。

　　构建新型国际关系需摒弃文明冲突论。文明冲突可以直观地表现于不同生产关系的对抗，然而在世界格局的形成和发展过程中，发展中国家和发达国家之间的矛盾一直存在并趋于严峻，用文明冲突的视角显然不能充分解释发达国家和落后国家之间的矛盾关系。现代国家之间的文明冲突本质上是经济利益冲突的表现形式，所以建立新型国际关系仍是要协调世界各国之间的经济利益关系，这也是推动新型国际关系的构建所面临的根本性难题。现有世界体系仍是以西方国家主导的，他们常常利用其优势地位，向世界其他国家发起贸易战、金融战、科技战等来维护自身利益，以此缓解国家内部的固有矛盾。以工业技术变革推动社会生产力发展，实现在全球价值链上的跃升，争夺更有利的国际政治经济地位进而主导全球经济体系中剩余价值分割，是世界资本主义经济体系下从来都难以回避的历史周期律。① 这说明，在资本主义生产方式主导的世界体系下，必定会造成国家之间的冲突与矛盾，很难从根源上去避免，这与文化并无直接关联。因此，摒弃"文明冲突论"就是要变革当今的国际经济秩序和国际发展格局，构建一个更加平等、多元而非少数国家垄断话语权的新型国际治理格局。

　　在维护文明多样性中推动全球发展。首先，维护各国文明多样发展，尊重各国人民自主选择发展道路的权利。文明多样性是世界人类文明发展的基本特征，也是各国人民发展的动力。文化的差异性在当今社会表现出不同文明所选择的社会生产方式不同。马克思赞成世界人类文明的多样性发展与国家道路选择的多样性选择，反对资本主义文明对世界其他文明的排挤，从而垄断世界文明格局。人类文明多样性表明了世界各国文明进步的普遍性发展，并实现了人类文明的普遍性与各国家和各民族的传统文化融会贯通。因此，在世界人类文明多样性发展的今天，要鼓励世界各国和各民族根据自己的实际情况来选择社会发展道

---

① G. 莫德尔斯基、曲翰章：《世界政治的节律与课题——预测今后三十年》，《国外社会科学》1987年第9期。

路，选择符合自己文明价值所追求的社会发展模式。其次，推动各国文明包容互鉴，推动世界各国文明共存。世界各国和各民族之间文明交流的程度不断加深是人类历史发展的必然趋势，世界各国和各民族文明发展只存在时间长短的差别，没有文明高低贵贱的区分。"文明的差异不是世界冲突的根源，而应是世界交流的起点。"① 从人类文明发展的角度看，人类文明经历了茹毛饮血的原始社会到日新月异的现代社会，从简单工具的生产方式和高新技术的生产方式，世界各国和各民族文明不是从一开始就是相互冲突的，而是在特定历史阶段独立发展，并最终实现全球化的交流互鉴。最后，倡导各国文明合作共赢，促进人类文明整体进步。维护人类文明多样性不仅仅是保护世界各国和各民族文明的独特性，更是要实现世界各国文明合作共赢，从而促进人类文明的整体进步。"现代化的最终成果不是西方文明的一统天下，而是文明的多样性仍然伴随着世界现代化的过程而延续着，并且进一步地发扬光大。"②

第三节 现代化道路的新探索推动人类文明发展

当代资本主义经济系统性危机告诉人们，西方发达资本主义国家的现代化道路不仅是不可持续的，而且从根本上来说是违背人的自由发展旨意的。广大发展中国家和落后国家普遍在思考，如何走出一条全新的国家现代化道路？二战后的历史进程表明，在西方发达国家主导的现代世界体系中，想要实现国家现代化的跨越式发展绝非易事。2009 年全球经济危机以来，广大新兴市场国家和发展中国家的快速崛起，成为推动全球经济发展的重要贡献力量，特别是中国特色社会主义事业取得了伟大成就，创造了人类文明新形态。世界各国现代化道路的新探索有了更多的方案，人类向着"和平包容、合作共赢、平等自由、全面发展"

---

① 《江泽民文选》第 3 卷，人民出版社 2006 年版，第 520 页。
② 国家图书馆：《文明激荡：全球视野下的中国与世界》，国家图书馆出版社；东方出版社 2022 年版，第 229 页。

目标奋斗的步伐更将铿锵有力。

一 落后国家现代化道路的跨越式探索

落后国家在现代化道路的探索过程中，由于起步较晚、物质基础较差，所以仍与西方发达国家的现代化水平有较大差距。在当今世界的经济发展格局中，落后国家仍需要借助西方发达国家现代化道路的经验，来实现自身现代化的发展。

落后国家社会发展的两种不同形式。第一，常规式过渡方式。常规式过渡表示不同社会形态之间将按照人类社会发展的一般规律，进行社会形态之间的更替和过渡。在《资本论》中，马克思表达了人类社会发展的一般规律的思想，即"经济的社会形态的发展理解为一种自然史的过程"[1]，人类社会"既不能跳过也不能用法令取消自然的发展阶段。但是它能缩短和减轻分娩的痛苦"[2]。人类社会发展的自然规律也就是在生产力和生产关系矛盾运动下人类社会发展的一般规律，即人类社会发展先后经历了奴隶社会、封建社会、资本主义社会和共产主义社会。与此同时，在马克思看来，人类社会发展虽然有着自身的发展逻辑，但是不同国家和地区所经历的不同社会形态的时间长短不同，不同社会形态之间的过渡虽然要遵守人类社会发展规律，但是可以"缩短和减轻分娩的痛苦"。第二，跨越式过渡方式。跨越式过渡表示不同社会形态之间在现实条件允许的情况下，可以不按照人类社会发展的一般规律实现社会形态之间的更替和过渡。马克思和恩格斯在《共产党宣言》的俄文版序言中正式提出了俄国社会跨越式过渡的思想，"俄国公社，这一固然已经大遭破坏的原始土地公共占有形式，是能够直接过渡到高级的共产主义的公共占有形式呢？或者相反，它还必须先经历西方的历史发展所经历的那个瓦解过程呢？"[3] 可以看到，在对待俄国的现代化道路

---

[1] 《马克思恩格斯文集》第5卷，人民出版社2009年版，第10页。
[2] 《马克思恩格斯文集》第5卷，人民出版社2009年版，第10页。
[3] 《马克思恩格斯文集》第4卷，人民出版社2009年版，第460页。

的选择中，马克思和恩格斯结合了俄国社会当时的历史环境，揭示出俄国社会及土地公有制发展现代化的另一条道路，即"不通过资本主义的卡夫丁峡谷"直接进入社会主义社会，最终实现社会主义现代化而不遭受资本主义制度所产生的苦难。

落后国家实现跨越的前提条件。落后国家实现跨越式过渡后如何走向现代化道路是一个历史性难题，需要有一定的内部条件和外部条件。首先是跨越式过渡的内部条件。马克思恩格斯论述俄国跨越式发展时指出了三个内部条件：一是要继续维持俄国公社成为俄国社会新的支点，二是俄国农业生产方式调整，三是俄国需要国家内部进行俄国革命。当时俄国社会的农村公社已经到了濒危的阶段，如果不进行革命的话，公社会直接进入资本主义社会。俄国农村公社虽然是俄国跨越式进入社会主义唯一支点，但是马克思和恩格斯不认为只依靠农村公社就可以进入社会主义社会，为此俄国还需要从俄国革命中探索社会主义现代化道路的发展方向。其次是跨越式过渡的外部条件。根据马克思和恩格斯的构想，落后国家实现跨越式过渡还需要借助两个外部条件才能实现：一是西方发达国家无产阶级革命的胜利。"对俄国的公社的这样一种可能的改造的首创因素只能来自西方的工业无产阶级，而不是来自公社本身。西欧无产阶级对资产阶级的胜利以及与之俱来的以社会管理的生产代替资本主义生产，这就是俄国公社上升到同样的阶段所必需的先决条件"①"俄国革命还会给西方的工人运动以新的推动，为它创造新的更好的斗争条件，从而加速现代工业无产阶级的胜利；没有这种胜利，目前的俄国无论是在公社的基础上还是在资本主义的基础上，都不可能达到社会主义的改造。"② 二是落后国家需要学习和借鉴西方发达国家的先进技术和生产的成果。"要实现这种过渡，首先劳动组合本身应当能够向前发展，抛弃它本身那种自发的，如我们所看到的与其说为工人不

---

① 《马克思恩格斯文集》第 4 卷，人民出版社 2009 年版，第 457 页。
② 《马克思恩格斯文集》第 4 卷，人民出版社 2009 年版，第 466—467 页。

如说为资本家服务的形式,并且它应当至少提高到西欧合作社的水平。"①"在资本主义社会本身完成这一革命以前,俄国公社如何能够把资本主义社会的巨大生产力作为社会财产和社会工具而掌握起来呢?在俄国公社已经不再按照公有原则耕种自己的土地之后,它又怎么能向世界指明如何按照公有原则管理大工业呢?"②

总的来看,马克思和恩格斯阐明西方发达国家在社会发展多方面领先于落后国家,落后国家在实现现代化的道路中不得不在一定程度上依附于西方发达国家的现代化进程。西方发达国家的现代化道路虽然开启了现代化国家的新纪元,但是被资本逻辑所控制的发达国家的现代化道路有着许多破坏人类社会多元现代化道路的"异己力量",使西方发达国家和落后国家的生产被颠倒和物化。从马克思晚年对西欧社会发展问题的思考可以看出,西方现代化道路所引发的"历史必然性"只能存在西欧各国的范围,东方社会的社会发展道路不一定要走重复西方现代化道路的历史进程。

二 落后国家在合作斗争中探寻对西方现代化的超越

当代西方发达国家占据了世界经济发展浪潮的核心位置,落后国家要实现现代化道路要保持与西方发达国家之间的经济联系,并促进自身的生产力的发展,同时要坚持与西方发达国家进行有利斗争。

一方面,落后国家要利用发达国家取得的一切有益成果。根据马克思和恩格斯的观点,西方资本主义国家率先开启了现代化进程,在很短的时间内创造了巨大的物质财富。"资产阶级在它的不到一百年的阶级统治中所创造的生产力,比过去一切世代创造的全部生产力还要多,还要大"③,因此,落后国家要抓住发展机遇,学习西方发达国家的一切积极有益的成果经验来加快自身的现代化进程。另一方面,落后国家要

---

① 《马克思恩格斯文集》第3卷,人民出版社2009年版,第395页。
② 《马克思恩格斯文集》第4卷,人民出版社2009年版,第458页。
③ 《马克思恩格斯文集》第2卷,人民出版社2009年版,第36页。

时刻警惕被资本主义国家颠覆。落后国家在利用资本主义发展现代化道路的过程中，常常会出现两种错误认知：一是认为资本主义优于社会主义，二是将对外开放看作是发展资本主义。特别是在东欧剧变，苏联解体的国际共产主义运动的低谷时期，资本主义制度战胜社会主义制度的观点较为流行。但是，随着中国等社会主义国家的崛起，社会主义又展现出了强大的生命力和优越性。另外，落后国家实行对外开放是为了利用资本主义制度发展社会主义制度，而不是通过对外开放向资本主义过渡。历史和现实证明，落后国家不能依靠自身力量来实现现代化，"闭门造车"是一种逆全球化的经济发展战略，注定是要失败的。对外开放是落后国家建设现代化道路的有效手段和正确方法，落后国家要坚持利用资本主义和警惕资本主义相结合，防止被资本主义国家颠覆政权。当今世界正处于百年未有之大变局，落后国家在对外开放中往往受到西方发达国家意识形态的渗透。西方发达国家经常利用资本主义意识形态来影响落后国家的广大人民群众，这也间接地导致了落后国家出现政治危机。例如，2013年6月，美国中央情报局前特工斯诺登对外曝光了"棱镜计划"，即美国通过先进技术，利用网络长期监控其他国家，对竞争国家进行监听、窃密。为此，落后国家要警惕发达资本主义国家的经济手段和非经济手段，在合作中保持斗争性。

中国特色社会主义道路是人类现代化进程中落后国家跨越式发展的典型案例，其之所以成功，最本质的特征和最大优势就是中国共产党的领导。中国道路的跨越式发展还紧紧抓住"制度"和"人民"两个关键点谋篇布局，才在和西方国家合作斗争中保持着底线。首先，坚持社会主义制度优越性。社会主义国家坚持"以人民为中心"的发展逻辑从而超越资本主义国家的"资本逻辑"。西方发达资本主义国家的现代化进程是资本扩张的过程，在私有制为前提下的资本主义国家中，资本存在是积极影响和消极影响的统一，并且资本的消极影响使得整个资本主义世界笼罩在资本逻辑的支配下。在资本的驱动下，西方现代化道路在创造巨大的物质财富的同时，也造成了巨大的社会灾难，底层人民生活在水深火热之中，人完全成了物的奴隶。资本主义国家中物质生产过程的各个部分都是资本逻辑的展开，而不是以人的发展和社会的发展作为前提，这就决定了在私有制基础上资本逻辑是不会瓦解的，只有在社会主义制度下，整个社会的生产活动都以人的发展和社会的发展作为前提，资本逻辑才会瓦解。中国在现代化道路的探索中坚持以人民为中心的基本立场，而不是像西方发达国家那样受资本逻辑的支配。在对待如何超越"资本逻辑"的问题上，随着"公有资本"这一概念在党的十五大被提出，标志着在资本主义社会后产生了一种新形式的资本关系。其次，坚持全体人民共同富裕。社会主义社会是以全体人民的共同利益为前提的，而资本主义社会则是以资本家的私人利益为前提的，可以看到，社会主义比资本主义更具有制度优势。第一，要坚持全体人民的共同利益。共同富裕思想的出现是为了批判资本主义社会中资本家通过对生产资料的占有无偿剥削广大劳动人民的生产活动和社会产品分配均衡。"无产阶级的运动是绝大多数人的，为绝大多数人谋利益的独立的运动"①，同时整个社会的物质产品的生产将以所有人的富裕为目的。第二，要坚持消灭剥削，消除两极分化，实现劳动者为自己劳动。在资本主义国家现代化的历史进程中，充斥着资本家对无产阶级的剥削和压榨，西方现代化本质上可以看作是资本家意志的展开。西方国家中贫富差距越来越大。贫富差距扩大的原因，不是劳动者自身不努力，而是资本家无偿地占有了劳动者所创造的财富，也就是说，劳动者在为资本家而劳动，而不是为自己劳动。中国实行以按劳分配为主，多种分配方式并存的收入分配制度，坚决防止两极分化，扎实推进共同富裕，这是由公有制为主体，多种所有制共同发展的社会主义所有制规定性决定的。

三 构建基于人类命运共同体的现代化新格局

超越了"零和博弈"的传统逻辑。传统思维理解，国家与国家之

---

① 《马克思恩格斯文集》第 2 卷，人民出版社 2009 年版，第 42 页。

间的经济往来常常被看作经济的"零和博弈",也就是说,国家和国家之间的经济活动必定有盈利者,也必定有亏损者,而盈利的数额与亏损的数额常常表现为等同的量。在国际经济发展中,"零和博弈"的传统逻辑已经成为国际关系实践的行业共识和交易规则,"零和博弈"理念在世界各国的发展中深入人心。于是,世界各国在进行经济贸易往来时常常以是否可以获得利润作为交易前提,而不是以双方共赢作为交易目标,因为各国家潜意识中会认为对方的获益代表着自己利益的受损,于是贸易过程也被看作是一方对另一方的利益获取。然而,合作共赢与和平发展的理念突破了这种传统逻辑的局限,强调在追求自身利益的同时,应兼顾和尊重其他国家的利益。这种理念提倡的不仅是利益的平衡,而且是共同进步和发展,促使国际关系向更加和谐与可持续的方向发展。"要跟上时代前进步伐,就不能身体已进入 21 世纪,而脑袋还停留在过去,停留在殖民扩张的旧时代里,停留在冷战思维、零和博弈的老框框内"①。摒弃"零和博弈"的传统思维逻辑,需要建立国与国之间相互帮助、共同发展的思维逻辑,最终实现双方的双赢和共赢。

超越了"赢者通吃"的传统规则。依照着"零和博弈"的传统思维,在国家与国家之间的贸易来往中,必定会造成我赢你输的结果,于是在国际贸易往来中形成了"赢者通吃"的传统规则。西方现代化的发展进程就是以剥削和压榨其他各国劳动人民所实现的,这就决定了西方发达国家在与落后国家进行贸易往来时通常会以获取最大利润作为交易的目标,他们会不惜一切代价在交易过程中获得最多的利润。因此,各个国家之间的贸易来往常常伴随着猜疑和失信,甚至损害对方的利益来为自身谋取更多的利益,国家与国家之间并非追求互惠互利,而是相互交恶,最终形成了"赢者通吃"的传统规则。合作共赢、和平发展理念超越了"赢者通吃"的传统游戏规则。合作共赢、和平发展的理念强调,国家之间进行经济贸易来往时应考虑自身和他人的利益。而赢

---

① 习近平:《习近平谈治国理政》第 1 卷,外文出版社 2018 年版,273 页。

者通吃会造成分配结果的极端化,也就是说,按照赢者通吃的传统规则进行贸易,双方国家的分配差距不是或多或少的差距,而是或有或无差距,这十分容易导致分配失衡,造成较大的贫富差距。而合作共赢,就是要求各个国家之间要抵制"赢者通吃"的传统规则,保障参与经济来往的双方的共同利益。"我们要坚持多边主义,不搞单边主义;要奉行双赢、多赢、共赢的新理念,扔掉我赢你输、赢者通吃的旧思维"[①]。"赢者通吃"的传统规则不符合当今时代发展的主题。

　　超越了"主从之分"的传统格局。西方发达资本主义国家率先开启了现代化道路,在经历过多次产业革命后,发达国家在全球产业分工中拥有资金、技术、管理等生产要素的绝对优势,同时发达国家凭借着生产要素配置中的优势地位,逐渐在全球产品分配中获得话语权,这也导致了世界体系是以西方发达国家为中心的,而落后国家只处于边缘化的位置。西方发达国家和落后国家的"主从之分"的世界格局主要表现为几个方面。第一,世界流通的货币通常为发达国家的货币。从世界金融贸易体系中可以发现,世界各国在进行贸易往来时,通常是以发达国家的货币作为结算货币,如美元、英镑、欧元等发达国家发行的信用货币,这无疑使结算货币的国家在经济贸易中有着更大的话语权,而落后国家只能用发达国家的货币进行贸易结算,从而丧失主动权。第二,发达国家拥有技术的绝对优势。西方国家作为产业革命的发源地,科技的每一次进步使得西方社会生活方式发生巨大的改变,同时,当今世界各国之间的竞争主要表现为科技水平之间的竞争,而发达国家作为先进科技的领头羊,往往掌握了最先进、最前沿、无可替代的高新技术。通过对科学技术的垄断,西方发达国家实现了对落后国家的技术锁定,也就导致了落后国家的被动局面。第三,发达国家拥有科学的企业管理体系。发达国家的经济实力常常表现为多个垄断企业经济的集中,通常来讲,垄断企业都实现了科学管理的现代化,他们为企业培养和造就了一

---

① 习近平:《习近平谈治国理政》第 2 卷,外文出版社 2017 年版,523 页。

批又一批的高级管理人才，从企业的当下收益、未来发展以及风险预测方面都做了十分充足的准备，而落后国家缺少企业管理方面的经验，常常在实践过程中缺少风险防范意识，造成了无法挽回的损失，所以西方发达国家和落后国家之间的企业竞争力被进一步拉大。"主从之分"是资本主义发达国家获取经济利润的必要手段，发达国家凭借经济优势地位实现对落后国家的经济剥削，落后国家一旦陷入主从之分的经济格局，落后国家在经济发展过程中与发达国家的差距将会进一步拉大，合作共赢、和平发展理念超越了"主从之分"的传统格局。

超越了"阵营对立"的传统思维。"阵营对立"的传统思维主要形成于冷战期间，由美国和苏联两个超级大国所分别代表的资本主义阵营和社会主义阵营开启了冷战格局，社会制度之分成为了各个国家判定敌我的划分标准。冷战的爆发，其根源在于以美国为首的西方国家与苏联之间的深刻对立。美国的主要动机在于遏制苏联的发展，力求实现其称霸全球的野心，并阻止共产主义运动的进一步扩张。与此同时，西欧各国出于保持自身大国地位的考量，以及对共产主义思想的坚决反对，也纷纷选择加入冷战的行列，从而加剧了这一全球性的对抗态势。这也导致了资本主义国家和社会主义国家形成了"制度不合"的传统思维，仿佛资本主义国家和社会主义国家天生就是相对抗的，这也影响了社会主义国家和资本主义国家之间的经济贸易往来，"以意识形态划线"的传统思维深入人心。在苏联解体和东欧剧变这一历史巨变之后，"阵营对立"的传统思维并未随之发生根本性的改变，冷战思维和阵营对立仍存在当代世界各国的经济关系之中。合作共赢、和平发展的理念将超越"阵营对立"传统思维的局限性，资本主义国家与社会主义国家之间的对抗性关系是国际关系长期的表现形式。落后国家在实现现代化的道路中，要摒弃"意识形态划线"的思想，坚持运用发达国家一切积极有益的成果来为自身的社会主义现代化提供动力。同时，落后国家应积极倡导构建以合作共赢、和平发展为核心的新型国际关系，这样可以使世界各国和世界人民享受到世界生产力发展的成果，以及世界范围内的和平。

　　超越了"强者结盟"的传统手段。一直以来，西方发达国家通常会选择"结盟"的方式来确保自己的经济利益，通常会表现为发达国家与发达国家之间的经济贸易往来，这也成了部分国家实现对外政策目标和促进经济发展的重要手段。历史经验表明，结盟会使得超级大国拥有绝对的力量去扰乱国际社会的安宁和稳定，破坏世界平衡的经济关系，甚至会因为经济原因引发暴力战争。各个"联盟"都会构建符合超级大国利益的国际新秩序，这也成为部分发达国家获得利益的传统手段。"强者结盟"存在着自身的局限性，例如，以美国为首的超级大国在与其他发达国家进行经济政治结盟后，就会对其他的社会制度以及经济力量进行攻击和破坏，通过"结盟"并攻击"敌人"成了发达国家经济发展的传统手段。"强者结盟"导致了全球资源要素配置失衡，结盟国家与非结盟国家以及不同联盟国家之间出现隔阂，这不符合现在社会大生产发展的趋势，也不符合经济全球化的发展趋势。合作共赢、和平发展理念将超越"强者结盟"的"找敌人"的传统思维方式，转而实现"结伴"和"交朋友"的新的经济发展方式。合作共赢理念就是要摒弃"强者结盟"模式通过经济、政治、文化手段供给和打压非联盟成员，或者像是以美国为首的发达国家那样有意通过联盟整体力量去制裁某个国家以维持自身世界霸主地位的做法。"零和思维已经过时，我们必须走出一条和衷共济、合作共赢的新路子"[①]，这为世界上落后国家现代化道路建设指明了方向，也就是摒弃发达国家之间的"强者联盟"模式，防止国家与国家之间联合对其他国家进行剥削和压迫，而是应该与其他国家构建伙伴关系，使世界各国都成为落后国家在现代化建设过程中的真诚朋友和可信任的伙伴。

---

①《习近平谈治国理政》第 1 卷，外文出版社 2018 年版，250 页。

参考文献

经典著作：

《马克思恩格斯文集》第1—10卷，人民出版社2009年版。
《马克思恩格斯全集》第1卷，人民出版社1995年版。
《马克思恩格斯全集》第2卷，人民出版社1957年版。
《马克思恩格斯全集》第3卷，人民出版社1960年版。
《马克思恩格斯全集》第4卷，人民出版社1958年版。
《马克思恩格斯全集》第7卷，人民出版社1959年版。
《马克思恩格斯全集》第6卷，人民出版社1961年版。
《马克思恩格斯全集》第8卷，人民出版社1961年版。
《马克思恩格斯全集》第10卷，人民出版社1998年版。
《马克思恩格斯全集》第11卷，人民出版社1995年版。
《马克思恩格斯全集》第12卷，人民出版社1962年版。
《马克思恩格斯全集》第13卷，人民出版社1962年版。
《马克思恩格斯全集》第15卷，人民出版社1963年版。
《马克思恩格斯全集》第19卷，人民出版社2006年版。
《马克思恩格斯全集》第20卷，人民出版社1971年版。
《马克思恩格斯全集》第26卷，人民出版社1973年版。
《马克思恩格斯全集》第27卷，人民出版社1972年版。
《马克思恩格斯全集》第29卷，人民出版社1972年版。
《马克思恩格斯全集》第30卷，人民出版社1975年版。

《马克思恩格斯全集》第 30 卷，人民出版社 1995 年版。
《马克思恩格斯全集》第 31 卷，人民出版社 1998 年版。
《马克思恩格斯全集》第 32 卷，人民出版社 1998 年版。
《马克思恩格斯全集》第 34 卷，人民出版社 2008 年版。
《马克思恩格斯全集》第 35 卷，人民出版社 1971 年版。
《马克思恩格斯全集》第 37 卷，人民出版社 2019 年版。
《马克思恩格斯全集》第 48 卷，人民出版社 2007 年版。
《马克思恩格斯全集》第 49 卷，人民出版社 2016 年版。
《列宁全集》第 4 卷，人民出版社 2013 年版。
《列宁全集》第 26 卷，人民出版社 2017 年版。
《列宁全集》第 27 卷，人民出版社 2017 年版。
《列宁全集》第 28 卷，人民出版社 2017 年版。
《列宁全集》第 35 卷，人民出版社 2017 年版。
《列宁全集》第 38 卷，人民出版社 2017 年版。
《列宁全集》第 43 卷，人民出版社 2017 年版。
《斯大林文集（1934—1952 年）》，人民出版社 1985 年版。
《邓小平文选》第 3 卷，人民出版社 1993 年版。
中共中央文献研究室编：《邓小平思想年编：1975～1997》，中央文献出版社 2011 年版。
《江泽民文选》第 3 卷，人民出版社 2006 年版。
习近平：《高举中国特色社会主义伟大旗帜 为全面建设社会主义现代化国家而团结奋斗——在中国共产党第二十次全国代表大会上的报告》，人民出版社 2022 年版。
习近平：《决胜全面建成小康社会 夺取新时代中国特色社会主义伟大胜利》，人民出版社 2017 年版。
习近平：《论坚持全面深化改革》，中央文献出版社 2018 年版。
习近平：《习近平谈治国理政》第 1 卷，外文出版社 2018 年版。
习近平：《习近平谈治国理政》第 2 卷，外文出版社 2017 年版。

习近平：《习近平谈治国理政》第 3 卷，外文出版社 2020 年版。
习近平：《习近平谈治国理政》第 4 卷，外文出版社 2022 年版。

学术著作

陈岱孙：《从古典经济学派到马克思——若干主要学说发展论略》，商务印书馆 2014 年版。

程恩富、胡乐明：《当代国外马克思主义经济学基本理论研究》，中国社会科学出版社 2019 年版。

付文军：《面向〈资本论〉：马克思政治经济学批判的逻辑线索释义》，人民出版社 2018 年版。

国家图书馆：《文明激荡：全球视野下的中国与世界》，国家图书馆出版社、东方出版社 2022 年版。

黄范章：《瑞典"福利国家"的实践与理论——"瑞典病"研究》，商务印书馆 2021 年版。

金运：《经济危机理论》，吉林出版集团有限责任公司 2014 年版

刘上洋等：《中外应对危机 100 例》，江西教育出版社 2009 年版。

吕斌等：《西方国家军民融合发展道路研究》，国防工业出版社 2015 年版。

马克思：《雇佣劳动与资本》，人民出版社 2018 年版。

马克思主义基本原理编写组：《马克思主义基本原理》，高等教育出版社 2023 年版。

孙伯鍨、张一兵：《走进马克思》，江苏人民出版社 2012 年版。

谢富胜：《中国道路的政治经济学》，中国人民大学出版社 2023 年版。

姚建华：《数字劳动：理论前沿与在地经验》，江苏人民出版社 2021 年版。

张开：《国外马克思主义政治经济学人物谱系》，人民出版社 2018 年版。

张幼文等：《要素流动：全球化经济学原理》，人民出版社 2013 年版。

张宇等：《中级政治经济学》，中国人民大学出版社 2016 年版。

［英］本·法恩、阿尔弗雷多·萨德-费洛：《马克思的〈资本论〉》，王娟、邱海平译，中国人民大学出版社2022年版。

［英］哈维：《新自由主义简史》，王钦译，上海译文出版社2016年版。

［英］霍华德等：《马克思主义经济学史：1929—1990》，顾海良、张新等译，中央编译出版社2020年版。

［英］克拉克：《经济危机理论：马克思的视角》，杨健生译，北京师范大学出版社2011年版。

［英］马什：《新工业革命》，赛迪研究院专家组译，中信出版社2013年版。

［英］斯密：《国富论》，唐日松译，华夏出版社2004年版。

学术论文

白暴力：《当前资本主义经济危机的系统性与黏滞性》，《人民论坛·学术前沿》2016年第20期。

拜斯德伯·达斯古普塔、车艳秋：《金融化、劳动力市场弹性化、全球危机和新帝国主义——马克思主义的视角》，《国外理论动态》2014年第11期。

蔡景庆：《经济危机、金融化资本主义走向及防范》，《社会科学家》2023年第5期。

陈弼文、卢江：《马克思政治经济学视域下的经济民主：从制度内涵到实现路径》，《经济理论与政策研究》2017年第00期。

陈琴：《当代资本主义结构性危机的根源与未来走向——大卫·科茨教授访谈》，《马克思主义与现实》2023年第2期。

陈晓仪、常庆欣：《从"血汗工厂"到"技术牢笼"：数字资本主义社会中劳动与资本的关系变化》，《当代经济研究》2022年第4期。

达拉斯·W.斯麦兹、杨嵘均、操远芃译：《大众传播系统：西方马克思主义研究的盲点》，《国外社会科学前沿》2021年第9期。

方兴起：《鲁比尼危机经济学与2020年大萧条》，《华南师范大学学报》

（社会科学版）2022 年第 2 期。

冯金华：《资本主义市场经济和生产过剩经济危机——基于马克思的两大部类再生产理论》，《华南师范大学学报》（社会科学版）2022 年第 2 期。

付文军、卢江：《马克思的"总体工人"概念及其社会历史意义——基于〈资本论〉及其手稿的批判性考察》，《经济纵横》2022 年第 1 期。

付文军：《数字资本主义的政治经济学批判》，《江汉论坛》2021 年第 8 期。

付文军：《中国式现代化道路：基于"跨越—稳定—超越"的三维阐释》，《江西财经大学学报》2023 年第 2 期

韩冬临、杜钧天：《经济危机如何改变立法机关中的性别配额制度——基于 149 个国家的事件史分析》，《世界经济与政治》2021 年第 2 期。

韩文龙、刘璐：《数字劳动过程及其四种表现形式》，《财经科学》2020 年第 1 期。

胡乐明：《科学理解和阐释资本主义经济危机》，《马克思主义研究》2016 年第 2 期。

黄再胜：《数字剩余价值的生产、实现与分配》，《马克思主义研究》2022 年第 3 期。

简军波、方炯升：《欧洲极右翼政党的崛起及其对欧洲一体化的影响》，《统一战线学研究》2023 年第 1 期。

康翟：《金融资本主义批判语境中的马克思主义经济危机理论》，《哲学研究》2023 年第 5 期。

李彬、张建堡：《中央银行在应对经济危机中的作用及局限——马克思的论述及其当代价值》，《政治经济学评论》2021 年第 1 期。

李江静：《资本主义的系统性危机与中国的应对——访埃及著名经济学家萨米尔·阿明教授》，《马克思主义研究》2018 年第 9 期。

刘皓琰：《马克思企业竞争理论与数字经济时代的企业竞争》，《马克思

主义研究》2021 年第 10 期。

刘明明、尹秋舒：《经济民主：新世纪以来市场社会主义的最新发展动向》，《当代经济研究》2019 年第 3 期。

刘同舫：《"资本来到世间"的真实写照与资本蕴含的辩证法》，《江苏社会科学》2023 年第 1 期。

卢江、郭子昂：《技术变迁、平均利润率与劳动生产率——基于中国 2006—2020 年 290 个城市面板数据的实证研究》，《上海经济研究》2023 年第 4 期。

卢江、刘慧慧：《数字经济视阈下零工劳动与资本弹性积累研究》，《天津社会科学》2020 年第 4 期。

卢江：《恩格斯论国家跨越式过渡及其当代价值启示》，《经济纵横》2020 年第 7 期。

卢江：《马克思经济危机理论释义及其当代价值》，《经济学家》2019 年第 8 期。

吕建强、许艳丽：《从泰勒制到温特制：生产系统演进与职业教育应对》，《高等工程教育研究》2023 年第 3 期。

栾文莲：《当今国际金融危机是当代帝国主义经济体系性、总体性危机》，《世界社会主义研究》2017 年第 1 期。

骆桢：《论置盐定理与马克思利润率下降理论的区别与互补》，《财经科学》2017 年第 11 期。

孟捷：《战后黄金年代的终结和 1973—1975 年结构性危机的根源——对西方马克思主义经济学各种解释的比较研究》，《世界经济文汇》2019 第 5 期。

彭波：《中美博弈的矛盾冲突与中国的应对策略》，《国际经济合作》2018 年第 10 期。

亓为康：《马克思有没有"消费不足"意义上的危机理论？——基于经典文本的考察》，《海派经济学》2022 年第 3 期。

阮建平、李齐：《动态系统视域下的全球经济衰退风险与中国机遇把握》,《湖北社会科学》2022 年第 8 期。

史孝林:《数字资本主义的剩余价值生产研究》,《科学社会主义》2022 年第 3 期。

覃诗雅:《资本主义的危机及其治理失败——访德国社会学家沃尔夫冈·施特雷克》,《世界社会主义研究》2022 年第 4 期。

汪仕凯:《资本主义工业化、生产剩余国际分配与政治转型》,《世界经济与政治》2019 年第 4 期。

王森垚:《当代资本主义的系统性危机：表现形式、制度成因及发展趋势》,《江西社会科学》2021 年第 9 期。

王天翼:《1800—2015 年世界总体利润率长期下降原因分析——基于世界体系理论的实证研究》,《高校马克思主义理论研究》2020 年第 2 期。

王天翼:《1800—2015 年世界总体利润率长期下降原因分析——基于世界体系理论的实证研究》,《高校马克思主义理论研究》2020 年第 2 期。

翁寒冰:《马克思对"商品的社会形式"之内在危机特性的探讨——一种超越抽象同一性维度的思考》,《哲学研究》2020 年第 4 期。

吴清军、李贞:《分享经济下的劳动控制与工作自主性——关于网约车司机工作的混合研究》,《社会学研究》2018 年第 4 期。

谢富胜、吴越、王生升《平台经济全球化的政治经济学分析》,《中国社会科学》2019 年第 12 期。

徐志向:《论当代资本主义经济危机的演变逻辑》,《当代经济研究》2021 年第 5 期。

严静峰:《美中经济关系冲突的政治经济学论析》,《当代经济研究》2021 年第 11 期。

杨慧民、张一波:《平台资本主义的批判》,《马克思主义理论学科研究》2022 年第 6 期。

约翰内斯·耶格:《城市地租理论：调节学派的视角》,谢富胜、汪家腾译，《当代经济研究》2017年第2期。

张会清、翟孝强：《中国参与全球价值链的特征与启示——基于生产分解模型的研究》，《数量经济技术经济研究》2018年第1期。

张嘉昕：《经济民主：劳动者参与管理和分享收益的逻辑走向》，《社会科学家》2017年第6期。

张雷声：《马克思的资本积累理论及其现实性》，《山东社会科学》2017年第1期。

张世贵、吕少德：《从平均利润率下降看资本主义的两难历史困境》，《东南学术》2022年第2期。

张作云：《马克思经济危机理论及其伟大启示》，《经济纵横》2017年第3期。

赵俊杰：《当今西方资本主义制度困境与新变化》，《世界社会主义研究》，2022年第12期。

周建锋、岑子悦：《资本主义经济危机发生的动态分析与微观解释——基于马克思经济学的分析框架》，《中国经济问题》2021年第2期。

周绍东：《数字革命、生产方式变迁与资本主义生产关系调整》，《马克思主义理论学科研究》2023年第4期。

周文、方茜：《当代资本主义危机的政治经济学分析》，《经济学动态》2017年第6期。

周文、韩文龙《平台经济发展再审视：垄断与数字税新挑战》，《中国社会科学》2021年第3期。

朱福林：《中美货物贸易全球格局演变与中美贸易战的内在逻辑》，《上海经济研究》2019年第7期。

外文文献

BIPA, AVE, BID, et al., "Application of Digital Technologies in Railway Transport", *Science Direct*, Volume 57, 2021.

Gérard Duménil and Dominique Levy, "The Profit Rate: Where and How much Did it Fall? Did it Recover? (USA 1948 – 2000)", *Review of Radical Political Economics*, Vol. 34, No. 4, Dec 2002.

James Crotty, "The Centrality of Money, Credit and Financial Intermediation in Marx's Crisis Theory: An Interpretation of Marx's Methodology", in James Crotty, *Capitalism Macroeconomics and Reality*, Longdon: Edward Elgar Publishing, 2017.

Michael Heinrich, "Crisis Theory, the Law of the Tendency of the Profit Rate to Fall and Marx's Studies in the 1870s", *Monthly Review*, Vol. 64, No. 11, April2013.

NobuoOkishio, "Competition and Production Prices", *Cambridge Journal of Economics*, No. 4, 2001.

Zarembka Paul, "Low Surplus Value Historically Required for Accumulation, Seen in a Model Derived from Marx", *Research in Political Economy*, Vol. 26, November2010.

Thomas R, Michl, "The Two – Stage Decline in U. S. Nonfinancial Corporate Profitability, 1948 – 1986", *Review of Radical Political Economics*, Vol. 20, No. 4, Dec, 1988.

后　　记

　　2018年，我申报的国家哲学社会科学基金青年项目"《资本论》视阈下当代资本主义系统性危机研究"获得立项（立项号：18CKS002），眼前这本专著是该项目的最终研究成果。项目正式启动研究后，当代资本主义发展在各方面都陷入困境和难题之中，以丰富的材料案例真实地回应了"系统性危机"的研究主旨。

　　回顾彼时，特朗普政府奉行"美国优先（America First）"原则，为了实现"让美国再次伟大（Make America Great Again）"目标，罔顾他国发展正当权益，单边挑起贸易摩擦和争端，在世界范围内掀起了逆经济全球化错误思潮。除了贸易战，大国之间的金融战、科技战、人才战等亦是愈演愈烈，世界经济面临着当代以来最严重的挫折波动。随后，突如其来的新冠疫情使得全球发展雪上加霜，人类健康遭遇近代史以来罕见的冲击和挑战。世界卫生组织2023年5月5日宣布，新冠疫情不再构成"国际关注的突发公共卫生事件"，解除2020年1月30日拉响的最高级别警报。然而，西方累计报告的确诊病例和死亡病例数据戳穿了当代资本主义国家在公共卫生领域的治理神话幻象。在政治领域，西方国家频繁爆出政治丑闻，极端势力不断抬头，个别国家内部政党争斗益发剧烈，试图通过控制本国权力部门和操纵他国政权，使世界发展日益偏离健康轨道。2021年4月，日本政府正式决定将福岛第一核电站核污水向大海排放，这绝非仅仅是日本国内问题，而是不容置疑的国际问题，全球海洋生态和环境安全引发人们焦虑。此外，全球气候变暖、生物多样性丧失、空气污染、自然资源衰竭等问题叠加，给世界可持续发展带来更加严峻的挑战。2022年2月，俄乌冲突爆发，西方诸多国家或明或暗地支持乌克兰致使冲突不断扩大化。2023年10月，巴以冲突爆发，随后也呈现扩大化、复杂化的发展态势。世界地缘风险加剧，全球军事战争升温明显，人类和平正义愿景受到战乱邪恶势力染指。从西方国家社会发展来看，阶级固化和阶级对立引起的暴力事件层出不穷，贫困差距、种族歧视、移民难民潮、多元文化等一系列问题都在不断揭开西方治理之乱的帷幕。

在长期思考"当代资本主义社会怎么了和人类社会往何处去"两个问题时，我广泛阅读了国内外相关文献，发现绝大部分观点都是隔靴搔痒，未及本源。随着比较研究的深入，我有一种越来越强烈的直觉，那就是必须鞭辟入里地研究当代资本主义系统性危机。然而，面临着一个棘手问题是马克思一生论著几乎都在研究资本主义制度发展，如何才能找到最精准的"手术刀"来解剖资本主义痼疾呢？毫无疑问，《资本论》当之无愧。秉持历史唯物主义方法论，我最终选择"剩余价值理论"来切入研究，从剩余价值生产、实现、分割和修复视角综合研究了当代资本主义系统性危机的生成、演化和应对等一系列问题，以马克思主义立场尝试回答了世界百年未有之大变局的理论逻辑、历史逻辑和实践逻辑。

本项目在研究进展中或以我个人独作形式，或以和课题组成员合作形式，写作了一系列论文，这些论文在国内学术会议上得到了许多学界前辈和同仁的指导，他们提出了中肯的修改建议和商榷意见，着实提升了论文质量，其中大部分论文都已经在国内期刊上发表，有的论文还获得了国内学术奖。在此我对学界前辈和同仁、相关期刊和学会一并表达最诚挚的感谢。由于我本人的研究水平所限，本项目研究还存在许多不足的地方，十分欢迎各位读者提出批评。

感谢中国社会科学出版社给予本专著出版机会，特别感谢责任编辑杨晓芳编审，正是因为她的倾心负责，专著才能顺利面世。

在专著成稿和付印过程中，我的博士研究生黄旭、郭采宜、李冰辉、郑秋伟，硕士研究生郭子昂、向月华、王晓楠、余琛、付丽航、张梦萱、余昊天等不仅体谅我在学业指导和生活关心上的不周之处，而且还对文稿进行了认真校对，我既感到内疚同时又特别感谢。我指导的已经毕业的学生李叶滋、李萌萌、陈弼文、刘慧慧、赵宸、郭宗明、许凌云、梁梓璇也经常回到杭州参加师门活动，关心我的生活，这是做老师最大的幸福，因为有你们，我很幸福！

　　这是我正式出版的第三本专著。第一本专著致敬了我的博士生导师罗郁聪教授，第二本专著致敬了我的母亲姜修花女士。这一本专著我想致敬我的父亲卢万均先生，我原以为父亲能看到这本书出版，遗憾的是他未能战胜病魔，在 2024 年国庆前夕离我而去。如今三位恩人已逝，而他们的教诲将永远鞭策我砥砺前行！

卢江 于浙江大学

2024 年 12 月 2 日